燃烧的岛链

下

美国人眼中的珍珠港事件

[美] 高尔登·普朗格 著
张晓生 编译

台海出版社

第四十七章

把敌人劈成两半

飞向瓦胡岛的日本零式战斗机

已到指导26个攻击队的每位飞行员如何具体执行空袭方案的时刻了，渊田走向讲台。其实，他无须对5个空袭方案再做分析，因为所有飞行人员都在单冠湾集结之前，逐一对5个方案从头至尾地进行了演习，并在南云掉转船头向东航行前将再做复习。但是，这位空袭指挥者并没有掉以轻心。

渊田宣布："我们将在瓦胡岛以北230英里处发射起飞第一攻击波。现在，所有飞行员应了解的是如何起飞、集合和飞向目标。"

每架飞机离开飞机后将转向外侧，在特遣舰队上空盘旋飞行，然后飞至暂定高度，以避免发生混乱和相互碰撞的情况。暂定高度为：航空母舰队尾的翔鹤号和瑞鹤号上的飞机将飞至400米高空，舰队中央的加贺号和苍龙号上的飞机将飞至200米高空，队列前部的赤城号和飞龙号上的飞机也飞至400米高空，渊田将率领他所属攻击队的50架飞机飞至500米高空，这样，他可以在最佳高度指挥整个第一波。

全部飞机起飞后，渊田的攻击队将飞经赤城号上空，作为向珍珠港进发的信号。在他向南飞去的刹那间，所有飞机立即呈飞行编队：高空轰炸机紧跟在渊田的先导队之后，飞行高度为3000米；鱼雷轰炸机队在先导机队右侧，飞行高度为2800米；俯冲轰炸机在其左侧，飞行高度3500米；零式飞机在3800米高空整个机群之上，左右两侧飞行，密切注视敌人飞机。岛崎按照同样的步骤，指挥第二攻击波起飞，第二波预订在瓦胡岛以北约200英里处起飞。

接下来，渊田谈到了第一号袭击方案的战术要点，它是到目前为止最有可能实施的方案。渊田一直试图解决的主要难题，是实际空袭之前飞机展开的问题。现在，他开始解释经过精心拟定的信号系统。在他的向导机到达瓦胡岛北端时，他发射一枚信号弹。看到信号后，高空轰炸机继续保持3000米飞行高度，俯冲轰炸机上升至4000米高空，鱼雷轰炸机逐渐降低其飞行高度，尽量接近目标。此时，战斗机分为两队，板谷率领的27架飞机继续在3800米高空飞行，冈岛大尉率领的18架飞机下降至2000米高空，但所有战斗机应赶到轰炸机之前，以控制高空。

渊田提醒飞行员们，要加倍小心下面一点：倘若侦察巡逻机的敌情报告和他本人的观察结果令他确信敌人没有防备，他将只打一发信号弹，看到信号，鱼雷机将冲下去，充分利用攻其不备的优势，最大限度地击中敌舰。假若渊田认为敌人有所防备，将打两发信号弹，看到这个信号，俯冲轰炸机将率先冲入，然后是高空轰炸机进行轰炸，最后才轮到村田的鱼雷机。这样做，前者制造了混乱，并吸引敌人火力向上，使鱼雷机神不知鬼不觉地溜进去，可以确保较高的直接命中率和较少的损失。

渊田要求飞行员们充分利用当时的气象条件。高空轰炸机应顶风接近目标，以提高轰炸命中率。俯冲轰炸机应顺风飞行，呈锐角接近目标垂直俯冲，然后低空拉起。鱼雷机向下飞行时，应考虑敌舰部署而不考虑气象条件。渊田讲到这里，发下许多图表，图表上是一些如何给敌人造成最大破坏的技术设计。

渊田还强调集中兵力轰炸单一目标的重要性。每架高空轰炸机将只携带一枚炸弹———一枚800公斤重的炸弹。这些炸弹用战列舰陆奥号和长门号上的16时炸弹特制而成，专门为击穿马里兰级战列舰厚甲板层而设计。因此，每架轰炸机只有一次轰炸机会。渊田对其轰炸效果似乎并不十分乐观，他认为实战中的命中率可能为5比1。因此，他要求所有投弹手投弹前应确实找准目标，尽管这样做将意味着飞机在目标上空要盘旋2次、3次或许4次。

渊田早已绘制出一张标明成对停泊在福特岛周围的目标舰方位图。他指出，高空轰炸机的投弹手应把目标对准成对停泊的军舰，而不是单一停泊的军舰，因为前者的目标大。他还要求飞行员运用自己的判断力做出决断，倘若他们认为一艘敌舰已被炸毁，就应转向另一目标。渊田再三强调指出，给予敌舰造成轻度损坏也将导致此次任务失败，即使每一艘军舰都受到了皮毛之苦。

他要求所有飞行员“全力以赴地击沉航道内或航道附近的全部敌舰”。在这些敏感地区击沉一艘或数艘敌舰，可使敌整个基地陷于瘫痪，这样的袭击效果将会大大超过预期的估计。因为，不仅港内舰只得不到外来增援，而且海上的美国军舰也不能进入珍珠港，而不得不返回太平洋沿岸基地，或者在它们对手的摆布下颠簸漂游在海上，直至燃料用尽。日本人还非常希望有几艘美国军舰向外逃跑，给予他们堵塞航道的机会。

渊田已拟定出一个让村田的 40 架鱼雷机几乎在同一时刻开始实施进攻的方案。根据该方案，村田接到渊田展开队形的命令后，率领他的飞机飞过瓦胡岛西侧，到达珍珠港正西部某个方位时，分成两个攻击编队，从两个方向同时向目标发动进攻。

村田将率领两个各由 12 架飞机组成的飞行队，径直向东南方向飞行，直至外航道入口偏南，然后飞过希卡姆机场，对战列舰队实施轰炸。机群分成 3 至 5 架一组，分别向那些不堪一击的目标掷下致命的鱼雷。另外一支由两个各为 8 架飞机的飞行小队组成的小型鱼雷机编队，由长井海军大尉率领，它们从西北和北面，向停泊在福特岛周围及其他战略要地的敌舰实施攻击。有几架鱼雷轰炸机，将从南侧轰炸停泊在主航道以东的舰队单位。因此，珍珠港内大部分主力舰，将同时遭受鱼雷攻击。

日本人一直在为防鱼雷网而担心。当时在单冠湾，他们还未得到敌人是否部署防鱼雷网的可靠情报。村田、渊田和源田估计，随着太平洋局势的日趋紧张，美国人极可能采取这种防御措施。因此，他们为如何破坏防鱼雷网设计出一个同归于尽的战术。但如何在简况会上拿出这个方案难住了他们，因为他们 3 人事先都未对南云和草鹿谈起过这个出于无奈的办法。最高指挥官很可能不同意，因为山本曾强调指出袭击珍珠港不应被视为是一次同归于尽的战斗。再者，他们 3 人企图保护南云和草鹿这两位身负重任的领导人，不让他们再负有命令自己士兵去死的责任。因此，渊田用极快的速度，念了以下命令：“第一架飞机将通过轰炸防鱼雷网，为后来的飞机打开一条通路。如果第一架飞机的努力失败，后来的飞机将不惜一切代价，从网内将它炸掉。”

这一段杂乱无章的话语令南云不解，他要求对此再做详细说明。从渊田嘴里，平静地道出来的答案是：“这是一种特殊形式的攻击，飞行员们都明白。”南云似乎对这个回答感到满意，没再说什么。因此，那些知道该方案的鱼雷机飞行员，对此要保守秘密，并在一旦需要之时，自觉自愿地为国捐躯。

接下来，渊田详细地向与会者讲解了另外4个替补战斗方案，飞行队长终于结束了长达两个小时的发言。此时，源田又做了些补充。源田说，倘若特遣舰队不能确定敌舰方位，将移至瓦胡岛以南50英里左右处接应袭击瓦胡岛归来的飞机。南云舰队可能将继续在大海上寻找敌人，因为情报部报告敌人经常在这一地区进行军事演习。倘若猎物脱逃，南云将返回马绍尔群岛，等待进一步的指示。即使美国太平洋舰队此时返回基地，源田也不能肯定特遣舰队是否能掉头再度实施攻击，因为袭击瓦胡岛之后，特遣舰队已失掉出其不意的优势。

简况会后，赤城号上继续举行关于此次行动的讨论会，参加讨论的只是参加两个攻击波行动的飞行军官们。讨论会开始时，源田和渊田按照飞机种类，把飞行员们分到各位飞行指挥官名下讨论。渊田负责召集4个高空轰炸机攻击队的人员开会，同他们共同研究各自的具体问题。与此同时，村田、高桥、板谷、岛崎、江草和进藤，召集各自的人进行讨论。指挥官们耐心地分析各自的任务和进攻目标。

源田和渊田决心把准备工作的各个环节做得尽善尽美，于是把参加讨论的人员分成更小的单位，由各个攻击队的指挥官主持讨论。26位攻击队队长和各自的部下一起座谈，逐一弄清与本攻击队有关的攻击步骤。源田和渊田在他们中间走来走去，确保每个人充分了解此次空袭的任务，不留任何疑点。

飞行军官们再次研究了渊田在简况会开始时，讲解过的珍珠港和瓦胡岛模型。此时，瓦胡岛立体模型看起来准确逼真，这是因为每当情报部得到更准确的情报后，便把相应的地面设施模型加到大模型上。珍珠港的模型是长门号木工军士长的手艺，模型最初不过是一个粗糙的锚地地表轮廓，随着日本间谍工作的深入，每个美国舰队建制都按比例缩小，在刚刚得知的方位上安家落户。

飞行员们越是深入讨论空袭方案，越发感觉到：空袭成败的关键，在于出其不意、遵守时间、通力合作、坚韧不拔以及上下一致的过硬战术。源田和渊田在战略战术上所做的脑力劳动成果表明，他们十分注重细节，但又留有一定的灵活性。就像一座设计优良的摩天大厦，其设计可以根据盛行风稍加改动。使人们禁不住注意到，该设计是建立在灵活性的基础之上的。

没有人对灵活性的弱点比源田认识得更为清楚。他若有所思地说："预先确定各个方案的空袭路线是不可能的，我们只能尽可能精确地预先估计出各种可能性，而把其他留给命运掌握。胜败在很大程度上取决于时间和条件以及其他因素，而我们对此无法控制。"

当天夜里，怒号的大风抽打着单冠湾，天气变得特别寒冷。许多飞行人员滞留在赤城号上，在喝米酒、吃饭和说笑声中结束了这一天。那些参加上午南云主持的那个会议的人已回到各自的军舰上，向有关人员通告此次夏威夷行动的情况。秋云号上的千草，吃过晚饭后得知了这一消息，当时狂风在他的驱逐舰周围旋转，就像一群报死讯的女妖。“我下定决心参加此次战斗”，他在日记中写道。但又禁不住补充：“我感到难过的是，我将袭击的夏威夷，住着我的哥哥。”

第二天上午，继续进行关于空袭方案具体细节的讨论。飞行队长们带着各自的部下，轮流走进赤城号军官起居室，再次对空袭方案进行分析。这是源田和渊田同他们的飞行同事们，最后一次共同解决遗留难题和解释不明确之处的机会。

渊田从早到晚一直站在模型前，依次向各个攻击队讲解，直到把此次作战的要求及各队在空袭中的具体任务重复了 20 多遍，以致他往常洪亮的嗓音变得嘶哑起来。源田与此同时，也不怕麻烦地把几个不同的空袭方案并列起来，从各个角度寻找各自的不足之处。赤城号上没完没了地在开会，各航空母舰战队则在各自的旗舰上进行常规训练。

那天某时，南云对飞行人员们说：“帝国现在要与那个狂妄自大、我们命中注定的敌人交战……本特遣舰队……将要对驻夏威夷敌人舰队实施一场突然袭击……我们的目的是干净彻底地摧毁这只美国舰队。”在说完他们将十分荣幸地参加这场“光荣的战斗”后，南云警告道，他们将面临许多困难，但又激励说：“无论面临的局势有多么严峻，千万不要丧失必胜的信心，要沉着冷静地应付情况……无论发生什么情况，无论有多大困难，也一定能被大无畏精神和赤胆忠心所战胜。”

舰队官兵们用整整一天的时间在各自的舰船上，为即将到来的考验做准备，有的加油，有的把保护席盖到驾驶台上，有的在无线电室检查通讯安全，有的检查设备、弹药和枪支，一些驱逐舰还进行了射击试验。从日本本土带来的专家们，在赤城号、加贺号、苍龙号和飞龙号上调试新型空中鱼雷。就在这一天，山本向南云发布出击令：“特遣舰队务于 11 月 26 日自单冠湾出发，竭力保持行动隐蔽，于 12 月 3 日前抵达集结地（北纬 40° 、西经 170° 附近海面）。”南云翌日必须出发，去完成他曾强烈反对的使命。

山本于 11 月 22 日向南云发布的作战令中。确实包括下述限定条件：“一旦同美国的谈判达成协议，特遣舰队将立即返回日本。”新发布的出击令，同样没有取消这个限定条件。尽管山本具有良好的愿望，南云舰队的任何一位现实主义者，都不怀疑下面这种说法：日本军队已经行动，说明外交谈判已经失败。尽管草鹿和源田在简况会上都谈到这个问题，但特遣舰队的任何一位头脑清楚的军官都不会相信他们有返航的可能。假若美国海军在诸如国际日界线以外发现日本人，日本将如何为在这片水域中出现如此一只浩浩荡荡的特遣舰队作辩护？他们可以否认一艘单行军舰的行动，但不能否认日本海上力量主力的行动。因此，特遣舰队内稍有理智的人都深信，他们一旦启航，返航就像让潮水倒流一样，根本不可能。

那天下午，舰长们集合起各自的部下宣布此行使命。此时此刻，舰长们当然不抱有恢复和平的幻想，因此各舰的气氛很单一。“空袭珍珠港！让梦想成为现实！”水兵楠木狂热地写道，“家里人听到这个消息后，会怎么想？他们会不会激动？我似乎能看到他们手拍巴掌兴奋喊叫的情景。我们的心情正是如此，我们将去教训一下那些狂妄自大的盎格鲁·撒克逊混蛋们！”

山口在苍龙号的飞行甲板上向他的部下宣布此行使命。他还向部下讲了他自己那把剑的故事。他的剑是用上等钢材打制，受过恰到好处的淬火处理。山口经过长期刻苦训练，能用此剑指哪儿打哪儿。他吹嘘说，只需一下，他的剑就能把武士头盔剁成两半。就像他那把剑能把日本歌妓劈开一样，第二航空母舰战队将以同样的效果，完成突袭珍珠港的任务。山口的最后一句话，有如击鼓一般：“把敌人劈成两半！”然后指挥全体官兵，唱起在海军中相当流行的特别进攻圣歌《富有自我牺牲精神的武士之歌》。这首歌的歌词，根据1904年日俄战争期间封锁阿瑟港的战斗经历，讲述了一个场面极为壮烈、士兵几乎无一生还的战斗故事。唱完歌，他们山呼三声。

当晚，南云特遣舰队的官兵们，都去乞求祖先神灵在未来的危险战役中帮助和保佑他们。他们乞求保佑最多的，恐怕是去夏威夷途中平安无恙，美国太平洋舰队在珍珠港或拉海纳水道，他们能做到攻其不备，空袭大捷，受损最小，特遣舰队完好无损地返回日本等。然而，即使一切顺利，这些超理智的愿望也大大超出最仁慈的上帝所能给予的。

第四十八章
与任何军舰匹敌

美国太平洋舰队即将遭到攻击

简况会后，许多令人担忧的问题仍然困扰着南云。最令他担心的，是如果远航而去却发现美国太平洋舰队未在珍珠港内，该怎么办。他还担心敌人可能会发现他们的空袭计划，并偷偷地将自己的战舰隐藏在某个战略要地，然后对特遣舰队发动突然袭击。山本引用的“不入虎穴，焉得虎子”的格言千真万确，然而如何对付老虎？山本不是几天前在佐伯，还提醒第一航空舰队或许要一路杀向目标吗？

南云把毕生献给了大海。因此，他清楚地知道，他是在为一位反复无常的皇后服务，这位皇后脾气多变，甚至会对她最忠实的奴仆发脾气。昨晚，单冠湾突然而至的狂风便是一例。在这种天气中，紧急加油根本不可能。也许还会下一场大雾，大雾笼罩着他的舰队，使飞机不能在航空母舰上降落，而就在此时此刻，外出归来的飞机耗尽了最后一滴油。此外，大海也可能因过分溺爱而伤人。例如大海在灿烂的阳光下平静地流淌着，地平线无边无际地延伸着，而此时在海上的特遣舰队就像一群黑牛走在一片白雪覆盖的大地上，格外显眼。

南云司令长官还意识到，在远离本土的大海上部署一只航空母舰舰队，有其致命的弱点和局限性。例如，航空母舰抵挡不住潜艇和飞机的进攻，战列舰受伤后仍能继续向前，而同样的损伤会使航空母舰成为唾手可得的猎物。在 9 月份的图上演习中，尽管演习裁判偏爱己方，但在场的人一致认为，应预计有几艘航空母舰将可能沉入海底。如稍不走运，南云就可能被视为仅在一小时内损失日本航空力量大部的罪人，而被载入史册。瓦胡岛是美国海、陆、空力量的大本营，是个马蜂窝，而作战方案却要求南云在 200 英里之内的海区靠近它，消灭敌人空中有生力量以及敌舰队主力。即使做到了攻其不备，但倘若他的飞行员未能摧毁敌人地面停放的远程轰炸机，那该怎么办？ B—17 型飞机的攻击半径不是比南云航空母舰上的任何一架飞机都大吗？南云在这漆黑的忧虑之念里走得越远，可怕的念头就越不肯把他放过。

已午夜时分，南云干脆放弃了睡觉的打算，派人去叫铃木。这位特工人员刚刚穿上睡衣，传令兵就敲响了他的门，说司令长官想见他。铃木立即换上和服，匆忙赶到司令长官的房间，同情地聆听着南云倾吐的一大堆问题。

如同喀努特英王（喀努特英王在位期间，为 1016—1035 年，又于 1018—1035 年兼丹麦国王，1028—1035 年兼挪威国王——译者注）一样，铃木当然不能支配大海，或保证作战中不发生偶然变故和难以预料的混乱局面，不过他尽量给南云以安慰，同时向司令长官保证，他本人对美国太平洋舰队在 x—日那天集中在珍珠港内，坚信不疑。他提醒南云说，有大量情报着重指出，敌人有每到周末就返回基地的习惯，日本特工人员长期以来观察这一规律，从未发现例外。

最大的疑虑消除后，南云感到稍微轻松一些。两位军官一起喝了点米酒后，铃木回到自己房间。他为南云感到难过，并深有感触地发现，这位海军中将和任何一名下级军官一样，也常常因为发愁而夜不能寐。

11 月 26 日，星期三，一个寒冷阴郁的黎明悄悄来到单冠湾上空。低低的云块吊在铅灰色的天空上，雪花纷落在大地和海面上。昏暗中，各舰只能看见自己的邻舰那灰蒙蒙的轮廓。

信号灯的闪光穿透这可怕的灰蒙蒙的黎明。6 点整——夏威夷时间 11 月 25 日 10 点 30 分，华盛顿时间 11 月 26 日 16 点——甲板和梯子上响起了军官和士兵奔向各自岗位的脚步声，主机房里巨大的汽轮机嗡嗡地吼叫着，强有力的螺旋桨击打着水面。由于赤城号的锚链被卡，启航向后推迟了半个小时。这在迷信者中间引起一阵恐慌。之后，特遣舰队一艘接一艘幽灵般地从隐蔽集结地溜出来，向太平洋驶去。

特工人员铃木在海防巡逻艇国后号上，目送着特遣舰队出征。渊田坐在赤城号飞行甲板指挥台上的一张折叠椅上，望着向后退去的海岸线和把他与忠实的妻子春子及儿女分开的那越来越宽的灰色水域，这或许是永久的离别。江间海军大尉是瑞觉号俯冲轰炸机驾驶员，同时也是一位骄傲的父亲，他有一个只见过一面的刚刚满月的女儿，尽管他不怕为国捐躯，但他更想活着回来，回到妻子和他们唯一的孩子身边，享受天伦之乐。千草的驱逐舰启航了，他没有时间去想那些令人伤感的事，他已给妻子和父母写过一封长长的诀别书，感谢妻子伴他度过了多年的幸福生活。

然而，激荡在南云官兵心中和脑海里的情感并不局限于此。几乎没有人感到后悔和恐惧，因为他们懂得，目前最大的问题是，这场你死我活的战争，对日本所有男人将意味着：去杀或被杀。天贝对我们说，他们离开千岛群岛时，“年轻的军官们，根本不在乎要发生什么”。

当渊田看见赤城号领航员三浦义郎海军中佐时，乐得直眨眼睛。三浦是个可爱的军官。平时总是说说笑笑打打闹闹，他在船上穿着很随便，趿着拖鞋到处闲逛。可是此时，为了此次出征，他特意穿上一身崭新的军装和一双锃光瓦亮的皮鞋，把自己打扮起来。渊田说：“出发后的第二天，三浦又换上了拖鞋。”

南云呼吸着 11 月又湿又冷的空气，站在赤城号舰桥上看着他那壮观的舰队启航。在那一刻，如果他没感到骄傲和激动，那他就不是一个头脑健全的人。那些黑灰色的军舰，从他的视野里一一驶过——载有致命武器的航空母舰、沉重缓慢的战列舰、雍容华贵的巡洋舰、小巧结实的驱逐舰、潜水艇和气味难闻但必不可少的油船，一共 30 艘。它们由他指挥、领导和控制，在他的率领下，或走向成功，或走向失败。

但是，如果说南云在为许许多多的事情感到骄傲，他同样也在为许许多多的事情感到心绪不宁。相对金梅尔而言，南云在万一不得不杀出一条通往目标之路时，只在一方面占有绝对优势，即他的航空母舰占有 3 比 1 的优势。当时，金梅尔在中太平洋只拥有列克星敦号和企业号两艘航空母舰。赤城号和加贺号各载有 18 架战斗机、18 架俯冲轰炸机和 27 架高空或鱼雷轰炸机，尽管这两艘航空母舰装备精良，但总起来说，比不上对手萨拉托加号和列克星敦号。这两艘美国航空母舰除武器装备和吨位数外，都胜其日本对手一筹。日本海军传统上崇尚高速度，但赤城号和加贺号这两艘元老航空母舰在时速上，比金梅尔的一流航空母舰要慢几节。

相对而言，苍龙号和飞龙号算得上是航空母舰的新秀，分别于 1937 年和 1939 年营造。但它们都有一个致命的弱点——活动半径有限。而且，两艘舰的油容量合起来才有 7000 吨，比加贺号一艘还少得多。当苍龙号和飞龙号启航时，山口才知道它们是在超载 700 吨油的情况下航行。这一情况相当危险，正常形势下他绝对不能容忍。然而，即使这些油也不能把它们送到珍珠港，去完成他盼望已久的行动，更不用说返回本土了。

苍龙号和飞龙号只有在全速前进时，才能与稍大于它们的企业号比快慢。更重要的是，后者能把 81 架至 85 架飞机送上天，而山口的航空母舰只能运载 54 架飞机，其中包括战斗机、俯冲轰炸机、高空和鱼雷轰炸机。

光彩照人的翔鹤号和瑞鹤号，排水量为 2.98 万吨，时速为 34.2 节，大大增强了南云的力量。它们分别于 1941 年 8 月和 9 月才编入现役，因此现在实际上是在试航。它们各载有 72 架飞机——18 架战斗机、27 架俯冲轰炸机和 27 架高空轰炸机。这两艘航空母舰均不用加油，便能航行至夏威夷再返回，然而它们的官兵却像绿树叶一样嫩，没有经验。在即将到来的战斗中，他们只能去袭击陆地目标——“那些次等目标”正如原金刚哼着鼻子尖刻地说的那样。

海战史上，有不少关于一个伟大的水兵从一个高超的敌人手中夺取胜利的记载。因此，胜负很大程度上取决于指挥各航空母舰战队的司令长官的经验和人品。南云一向作战勇猛，但在他领导第一航空舰队之前，从未在航空母舰上服过役，他对航空战术只有书本知识，所以必须依靠源田和渊田，以弥补这一欠缺。但南云毫不忌妒、毫无怨言地接受了这一事实，佩服其助手的才干，把他们视为儿子一样爱护，这一点能很好地说明南云的为人。在日本海军以骁勇善战著称的山口，为能参加此次战役感到特别高兴，因为空战的气氛十分适合他那好战的性格。但是，他对航空战术的了解和实践经验，并不比南云好多少。在此之前，原也从未在航空母舰上服过役。9 月 15 日，他才接到指挥一个航空母舰战队的任务。

特遣舰队从单冠湾出发时，南云还不确切地知道，金梅尔在珍珠港地区拥有航空母舰的数目。军令部保守地估计为 4 艘，但实际上在第一航空舰队出发时，只有两艘航空母舰在珍珠港外活动，萨拉托加号在皮吉特海峡进行修理。南云在千岛群岛起锚时，列克星敦号刚刚驶进珍珠港航道，它是经过 8 天巡航后于 11 点 15 分到达 F—9 泊位。而企业号在完成一周演习后，从 11 月 17 日 10 点 57 分起，就泊在 B—3 泊位。

大森指挥的护航部队，是南云可以很好依靠的力量。大森有颗清楚的水兵头脑，却装在有如白雪公主中的 7 个小矮人一样的身子上面。他的旗舰阿武隈号时速为 32.5 节，不能与金梅尔的轻巡洋舰雷利号相比拟，雷利号能以 35 节的时速乘风破浪，但阿武隈号上有能在风口浪尖上操纵使用的 8 个鱼雷发射管。

阿武隈号这艘壮观的巡洋舰，率领着旭日旗下 9 艘最新最好的驱逐舰。南云的这些解除麻烦的能手，为自己的第一流设计感到自豪。它们的名字，都与大自然有关：浦风号、矶风号、谷风号、滨风号、霞号、霰号。阳炎号、不知火号和秋云号。这些带有诗情画意的名字似乎会使人产生误解，其实只要一声令下，这9艘驱逐舰便能启动舰上6门口径为15时的大炮、杀伤力极强的鱼雷发射管和深水炸弹，投入到战斗中去。它们的高射炮还能射出毁灭性的炮弹，并能施放出一层厚厚的烟幕。这9艘驱逐舰大都比其珍珠港对手大得多，也结实得多。它们中，7艘是新2100吨卡格勒级，2艘具有标准的1500吨位，相当于夏威夷最大的驱逐舰麦卡里级的莫里号。

在风平浪静的海面上，大森手下的这些灰色猎犬，据测能以35节的时速前进。然而，在体积上稍逊一筹的美国驱逐舰的航速也相当高。再者，金梅尔可以集中29艘驱逐舰，用以对付南云的9艘，力量的悬殊，难免使最踌躇满志的乐观主义者也感到沮丧。美国驱逐舰均以海上英雄的名字命名，而正是这些名字，使南云想到这是近代史上日本第一次同一支一流的海上舰队较量。他还清楚地了解自己手下那些又小又旧的战舰将要消耗大量的燃油，因此要给它们补充燃料，倘若不能按计划加油，他就不得不让它们返航。而这样做，势必将大大削弱第一航空舰队的力量，使航空母舰更不堪一击。南云面临的任务，不仅仅是率舰队航行至夏威夷，而且还必须把舰队带回去。

支援部队司令长官三川对战列舰充满信心，但他所担心的是，缺少足够数量的战列舰：

说实话，我有些担心，我手下只有两艘战列舰和两艘巡洋舰。因此，我是在安全没有保障的情况下参战。我们的大部分航空母舰没有经过什么考验，我也知道14时和16时炮弹的威力。我担心会发生海上截击战和海上冲突，说不定我们要走一路打一路，才能到达目标。我深信，一旦美国军舰包抄上来，我的这4艘军舰没有足够的能力保卫我们的航空母舰。我还常常这样想，倘若特遣舰队拥有4艘战列舰，南云就不会对此次行动如此忧心忡忡了。

但是，三川的两艘战列舰当属日本最好的军舰。每当天皇出海指挥演习（天皇经常这样做）。他总是选中比睿号。这艘漂亮军舰上的官兵对能在天皇陛下的宠船服役感到骄傲自得，他们还为能作为南云特遣舰队支援部队旗舰，率领其姐妹舰雾岛号以及重巡洋舰利根号和筑摩号感到非常自豪。比睿号和雾岛号与其美国对手相比，似乎又长又瘦，它们能以近30节的航速在大海中逐浪前进，比金梅尔的老式战列舰时速快8至9节，它们的巡航距离很长，可以往返夏威夷而无须加油，它们有8和9时的装甲带，大大低于金梅尔的彪形大汉。金梅尔曾吹嘘说，他的战列舰有 14 和 16 时的装甲保护带。三川的战列舰可以控制 8 门 14 吋大炮，而马里兰号级有 8 门 16 时大炮。

再者，金梅尔的战列舰在数量上以 4 倍超过南云。因此，如果展开一场短兵相接的老式海战，日本人很可能会被打得一败涂地。南云的优势在于他的速度和优秀的空中攻击力量。打完就跑的战术不仅是南云的战略思想，而且也适合他舰队自身的力量。

两艘重巡洋舰利根号和筑摩号能以近 36 节的航速搏浪击流。相比之下，夏威夷地区的旧金山号的航速只有 32.7 节。这样，利根号和筑摩号可以快打速撤。它们分别拥有 8 门 8 时炮，比金梅尔的重巡洋舰少一门，但它们却拥有一件美国重巡洋舰没有的武器——左右两舷装有 6 个鱼雷发射管。日本的 24 时充氧鱼雷射程长，速度快，爆炸威力大。因此，这两艘重巡洋舰的性能特征双倍优于美国舰只。"舰与舰相比，我们认为它们可以与 1941 年的任何军舰匹敌。"小村计三海军大佐——筑摩号舰长说："实际上，我们认为它们胜过金梅尔在太平洋上的任何重型巡洋舰。"

由于取消途中进行空中巡逻的决定，南云只得依靠由 3 艘潜艇组成的侦察部队——它们是帝国舰队有史以来营造的最大的潜艇 I—19 号、I—21 号和 I—23 号。它们的排水量均为 2581 吨（大大超过金梅尔的潜艇），最高水面航速 24 节，最大航程为 1.4 万里。每艘潜艇配备一架小型单人水上飞机，飞机能以每小时 90 英里的航速前进，飞行时间 3 小时左右。潜艇还载有令人胆战心惊的武器——致命的鱼雷。

两支补给队的油船全是黄褐色的，很不起眼，它们行驶在特遣舰队的最后边。但是，它们的重要性远远超过自身外在的魅力，因为在它们邋遢的货舱里，装有帝国生命之源。没有这些油船，骄傲的第一航空舰队将永远不会完成自己的使命。第一补给队由正直海军大佐在旗舰极东丸号上指挥，由极东丸号、健洋丸号、国洋丸号和神国丸号组成。新见和高率领由旗舰东邦丸号以及曙丸号和东荣丸号组成第二补给队。

南云手下的这些油船均由江田岛海军学校的毕业生指挥。其中 5 位指挥官在现役名册上，其他 3 位是在与美国关系恶化后，从退役军官中重新召回的。大部分油船，能以时速 19 节的速度行驶，但东荣丸的时速只能达到 16 节，因此特遣舰队的前进速度不得不限定在它的最高航速内。实际上，南云舰队始终保持 12 至 14 节的巡航速度，加油时减慢至 9 节。

日本海军在行驶中加油的技术已达到相当过硬的水平。但是，在波涛汹涌的太平洋上，什么意外都可能发生。倘若不能按计划加油，南云就不得不下令让那些需加油的军舰停下，而能够继续前进完成使命的，只有 3 艘航空母舰——加贺号、翔鹤号和瑞鹤号，两艘战列舰，两艘重巡洋舰和几只油船。然而，这些力量不能给予敌人以足够的打击，也不能达到预期的目的。鉴于上述原因，以及万一美国太平洋舰队全体出动向南云袭来，南云将不得不面临敌我力量的悬殊差别。因此，人们不应责备南云的忧心忡忡，只有鲁莽的汉子才会轻松愉快、无忧无虑地贸然闯进如此一种局面。

南云将不再是一位普普通通的海军中将，从此时起，他无论成败，均将成为日本民族历史上的一页。倘若成功的光环扣在特遣舰队的头上，他会被捧到天上，成为胜利的象征。即使他战死疆场，那些至今尚未出生的后代水兵，将来每当踏上危险征程时，便会来到靖国神社，祈求他神灵的帮助。将来，每当人们乘船出海，便会谈起这场战斗，并定会对此表示惊异。然而，倘若他战败而归，倘若他率领舰队走向灾难，又有谁能为他挖一个足以埋葬他耻辱的深洞呢？太平洋的水，能够把他的名字洗刷干净吗？有高山，就必定有沟壑。

南云的肩膀上承受着责任和重担，这样的重荷在海战史上，几乎没有几位司令长官承受过。此次冒险行动，一反日本海军的传统，违背了日本的基本战略原则，把日本早已制定的同美国海军的作战计划扔进了秘密文件垃圾堆里。它也有悖于孙子的教导：用兵的规律，如水的流动，水流动时是避开高处，而流向低处，作战的规律是避开敌人坚实的地方，而攻击敌人的薄弱之处。然而，南云却在反其道而行之。他将直接驶进世界上最强大的海军基地的腹地，他的那些宝贵的军舰，恰好处在其高明对手所期待而对自己最不利的位置上。但就在这个位置上，南云要在自命不凡的对手的要害部位猛击一下。

然而，无论南云怎样理解天意编织的命运之网，有件事对他极为有利：无人发现他航行在大海之中。

第四十九章 那是活动扳手

日本外相东乡茂德

11 月 26 日上午，斯廷森打电话给总统，想确定一下总统是否接到一份他前一天送交白宫的陆军情报部报告。该报告涉及了一支由 4 或 5 个战队组成的 30 至 50 艘军舰的日本远征舰队被发现在台湾以外海域向南行驶的情报。罗斯福还未见到这份报告，听到消息后，有些着急，说“这将改变整个局势，因为这是日本方面行使骗局的证据之一。当他们正在就全面停火、全面撤军的问题进行谈判之时，却把这支远征军派遣到印度支那”。

更为紧迫的是，倘若美国不打算提出暂时协议，那么弄清上述事实便成为急需。赫尔和几位顾问正在着手起草准备送交野村和来栖的外交照会，照会草稿那天上午由国务卿送交罗斯福批准。该照会后来以赫尔照会或十点建议而著称。我们此刻不能在这里详述照会具体内容，但有足够的理由肯定，“照会中没有任何可能使一个追求和平的国家不愿接受的建议”，正如赫尔后来作证时所说。

不幸的是，日本此时已不是一个“追求和平的国家”。赫尔从未弄明白的是，日本人为何坚持在中国这一流沙区盖一所房子，却不在他提供的更为坚硬的地基上营造。对东京来说，答案相当简单：他们作为亚洲的主人，有权力并且有责任占领中国。在日本人的心目中，重庆该受惩处，因为他们顽固地拒绝服从上天的明确意志。再者，日本军队将永远不会甘心让一个奉行公平贸易和国际和睦原则的国家战胜武士道精神，倘若如此，军人就会从控制地位上被拉下来。

赫尔照会绝非最后通牒，它只不过再次重申了美国数月来一贯坚持的立场，日本当然不会喜欢它。但是，鉴于11月20日东京照会和华盛顿掌握的日本奉行的主张和已实施的行动，赫尔应该向日本提出一份口气更为强硬的照会。

格鲁非常喜欢赫尔照会，但不久他便发现东条政府把它视为最后通牒，因此它“迎合了日本军方的需要”。太平洋战争爆发后，十点建议才在日本报纸上出现，不过日本政府很快就查封了刊登他的那家报社。

为尽快大干一场，东京不断向野村和来栖施加压力，向他们强调时间的紧迫性。11月26日，外务省发电指示两位使节同美国局局长山本熊一用电话联系。外务省的电报，提供了电话对话中使用的暗语。暗语是一系列相当亲切的家庭用短语，如果能巧妙地加以使用，会创造出一场无关痛痒的谈话。暗语中，罗斯福和赫尔分别是君子小姐和不免子小姐，“把山卖掉”意思是妥协，“不卖山”自然意味着不妥协。“孩子出世”几个字，代表“局势发生了关键性转折”，海军被称之“求婚”，而陆军却成了“德川”。

在收到赫尔的十点建议之前，野村和来栖刚刚做出加快步伐的决定。他们联合向东乡发电，建议“倘若我们让局势依然滞留在目前这种紧张气氛下……谈判将不可避免地破裂，虽然这样说还为时过早。我们的失败和耻辱应就此结束……”。这段话之后，野村提出了一项大胆的建议：

> 我认为，在目前转折关头，可以建议美国总统向天皇陛下发电，表示他对日美合作的愿望，并请求天皇陛下给总统回电。这样做可以消除目前的紧张气氛，并给日本以足够时间，提出建立一个包括法属印度支那和泰国在内中立区的建议。

野村和来栖还建议说，希特勒可能要逃脱责任，而日本将不得不在中国裹足不前，因为日本不可能同时进行两场主要战争。

东乡根本不理睬野村和来栖共同发来的电报，他只希望他的代表能遵循东京的既定方针办事，而不要想入非非。野村和来栖的意见不坏，东乡倘若是一只真正的和平鸽，他会让后代相信他曾有意做一切努力。

在繁忙的 11 月 26 日的 16 点 45 分，野村和来栖拜访了赫尔，进行了持续约 2 小时的谈话。赫尔正式通知他们，美国不能同意乙提案，然后递给他们两份文件，其中之一是十点建议。两位大使对此表示反对，说他们不能将十点建议转呈东京。双方经过长时间激烈的争论，最后，由野村提醒赫尔别忘了罗斯福曾说过的“朋友之间不会把话说尽”，要求赫尔为他们安排一次总统召见。赫尔同意了这一要求。

东乡紧紧抓住赫尔的十点建议不放，就像找到一个千寻万找的应急出口，然而他的鳄鱼泪丝毫不能打动任何人。正当野村和来栖与赫尔谈判的时候，南云的特遣舰队已在海上航行了 24 个半小时，并且正在进行珍珠港途中的第一次加油。况且，正如我们先前提到的，日本潜艇早已在 11 月 11 日出发——恰好是赫尔提交十点建议的前两周。这种事情，只有在珍珠港事件中才会有。

日本人已开始把其主要战争计划付诸行动——占领南方。其实，开往马来西亚的侵略部队已于 11 月 24 日离开柱岛，比南云从单冠湾出击的时间提前两天。侵略南菲律宾部队，也在珍珠港特遣舰队向太平洋冒险进军的同一天，离开了佐世保。

斯廷森满腹疑虑，于 11 月 27 日上午打电话给赫尔，想知道“同日本人谈判的结果如何”。据斯廷森讲，赫尔当时回答说：“我洗手不干了，现在该轮到你和诺克斯——陆军和海军控制局势了。”赫尔后来否认他曾这样说过，而这番话当然也不像他应该说的话。作为国务卿，他不能在如此困难的局势下“洗手不干”，他本人同样十分明白这一点。斯廷森或许把赫尔这次所说的话与他 11 月 25 日所表示的“我们国家的安全，现已掌握在陆军和海军的手里”混淆起来。

斯廷森急不可耐地又给总统打电话，总统的见解与国务卿的稍有不同。陆军部长建议罗斯福说，他们应该让麦克阿瑟提高警惕，防备敌人的袭击。陆军部长还对总统谈了目前局势的情况。斯廷森刚放下电话听筒，哈普·阿诺德便走进来，让斯廷森过目关于派遣两架大型飞机从旧金山起飞到曼代茨地区拍照，以了解日本人在该地区活动的命令。此处我们附带说明一下，这项应由两架 B—24 飞机担任的任务，从未付诸行动。其中一架 12 月 7 日那天在瓦胡岛飞机库里，空袭时被日本人炸毁，另一架根本没有飞到该岛。

稍过片刻，诺克斯和斯塔克走进来，想同斯廷森和杰罗谈谈。由于在北卡罗来纳州进行对抗演习，杰罗暂时代理马歇尔的职位。他们 4 人谈话的主要议题，是如何让麦克阿瑟时刻提高警惕。斯廷森再次给赫尔打电话，要求他就形势问题给予确切的叙述。4 个人听完赫尔的形势分析后，再度仔细研究了将以马歇尔名义提出的建议书。

11 月 27 日，东京向驻华盛顿大使馆发出一封含有另一套暗语的通函。后来，它被称之为“藏字”暗语，也就是说一些普通词汇代表某些国家和某些事件，被写在一封看似普通的电报里。这里，“美波”意指美国。为了提醒收报人注意这封电报，发报人用英语“stop”来结束电文，而没用日语的“Owari”。

当天晚上，来栖叫通外务省美国局山本的电话，23 点 27 分通话结束。开始时，先是一阵寒暄，然后山本用事先约定的暗语问：“今天那段婚姻有何进展？”

“噢，您还没接到我们拍去的电报吗？”来栖问。“与昨天同梅子小姐讲得没有什么太大的区别”，这或许是口误，或许是译员的疏忽，赫尔的暗语应是“不免子小姐”。来栖继续说：“……既然在那个南方事件之前——那个南、南……正在起明显作用……”显然，来栖一时忘记如何用暗语表示日本在那个方位的公开行动，他没用暗语讲，没用东京事先编排的关于婚姻和生小孩的家常话讲。

“噢，南方事件吗？”山本立刻领悟到了，高声说：“很起作用吗？”

来栖回答说：“是的，在一段时间里，那个婚姻问题似乎解决了。但……噢，当然还有其他事情牵扯进来，就是……活动扳手（美国俚语，把活动扳手丢进机器里，使其不能转动，意指妨碍、破坏——译者注）……”此处，我们得到来栖的承认，外交机器里的“活动扳手”不是赫尔照会，而是日本南进的侵略准备。这一点很有意义。

“那里的情况如何？”他又问，“孩子是不是要降生？”

“是的，”山本肯定地回答，“小孩看来马上就要生了。”毫无疑问，山本一定确切地知道他话中的内涵是什么，他已得知 11 月下旬珍珠港行动的进展。

来栖用有些惊异的声音重复了山本的话，然后又问：“哪个方向……”，发现自己的疏忽之后，他马上住口，又平静地接着说：“男孩，还是女孩？”

山本迟疑了片刻，在来栖又回到家常暗语之后，低声笑了笑说：“看来是个健壮的男孩……[①] 你就今天同君子小姐（罗斯福）的谈话，发表过见解吗？”

来栖说，他除向报界透露他同野村一起与罗斯福见面之外，未透露其他任何消息。

---

①美国情报部门认为，有关“男孩或女孩”的对话没什么实际意义，因为暗语中没提到他们，可能是来栖把谈话引回家常话的引子。然而，来栖可以用“男孩或女孩”来巧妙地提到战争或其他进展，因为男孩可以意指武士。这样，也可以与他后来说到的关于军队的“不耐烦”紧密连接起来。

“那个婚姻问题，”山本继续说，“即有关安排结婚事宜，……千万别把他们拆散。”

“不把他们拆散？”来栖茫然地问，“你指的谈判？”他继而有些无助地说：“哎呀，我……”他心怀叵测地笑了笑：“好吧，我尽力而为。”谈了一会儿与总统的谈话内容后，山本又回到婚姻问题上来。他告诉来栖：“我将再给你发封电报，但请牢牢记住，未来的形势将相当严峻。”

来栖向山本保证“继续讨论婚姻之事，一如既往地做好它”。由此看来，来栖接到赫尔照会之后，仍然认为美国打算继续进行谈判。他又说：“与此同时，我们面临一个孩子即将出世的激动场面。那个德川对这个小家伙有点不耐烦了，对吗？”两位外交官对用如此不恭的字眼指日本军队都大笑起来。“因此，我不知道还能做些什么？”来栖务实地补充了一句。

“我不认为事情会糟糕到如此地步，”山本不同意地说。但他又说：“呶，我们不卖山。”这句话的意思是“我们不妥协”。

“一定，我懂。”来栖赞同地说，“在这点上，无须讨论。”又说了几句话后，他们结束了通话。

几乎就在罗斯福和赫尔召见野村和来栖的同时，金梅尔的司令部正在举行一次重要会议。参加会议的除金梅尔和他的几位主要参谋外，还有布洛克、哈尔西、布朗和贝林格等几位海军上将，肖特也到会，并带来了马丁和莫里森。会上，他们主要讨论如何派遣P—40型飞机到威克岛和中途岛与陆军一道加强这些外围基地的力量。一个月前，夏威夷和华盛顿就在考虑此事。

尽管肖特愿意在必要时派出自己的飞机和部队，但对从他的控制下抽走人马有些迟疑。他宣称：“我若向这些岛屿派兵，就必须拥有指挥权。”

“那只能等我死了之后！”金梅尔强硬地反驳道，“陆军不应该指挥海军基地。”

“听着，我并不要这些岛屿。”肖特口气缓和下来说，“我看，他们最好由海军陆战队掌管。不过，倘若我必须派军队和飞机去那儿，就必须指挥它们。”

这一小段有关武器和人员的插曲完全是善意的，因为每个人都在考虑分权指挥的不便之处。

比这更重要的是，运到外围基地的陆军飞机将会在夏威夷群岛报废，因为这段距离超出了P—40型飞机的独立飞行航程。马丁因此提议派遣他的一些淘汰战斗机：“这是我们所能舍去的最好飞机了。”肖特不赞成，他认为：“我们一旦同日本人交锋，所需要的不是最坏的，而是最好的……”

莫里森表示不赞成该计划，指出："我们的使命是保卫瓦胡岛，而运走陆军飞机将减弱我们的战斗力。"

"你为何如此忧心忡忡？"金梅尔问，"你认为我们有遭袭击的危险吗？"

"日本人有这个能力。"莫里森谨慎地回答。

"能力？是的。"金梅尔承认，"但是，有多少可能性？"说完，他猛地转向索克·麦克默里斯问："你是否认为日本人要来空袭？"

"不，绝对没有这种可能。"这位舰队作战计划参谋肯定地回答。

在这个关键的上午，不仅麦克默里斯的即兴评论影响了金梅尔，而且陆军部和海军部决定派遣夏威夷约 50%的 P—40 型飞机到威克岛和中途岛一事，也向金梅尔表明华盛顿责任当局"并未认为珍珠港将有可能发生战争"。然而，他决定运用自己的职权，把陆军的战斗机留在瓦胡岛，而派一个海军陆战队的 F—4F 型飞机中队去。

那天，哈尔西除吃午饭外一直同金梅尔在一起，他们一直待到 18 点。"你不打算把战列舰一起带走？"金梅尔问。

"绝不！"哈尔西反对说，"如果我不得不跑，我不想让任何东西绊住我的脚！"但最后，这两位老朋友又是海军学院的同学一致认为，战列舰必须同企业号特遣舰队一起出征，目的是维持一次掩人耳目的例行任务。哈尔西很明白，自己可能要遇到麻烦，不禁问："你想让我陷多深？"

"该死的，根据你的常识想想吧！"金梅尔干脆地答道。两个人的目光碰到一起，他们完全理解对方。哈尔西认为，他刚才得到的是"最好的命令"，他将"认真地对待它"。然而，他似乎对此又产生些动摇，因为在他返回珍珠港前，就已感到"我们要进入战争"。

第五十章 应视为战争警告

日军航母上的指挥官目送战机起飞

11 月 27 日 14 点 30 分，肖特从金梅尔主持的会议归来，他的参谋长泰格·菲利普斯海军上校给他送来马歇尔签署的陆军部第四十二号电报。电文如下：

同日本的谈判，看来不会达到任何实际目的，日本政府再次提出继续谈判的可能性也微乎其微。日本将要采取什么行动，现在难以预估，但战争随时可能爆发。倘若战争不能（重复不能二字）避免，美利坚合众国希望日本首先开始实施公开行动。这一方针不应该（重复不字）被解释为，把你部只限于实施当防御受到威胁时应实施的作战方案。日本发动战争之前，你部务必进行必要的巡逻和采取其他必要措施，但在实施具体措施时，务请不要（重复不要二字）惊动民众和暴露真正企图。务请汇报实施措施。一旦战争爆发，你部应实施“彩虹 5 号”（陆军基本作战方案）中关于对付日本的计划。本电属绝密文件，限发至少数负责军官。

肖特和菲利普斯一道，逐字阅读了这封电报。读完后，肖特得出的印象是：“避免战争爆发是当今首要任务，陆军部最为放心不下的是夏威夷将可能发生某些国际冲突，而这些冲突则将被日本方面认为是公开行动。”因此，他应该小心从事，因为日本人“显然正在找借口”。

那个关于进行巡逻的指示，使肖特相信该电不是出自马歇尔之手，因为马歇尔参谋长和布洛克业已批准肖特的远距离空中侦察方案，并且知道海军在夏威夷担当此责任。在肖特看来，该电报显然是“为驻菲律宾的麦克阿瑟陆军上将而发”，因为那里的陆海军还未达成一致意见。

肖特从同海军的几次对话中得知，日本海军的军舰被认为或是在本国港内或是在向南行驶。就他所了解的情况而言，日本尚不拥有从2100英里外离此地最近的基地起飞袭击瓦胡岛，然后再返回基地的轰炸机。金梅尔在海上的航空母舰特遣舰队以及海军外围基地，使肖特的大脑得出下述结论：“敌人空袭的可能性极小，或者说几乎不可能。”麦克莫里斯在讨论派遣P—40飞机会议上那番语气肯定的话语，以及当时无人持异议的事实，更加坚定了他的信念。

正如菲利普斯所言，肖特手下的飞机已经按要求进行过一次巡逻，是自贝洛斯机场起飞的沿海巡逻。肖特和菲利普斯同时也相信，金梅尔的特遣舰队已进行了海军部认为必需和可能的远距离侦察。“海军并不着急，”菲利普斯作证时说，“我们只有6架可供他们借去进行更有效的远距离侦察的飞机，这6架飞机的侦察弧度仅为8° ……”

尽管夏威夷航空部队在编飞机总数为12架B—17型飞机，但其中一半不能使用，它们已被拆成零部件，供飞往菲律宾的轰炸机使用。因此，肖特决定实施3月份起草的联合计划，他不会一收到这封电报，就相信陆军部希望废除陆军同海军的协议，而去自己干。

在考虑如何实施华盛顿发来的指示时，肖特抓住的重点，均是指示他一定不要做的事。例如，不能惊动当地居民，不能冒犯日本人，不能把传达扩大到一般军官。电报所讲的其余内容，只在他的脑海里一闪而过。什么使肖特如此推理——巡逻等于B—17飞机，等于空运人员？因此，他和菲利浦斯推断的最后结论是进行训练。“由于麦克阿瑟陆军上将可能遭到袭击……因此，继续训练空运人员的任务变得愈加重要。”而全面战备，势必严重扰乱陆军部制定的各种计划。

肖特制定出3种警戒状态。第一，在无任何外部威胁时，要严防内部破坏、间谍和颠覆活动；第二，包括第一种警戒状态中提到的所有措施，另外还应防备来自空中、水面和水下的袭击；第三，为防备敌人全面袭击，每个人应进入各自的战斗岗位，履行各自的职责，时刻警惕敌人登陆。

肖特和菲利普斯一致认为，虽然第二和第三种警戒状态“有助于粉碎一场空袭”，但日本人敢于来犯的可能性极小。他们认为，“准备防御一场几乎不可能发生的袭击，不利于急需进行的训练”。肖特“集 40 年经验而知，倘若参谋长认为夏威夷将会遭受空袭或一场全面进攻，他会直接说出来的”。

于是，肖特脑子里想的只是防备有人破坏。他不仅认为这是“最大的”危险，而且相信他也是“陆军部担忧的主要危险”。“破坏，长期以来被认为是夏威夷的头等危险……”促使他决定进入第一种警戒状态，还有其他原因；已开始的大规模防破坏演习并没有惊动民众。若进入第二或第三种警戒状态，就一定会违背把消息只传达到“少数负责军官”的指示。倘若他命令飞行员升空并下令开火，或命令士兵奔赴战斗岗位，他将不得不告诉他们其中的原委。

这样，肖特决定进入第一种警戒状态。当天下午，他同马丁商量此事，两人都同意不采取任何影响训练或空运 B—17 飞机到菲律宾的行动。他还同海岸炮兵部队司令官亨利・T・伯金陆军少将谈过。后来，肖特把陆军部发来的电报传送给两位步兵师师长和联络参谋过目。为了执行“限发”的指示，他没再把他转给他人看。

此外，肖持命令飞机控制与警戒系统除每天工作外，还要坚持从 4 点至 7 点的值班，6 个流动站除周日 7 点至 11 点进行常规训练及星期六和星期日中午至 16 点进行训练或维修外，其余时间坚持工作。有 3 个固定站不能工作，因为它们的工作塔还躺在加利福尼亚的奥兰克码头，肖特部下正把固定站的零件拿来，以维持流动站的运转。确实，肖特的雷达兵工作十分认真，星期日只有他们在工作。

然而，肖特显然并不对他的控制与警戒系统抱有很大希望。后来，他这样说：“当时，我们刚刚运来这些设备进行安装，我只认为这是对他们极好的训练机会。我当时打算开始训练，安装机器只是为训练，不是为别的……”这番坦率的话，暴露了他只练不用的观念——开动一系列机器，但丝毫不相信它们的作用。接到陆军部来电不到一小时，肖特便发了一个简短的回电：“报告，我部已提高警惕，防止破坏，并已就来电与海军联系。”

当天，菲尔德接到迈尔斯自华盛顿发来的电报，电文如下：“同日本的谈判实际已进入僵局，之后可能进入敌对状态，颠覆破坏活动可能会发生。传达至各位司令官及参谋长。”这封电报更让肖特放下心来，因为迈尔斯“很负责，他不但告诉我们可能发生破坏活动，还通知我们可能进入敌对状态。他仅提到防备破坏活动的事实，表明他并未预料将要爆发战争，不然他会明确指出的……”。

肖特的有些推断是正确的。陆军部把带有马歇尔签名的电报在文字上稍加改动后，便发给加勒比海警备司令部、旧金山普雷西迪奥的西部警备司令部以及麦克阿瑟。向麦克阿瑟发出的电报，没有勿惊扰民众的警告。据杰罗讲，之所以向夏威夷提出这一警告，是因为那里“有一大批日本人，而且军事设施距离民众很近，……倘若民众被惊动，便极可能成为报纸上的头条新闻。而这一重要新闻，将会很快传到日本，其结果将可能加速形成我们当前试图避免出现的局面”。

倘若说杰罗的推理不太合情理，那么，肖特的理解也大同小异。至于迈尔斯的逻辑思维能力，显然要略高一筹。他指出，美国陆军“一向是在执行任务的同时，努力不打扰或惊动民众”。因此，他认为不惊扰民众这项规定出现在“那封重要的战争警告电报中，意义并不很大”。然而，它的确在肖特身上起了作用。

肖特对该电报并非由马歇尔起草的猜测是准确的。11 月 27 日，马歇尔正在参加军事演习。他的名字之所以署在文件上，是因为有他签名的电报将不会被视为陆军副官长的例行文件。但是，马歇尔和肖特对一个重要问题的看法截然不同，马歇尔并不认为破坏是夏威夷面临的最大危险，而认为“最令人担忧的危险是空袭”，虽然他本人并非真正意识到存在空袭的可能性。更重要的是，警告电报最初起草时写上了这样的字眼——“立即采取防范颠覆活动的必要措施”。杰罗在同副参谋长迈尔斯和负责作战计划的查里斯・W1・邦迪上校商讨后，决定删去这句话。因为他认为，这一警告应该由情报部发电传达，而不应在一封电报中把两码事混在一起。迈尔斯之所以在电文中写进“颠覆破坏活动”的原因之一，是他想提醒夏威夷情报部门注意这方面的动向。

另外，马歇尔电报中关于进行巡逻的指示，是经过逐字逐句推敲而成。肖特应该进行巡逻，但巡逻的性质和要求由他来决定。事实上，电报起草人在撰写电报时，认为巡逻业已开始，之所以要把这段指示包括在内，是为了以防万一局势的严重性未能引起夏威夷陆军部的警觉，而没把巡逻加强至必要的程度。

华盛顿和夏威夷没有一个人打算消除上述误解，因为根本无人意识到存在误解。迈尔斯自 11 月 27 日起，便相信夏威夷方面已被提醒注意由日本人发动的战争随时可能爆发的事实，认为警告电报发出之后，发生的诸如日本人烧毁密码、罗斯福向裕仁呼吁等事件，会提醒他们更加注意。他说：“那个要塞有如一个值勤的哨兵，警告他注意敌情，因为这是设哨的唯一原因，其他都是多余的。”

那天下午或傍晚，布洛克的驻肖特司令部联络参谋哈罗德·B·伯尔海军上尉把这封电报送到布洛克的参谋长约翰·B·厄尔海军上校手中，厄尔当即同伯尔一道来到金梅尔办公室。电报到的正是时候，金梅尔也刚刚收到一封来自海军部的内容相似但语气更加决断的电报：

本电应被视为战争警告。同日本进行的关于寻求太平洋稳定的谈判业已结束，一场由日本人发动的侵略战争预计几天内将爆发。日本军队的数量、装备及其海军特遣舰队的构成，均表明他们将对菲律宾或泰国或克拉半岛或可能还有婆罗洲进行水陆两栖远征讨伐。务请实施适当的防御部署，准备完成海军基本作战方案第四十六号规定的任务。请通报海军军区和陆军当局。陆军部也已下发类似的警告……

金梅尔派人找来莱顿，指示他释义该电后送给肖特。“战争警告”的字眼使莱顿格外吃惊，他过去从未见过类似的文字，因此对这封电报至今记忆犹新。电文似乎符合战斗情报组织汇报的情报，莱顿为了使肖特确切地了解实际情况，三易其稿才感到满意。但令金梅尔想起来就恼火的是，莱顿并未遵命把电报亲自送交肖特。伯尔上尉几小时后才拿到释义稿，受命送往肖特处。他驱车直奔谢夫特堡，但既未见到肖特也未见到菲利普斯，只得把电报留给作战与训练部部长多尼根陆军上校。第二天，多尼根通知伯尔说，肖特见到了释义电文。

尽管金梅尔感到恼火，但他似乎没有理由认为不同的送报人会产生什么不同的效果。肖特对那封几乎和他收到的一样的海军部电报。并未予以更多的重视，他认为“战争警告”不过意味着“日本将袭击某个地方”。海军部的这封电报，的确看起来是收回了它于 11 月 24 日发来的电报，那封电报说“日本有可能在任何方向采取行动”，其中包括关岛，而现在华盛顿取消了关岛。

波科·史密斯也不认为“战争警告”就意味将来必然爆发战争。虽然该电是唯一带有“战争警告”这几个特殊字眼的，但是前几封电报同样可以视为“战争警告”。金梅尔把这个短语看成“该电内在的特殊情报的特征”。

该电由特纳海军上将撰文，倘若他得知那个关键词语在瓦胡岛上几乎未引起什么反应，一定会火冒三丈的。“战争警告”一词是他提出的，目的是想表示海军部对战争必将到来的确信。他不能理解“怎么有可能曲解这个短语”。

斯塔克、英格索尔、特纳，或许还有一两个人，于 11 月 26 日和 27 日共同商讨了这封电报。英格索尔用铅笔在稿纸上添了几个字，他特别记得“战争警告”这个短语，因为类似的词从未在以前发出的电报中出现。斯塔克的助手约翰·L·麦克雷海军上校坐在一个不为人注意的座位上，听到了这场“……关于开头第一句话是否……应该写上的……讨论”。特纳坚持写上，斯塔克对此表示同意，这给麦克雷留下深刻印象，因为讨论自始至终都围绕这个问题。

这封电报包含了陆军的一些想法，其目的是希望两个军种采取一致的行动。决策者们在11月26日召开的一次联席会议上讨论了电报内容，他们希望它鲜明、清楚，没有产生误解的可能。

几乎没有几封电报，像这封电报一样得到如此多的高级领导人的关心。诸多重要事件，促成这封电报的诞生，其中之一是“魔术”截收的日本外务省发给野村有关推迟最后期限至11月29日的电报。尽管海军部不清楚11月29日是否为袭击开始日期，或从基地出发远征的日期，这个日期给美国留出两天进行适当部署的时间。海军部认为，两天的时间还算充裕。特纳从平基·舒伊尔曼那里得知，赫尔“已认为或感到，谈判已不存在任何意义”。然而，赫尔的十点建议，对“战争警告”电报的产生，没有任何作用。

起草电报的人士，煞费苦心地遣词造句。“部署”一词，根据特纳的理解是“将部队展开……进入最适当的位置，从而实施对付敌人的作战计划”。他相信，“适当的防御部署”这一类词语，将立即把人们的注意力集中到实施“任务G”和“任务H”上来。

任务G：根据情况要求，通过护航、掩护和巡逻以及通过击毁敌袭击部队，保卫协作国的海上交通。

任务H：为保卫太平洋地区协作国的领土和防止敌人对西半球的扩张，我们将通过粉碎敌人远征以及增援西半球陆地上的陆、空力量，以达到目的。

特纳作证时，举例说明应采取的行动：

由于……夏威夷的危险地区在其北部，那里没有小的外沿岛屿，因此无法实施观察……适当调遣几艘快艇（能载水上飞机的更佳）到北部，可以帮助侦察某些地区，以防敌人进入……固然，这几艘舰艇处在极危险的地带，然而这正是他们去那里的原因，战舰只有处在最危险的位置上，才能与敌人交锋……

海军部的决策者们，就日本舰队若距夏威夷一定距离是否应下达开火命令的问题，进行了讨论。倘若一支强大的日本舰队到达距夏威夷 500 至 600 英里地区，其企图便十分显而易见。它显然是一次公开行动，海军部绝不能容忍攻击迫在眉睫而我方还按兵不动的做法。然而，海军部认为，行动与否属于金梅尔职权范围，他们不便向他下达详细指示。

特纳把电报底稿留给斯塔克，后者带上它去见诺克斯，因为这是一次全方位警告。斯塔克固然担心说得过火，但时间不等人。他后来回忆不起来他是在电报发出之前还是之后向总统汇报的这件事，但“即使不是之前，也在发出电报 24 小时以内……电报得到总统的全面肯定”。斯塔克作证时说：“‘战争警告’一词放在电报开头，其目的是强调局势的极端严重性……我们感到存在着日本进攻的严重危险……”

“在这封电报中，我们列举了我们认为有可能遭到进攻的所有地区……我们认为，它是一个不折不扣的战争警告……在把它写成战争警告前，我们做了认真的考虑。我们当时没有任何表明日本将进攻美国的确切情报和证据。”斯塔克还说：但南方局势显得“十分严重，迫使我们提醒我们的军队做最坏的准备”。

斯塔克没有预料日本将空袭珍珠港，尽管他知道有此种可能性。在电文中，他并没有把珍珠港与菲律宾、泰国、克拉或婆罗洲相提并论，因为他认为这块国土不会像那几个地方一样，成为被攻击的目标。但是，如果说他真的完全排除了这一可能性，他就不会指示太平洋舰队做好防御部署了。“下令实施有关部署，旨在让他们做好准备或采取措施，以防突然袭击。”斯塔克远不及特纳好战，他认为就金梅尔而言，“防御部署”意味着“竭尽全力保护海上及港内的舰队，以防突然袭击”。

英格索尔作证说，夏威夷地区的部署措施是“加强岛上观察、建立巡逻制度以及加强外围基地力量”。鉴于此，在电报还未离开华盛顿之前，海军部的 3 位高级领导人就对“防御部署”一词存在相当不同的理解。

海军部期待夏威夷卫士们采取某些行动。特纳说：

> 我们期待他们采取一切战时侦察措施，派遣潜艇，以保卫我舰队和国土……航空母舰和其护航舰船应出海准备作战……各舰应严阵以待，以防各种形式的袭击；岸上包括高射炮部队在内的警戒部队，也应严加防范。这封电报是与陆军共同商议后撰写的，我们希望沿岸陆军也将根据战备形势需要做出适当部署，诸如为海岸大炮配拨人员及部队进入防御位置等。

在金梅尔看来，这封电报似乎把“同日本的战争”拉至“比以往更近的位置”。然而，电文把他的注意力引至其他地区，而不是夏威夷。再者，陆军部电报的“更为谨慎的措辞”以及“务请不要惊动民众”的指示，使他得出如下结论：在他的战区内，除有潜艇袭击军舰的可能性外，其他完全“不可能”。

他认为。倘若日本进攻菲律宾，很可能同时对他的军舰进行大规模的水下攻击。1941 年中，夏威夷附近曾几次测到不明身份的螺旋桨声，但当时斯塔克指示他不要用炸弹对付这些潜艇。金梅尔接到“战争警告”电报后，决定自行其是，发布命令：瓦胡岛周围战区内若发现任何潜艇接触，用深水炸弹攻击。并把此命令如实汇报给斯塔克。斯塔克本人此次并未对夏威夷海军的公开行动表示担心，未反对金梅尔已宣布的命令。

“适当的防御部署”这个短语，对金梅尔而言是“一个新词”。他判断道，它的意思与他 10 月 16 日已实施的部署大同小异，而且当时采取的诸如保证海上军舰安全的大部分措施现在仍然有效。他对加强珍珠港战备一事再三考虑后，决定保持现状。

倘若金梅尔的确再三考虑了防御问题，他就有可能理解被华盛顿认为表达十分清楚的这项指示。然而，正如史密斯作证时所说：“必须记住的一点是，我们在考虑太平洋局势时，并未考虑保卫珍珠港的问题。我们所考虑的是，舰队本身和舰队所处的战备状态……它们（舰船）用多长时间可以出击……并投入战斗。”因此，金梅尔确认：“太平洋舰队坚持进行训练，直至最后一分钟，是绝对必要的。”

金梅尔在实施空中远距离巡逻问题上，犯下一个令人难以理解的错误。他曾见到陆军部有关进行巡逻的指令，并且知道空中巡逻是海军的职责。空中远距离巡逻，由布洛克具体负责，金梅尔应命令布洛克予以实施，而布洛克实际上甚至未对贝林格谈到此事，也没让他的这位空军司令看一眼“战争警告”电报。贝林格在袭击前的 10 月、11 月和 12 月，事实上从未见到任何来自陆军部或海军部的警告电报，只是在火奴鲁鲁的报纸上看到有关“局势紧张”的报道。但是，正如他所说：“那并不是那一年中报纸第一次宣称美日之间已发展到如此境地。再者，日本特使已在华盛顿……努力寻求一个和平解决的途径。”贝林格认为，让自己以这些消息为依据，去建议金梅尔为珍珠港安全采取远距离巡逻，是不公平的。

贝林格在夏威夷地区共拥有 81 架巡逻机，其中包括中途岛的 12 架。这些飞机中，27 架是旧式 PBY—3 型，54 架是最新式 PBY—5 型。PBY—5 型是分期到达的，10 月 28 日到 18 架，11 月 8 日到 12 架，11 月 23 日到 24 架。因此说，它们当时处于新飞机试航期的困难阶段，而对它们的维修也由于几乎没有零件而困难重重。哈尔西回忆说："贝林格和金梅尔就有关让飞机连续飞行侦察所有区域而在短期内变成碎片，还是让飞机巡逻部分关键地区保持飞机现状，从而在危急情况下使用这两种选择中，进行了一系列的讨论。"

金梅尔的确在外围基地采取了巡逻措施，他命令一个飞行中队从中途岛沿途侦察至威克岛，该中队于 12 月 1 日出发。金梅尔又用珍珠港的一个飞行中队代替中途岛飞行中队，于 11 月 30 日出发，绕约翰斯岛做沿途巡逻，然后又于 12 月 2 日至 6 日自中途岛开始巡逻。企业号舰载飞机每天也进行巡逻，列克星敦号舰载飞机于 12 月 5 日飞往中途岛，沿途进行巡逻。上述巡逻，使西南海区戒备森严。然而，金梅尔未对西北方向进行巡逻，尽管在几次防空袭演习中，该地区"被认为至关重要……因为盛行风来自东北方向，敌航空母舰可以从瓦胡岛地区撤出时回收自己的飞机"，贝林格解释说。

金梅尔和肖特两人，在这场危机中都做了错误的判断。即使海军没有足够的现役飞机进行 360 度全方位巡逻，也有足够的飞机去侦察关键的北部海区。海军调查法庭免去在此事上对金梅尔的指控，但他的关于可以用舰载巡逻机参加海上演习的决定，表示了他的倾向。显然，那些说说而已的防御计划告诉我们，金梅尔至少在敌对状态开始之际没有估计到将发生一场空袭，不然他不会对巡逻掉以轻心，而只闷头搞训练，特别是在 11 月 27 日警告电报之后仍然我行我素。

陆军调查委员会谴责肖特，因为他和一大批高级军官都认为海军已从特遣舰队抽出人力进行巡逻，他们的假设和联络的不及时，从当时国际形势来看是不可原谅的。肖特只有在问过金梅尔或布洛克"需要我把 B—17 飞机借给你们帮助巡逻吗"之后，才会发现海军并没有执行关于远距离巡逻的指令。倘若他当即与华盛顿核实一下，就能知道陆军部的确命令他自己去实施侦察。斯廷森称这项指令为"一条直截了当的命令"。

然而，海军必须对未进行空中远程巡逻的错误悲剧负主要责任。其中，金梅尔应负指挥责任，布洛克应负具体责任，因为他是海军方面保卫珍珠港中分工负责空中远程巡逻的指挥官。

11 月 27 日下午，布洛克正在医院探视一个病人。因此，金梅尔把"战争警告"的释义稿交给厄尔，布洛克第二天早晨见到了它，一两天后才指示"火奴鲁鲁的海防指挥司令部派出舰艇，测听潜艇……"。沿海驱逐舰指挥官把布洛克的指令结合防潜问题，向驱逐舰舰长传达了一番，仅此而已。一段时间后，布洛克在报上看到华盛顿谈判又重新开始的消息，而这个消息对他的影响却极大。

布洛克早在夏天就建议派遣巡逻机对贾卢伊特方向300英里弧度范围内进行巡逻，金梅尔接受了这一建议。布洛克记不清商榷此事的准确时间，但可能与斯塔克发给金梅尔的关于6月2日御前会议[①]的机密电报有关。6月下旬，当陆军部提前6小时通知夏威夷关于经济冻结的消息时，肖特当即下令进入3号警戒状态，几天后才取消这道命令。显而易见，倘若金梅尔和肖特能正确判断局势，完全可以全力以赴地做好战争准备。因此，他们在接到"战争警告"后为何未采取类似的行动，实在令人费解。

肖特的错误所带来的损失不亚于金梅尔和布洛克。他下达的关于防备颠覆破坏的命令要求飞机解除武装集中在一起，并随时准备反击第五纵队（第五纵队，泛指敌人派入的间谍和资敌的内奸——译者注）的破坏捣乱，而没让飞机分散开来，做好战斗准备。他相信，只要提前30至35分钟接到警告，他就有"足够的时间疏散飞机"。然而，如此短暂的时间不能使飞机升空，而升空才是飞机停在瓦胡岛的主要目的。因此，12月7日清晨，美国飞机挤在一起，机上没有弹药，成为南云轰炸机和战斗机求之不得的目标。

珍珠港事件之后，金梅尔、肖特和所有的修正主义历史学家痛切地抱怨说，华盛顿发来的警告含糊其辞，极不明确。但极为简单的事实是，陆军部和海军部并不能警告连他们自己也未料到的日本人的行动。正如国会委员会在极具说服力的总结中所说：

华盛顿的责任，是向金梅尔海军上将提供关于敌人主要战略方向的准确判断。而准备应付最坏局面的发生，是作为太平洋舰队司令官金梅尔上将应负的责任。当他被警告将有战争，并被命令实施防御部署时，就应该考虑到防御部署正是为防备夏威夷出现危险局面而制定的。

同样的结论，肯定也适用于肖特，他应对保护港内舰只负责。斯廷森后来发怒道：

在那种局势下……他让飞机集中起来处于那种状态，以至于紧急情况来临时，飞机几个小时不能升空；他还如此存放高射炮炮弹，以至于根本不能立即使用；一昼夜

①见第十七章。

中，只有很少一段时间才使用最好的侦察系统——雷达。依我所见，这一切说明他根本没弄明白他的责任所在，这几乎难以令人置信。

然而，人们不能为华盛顿推卸所有的责任。华盛顿就像瓦胡岛一样，存有太多的假想。既然陆军部和海军部希望并试图让肖特和金梅尔携手合作，就应该发出陆军参谋长和海军参谋长的联合电报，或至少发电时使用相同的措辞，或准确地说出他们的打算。例如，特纳想让金梅尔实施或准备实施作战方案第四十六号中的G任务和H任务，就应直截了当地说出。

再者，陆军部没有验证肖特对第四七二号电报的答复，也未对两封电报做过比较，以至于没能立即提醒肖特他的防破坏远远不合乎要求。肖特的答复，杰罗和马歇尔都曾见到，并在同时见到了麦克阿瑟的回电。马歇尔在后者的电报上签了字，却未在前者上签字。他对国会委员会供述说，他不能清楚地回忆起是否见到过肖特的回电，但诚实地承认："这是我干预的机会，而我没去这样做。"

肖特的回电最后转到斯廷森的手中。斯廷森说："这说明他们已遵循华盛顿警告的宗旨行事，可能正在采取或已经采取措施……我当然没有看出，防范敌人袭击的命令并未付诸实施……"他继续说，

我并不认为防破坏警戒的表面或内在意义，与防范日本武装部队的攻击相矛盾。建立诸如夏威夷要塞之类的设施的目的，正是要击退敌人的进攻，而肖特是那个要塞的司令长官。更重要的是，肖特声称他们正在同海军联络，也提到了我们在11月27日电报中特别提到的巡逻问题。这些，给我们的印象自然是：他们正在采取陆海军联合巡逻及其他防御措施，正在做一些恰当的战备工作。

然而，这远远不够。警告电报指示肖特"务请汇报所实施的措施"，因此他的回电应该能使某位华盛顿人士在大脑中产生问号。实际上，瓦胡岛所采取及未采取的行动成了日本人空袭成功的保障。金梅尔和布洛克因没有尽职——安排空中远程侦察——而犯有罪责，他们的错误致使日本人几乎是大摇大摆地走进来。

肖特和菲利浦斯所犯的是指挥不当罪——命令夏威夷卫士们防范破坏活动。这不仅把注意力和武装力量从对付迫在眉睫的夏威夷面临的真正危险上引开，而且还把不带弹药的飞机集中在一起。这样，在日本人飞到瓦胡岛上空时，几乎未受到任何拦截和阻击，这实在令人悲哀。肖特的做法还为南云的飞机提供了求之不得的目标。因此

说，肖特的措施帮助日本人达到了他们一个最重要的目标——把夏威夷空中力量打烂在地，阻止其进行有效的反击或对特遣舰队实行报复。

肖特实施的措施，与马丁——贝林格的报告及法邢的报告相矛盾，也有悖于 1933 年以来夏威夷地区进行的所有大规模军事演习的精神。虽然各级部门都抱有良好的愿望，但是 11 月 27 日的“战争警告”下达以后，与其下达之前相比，夏威夷防范日本人袭击的备战状态更糟糕。

第五十一章

我们的外交官只好作牺牲品

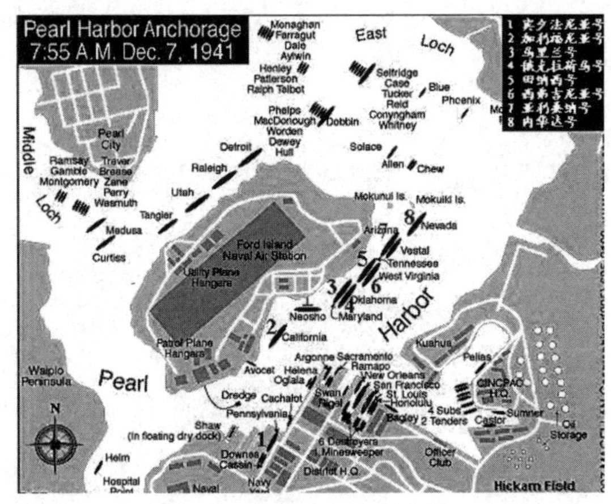

1941 年 12 月 7 日珍珠港美国战舰示意图

波格·史密斯和金梅尔的航空参谋阿瑟·戴维斯海军中校于 11 月 27 日晚一起乘戴维斯的那辆破旧的卡迪拉克双人敞篷汽车回家。由于路上川流不息的卡车和部队，戴维斯好不容易才把车开到火奴鲁鲁。道路上的确挤满了奔向各个方向的汽车和军队，桥梁和公共设施上到处是人，史密斯认为这是陆军在进入全面战备，“他们这样做只有这样一种可能”。于是，他转天将此事向金梅尔做了汇报。

戴维斯从未见过那封“战争警告”电报，也回忆不起金梅尔是否曾同他谈过袭击的可能性问题。但是，该问题曾在参谋人员会议上提出过，他的印象是：金梅尔认为“继续进行长期训练和完善舰队建设十分必要，而进入战备状态将会干扰这项工作”。

但是，戴维斯认为“实施大规模空中巡逻是切实可行的”，在金梅尔向他征求意见时，他也这样表示过。然而，金梅尔却说“这无疑将会干扰……舰队的航空训练”，再者空中巡逻不会坚持长久，因为飞行人员会疲劳，机器会损耗，除非增援部队马上赶到。戴维斯回忆说，倘若金梅尔“命令实施远程巡逻，巡逻飞机极有可能发现日本人，倘若真的发现海上航行的日本人，结局绝不会是现在这个样子，特别是对金梅尔本人”。当然，金梅尔也采取了一些防范措施，诸如对夏威夷地区舰队行动水域进行空中巡逻和不定期的远距离巡逻等。人们认为：“这样做的目的，是为了给别人留下已在进行大规模巡逻的印象，同时又能避免对其他形式训练的严重干扰。”

南云特遣舰队继续向东驶进。在整个航程中，水兵们日出而起，日落而息，在绝对安全的情况下工作着。目光敏锐的瞭望哨巡视着洋面，特别警惕美国潜艇的出现。在前半个航程中，保持有四分之一的水兵在战斗岗位上值班，航行的后半程值班人员加倍，而且每艘航空母舰上保持有 6 架随时待命起飞的战斗机。

白天训练时，大家如同临战一般热情高涨。赤城号上，渊田和所有飞行人员一道仔细研究瓦胡岛和珍珠港的立体模型，直至他们能从前后左右熟悉他们为止，他们还加紧了辨认敌舰的训练。如何接近目标是鱼雷攻击的主要难题，因此渊田和村田指示鱼雷机飞行员潜心研究进入和撤出目标的路线。

源田埋头于工作之中，只有在大脑极端紧张而导致工作效率降低时才稍事休息，他深感自己责任重大。白天精神高度紧张，使他夜里难以入寐。他整日埋头修改作战方案，反复推敲，但仍不时为某个难题所烦恼，除非大脑中勾画出解决这一难题的办法。他常问自己：我是否还忽略了什么最重要的环节？他感谢星月皎洁的夜空能使各舰靠近行驶，使舰长和飞行队长能随时向南云倾吐为改进方案而想出的建议和设想。没有一天，不对袭击方案做些修改和调整。

源田处处从战斗角度出发，他问板塚对零式飞机是否有信心？飞行队长立即回答：“根据我们陆地飞行经验和对美国战斗机能力的估算，我认为我们可以以 1 对 3。”

对于高空轰炸机，源田有一个似乎不可能实现的梦。一天晚上，他和古川就他的设想进行了一番讨论，后者对战斗前景充满信心。但源田指出方案中的漏洞：“珍珠港水深只有 12 米，即使我们给予敌人以重大损伤，他们仍然可以把船修好。”古川认为对此无能为力。源田所渴望的是最大限度地给敌人造成损坏，他大声说：“假若你的炸弹直接命中炮塔一侧或弹药库，敌舰就会被炸成碎片。”古川对士兵是否具有如此高超的轰炸技术表示怀疑。“用精神力量来达到这一目的，”源田激励道。源田是大西的弟子，大西相信只要有足够的意志，就没有办不到的事。“源田，别提这种不合情理的要求了！”古川反驳道。

其他人都像源田一样，以各自不同的方式努力着，力求尽善尽美。飞龙号的金井海军上士是海军第一流的投弹手，他的献身精神令人钦佩。他一直未脱下飞行夹克，每天上下午都要钻进停在机库的飞机里演习一番轰炸程序。他的这种坚持不懈的精神显然得到了回报。最后他由于直接击中亚利桑那号，而获得嘉奖。那些肩负重任的高级军官们，做好随时投入战斗的准备，甚至睡觉也不脱军装，而且几乎很少离开驾驶台。

特遣舰队根据天气和能见度调整编队。白天，南云命令呈防御队形，4 艘驱逐舰彼此以 10 英里的间隔在前面搜索前进，其后是 6 艘航空母舰，分成两个纵队并列前进，在两翼担任警戒的也是驱逐舰，油船驶在航空母舰之后，搏浪激流驶在所有舰只后面的，是三川的两艘快速战列舰。

南云曾计划让他的 3 艘潜艇担任特遣舰队的眼睛，但鉴于能见度低和联络上的困难，他担心在前面航行的潜艇可能会与舰队失去联系。因此，南云把潜艇部署在赤城号右舷 1000 米处，潜艇在整个航行期间都航行在这个位置上。

在夜里或阴天，南云便下令各舰靠拢，以便联络。在严格的灯火管制和无线电静默的情况下，率领这支庞大的特遣舰队横渡太平洋，实在不是一件易事。舰队没有航向向导，只有各舰的浪迹和偶尔闪动的信号灯光。曾有几个清晨，当南云起床后，发现其中一艘军舰消失在地平线上。在当时的那个季节和那个纬度上，大海平静得不同寻常，因此舰艇可以根据需要随时加油，尽管偶尔下一场不合时节的大雾。第一航空舰队预计要遇到的困难，就这样一个一个地解决了。

但是，南云开始为另一个问题而担心。外交谈判或许成功，一旦成功，日本将取消这场战争；但假若他没收到取消战争的信号，在他的国家选定和平以后还去袭击夏威夷该怎么办？草鹿承认这个问题的严重性，但由于所有舰船都受命把无线电调至特别波长以接收“停”或“走”的信号，所以他并没有像南云那样忧心忡忡。草鹿也有自己的忧虑之处：倘若军令部不能向特遣舰队提供最新情报怎么办？

源田担心南云拉长的脸将给参谋和飞行员的头上罩上一层阴影，而导致整个舰队士气低落。因此，他和大石怂恿草鹿去安慰一下海军中将。草鹿知道南云是一个勇敢的人，但也承认南云目前为许多事情感到担心，诸如被发现、舰队加油、保持队形，油船的黑烟有可能暴露舰队、敌潜艇的可能出现以及收不到东京信号等。草鹿对南云说：“是的，此次行动风险很大。但是，我们既然已经开始，焦虑已无济于事，现在唯一符合逻辑的，是无所畏惧地干下去。”然而，南云摇摇头回答说：“你过于乐观了。”

草鹿身着平时常穿的和服，带有一种禁欲主义的宁静，他相信每个人都会在某个时刻陷入不可自拔的困境。他认为，把注意力集中在眼前的任务上，就能消除人们无意义的烦恼，使人产生无穷的精神力量，帮助人们渡过难关。所以说，他是在运用佛教禅宗精神修行法。

草鹿仍然一如既往地练他的健身操。那些好奇的年轻飞行员，每天早晨都来看他，但他们丝毫不能影响他。“我这样做，是希望能活到 100 岁。”他告诉飞行员说。草鹿的话激起一阵哄堂大笑，这些风华正茂的年轻人，不能理解为什么人人都想活到那么大年纪。然而，这些水兵或战士将依靠什么力量才能从这场战斗中存活下来？更不用说活上一个世纪了。

没有任何事情，可以挫伤这些飞行人员的士气。每到晚上，当他们从艰苦训练和随时可能发生险情的重压下解脱出来时，他们就玩一玩拳击和拉门之类的游戏，放松一下自己。渊田面带微笑地转来转去，为他们鼓劲。村田精神十足地逗得大家哈哈大笑。瑞鹤号上的岛崎时常喝米酒过多，然后做出各种各样的滑稽动作。

尽管他们玩得很开心，但绝大多数飞行员相信，他们将不会生还。“他们不怕死，”渊田说，“他们唯一担心的是空袭失败，那样，他们将不得不带着未竟使命的遗憾返回日本。”

28 日中午，罗斯福在华盛顿召开战争委员会成员会，他看起来比实际年龄苍老。在赫尔、诺克斯、斯廷森、马歇尔和斯塔克面前，他拿出一份有马歇尔和斯塔克签名的 11 月 27 日日本陆海军行动情报综述。与会者再一次要求给予喘息之机，并建议：除非日本人实施进攻或直接威胁美国、英国和荷兰的领土安全，否则“不采取任何可能马上导致战争的行动”。

据斯廷森讲，与会者一致认为：倘若南进日军“被允许绕过印度支那南端在暹罗湾的曼谷或以西地区登陆，对各协作国将是一个致命的打击……这绝不能允许”。会议认为：“倘若日本人进入克拉地峡，英国人将会予以反击。”在此种情况下，美国将不得不参战。显然，“倘若允许日本远征军绕行印度支那南端，一系列悲剧将会发生……”。

在此次会议上，赫尔再次说明了他的“十点建议”，并认为“制定军事防御计划应基于下列设想：日本人可能会把突袭作为他们的战略中心，可能同时向几个地方发动进攻，其目的是降低我防御能力和作战能力”。与会者同意与其坐以静观，不如向日本提出警告：“倘若日本把战火延伸至某一地区、某一战线或某一方位，我们将不得不予以反击……”

11 月 28 日，日本外务省向喜多发电，令其继续进行间谍活动。电报说：“希望报告主力舰只进出港及停泊时间。”吉川其实不需要如此提醒，27 日或 28 日，他已派琴城户与三上一起去珍珠港所有地方转一转。两人驱车径直来到珍珠港半岛的尽头，琴城户看到一艘航空母舰泊在福特岛西侧，他想弄清它的确切级别。这是琴城户最后一次亲自出马侦察，那个星期的晚些时候，他和吉川远足一次后，后者就全部接替了他的工作。

倘若琴城户见到的航空母舰是企业号，他一定是在 11 月 27 日去的。因为，哈尔西于 28 日 8 点出港，刚一驶出航道，他就把所属舰船分开。哈尔西率企业号航空母舰、3 艘重巡洋舰和 9 艘驱逐舰，把这个构成称之为第八特遣舰队。他把 3 艘战列舰和其他舰船作为第二特遣舰队，留给米洛・F・德雷格海军少将指挥，并指示他们驶往日常训练区。尔后，哈尔西率队朝西驶去。

哈尔西率部刚一超出第二特遣舰队与珍珠港的信号距离，他就命令企业号舰长乔治・D・默里海军上校发布第一号作战令："企业号现已进入战争状态……"他命令舰队"给所有鱼雷装上弹头，发现任何潜艇皆以敌艇论处，一律予以击毁……"飞机应装上炸弹，"击落视线内任何不属我方的飞机"。第八特遣舰队保持临战状态，备好弹药，在向威克岛进发的途中，用空中巡逻机进行 200 英里空中巡逻。哈尔西认为"日本将会不宣而战"，但他并未预料到敌人进攻的目标就是珍珠港。同金梅尔一样，他认为"将会发生一场潜艇袭击战"。就这样，日本人希望炸毁的一艘航空母舰逃离了陷阱。

在华盛顿，前一天激动的余波仍然在回荡。哈普・阿诺德对迈尔斯说："我十分担心飞机会遭到破坏。"因此，他提议"向国内外一切空中部队下达采取防范破坏活动措施的命令"。迈尔斯告诉他，已经向情报部发出反破坏的警告。但这未使阿诺德满意，他坚持要下一道特别命令，给"所有空中部队司令部"。

于是，那天上午，航空参谋部与迈尔斯平级的马丁・F・斯坎伦陆军准将手持一份按这一意见起草的电报稿，来到陆军部。迈尔斯认为电稿口气过于激烈，而斯坎伦则认为口气之所以如此强硬，是因为飞机及飞机引擎极易遭到破坏。迈尔斯记起参谋长反对惊动民众的指令，希望能在电报上增加些注意事项，并建议增加不许采取"非法措施"的指示。斯坎伦认为，这意味着陆军不应过于激动，不应"把众多的老百姓投入监狱"。有关这个问题的争论持续了很长时间，后来，包括杰罗在内的许多高级军官也卷入了这场争论。其结果是，当晚向下发出两份防破坏警告，而不是一份。肖特司令部接到的电文如下：

局势严重，需立即采取反破坏活动的防范措施……希望你部制定一切必要的补充措施，以保护你部设施、财产及装备免遭破坏，确保你部人员不受颠覆宣传的影响。一切行动应严守秘密，严防间谍刺探情报。本电不再重发，但这并非意味可以采取非法手段。保护措施应只限于重点安全单位，避免不必要的公开惊扰民众的行动。为保证本电能迅速传达，相同的电文正在被发往所有航空基地，但这并不是重发，不影响你部根据此令履行职责。亚当斯

斯坎伦的电报经参谋们修改后，与第四八二号电报几乎一模一样，尽管它的编号为第四八四号，并且指明让马丁注意。第四八四号电报，第一位签署名字的是阿诺德，然后才是陆军副官长埃默里·S·亚当斯陆军少将。谢夫特堡在刚刚收到迈尔斯27日发来的电报后，又收到两封内容几乎相同的防破坏警告。但是，迈尔斯并未想到，3封接连而至的电报可能会过分强调破坏活动的危险性。

接连两封有关反破坏的电报，并未能使肖特认真反思11月27日（第四七二号）的第一封警告电报。相反，新公文的到来使他进一步坚定了他原来的想法。因为他相信，当华盛顿起草新指令时，手头一定有他对第四七二号的回电。

然而，第四七二号电报与第四八二号电报之间有一个截然的不同点，这个不同点本应马上引起一个警惕性很高的军人的关注。前者并未提到颠覆和破坏，由马歇尔签署；而后者由陆军副官长亚当斯签署。因此，第四七二号电报传达了参谋长的军事命令，该命令指示肖特采取侦察和其它措施，做好战前准备。然而，陆军副官长没有指挥权，由他签署的文件不能产生由马歇尔签署的文件的同等效力。所以，肖特应该十分清楚，在华盛顿眼里，“战争”和“破坏”是两码事。

这一天是开会的日子，联席恳谈会从16点至18点在东京召开。会上，东乡显然是第一次问永野：“请告诉我零时定在什么时间，不然我无法进行外交活动。”永野答：“好吧，我告诉你。”他压低声音说：“零时定为12月8日（华盛顿时间12月7日）。还有几天时间，你最好运用相应的外交手段，帮助我们赢得这场战争。”

东乡又问：“我们不能再继续让我们的外交官蒙在鼓里了，对吗？”对此，一位不知姓名的人士做了回答：“我们的外交官只好做牺牲品了。我们希望达到的目的是：用现在的方式继续开展外交活动，以至于美国直到最后一分钟还在考虑如何解决难题，而我们在提出问题。我们的计划将严守秘密。”

这一天终于过去了。宇垣在内海的长门号上仔细看着气象图，心里想着：“北方的正在向东挺进的特遣舰队怎么样了？我想他们的处境一定相当困难。祈求上天赐给他们两个好天吧，让他们能给舰艇加油。”

第五十二章 空白海区

珍珠港落下第一批炸弹

赫尔是 11 月 20 日美国政府 4 位首脑人物中唯一留在华盛顿的，罗斯福去了乔治亚州的温泉，斯廷森和诺克斯那天上午飞往费城观看陆海军足球赛。傍晚时分，赫尔接到东条将于日本时间 11 月 30 日发表煽动性讲话的概要。在同远东专家和军事权威们商议之后，赫尔打电话给总统，强调了“存在日本人进攻的潜在危险”，并建议总统提前返回华盛顿。罗斯福表示同意，决定 12 月 1 日返回华盛顿。

外务省于 11 月 29 日发出两封重要的间谍电报，更能说明问题。旧金山领事馆接到自 12 月 1 日起全面详细地报告“太平洋、印度洋和南中国海上所有外国商船和军舰”的名称、国籍、出发港、目的港、启航时间等的指示。这的确是一道包罗万象的命令，但是可以理解，因为东京除了想知道其他事情外，急于知道离开旧金山的任何外国船只是否会出现在南云特遣舰队的视线内。日本人同样对可能行驶在南方行动航线的舰船感兴趣。

但是，更具有重要意义的电报是发给喜多的那封“有关舰队行动的报告已陆续收到，今后即使没有行动，亦请报告”。这是日本海军间谍活动的另一个标志。老鼠没有必要离开自己的洞，再去逗引猫。美国海军于 12 月 5 日译出了这封电报，因此美国还有两天时间可以针对此事采取行动。它正如 9 月 24 日的“炸弹弹着点标示图”电报一样，清楚地显示出日本人对火奴鲁鲁港内舰船的兴趣，不亚于——倘若不多于的话——对进出港舰船的兴趣。

自 10 月底吉川在库恩家后院与库恩做过短暂谈话之后，库恩这个一直潜伏着的间谍开始在瓦胡岛上活动起来。尽管原则上不允许他积极参与战前日本在夏威夷进行的间谍活动，但他还是在 10 月底或 11 月中旬准备了一份关于如何传递美国舰队情报的计划。11 月 28 日前后，库恩来到美国海军造船厂，显然是为了核对金梅尔的舰船而来。30 日左右，库恩来到日本领事馆，把他设计的关于如何汇报美国舰队几个建制的行动及位置的计划（或密码），交给了奥田。

此时此刻，库恩做出如此举动，直接违背了他与日本海军的协议。他的行动也未按照龙田丸的某位乘客从海军情报部门小川和山口带给喜多的指示精神办事。海军情报部要求喜多必须：（1）命令库恩停止与领事馆的一切接触；（2）转告库恩，他的密码过于复杂，必须加以简化；（3）指示库恩，在战争爆发前不要参与任何间谍活动。库恩昂然闯入战前复杂的间谍活动行列，肯定惹恼了领事馆，并使他们感到不安。库恩在火奴鲁鲁颇有些知名度，并在瓦胡岛拥有一些财产，但为何发令枪未响，他就跳出来开始进行间谍活动，令人不解。他后来作证时说，侦察美国太平洋舰队不是喜多的建议，就是他自作主张。然而，说喜多提议让他这样做，实在令人难以置信，因为这直接违反东京关于使用库恩的指令，也不符合领事馆一贯坚持的谨慎从事的原则。

关于库恩密码的产生经过，其说法不一。库恩作证时说，他是于 11 月底准备完毕的。但吉川说，密码是喜多在他 10 月底拜访库恩后不久拿给他看的。后一种说法可能正确，因为简化库恩密码的指令是同龙田丸号一起到的。而且，喜多、奥田或吉川也不可能参与该密码的拟订活动，因为密码具有典型的日耳曼式的繁缛、杂乱和不近人情等特点。吉川认为该密码过于原始，而且不尽安全。

人们可以想象，在领事馆通知库恩他的密码系统过于复杂后，他便回去做了一番修改。3 天后（可能是 12 月 2 日），他交给奥田一个信封，里面装有密码和转给他在德国的过继儿子的 500 美元。库恩还安排了其他几个秘密联络途径，诸如 KGMB 无线电台的广告节目，使用一只帆上有一颗星的小船等。信封里还装有这样一条情报：夏威夷水域泊有 7 艘战列舰、6 艘巡洋舰、2 艘航空母舰、40 艘驱逐舰和 27 艘潜水艇。后来，他自己承认说："那些数目纯粹是我杜撰出来的。"

领事馆一定对库恩企图欺骗诈的问题感到不解，因为喜多和奥田已从吉川和琴城户的报告中，得知 11 月底舰船停泊在珍珠港内的数目。这个数目，当然不是 40 艘驱逐舰和 27 艘潜水艇——这一数字大大超过金梅尔在中太平洋的全部舰船数。库恩把航空母舰数也多报了一艘，其实，企业号于 11 月 28 日上午已离港而去。

11 月 29 日，华盛顿的陆军情报部正在撰写"阶段性形势判断"，对 1941 年 12 月 1 日至 1942 年 3 月 31 日的形势做了估计。该报告较为明确地指出了日本人袭击驻扎在珍珠港的美国太平洋舰队的可能性。但是，布莱顿上校回忆时说：

……我们陆军方面人士在探讨形势发展趋势时，始终认为——至少在理论上相信——存在着袭击夏威夷的可能性。然而，每当我们与海军同僚们讨论形势问题时，后者总是强调他们在太平洋的舰队早已严阵以待，因此即使日本人敢于来犯，也不可能成功，甚至会有来无回。这样，我们也就不再重视日本人来犯的可能性问题。

迈尔斯也这样认为："我们为夏威夷防御花了几亿美元，在那里我们有最强大的舰队。但人人都清楚，日本人倘若进入战争，夏威夷极可能遭到袭击。"作证时，他还说：

多年来，我们当然知道太平洋中有一片被我们称为"空白海区"的水域。那里几乎没有船只航行，大型船队也可以神不知鬼不觉地从那里驶过。这段海区是指位于从夏威夷到日本海岸、中国的南航线与经过阿留申群岛附近的北部大弧形航线之间的水域。每次制定夏威夷作战计划时，都要把这一点考虑进去。

这片海区，恰好是迈尔斯办公室撰写形势判断那天南云特遣舰队经过的水域。再有，陆军情报部从不对驻东京的格鲁和其他使馆成员能够向他们提供日本舰队离开日本的情报抱有幻想。迈尔斯说："……我们从未想过要依靠他们获取这样的情报。倘若我们能够发现日本人正在组建一只特遣舰队，并在它出发之前就知道，那简直是军事情报史上的一个奇迹。"

罗奇福特和忠于职守的战斗情报组织成员们，都在绷紧每一根神经跟踪日本舰船的行踪。11 月 27 日的情报综述指出："未得到航空母舰第五战队出现在曼代特兹的情报。”综述还说：“经测定，航空母舰仍在国内水域……”由此可见，日本的欺骗战术继续发挥着效力。转天，罗奇福特记录下一个令人不安的进展：“正如先前所报，那个被怀疑是（日本的）无线电侦察网，现活动频繁，而且越来越频繁……这种频繁的活动意味该无线电侦察网现在正全力以赴地对付美国海军通信部，并且工作得颇有成效。”

罗奇福特的判断完全正确。军令部第四部通过为数众多的截听站，侦听到美国海军的无线电通讯联络。例如，它可以知道珍珠港何时用信号同战列舰联络，或者金梅尔的军舰何时与珍珠港信号联络等。它有时还能测出舰船的大致方位，但这只是偶然可以做到的。日本的无线电侦察网，其实与罗奇福特所处的境遇差不多，也就是说，它同样不能译出侦听到的内容，而只能单纯依靠呼号做判断。这两张无线电侦察网，就像两个盲人武士正在进行殊死搏斗一样，在广袤漆黑的太平洋上凭借声音来寻找对方。日本人把有关美国海军的情报分为 3 类——加急、普通和气象。军令部始终对所侦听到的电讯信号做统计记录，按其重要程度和先后进行分组归类，企图用此种办法判断出美国舰队的活动范围。美国人经常更换呼号，在刚更换呼号的前几天，日本人往往摸不着头脑，经过一番努力，日本人又识别出新的呼号。然而，珍珠港事件之后，美国海军设计出的系统，使日本人甚至不能破译呼号。

罗奇福特于 11 月 29 日报告说：“飞龙号（罗奇福特用大写字母写出）发电给第三舰队参谋长。”这显然是为掩盖南云舰队行动日本人施放的烟幕，飞龙号当时正在驶往珍珠港的途中。

通讯侦察机构 11 月 30 日报告说：

> 今天无线电通讯中的大部分电讯是旧的，一些竟是 11 月 28 日的电讯。对于为何发生这种现象，现在不能解释，除非把它解释为由于过去几天通讯量太大而不能不重复电讯……今天侦听到的战术线路，是赤城号与几艘丸号的联络……

日本人重发旧电讯的目的是迷惑美国人。罗奇福特的人根据 11 月 30 日日本重复的旧电讯判断，认为金刚号和飞龙号与第二舰队在一起。其实，金刚号确实与第二舰队在一起，而飞龙号却离信号区有无数英里之遥。

当莱顿把情报综述交给金梅尔时，海军上将注意到赤城号与几艘丸号之间的联络。他征求莱顿对此的看法。莱顿认为，赤城号同几艘油船联络的目的“可能是想加油”。赤城号的确在同丸号油船联络，但他们的联络是通过信号旗或短距离闪光灯。

南云第一航空舰队通过“空白海区”之后的第四天，下面这段日记的作者千草，看了一眼日历后写道：

今天，终于到了11月的最后一天。夜间因为下起了大雾，我们打开探照灯和甲板灯，以防互相碰撞……今天下午，我驾驶军舰，舰尾在缓慢地加油……拖缆断裂，非常危险，幸好没有伤亡。我们打算重新加油，但天色已晚，只好作罢。特遣舰队以14节的航速向前行驶。

越接近夏威夷，吉冈就越感不安。身为源田的助手，他知道此次机会千载难逢，但他一直担心会被美国潜艇或苏联轮船发现。由于美国极有可能发现日本庞大的南方远征军，因此一定会增加对瓦胡岛四周的巡逻。

源田表面上镇静自若，实际上相当紧张。有时，他出奇地安静，陷入沉思之中。他的鬓角上已出现几缕白发，这是他忘我工作和精神紧张的结果。他对日本海军空中力量的威力和摧毁力抱有极大的信心。他相信自己，相信渊田，也相信他们的飞行员和他们亲手拟定的方案。然而，每当想到将如何完成面临的任务，就感到不安。每当这个时刻，他便望着舰外无垠的太平洋，心想：我们正在向珍珠港挺进，这不是做梦，而是现实，愿上天保佑我们!

源田知道南云和草鹿已决定只进行一次性袭击。为此，他一有机会就力劝南云解放思想，灵活处理作战中将出现的问题，特别是在重复袭击问题上，应反复袭击敌人，直至他们完全瘫痪，使之不能构成对日本在海上的威胁。源田一次又一次地请求南云，在战斗中出其不意地全力以赴地攻击敌人，但他的话根本不起作用。南云总是回答：“只袭击一次！只袭击一次！”

源田希望并祈求两波袭击后瓦胡岛局势将有利于他们实施反复袭击，因此他拟定出了计划，以求说服南云在幸运之波到来时乘胜追击，直至取得彻底胜利。尽管要使海军中将封闭的大脑开窍很不容易，但源田至少要打进一个楔子，希望其在胜利之风的吹动下，打开更大的缝。足智多谋的源田设计出4个方案，希望在双波袭击获得初步胜利之后，南云能将其中之一付诸行动。

方案I，袭击后，舰队在瓦胡岛以北约200英里处停留几日，以观察形势发展，可能需要进行空中侦察。之后，找到并炸毁珍珠港外美国舰队余部，或再度袭击珍珠港内余下舰船和军事设施。取得满意效果后，立即取道南云早已择定的远北航线，返回日本。

方案Ⅱ，基本上与方案Ⅰ相同，但返回日本时，不走南云择定的远北航线。

方案Ⅲ，与方案Ⅰ和Ⅱ相同，但返回日本时沿夏威夷群岛走，从中途岛以北不远处驶过。沿这条航线，可以使特遣舰队袭击所有驶进该地区或在其附近的美国舰队建制。

方案Ⅳ，与上述方案相同，但是舰队将向南航行，从西边经过瓦胡岛，驶向马绍尔群岛，然后回国。源田认为这是最佳方案，因为它可以让南云在当地时间12月7日星期日，第二次对珍珠港和海上的金梅尔军舰实施双波袭击，并在特遣舰队南行的星期一、星期二或星期三，在距美国目标最近的距离里反复攻击。源田希望，倘若南云按照这一方案行动——其他方案也一样，日本人将彻底摧毁美国太平洋舰队，并可以占领夏威夷。

“对于军令部内每位了解珍珠港计划的军官来说，这是一段最困难最难熬的日子。”这是富冈在描绘11月26日至12月8日当特遣舰队通过“空白海区”时的一句话。他和同事们对山本的冒险计划始终未抱有丝毫热情，现在仍然没有改变看法。许多人还有一丝期待：外交谈判或许在最后一分钟成功。然而，他们帮不上一点忙。

从南云特遣舰队离开单冠湾之日起，富冈的作战课就昼夜办公。他本人每天很早就起床，一直工作到很晚。由于他一直认定特遣舰队一定会在袭击之前或当天被发觉，所以他始终为那些宝贵的航空母舰担忧。他虔诚地乞求上天保佑南云舰队一路平安。军令部若发现有任何异常，将命令特遣舰队即刻返航。“多数人的态度，是除非绝对必要，否则不要冒险。”福留说，“若有某些令人怀疑的因素，或未按预订计划进行，我们的主要工作是把特遣舰队召回。”富冈和他的参谋们在图表上记录着南云的大致进程。根据此表，他们知道特遣舰队已于11月30日走完了夏威夷航程的三分之一，到目前为止，一切还顺利。

虽然他和同事们不能为南云干涉天道，但他们同往常一样高效率地工作着。每天上午，海军省水文部气象课的工作人员都向军令部作战课通报太平洋的气象情况。以该报告为依据，富冈和三代准备出当天的天气预报，预报再用无线电送往特遣舰队。由于众所周知的原因，气象预报早于南云舰队离开日本的两周前，就已开始。

为了保证通讯联络准确无误，军令部在特遣舰队离开单冠湾后，给每封密码电报都编了号，每封电报都重发数次，以保证南云确实能够收到。不能让舰队漏收任何一封电报，尤其是调南云舰队撤回或提醒他注意潜在危险的电报。

为了更加保险起见，军令部在舰队航行期间，昼夜每逢奇数钟点，便向南云发密码电报。例如，12月1日9点发出的第十三号电报，将于那天的11点、13点、15点等奇数钟点反复拍发，只有在东京得到新情报后才改发新电报。特遣舰队要求所属舰船一律要接收来自日本的电报。飞龙号和雾岛号的接收系统功率最强，因此飞龙号负责把接收到的所有给特遣舰队的电报再转给赤城号。

另一个向第一航空舰队传送情报的途径，是通过东京广播电台的政府广播，这是本土一日数次向驻外日本人的日语广播。军令部特意为特遣舰队在每次广播之后增加一两句话，从这个途径，南云也得知了气象预报的部分内容。正如上面所提到的，特遣舰队保持严格的无线电静默。但在特殊情况下，南云有权与东京联络，联络时使用特殊呼号，把发报舰伪装成一只商船。东京收到告急电报后，将立即回电，重述电报内容。这样，南云不用再重复发电。返航时，只要驶离瓦胡岛 800 英里，南云就可以开始同东京联络。

11 月 30 日，那位亲德派大使大岛在地球的另一面，应里宾特洛甫的要求同他会面。里宾特洛甫极力主张目前正是日本同英国和美利坚合众国开战的时机。他语气肯定地保证说："日本一旦同美国交战，德国将立即参战。因为在这种局势下，德国不可能保持同美国的和平，德国已就此下定决心。"

美国人截收了大岛于 12 月 1 日发往东京的电报，并将其译出。借调到海军通信部工作的海军情报办公室的克雷默，注意到这是日本人在 1941 年间第一次"向其盟国——德国公开日美谈判及其进展情况"。

同一天，东乡通知大岛有关与美国人谈判的情况："尽管帝国政府做出真诚的努力，谈判仍然陷入僵局，面临破裂……在此种情况下，帝国将面临一个严峻的局面，因此必须下决心采取行动……"为此，东乡指示大岛与希特勒及里宾特洛甫会面：

> ……极秘密地通知他们，现在形势危急。日本同盎格鲁撒克逊民族的武装冲突，可能会突然爆发，告诉他们战争爆发的日期，可能比任何人想象得都早……
>
> 告诉他们，我们现在的南移并非意味着我们放松了对苏联的压力。倘若俄国同英国和美国携手联合，并用战争反对我们，我们将竭尽全力，把目标转向他们；但目前把重点放在南方，对我们十分有利……

麦高伦读到这封电报时，印象颇深的是，"日本人在为不能向俄国人采取行动而对德国人表示歉意"。但他同时确信，该电表明了美日之间的形势"相当严重"。

伦敦的丘吉尔还未见到这几封预兆不祥的电报，因为"魔术"报告从华盛顿送到伦敦常用两三天的时间。11 月 30 日，丘吉尔向罗斯福建议再做一次努力，通过发表

"一个明确的宣言，来避免他们两国同日本的战争……日本任何进一步的侵略行径，都将立即产生极为严重的后果"。他许诺说，或是英国单独"发布类似宣言"，或是"两国联合发表宣言"。他最后说："亲爱的朋友，请原谅我把这样一条路强加于你们。但是，我坚信宣言将改变一切，并能阻止战争令人悲哀的扩张。"

11 月 30 日，帝国大厦在通向战争的道路上走了一截弯路。命运似乎给裕仁提供了一次机会，以证明他的统治与其年号昭和名副其实。15 点 30 分，天皇召见木户，"亲王高松殿下今天上午来见我，"陛下对他的这位忠心耿耿的大臣说，"并告诉我，海军已整装待发。他们过去似乎倾向避免同美国交战，倘若如此，他们备战的真正企图到底是什么？"

从天皇的措辞来看，他似乎是在生气，又似乎有些不解，还似乎兼而有之。海军方面留给人的印象，始终是反对同美国交战，而当高松亲王被派往军令部作战课工作一周后，就禀报他尊贵的皇兄：海军一直在备战。殿下的同僚们认为，他对海军能否取得胜利信心不足，一定建议天皇不要进入战争。此时此刻，作战课的所有工作人员都知道袭击珍珠港一事，既是内阁成员又是课里举足轻重人物的殿下，必定知道此事。

无论如何，木户诚惶诚恐地建议裕仁召见东条、岛田和永野，以弄清事实真相。他们的谈话刚刚结束东条就到了，尔后岛田和永野也到了。据岛田说："海军方面对于战胜美国始终信心不足。然而我们坚信，我们此时的战备状态好于最近任何时候……永野海军大将和我于 11 月 30 日禀报天皇说，海军已做好充分准备。"海军确实已一切准备就绪！ 18 点 35 分，天皇再次召见木户，告诉他岛田和永野已信心十足地回答了他的问题，"因此，请指示东条按原订计划进行"。木户立即用电话把此命令通知首相，绿灯再次亮了。

第五十三章

荣耀国门，还是被世人忘却

停泊在珍珠港港口的美军战列舰阵容

宫廷里进行的政治活动当然传不到南云及其参谋的耳中。离通知外交谈判是否成功的最后期限越来越近了，若谈判成功，特遣舰队将奉召回国。因此，舰上每个人都非常关注有关华盛顿谈判的报告。

有一部分人认为此次航行一点意思也没有，这些人是专门为空中掩护航空母舰而挑选出来的飞行人员，他们将从事一件看来平淡无奇的工作，而他们的同事却要驾驶飞机投入到激烈的战斗中去。他们没有什么值得渴望去干的事，所以认为此行枯燥无味。他们中的许多人，只好用喝米酒打牌来打发日子，米酒一般晚饭后供给。

瑞鹤号航空参谋并不反对喝酒，他的任务之一是让飞行人员保持高昂的士气。他与所辖的攻击队，都在为可能碰上从美国返回西伯利亚港口的苏联船只感到担心。然而，在经过岛田认为是苏联返航船只必经之路的海区时，大雾把特遣舰队掩蔽起来。

三川全面做好了他的战列舰和巡洋舰可能会遭遇水面战斗的准备。在他看来，特遣舰队在去珍珠港的途中不被发现的可能性极小，他依然为金刚号和榛名号不能前来感到遗憾。其实，他对日本制定的全面战略并不特别乐观，依他之见，日本应首先全力以赴去轰炸美国太平洋舰队，然后再把注意力转移到南方战场上去。

此时此刻，袭击珍珠港部队的另一支武装力量遥遥领先航行在第一航空舰队之前。横田实海军中佐正在他的潜艇I—26号内侦察阿拉斯加水域。11月19日离开本土后，他沿直线航行，在到达距阿留申群岛600英里海区之前，一直在水面航行。此后，他白天潜入水中航行，夜里升出水面赶路，在离阿图岛以西15英里处，他转向朝东行驶，从东北方向接近基斯卡岛，然后下潜，大胆溜进港口。他后来努力回忆说，这天是11月26日。

完成对基斯卡岛的侦察之后，他又迎着狂虐的暴风雪继续向东挺进，转天从北部接近埃达克岛。他发现，埃达克港口过于狭窄，难以进去，所以只好对其外表观察一番。在通过这些地区时，他得到的印象是：美国人防范得"极不严密"。

经过埃达克岛后，他沿阿留申群岛西进，于11月29日抵达荷兰港。他尽量向前靠近，甚至能看到岸上的人，但没敢贸然驶入港口。倘若美国人发现了他的潜艇，就会提醒美国太平洋舰队，因此将会危及整个珍珠港作战计划的实施。

横田29日上午对荷兰港进行侦察，于当天下午离开。为了防止被发现，他又返回北面，然后沿阿留申群岛西侧向南航行，直到阿缪克特航道，尔后又向东行，11月30日通过该航道，向夏威夷与旧金山之间某点驶去。I—26号接收到了东京发给特遣舰队的全部电报，因此横田始终非常了解事态的发展动向。他从未发过回电，截至目前为止，他还未发现值得报告的情况。军令部和第六舰队一致认为："没消息，就是好消息。"

后来很晚才得到的一份文件，提供了另一艘单独执行侦察任务的潜艇I—10号，当时在南海海域活动的某些情况，令人有些好奇。根据一份1941年11月30日至1942年11月11日桑巴尔刻与俄勒冈之间的潜艇载机战斗记载，I—10号于11月30日夜间发射起飞一架侦察机，对斐济群岛的苏瓦港侦察。该文件简单注明说，该机"未返回"，但即使如此，该机还发回了未在港内发现敌人的报告。I—10号寻找了3天，也未找到那架失踪飞机。

这架飞机是否成了警觉的英国军队的牺牲品？日本在太平洋战争中流的第一滴血，难道在空袭珍珠港前8天流在英国人的手中吗？或许这架飞机在意外事故中坠毁，加入到失踪在大海里成千上万的飞机行列中去？I—10号在此之后又向萨摩亚群岛驶去，12月4日在这一地区发现一艘阿斯托里亚级巡洋舰正离开帕果帕果湾，但未发现还有其他大型军舰。尔后，I—10 号又向北驶去，并按时在开战的第一天，赶到距夏威夷以南约 1300 英里处。

为南云的驱逐舰加油，需要高超的船舶驾驶技术、精确的时间计算、镇定的精神状态和小心谨慎的工作态度。沉闷枯燥的日子，一天一天地过去了，但加油似乎无止无休。南云的加油专家坂上，虽然对未来的成功不抱太大希望，但是相对平静的大海为他们提供了每天加油的良好条件。缆绳偶尔断了，断头像一只扑向目标的蛇一样来回扭动，噼啪作响。有时，断头抽到某位水兵身上，把他扫进大海。

为节省燃料，各舰禁止取暖，限制使用电灯。所以，在通过太平洋北部航道时，大家都穿得很暖和。舰队大部分官兵用冷水洗漱，只有翔鹤号和瑞鹤号因载有大量储备燃料，可以提供热水这一奢侈品。风平浪静的大海和雾蒙蒙的天如此偏爱特遣舰队，以至于山口及其参谋果真相信这是上天的赐福，是未来战斗的福星。南云也同样感到天神之手在保护着他的舰队。当听到草鹿虔诚地感谢上天赐给的好天气和有利于航海的海上条件时，南云发现自己也有同感，“这的确是上天的帮助”。

12 月 1 日，停泊在内海的长门号被一种带有宿命味道的宁静所笼罩。山本的参谋们为保证珍珠港冒险行动成功做了一切努力。现在，他们像军令部以及其他人一样，必须等待、期望和祈祷。宇垣焦急地等待着向敌人开火的命令，他在日记中写道：“12 月 1 日这个关键时刻终于来到了——最后的抉择时刻到了。还有什么没考虑到的吗？”

山本早就接到天皇 12 月 2 日 10 点 45 分召见他的命令，所以在星期一的一天里，他心情平静，若有所思。山本知道，按照常规，战争前夕天皇将把他个人的良好祝福赐给司令长官。动身去东京之前，他找来几位参谋，指示他们在他晋见天皇后立即用事先约定的密码，电告特遣舰队最后决定。联合舰队的通讯参谋，早在 11 月份，就已拟定出这套密码。

山本和他的副官按时离开长门号，乘坐 16 点从岩国出发的火车。山本身着便装，把军装放在箱子里。在目前这种紧张局势中，倘若他身着军装去东京，等于打着一个写有“日本马上要开战”的标语牌。他决定不透露任何关于他到东京的消息，甚至未告诉妻子，也没回家探望。

当天 14 点，帝国大厦的东房里，1941 年最后一次御前会议正在召开。会议气氛紧张，与会者顾虑重重，焦虑不安，但又不得不坚守会议礼仪。大家都认识到当前局势的严重性，知道帝国的命运正处于生死攸关之时，他们正襟危坐在各自指定的座位上，每个人的脸都拉得长长的，并露出倦意。东条最后说：“我们已做好长期战斗的准备，”他强调说，“但是……我们愿尽一切努力早日结束战争。”讲话结束时，他说出这样一串话：

当我帝国处在是荣耀国门还是被世人忘却的关键时刻……一旦天皇陛下决定开战，我等将不惜一切为国效忠。政府和军队将精诚合作，使我们这个团结的民族走向最终胜利。为达到此次战争应达到的目的，我等将竭尽全力，请陛下放心。

天皇离开时，全体起立鞠躬。一位不知名的编年史作者写道：“在今天的会议上，陛下首肯了已准备好的声明，他并未流露出任何不安，看来他兴致还好，我们心中充满了敬畏之情。”

固然，那些真正的决策人物是利用天皇达到自己目的的政治寡头。裕仁在此次会议上所起的作用难以评价。或许他认为已尽了自己的努力，所以只好听天由命；或许他决定先渡过眼前的难关，再回过头来收拾残局。无论属于哪种情况，他在12月1日御前会议上的态度完全不同于9月6日御前会议的态度，当时他竭力主张先外交后备战。而在12月1日的会议上，他只字未提和平、外交或中国的广阔，未提及无垠的太平洋和全世界的兄弟情谊，也没提到“一切从头开始”等。他既不点头赞许，也不摇头反对，只是保持沉默。

尽管此次会议正式决定开战，但看一下那天日本海军主力部队行动报告，便可以知道战事早已全面开始，只是名义上还没有宣战。

日本袭击珍珠港的潜艇部队，早已在驶往夏威夷的途中，以11月11日率先离国的三羽的第三中队为先锋。清水也在11月30日乘他的旗艇小鸟号到达特鲁克，并于12月2日离开此地，5日到达夸贾林，指挥第六舰队的行动。至12月1日，南云特遣舰队已走完进军瓦胡岛的一半航程。

在东京御前会议召开之时，日本已开始部署参加大规模南方作战的舰船。井上成美海军中将率领的作为关岛侵略部队一部分的第四舰队，于11月29日离开内海，向博宁群岛进发，尔后将于12月4日向关岛进军。第四舰队的使命之一是在马绍尔群岛即南云特遣舰队和日本之间建立一个中继站，并负责支援从夸贾林开始行动的清水潜艇部队，以及在紧急情况下或战斗中协助第一航空舰队。

近藤信竹海军中将率领的第二舰队主力，于11月29日自内海启航，于12月2日到达帕斯卡多里斯的毛科岛，随后于12月4日向南进发。近藤的任务比较艰巨：击毁敌人在菲律宾、马来亚及荷属东印度群岛的舰队和空中力量，担任海上护航舰队，支援陆军在菲律宾、马来亚、荷属东印度群岛和泰国的登陆，准备入侵帝汶和缅甸，摧毁敌人在东南亚的水上交通。

南遣舰队（马来亚部队）在坚强的小泽治三郎海军中将[①]的率领下已经出发。小泽曾协助组建第一舰队，支持珍珠港作战计划，并一度希望能指挥袭击珍珠港的战斗。他的舰队为避人耳目，于 11 月 20 日一小部一小部地出发。

南方部队中规模最大的，是高桥伊望海军中将率领的入侵菲律宾的部队。这支舰队约有 100 艘舰船，任务是迅速有效地占领菲律宾，以保障关键的印度群岛侧翼的安全。他将要进行的，是同日本在太平洋彼岸主要对手的另一场战斗。高桥于 11 月 22 日率领舰队主力离开内海，11 月 25 日即南云从千岛群岛出击的前一天，他乘旗舰重巡洋舰足柄号到达帕斯卡多里斯，并在该地区一直等候至 12 月 8 日，再发起对菲律宾的大规模入侵行动——占领吕宋岛。

高木武男海军少将率领高桥入侵菲律宾南方的增援部队和自己的航空力量，于 11 月 28 日从内海出发，直奔距南部菲律宾以东约 500 英里的帕劳，然后于 12 月 6 日驶向达沃，开始入侵行动。他将关闭通向菲律宾的后门，打开通向印度群岛的东大门。

像近藤一样，高桥也必须依靠塚原的第十一航空舰队支持其在北菲律宾的行动。x 日越来越近，塚原及其参谋焦急地等待着南云特遣舰队的消息。因为，只有南云给予美国太平洋舰队以足够的打击，才可以使美国太平洋舰队不去干预行动中的大规模南方行动的侧翼部队。琢原对夏威夷冒险行动信心不足，但从未批评过这一战略部署，因为它是山本下令实施的。他认为，袭击夏威夷这样的战斗倘若成功，将会被奉为英明决策，但一旦失败，就会被视为愚蠢和蛮干。他和他的主要参谋都已接到严格命令：他们将和参加南方行动的所有人员一样，等待来自南云的前进信号。

美国官员们几乎每天每时都在观察这些军舰和部队南行的进展情况，直到催眠状态的真正来临。就这样，日本人大规模的南侵把美国的政治和军事注意力引入歧途，同时为南云特遣舰队充当了保护伞。

细萱戌子郎海军中将率领的日本北方部队（第五舰队），自第一航空舰队驶出单冠湾之时起，就已进入阵地。它的主要任务是巡逻和保卫包括博宁群岛在内的日本以东水域及守卫珍珠港袭击部队的航线。

被指定作为珍珠港特遣舰队辅助部队的一个小型海军建制，于 11 月 28 日离开距横须贺东南部不远的馆山。这就是小西要人海军大佐率领的中途岛压制部队，它由驱

---

①见第三章和第十一章。

逐舰署号和潮号以及油船四宫号组成。其远征目的是袭击和压制中途岛的美国航空基地，以保证南云部队安全返航，而且它还通过诱骗侦察飞行，转移美国人的注意力。

四宫号船长东乡实是伟大的东乡平八郎海军大将之子。东乡实海军大佐自 1941 年 10 月 28 日起，开始担任这个不引人注目但又必不可少的油船的船长。11 月下旬，他才知道自己的真正使命。其实，他只知道事情真相的一部分，因为他不了解自己部队行动的意图。没有必要告知东乡实空袭珍珠港一事，他的任务不过是保证两艘驱逐舰燃油充足。东乡不是野心勃勃之辈，只是在竭尽全力干好工作。他担心日本将面临同德国一样的命运，前途惨淡，注定失败。在驶向中途岛的途中，他们未发生任何事故，也未见到任何其他舰船。因此，东乡毫无理由认为有人发现中途岛压制部队。

除了上述这些远征军外，日本还拥有山本直接领导的联合舰队主力。这支部队将留在内海，直至空袭珍珠港结束。这支大型舰队，拥有各种海上重型舰只，主要有 6 艘战列舰、2 艘轻型航空母舰、2 艘轻巡洋舰和 13 艘驱逐舰。山本把这些军舰留在内海的目的，是保卫本土和日本领海。他在长门号上指挥着踪迹分布广泛日本海军。

古贺峰一海军中将率领的只拥有几艘军舰的中国地区舰队驻扎在上海。这支力量相对薄弱的舰队，将继续其在中国的行动：摧毁当地敌人部队，协同陆军占领香港，保障中国沿海的水上交通。古贺及其参谋知道袭击珍珠港一事，他们将暂时停止行动，直至袭击珍珠港之后再重新开始。

因此，除主力舰队、古贺舰队和附属在各海区管辖之下的零星力量外，日本海军的大部分力量 12 月 1 日都在海上，做好了开战准备。11 月份实施的这种部署——其中一部分在敌对状态开始前几周就已实施——是迄今世界上最大的战前战舰行动之一（如果不是唯一最大的话）。因此，早在 12 月 1 日御前会议之前，日本的所作所为就好像其领导人已确认外交失败似的。如果说事实胜于雄辩，那么，日本早在御前会议做出决议之前就已进入战争。

12 月 2 日 17 点，一封发自伊东的电报送到长门号上，电报信封上标有绝密字样。当宇垣急忙撕开信封时，就感到手中拿的一定是他盼望已久的作战令。他的直觉是对的，信纸上写道：“帝国已决定 12 月初同美、英、荷开战。”宇垣立即发报通知各舰队司令长官：“决策已定，日期和时间等待通知。”

那天，南云比以往更加重视安全问题。7 点 30 分，他发信号通知各舰：

我部已到达基斯卡岛和中途岛敌人巡逻区。今夜，我部将通过国际日期变更线，接近敌区。应继续保持更加严格的空中警戒和严密观察，警惕敌人发现我们的踪迹。

特别注意夜间禁止暴露灯光，尽量限制使用信号灯。

现在，南云接到了“前进”的信号，知道他将不得不继续进行他过去非常担心的赌徒式的冒险行动。

特遣舰队每向前航行1英里，所剩时间就越少。对于华盛顿，情况也是如此。12月1日10点15分，野村和来栖来到国务院，同赫尔会晤。赫尔声明：“只要日本军界领导人表示日本愿意寻求和平，美利坚合众国愿向日本提供一切所需物资。”他又补充说，“但是，我们不打算与这些军界领导人结成合作关系。”

同一天，外务省向野村和来栖发来明确指令：谈判已进入最后阶段，“驻伦敦、香港、新加坡和马尼拉的4个外交使领馆，都已接到放弃使用并销毁密码机……的指示”。在12月1日的另一封电报里，东乡指示野村在“必须销毁密码时”，务请与他的海军武官办公室联系，海军武官有用于此目的的化学药品。

赫尔中午去见总统，并同他一起讨论了目前形势。两人一致认为，日本人似乎在酝酿一场袭击。他们还讨论了致天皇的电文稿。赫尔认为，除非迫不得已，否则他反对这样做。但是，由于两人都试图抓住一切机会来拖延时间，赫尔向罗斯福出示两份电文稿，征求他的意见。他们还决定推迟采纳丘吉尔提出的向日本发出联合警告的建议，最早也要等到总统向裕仁呼吁之后看看反应再说，当然这取决于总统最后决定向天皇发电与否。

军令部内，富冈继续在焦虑和恐惧中等待着。他那杰出的但有些保守的大脑不允许他欺骗自己。他清楚而且实事求是地认为，此次空前的冒险行动极可能导致悲剧的发生。他曾把自己过人的聪明才智奉献给南方行动，现在已完成任务，但却经常从噩梦中醒来，为特遣舰队的安危担忧。任何情况都可能发生，其中也包括金梅尔航空母舰的反袭击。倘若发生这种情况，富冈将马上向南云发电，敦促他中断一切联系，不惜一切代价把舰队带回本土。早在特遣舰队离开单冠湾之前，他就对南云和草鹿说，倘若形势对他们不利，应竭尽全力保护舰队。

如果灾难真得降临在第一航空舰队头上，富冈将永远不会原谅自己。他曾竭力反对山本的计划，但迫于压力，他和军令部其他成员不得不屈从于山本那鲁莽的计划。他为放弃自己的主张而痛苦地责备自己。

富冈对夏威夷行动可能发生的悲惨前景忧虑甚多，甚至为自己设计了一个标准的日本武士式的赎罪计划：结束自己的生命。但不是时尚的日本传统推崇的剖腹自杀，只有一种自杀方式才适合富冈这个过分讲究、按部就班、近乎法国化的人。自南云从单冠湾出击那天起，他就一直把一只0．38吋口径的左轮手枪放在自己书桌抽屉里。特遣舰队消失在通向夏威夷的航程上，这只手枪也上好子弹，夜以继日地默默地躺在抽屉里，随时准备打碎那个置自己判断力于不顾、盲目接受山本胆大包天计划的脑袋。

第五十四章

我们都很不安

日本零式战斗机从赤城号航空母舰上起飞

周末的到来使金梅尔感到有些松懈。海军曾于 11 月 27 日声称，日本人将在几天内采取侵略行动，但几天过去了，一切平安无事。被华盛顿宣布将要结束、几乎不可能重新开始的谈判，事实上还在继续进行。金梅尔的上级并未向他透露有关国务院、陆军部和海军部已从“魔术”得知，继续谈判是日本人在耍花招这一情报。因此，报纸和广播上一些关于外交谈判的报道，使金梅尔相信“导致下发所谓‘警告’的紧张局势已经缓解”。他之所以这样认为，或许因为他只是浮光掠影地读了报纸，或许因为他像 1941 年秋季许多美国领导人一样，在抓救命稻草。

莱顿“对华盛顿为何不向我们提供更多的情报，感到不解，或许因为他们也未得到新情报”。对于他和罗奇福特来说，华盛顿是他们相当重要的消息来源。这两位军官在周末时分一直守在电话机旁，只是莱顿星期日回到办公室和金梅尔谈了一会儿话。

11月30日晚至12月1日，有一个突破性进展。第十四海军军区12月1日的“通讯情报摘要”记录道：

> 海上（日本）舰队的所有无线电呼号，突然于12月1日零时改变。从前，呼号一般6个月或更长时间更换一次。上一次更换，是11月1日。呼号只持续使用1个月就改变，表明他们再次加快了大规模军事侵略行动的准备……与12月1日零时以前比，日本海军似乎采取了更加严密的安全防范措施……在此之前，日本曾用旧呼号加紧拍发电报。突然改变呼号，他们一定剩有少量电报未能拍出，从而引起混乱和带来损失。然而，无论未拍发的电报还是已拍发的电报，都可能被用来做障眼法，使人们认为似乎没有什么不寻常的事要发生……

自罗奇福特从事情报工作以来，这是日本人第一次在30天的时间内两次更换呼号。华盛顿对此事也感到吃惊。特纳认为，此次变换呼号以及无线电通信量的明显减少，意味着“一次意义重大、至关重要的行动正在酝酿之中，或许几乎整个日本舰队都已出海……”而威尔金森却把此事视为“将要出现另一次紧张局势”的又一个迹象。

莱顿认为，呼号更换一事对美国“是个不祥的预兆”，并且预计将一定会出现“难以辨认无线电通讯流向”的局面。他还认为，通讯量减少并非意味日本人会马上采取行动，但它与日本南方行动很合拍。据罗奇福特讲，“对于通信量的减少，我们极为不安”。感到不安的还有金梅尔，他在接到“通讯情报摘要”之后，在上面所引部分的下面划了线，以示强调。海军上将还命令莱顿绘出一张标有日本各舰队大致位置的图表。莱顿立即与通讯情报机构一起着手绘表，并于12月2日将表交给金梅尔。

表上，莱顿既未标出航空母舰第一战队的位置，也未指明第二战队的方位，因为这两个战队已足有15天甚至25天未在通讯联络中出现。金梅尔当即就抓住这一失误：“怎么？你竟然不知道日本航空母舰第一、二战队在哪儿吗？”

“是的，先生，我不知道。”莱顿回答说，“我想它们可能在内海，但我不知道它们的具体位置。对于其他战队的位置，我很有把握。”

金梅尔用冷冰冰的蓝眼珠瞪着莱顿，脸上现出颇为严肃的神情。他挤挤眼睛，逼问道：“你的意思是否在说，他们可能已在钻石角一带活动，而你却对此一无所知？”对于这个问题，莱顿只能小声回答，“我希望能在他们到达钻石角之前找到他们。”

金梅尔“挤眼睛”的表情，使他多年来不得安宁。因为各种各样调查珍珠港事件的人物，都把“挤眼睛”看成是金梅尔在严峻形势下依旧轻敌的一种表现。事实当然不是这样，金梅尔有他自己表示强调的表情。莱顿当时就不自在地知道，金梅尔“挤眼睛”远不是在开玩笑，这位上司是在向他表示这样一个事实：他不知道 4 艘航空母舰的位置。

海军上将对那些军舰的去向极为关注。他相信，倘若美国人找到它们的方位，“就能够很有把握地知道日本人的主要军事力量将要放到哪里”。后来，他认为空袭后得到的“那几艘失踪航空母舰”当时所在方位的材料，不符合当时的情况。他说：“我们从未认为那几艘航空母舰曾失踪过……我们甚至不知道我们曾让它们失踪过。我们只是不能认知它们。”

这 4 艘日本航空母舰可能根本没有保持无线电静默。它们可能属于通讯上未认知的那一部分，而联合舰队的大部分舰船当时都未被认知。日本人更换呼号至少涉及了 1. 5 万个呼号，在莱顿交给金梅尔那张方位表的 12 月 2 日，只有其中的约 200 个呼号被认知，而那 4 艘航空母舰不在这百分之一又三分之一内。再者，日本航空母舰过去也经常发生找不到行踪的情形。金梅尔作证时说，空袭前 6 个月里，“就有 134 天 12 次发生这种情况，每次 9 至 22 天不等。这是因为无线电通讯不能确定日本航空母舰的具体方位”。

然而，没有人认为天下太平。莱顿生动地描述说：“日本人的行动表明，他们采取了越来越严密的无线电安全措施……他们使用的是多址发报和覆盖区域广的方式，我们称此为既无发报人亦无收报人的发报，任何人都可收报。当他们这样做时，你就不能辨认他们在向谁发报……”莱顿忧心忡忡，因为日本海军似乎在准备一次大规模进攻。作为一名情报军官，他的任务是追踪日本海军。但除了发现第三战队和间或发现第四战队的踪迹外，他未找到其他航空母舰的行踪。航空母舰第三战队（瑞风号和风翔号），当时正同山本的主力一起留在内海，航空母舰第四战队（龙骧号）同高桥的南菲律宾支援部队一起，正在驶向帕劳的途中。

在华盛顿，麦高伦办公室详细记录下了通讯呼号的变化。像往常一样，麦高伦于 12 月 1 日撰写的情报判断，也说明了日本各主要舰队的位置。这一天的报告，把比睿号定位于佐世保附近，雾岛号在吴附近，赤城号和加贺号在九州南部，把南云的另外 4 艘航空母舰也定位在吴。

这仅是麦高伦上周五和周六起草的长长的备忘录中的一部分。这份备忘录汇集了从世界各地搜集到的情报。12 月 1 日清晨，他对备忘录稍作润色后便交给了威尔金森。尔后，麦高伦陪同他的上司威尔金森来到斯塔克的办公室，那里聚集着英格索尔、特纳和其他几位海军将官。他们每人拿到一份备忘录，然后麦高伦大声朗读起来。在此之后的讨论中，麦高伦表示说："战争迫在眉睫，外交关系即将破裂。"他问："是否已向太平洋舰队提出足够的警告？"斯塔克和特纳都肯定地对他说："电报已经发出，它们足以使舰队保持全面的警惕，使之一切立足于战争。"

12 月 1 日，第十四海军军区情报办公室通过安装在日本领事馆的窃听电话，窃听到《檀香山明星报》的劳伦斯·K·仲塚和一位被情报办公室称为"xx"的人之间的电话通话。根据判断，"xx"是奥田。仲塚在电话中问，领事馆是否知道《朝日新闻》报道的关于关闭日本领事馆的新闻，仲塚是通过美联社电稿得知此事的。但是，"xx"像往常一样不置可否。

喜多和奥田可能知道——几乎可以肯定地说他们知道——的情况，比他们能向记者透露的要多得多。就在那天，他们办公桌上的便笺簿里便记上一句涵义隐晦的话"在可预计的未来"。经常有人在便笺上记些奇怪的短语，这些短语看起来似乎是喜多和奥田在扩大自己的英语词汇量。但那句话太巧了，他们当时是否在念念不忘"风力"广播的日期，还是想到即将到来的袭击珍珠港的日期。对此，只有他们能够说清楚。

像其他与夏威夷行动有关的日本人一样，领事馆人员在一丝不苟地履行自己的职责。12 月 1 日，喜多拍发了一封关于美国军舰调动的电报。这份报告写得十分精彩，可算为同种文章的范文，有细致的观察、精确的计算和合乎逻辑的推论。这份情报对于特遣舰队来说，简直是一件无价之宝。因为，如果特遣舰队不能在珍珠港或拉海纳找到金梅尔的军舰，将不得不采纳源田的替补方案，以防不测。

尽管困难重重，罗奇福特的电波侦察仍然对准着日本南方部队，进行跟踪。倘若在这段时间内南云打破无线电静默，无论是否改变密码，罗奇福特一定会毫无疑问地盯上他。日本人严格的安全措施得到了回报，正如罗奇福特在 12 月 2 日报告中指出的：

> 今天有关日本航空母舰的情报几乎是空白。由于呼号不能认知，所以情报量很小。自 12 月 1 日日本改换呼号以来，200 余个呼号被认知，但未找到任何一艘航空母舰的呼号。航空母舰的通讯联络显然处于低潮。

这一天，其他情报机构同样有他们自己的难处。联邦调查局一直在自己的办公楼里监听一条可疑的电话线。某电话公司的雇员偶然发现有人窃听，便报告给上级。军区情报办公室安插在这家公司的眼线，把这一情况向本单位做了汇报，尔后，军区情报办公室转告联邦调查局说，他们的窃听被人发现。

希弗斯亲临这家电话公司，就此次泄密之事宣读了骚乱取缔法。梅菲尔德听说此事后，对联邦调查局未经协商便擅自采取行动一事，感到非常气愤，也为他们安全措施不当而感到担忧。他马上又联想到他对日本领事馆的搭线窃听，他知道海军部关于禁止引起国际争端的指示，他在领事馆安装的窃听装置一事若暴露，就真的要掀起一场轩然大波了。

军区情报办公室，没有几个人知晓该办公室正对日本领事馆的五、六条电话线同时进行窃听。1941 年间，平均每天窃听的通话次数约为五、六十次。尽管窃听并未使他们得到什么重要情报，但却为他们提供了了解领事馆成员及与他们接触的人士的人品性格的宝贵机会。1941 年 12 月 2 日，是情报部门最不应该为国际和睦放弃窃听的时刻，但梅菲尔德恰恰就在此时放弃了窃听。“火奴鲁鲁时间公元 1941 年 12 月 2 日下午 4 点，我与交往了 22 个月的朋友告别了。天啊！我真不该失去你！”

“愿灵魂安息。”舰上文书长西奥多·伊曼纽尔结束了他长时间的监听工作。

在此之前，军区情报办公室遗漏了通往厨师住处的电话线，联邦调查局发现这一纰漏后，马上在这条电话线上安装了窃听器。梅菲尔德对此感到十分恼火，因为希弗斯并不与他合作。因此，他现在也来个翻脸不认人，在尚未通知联邦调查局的情况下，就撤掉了海军方面的搭线电话。倘若希弗斯知道此事，他一定会立即把自己的窃听装置安装到原属海军管辖的线路上。此外，我们再次发现在如此需要美国各单位密切合作的关键时刻，却令人悲伤地存在着缺乏合作的精神。

12 月 2 日，金梅尔继续研究关于调遣海军陆战队飞机到外围基地和考虑把这类基地移交陆军管辖的问题。他与肖特会面，共同商讨此事，并在之后给斯塔克写了一封长信，对上述问题做了详尽的解释。在“又及”中，他几乎漫不经心地说：“你将注意到我已向太平洋舰队下达了用深水炸弹炸毁瓦胡岛战区出现的所有潜艇的命令。”在另一条“又及”中，他担心地表示：“我们把注意力如此集中在防御上，以至于会妨碍我们主动实施进攻……”这封颇具特色的信，是空袭前斯塔克与金梅尔 1941 年间大量通信往来的最后一封信。

12 月 2 日，外务省向喜多发出一封重要的谍报令：鉴于目前形势，掌握战列舰、航空母舰、巡洋舰在港内停泊的情况至关重要。今后请尽最大努力每天对此报告一次。无论珍珠港上空是否放有观察气球，或是否有施放此类气球的征兆，请电告。另外，请电告美方是否为战列舰装上防鱼雷网。

这是日本人把兴趣集中在金梅尔“港内”军舰及其行动上的另一个迹象。该电报还向我们暗示，日本人不仅仅注意“港内”舰船，还想知道有关阻塞气球和防鱼雷网的情况——天上和水下的防范措施。东京之所以提出上述问题，是因为源田和渊田要求得知问题的答案。他们在命令飞机飞往瓦胡岛之前，必须详细了解这些情况。难以找到比这封电报意图表达更清楚的电报。尽管电报于 12 月 2 日 7 点 7 分被截收，但 12 月 11 日才被寄出，12 月 26 日到华盛顿，30 日才被译出。

12 月 2 日，喜多接到东乡关于烧掉除 0 号和 L 号之外的所有密码的指示。东乡还要求烧掉所有密件，并要求他们小心谨慎，以防引起“外界怀疑”。外务省还说：“这些措施旨在防备发生紧急事态，因此务将此事限制在你领事馆内部，望你等镇静、谨慎地履行职责。”

东京向驻北美（包括马尼拉）、加拿大、巴拿马、古马、南海（包括帝汶）等所有日本驻外使节及驻英国和荷兰及其属地的所有外交官拍发了类似的电报。在拍发给华盛顿的电报中，东京命令野村：“立即停止使用单码机，并将其彻底销毁。用你认为最合适的办法，在适当的时间处理掉所有来往信件及其他秘密文件。”

对于火奴鲁鲁领事馆来说，外务省的电报意味着它将不得继续使用 J—19 高级系统，而只能依靠 PA—K2 系统工作。因此，在 12 月 2 日到空袭前的几天内，来往于东京与火奴鲁鲁之间的通讯联络中所使用的密码，极易被罗奇福特手下的人破译。这些来往电报中，有一些极能暴露日本人的真实意图。然而，待到军区情报办公室拿到美国无线电公司的电稿时已为时太晚，来不及在空袭前将其破译。美国人运气太不好了。

日本人在背后还留有一手，这就是订于 12 月 2 日从横滨启航途经火奴鲁鲁最后抵达旧金山的龙田丸号航班。此行的目的，是把需要离日的外国人送出日本，并把在美国的日本人接回国。实际上，除外交人员和零散的金融界人士外，所有日本人都将离开美国。该船原订从旧金山启航后，于 12 月 19 日抵达墨西哥的曼萨尼约，12 月 27 日抵达巴尔博亚，然后径直返日。日本和美国的许多报纸都宣布了此次航行。

实际上，这个预定的航班是个经过精心策划的大骗局，龙田丸开船几天后，便掉头转向回国。船长并不知道夏威夷行动一事，只是接到这样的指示：他将于 12 月 8 日前后接到重要命令，并必须遵令行动。了解内情的海军省大前敏一海军中佐，担心当轮船掉头返日时美国乘客极可能会劫持轮船，用枪口威逼船长继续向美国开。为此，大前向东京的通讯部队索要了 20 支手枪，解释说要完成一次特殊任务。他把手枪放在一只箱子里，交给船长，指示船长 12 月 8 日零时将箱子打开。

山本在东京等待着进宫接受天皇祝福他在即将到来的战争中获取成功的诏书。12 月 2 日，北太平洋上的南云指挥着舰队，从这儿调一艘舰艇归队，从那儿派一艘驱逐舰担任警戒。经过一番调整之后，他于 7 点 22 分下令："当空袭部队高速向南飞去时，潜艇分队将和主力部队拉开适当距离，在后部担任警戒。主力部队返航时，各舰按原来位置各就各位。"

宇垣很少这样忙过，他为山本起草了一封空袭前拍往特遣舰队的电报。他写道："我帝国之沉浮，取决于此次战争。你等应竭尽全力完成自己的使命。"他把拟电拿给渡边看，让他和其他参谋提出改进意见。稍许，渡边回来，建议在某一地方做个小小的改动。宇垣答应予以考虑。显然，宇垣真正关注的是山本的冒险精神是否能在日本海军史上找到一个相应的位置。他记得东乡在对马战役中，向其舰队发出的那条著名的训令："此次战斗关系到我民族之生死存亡，你等要竭尽全力。"宇垣决定：

拍出的电报，在分量上一定要超过那条训令。尽管每次战争都决定一个国家的命运，但对于我们这些面临目前局势的人来说，我们将要进行的这场战争确实将决定我们国家的命运……我们的后代可能不会把它视为一个非常之举，然而我自己却要把此次战争视为日本与全世界较量的战争。

17 点，一封来自伊东的电报下令启封帝国军令部第十二号令："该作战令命令我们于 12 月 8 日零点起付诸武力行动。中国地区舰队和各海军基地，在接到联合舰队进攻的命令后再行动。谢天谢地！"怀着这样一种虔诚的愿望，宇垣于 7 点 30 分向联合舰队发出一封海军战史上最简短但历史意义最大的电报："登上新高峰，1208。"电报指明，x 日定在 12 月 8 日零点（日本时间）。南云特遣舰队于 20 点接到该命令，这时他们正在中途岛正南方约 940 英里处行驶，此处距美国巡逻飞行半径还很远。

尽管许多日本海军军官认为这封电报的措辞没有什么特殊内涵，只不过是随意选出的密码而已，但是人们不能不注意到，台湾境内的新高峰是日本帝国的最高峰，"登上新高峰"意味着日本将要攀登其历史上带有象征意义的最难以征服的山峰。

第五十五章
显然是战争的前兆

参加攻击行动的日本海军舰载99型轰炸机

12月3日星期三，黎明悄悄来到内海上空。“我特遣舰队航行海区被一高压带覆盖，近几天天气不会有所变化……”宇垣写道。这些天来，他的大脑从未离开过第一航空舰队。“上天赐予的帮助真大啊！”他突然萌发出迫切参战的心情：

当罗斯福总统同他的陆海军部长及参谋长开会时，当野村和来栖12月2日在与韦尔斯的谈话中解释我帝国现在和将来所采取的立场时，他们是否知道一个硕大无比的手4天后就要卡在美国人的咽喉之上？我祈祷上天，从此时起到那个时刻，什么也不要发生吧！一切依仗天助！

10点45分，在东京的山本身穿军服，等待天皇召见和颁发帝国诏书的盛大典礼。当山本用宇垣事先为他准备好的生硬呆板的话语回答了天皇的问话时，皇宫发生的这小小的一幕，正如“能戏”（一种日本戏——译者注）的套子一般，按规定的程序进行着。天皇在完全认识到进入战争不可避免后，看起来相当平静。山本躬身退下，手里攥着那份使联合舰队进入他所为之担心的战争的命令。

特遣舰队通过国际日期变更线后，仍然以东京时间为准校表和做记录。当地时间12月3日，舰队到达阿穆克塔通道以南偏东约1000英里处。4点许，收到军令部转达火奴鲁鲁领事馆情报的电报：“29日下午，珍珠港内泊有6艘战列舰、7艘重巡洋舰（其中两艘不能肯定）、4艘轻巡洋舰、18艘驱逐舰、4艘潜艇、列克星敦号航空母舰及26艘其他类别的舰船。”吉川提供的巡洋舰和驱逐舰数目，与事实稍有出入，但其他主力舰的数目是准确无误的，而主力舰正是特遣舰队最为关注的目标。

原对所属两艘航空母舰发布命令说：“4日3点起，随时准备以16节时速前进。接到新命令20分钟内，做好以20节航速前进的准备。”12点56分，南云做出第二天从日出前15分钟至日落后15分钟进行空中警戒的安排。

随着地球的转动，夏威夷迎来了12月3日清晨。当地居民此时打开《檀香山广告报》，会读到一篇令人吃惊的社论：日本“是世界上最不堪一击、最难经受经济封锁的国家。它缺乏自然资源，而持续4年的战争使它深受重创。它虽然拥有一支海军，但尚无空中力量做其后盾”。然而，恰恰就在4天之后，火奴鲁鲁亲自领教了被描绘为不具备空中力量的日本海军的厉害。

瓦胡岛上的海军又开始了新的一天。罗奇福特仍然不能对日本海军进行监听，因为他还不能认知无线电呼号，也没有关于潜艇或航空母舰的情报。

梅菲尔德目前把注意力及行动集中在日本人烧毁密码和秘密文件一事上。梅菲尔德打电话给希弗斯，问他是否能肯定领事馆确实已销毁密码了。两小时后，希弗斯通过安装在厨师屋内电话线上的窃听器得到一个重要发现，厨师在同火奴鲁鲁的一个日本人闲谈时，透露“总领事在烧毁他所有的重要文件”。希弗斯把这一情报告诉了梅菲尔德和贝克内尔。

贝克内尔认真分析该情报，把它与来源于其他可靠渠道的零星情报联系起来，认为销毁文件是个不祥之兆，是日本人将在某地发动战争的征兆。他还把他从海军方面得知华盛顿和其他地方的日本人受命销毁密码的情报，通知了联邦调查局的同行们。这一情报，由海军作战部主任拍发给亚洲舰队司令、太平洋舰队司令、第十四和第十六海军军区：

收到绝对可靠情报。昨日日本向驻香港、新加坡、巴达维亚、马尼拉、华盛顿和伦敦的外交机构和领事馆发出紧急指示：立即销毁绝大多数密码和暗码，并烧毁所有重要绝密和机密文件。

这封电报，是麦高伦在威尔金森的同意下草拟的，特纳也知道此事，因为这是在海军高级军官会议上讨论决定的。正如特纳后来作证时说：

……我们一致认为，该情报十分重要，应及时通知金梅尔海军上将和哈特海军上将。根据以往经验，在那些地区销毁密码无疑是战争的前兆，而战争的目标就是密码销毁地的国家……这一切表明，战争将在2至3天内发生。

英格索尔认为，海军作战部的这封电报连同11月27日的“战争警告”，是发出的最重要的电报，海军部得知日本人“已经开始行动，只是不知他们将在何时何处登陆，而这些很快就能见分晓，对此是不容置疑的。现在，问题只在于不知道准确的地点和时间”。英格索尔和同事们都认为，战争“恐怕只是几天或几小时的事了……日本人第一阶段的侵略目标将包括我们。这封电报再次强调以往电报中关于与日本人开战不可避免的警告。日本人把华盛顿也列在其中，恰恰说明了形势的严峻性”。英格索尔还认为，这些领事馆的被列出，“证实了这一切……证实了将要爆发一场战争，而不单纯是外交谈判或外交关系的破裂”。

斯塔克认为，日本人的这一行动是“我们接到的最能说明问题的情报，我们发出的电报……是我们有史以来发出的最重要电报之一。我们认为，战争只是时间问题”。

迈尔斯从这一情报中得出的结论是，日本人或许“企图发动一场战争……或许害怕战争突然降临……”。然而，他没像发出“战争警告”那样给肖特拍去一封内容相似的电报，因为他认为“海军部发给夏威夷的电报，会立即转送到当地的陆军当局”。但他的的确确命令驻东京的陆军武官克雷斯韦尔销毁一些密码，因为“有迹象表明，马上将同日本断绝外交关系”。

另一封由作战部主任发给哈特、金梅尔和第十四、十六海军军区的电报中，还有另一则出乎意料的消息：

东京12月1日2440号文件中，命令伦敦、香港、新加坡和马尼拉销毁紫码机。巴达维亚的密码机已送回东京。12月2日，华盛顿也接到指令：销毁紫码机，除留一份密码系统外销毁全部其余系统，并销毁全部机密文件。伦敦英国海军部今日报告，日本驻伦敦大使馆已开始其销毁工作。

令人吃惊的是，此电报由萨福德起草。那天上午，他打电话问麦高伦："你们海军情报部门是否已向太平洋舰队提出警告？"

麦高伦回答说："我们尽可能多地向太平洋舰队通报消息。"萨福德把麦高伦强调代词"我们"理解成传递情报是很困难的暗示。尽管萨福德知道他的所作所为超越了海军通信部和海军情报部门共同制定的战争计划和协议的范围，他还是大胆地自作主张将该电报发出。他把这封由他起草的电报说成是用专业术语撰写而成，珍珠港内只有一人能理解其重要性，这个人就是太平洋舰队司令部参谋、已故的H. M. 科尔曼海军上尉。在这一点上，后经证实，萨福德说对了。

令人难以置信的是，该电报未引起相应的关注，尽管它不仅写明了日本的通讯号码（华盛顿密切注视东京的清楚证明），而且还点名道姓地提到了"紫码"。瓦胡岛签收这封电报的是一位特别安全参谋，此人随后将其送交金梅尔、史密斯、瓦克莫里斯、德拉尼、莱顿和柯茨处。金梅尔对"紫码"一词感到很生疏，于是派人找来莱顿，问什么是紫码。莱顿也不清楚，但答应把它查清楚。莱顿请教了新近从华盛顿回来的舰队安全参谋科尔曼海军上尉。科尔曼解释说："这指的是一种电动密码机……用来传送日本领事馆和日本外交人员与其本土之间来往电函的密码机。'紫码'是在改进'红码'机的基础上设计的一种机器。"当时，这一情报在莱顿看来"没什么特别意义"，只是让他了解到"日本海军有一种电动密码机"，它用于外交联络上，现在日本人要销毁它。

他如此这般地向金梅尔做了汇报，这一情报加深了海军上将的"凡截获到的有关日本人的情报，都能送到"他这里的印象。过去，他曾要求向他提供一切重要情报，并得到了相应的许诺。他把对形势的估计，建立在他正在得到一切重要情报这一假设的基础之上——然而他错了。

更令人不解的是，金梅尔并不认为日本销毁密码的行动"至关重要"。在他看来，这一情报似乎与他得到的其他关于日本人在东南亚行动的情报密切相关。"日本自然要采取防范措施，以防其在东南亚的行动导致英国和美国对其宣战，并占领其外交驻地时其通讯系统出现问题。"

他的看法固然有一定的逻辑性。他从海军战斗情报机构清楚地了解到，日本部队正在向南移动，其目标显然是东南亚，日本人从不掩饰该地区理所当然应属大东亚共荣圈的观点。而且，金梅尔还真诚地相信，华盛顿恢复谈判一事缓解了日美关系。现在，人们或许可以明白，为什么他把日本人销毁密码计划仅仅视为镶嵌图中的另一块拼板而已。

金梅尔知道密码一般要被定期毁掉，他认为“在目前这种紧张形势下，我们当然会收到大量耸人听闻的消息”，“海军部很可能是根据想象夸大了原电内容”。对来电评论一番当然无可厚非，但金梅尔和布洛克似乎是有关人士中唯一轻视这条情报重要性的人。金梅尔后来承认他对电报的“理解不够准确”。然而，萨福德的电报实在应该打消任何对这一情报紧急性的怀疑，因为例行销毁密码是一回事，销毁密码机则是另一回事。

布洛克对此的反应是，日本人“或许已经销毁，或许还未销毁”。他不知道“他们要销毁的东西是什么，是否是些有实际意义的东西”。因此，他除了指示军区情报办公室与陆军以及联邦调查局共同严密监视日本领事馆外，未再采取其他安全措施。他没有把这封电报转给肖特，也不清楚金梅尔是否把电报转给肖特了。

金梅尔实际上并未把电报转给肖特。因为，他以为陆军上将一定也会接到电报———又一例由于华盛顿和瓦胡岛各自的假设而产生误会的事件。那天，肖特与金梅尔、布洛克等人见过面，后来经证实，无人向肖特提起那封日本人销毁密码的电报。然而，贝克内尔从海军方面听说了日本人销毁密码一事，尽管他说不记得曾见过 12 月 3 日电报的原稿。他肯定地说，如果见到电文，他一定会告诉肖特说“大使馆或公使馆销毁密码，意味着和平关系马上就要结束”。

拍出数封电报后，特纳决定不再向太平洋舰队和亚洲舰队发出警告。他后来作证时说：“三番五次地发出警告，足以使舰队司令部和第十四、十六海军军区指挥官们明白目前形势的紧迫性。”再者，“敌人将销毁其在华盛顿和马尼拉的密码，明确无误地表明战争矛头指向美国”。一旦两个国家之间发生战争或处于战争边缘，战争迹象处处可见。

这天，喜多同样接到了外务省的指令：“绝密。务请保护好密码字单（包括与无线电广播有关的字单）。战争一旦爆发，立即将其销毁，并务请电告我们。”

12 月 3 日，喜多的领事馆不但销毁了机密文件，还做了其他许多事。其中之一是，吉川准备把库恩简化的密码电报发往东京，但电文仍过于复杂，其中不乏有些考虑不周的地方。目前，领事馆不得不使用 PA—K2 密码发报，因此极易被人破译。电报开头写明收报人为外相后，又写明——

军令部第三部部长收

藤井发电

这样，该电把领事馆与日本海军情报机构直接联系在一起。即使从前曾有人对两者之间是否有关联持有怀疑，这封电报把他们的关系暴露无遗。电报释译后，英国战斗情报组织的特工人员费尽心机，用各种方式拼写藤井这个名，企图找到这个人，但毫无结果。实际上，“藤井一郎”是库恩的日本密码名。这封电报还提到了库恩财产的位置，甚至提及他的邮政信箱号码。

该电报的几种释译稿，通过不同渠道汇报到华盛顿。12 月 6 日，星期六上午，从弗吉尼亚州汉特堡截收的电报被送到克雷默办公室一位密码分析员多萝西·埃杰的办公桌上。曾帮忙雇佣埃杰夫人的麦高伦，称赞埃杰夫人是“一位特别能干的译员”，“曾受过良好的日语、英语教育”。埃杰夫人一眼就看出这封电报是文件箱中最有意义的文件，征得某同事同意后，她着手翻译起来。埃杰夫人中午没休息，约 14 点译完。她把译稿交给负责编辑情报和撰写情报分析的舰上文书长哈罗德·L·布赖恩特。埃杰夫人认为克雷默知道她译的那封电报，但不记得是否曾亲自把译稿交给他。

克雷默对此事印象模糊。他声称，那天下午他没见过那封电报，倘若见到了，一定会把它视为重要情况。直到 12 月 8 日、9 日和 10 日，他才着手处理这封电报，对其进行筛选。正如我们将要看到的，星期六下午，克雷默一直忙于“魔术”截获的急电。

尽管这封电报既重要又含有某种暗示. 但并未提供诸如某些修正主义学者提到的袭击的直接线索。已故海军退役军官、珍珠港事件研究者查理斯·C·海尔斯海军少校声称，这封电报“事先警告了珍珠港将遭空袭”，并证实了“日本人把全部精力放在袭击方案上，特别偏重突然袭击”的事实。但实际上，电报出自一位笨拙的德国人之手，与空袭无丝毫关系。它只是向日本海军情报机关提供了某些战争爆发后使用的呼号，呼号一旦被采纳，库恩将用其通报美国太平洋舰队的情况。

修正主义历史学家哈里·埃尔默·巴恩斯博士声称，电报“无须多做猜测”，电报中的数目字意味着 1941 年 12 月的某几个日子——事实并非如此，这串数字恰以“6”结尾，巴恩斯以此作为根据，理由极不充分地推断“喜多复杂的信号系统，将于 6 日晚把信号送到正在逼近的特遣舰队这一事实，显然在暗示特遣舰队将于 6 日夜里抵达夏威夷水区，在瓦胡岛以外部署转天清晨的空袭”。假若巴恩斯和其他一些对此同样有误解的人——包括联邦调查局的希弗斯——查对一下库恩的证词，就会发现他们所认定特指日期的数字实际指的是天数，“6”是指“6 天”，与 1941 年 12 月 6 日夜间毫无关系。

地球的转动，将阳光撒向美国的东海岸。E·斯坦利·琼斯博士是一位牧师，也是总统的朋友，一个以自己的方式致力于避免美日战争的人。他从东门悄悄进入白宫，怀里揣着日本大使馆二等秘书寺奇交给他的一份东西。

几天前，来栖指示寺奇“通过一位中间人和总统取得联系……建议总统直接向天皇发一封呼吁和平的电报”。特使透露说，他曾向本国政府提出请求，但遭到拒绝，因此请求总统发出电报，必须越过东条。寺奇当即接受此任，尽管他知道扮演这种角色一旦被发现，他本人、他的美国妻子以及小女儿将处于危险境地。他拜访了琼斯，把要求总统呼吁和平的愿望写成一封信，请琼斯秘密转交给罗斯福。于是，琼斯来到了白宫。

罗斯福对琼斯说，他一直在考虑向天皇发出一封呼吁和平的电报，但还有些犹豫，因为他不想“越过驻在华盛顿的日本人去和天皇直接对话，以免伤害他们的感情”。琼斯向他保证说，这个提议正是来自日本大使馆，但野村等人不能将这一提议写进记录中去，因为他们是背着政府干的这件事。听罢，罗斯福松了一口气，回答说：“如果是这样，那就一切从零开始。我马上发电。”

罗斯福可以通过格鲁转达他的意愿，因为作为大使的格鲁有权进见天皇。罗斯福和琼斯唯一担心的是，日本电报员会延误电报送到格鲁手中的时间。琼斯临走时，提醒罗斯福一定“不能提起寺奇先生与此事有关”。总统颇解人意地回答：“你告诉那个年轻的日本人，他是一个勇敢的男子汉。永远不会有人从我这里得知他所扮演的角色，他的秘密绝对安全。”

第五十六章 风中的另一棵稻草

被鱼雷击中的的犹他号战列舰

宇垣对来自夏威夷的报告，总起来说感到高兴。他在 12 月 4 日的日记中写道："趁人家熟睡之际袭击人家是不公平的，但它是通向胜利的便捷之路……公众舆论似乎对此还未做出更多的反应，这与我们正在进行的滑头谈判倒是一拍即合……"

为了继续进行"滑头谈判"，联席恳谈会于当天 14 点召开，讨论向美国递交"最后通牒"的有关问题及其他问题。与会者决定由东乡草拟初稿，并与最高统帅部人员商定递交时间。第二天，东乡同伊藤及陆军参谋本部第一课课长田中信一陆军少将讨论这个问题，最后决定华盛顿时间 12 月 7 日 13 点为向赫尔递交照会时间。

华盛顿时间 13 点，为火奴鲁鲁时间 7 点 30 分，然而攻击时间订为 8 点。因此很显然. 外交礼仪不得影响必须采取的战略步骤的实施。为递交最后照会的另一手准备是，东京训令其驻华盛顿大使馆，不到最后一分钟不得销毁剩余密码。

这一天，南云特遣舰队遇到了风浪，"船的倾斜度有时达到 45 度。因此今天取消了加油”，草鹿 12 月 4 日的日记记道。此时，特遣舰队开始了整个航程中最危险的一段航程。但即使在这样的恶劣天气中，也必须加倍监视海上和空中。虽然运气女神仍然把她的手放在南云的肩膀上. 但她是个脾气反复无常的小姐。

“有关珍珠港敌舰位置的情报不断传来。”鹿写道。其中包括吉川搜集到的有关美国主力舰行动规律的报告——星期二出港，星期五返港；或星期五出港，下星期六返港。令他们有些担忧的是，“港内美国军舰可能 5 日（星期五）离港，因此我们不能知道它们的具体方位。大家都祈祷上帝，让美国舰队在港里待得时间长一点吧。”

12 月 3 日 9 点 25 分，南云向舰队发出信号，明确表明了他的忧虑，并坦诚公布了存在的危险：

1. 已接到 12 月 8 日进入战争的命令，但由于远东形势如此紧张，以至于我们不能肯定战争是否能按时开始。迄今为止，未收到有关夏威夷地区的新情报，也没有我特遣舰队被发现的迹象。由于敌人的企图难以预估，我们必须严加注视，随时准备对付与敌人的不期而遇。

2. 根据命令，即使战争于 12 月 8 日前爆发，本部也将按预定时间行动……

当地时间 12 月 4 日 10 点 40 分——此后，凡涉及特遣舰队的行动时间，我们均使用当地时间——南云再次发出指示：“若看到敌舰或第三国军舰和商船，我们务必炸毁其通信系统，以保证我们未来秘密使命的成功。在紧急情况下，可将船击沉。”南云的信号指令，使每个人都清楚地知道：一旦特遣舰队被发现，南云将会放弃夏威夷行动。尽管草鹿和源田在单冠湾时已这样讲过。X—3 日是通知第一航空舰队有关由于某种原因华盛顿外交谈判不能取得突破性进展的日子，这个日子过去了。

正当南云舰队同大海搏斗之时，华盛顿当局却在《麦考米克报》系列报道的冲击面前有些招架不住。该报发表了一系列文章，对“胜利游行”进行评论——胜利游行是为“总参谋长为万一欧洲爆发战事而制定的全盘战略计划”所起的官方绰号。正如斯廷森在日记中所记的：“对于我们的防御计划来说，没有比此更缺乏爱国主义和最富有危险性的了。”他和总统共同召开的记者招待会安排在 5 日举行，后来罗斯福又机智地决定让斯廷森独自应付那个令人尴尬的场面，因为斯廷森特别能干。总之，政府与孤立主义者之间似乎要进行一次不愉快的交锋。然而，两天后，这件事由于金梅尔某些军舰的下沉被人忘却了。

国会显然不希望星期五、六、日发生紧急事件，因为那些国会议员 12 月 4 日开始休会，打算度过一个长长的周末。总统是否同那些国会议员一样掉以轻心，是值得商榷的。总统从"魔术"截获的电报中，见到过那封关于日本人销毁密码的电报。当时，总统海军助理约翰·R·比尔德尔海军少校提醒他注意这封电报，说"总统先生，这是一封意义极为重大的电报"。罗斯福仔细看过电报后，问："你认为他们什么时候会这样做？"比尔德尔认为："在战争即将爆发和我们将遭到攻击时，或某个时间，几乎任何时间都有可能。"

麦高伦对形势非常悲观。他以 12 月 1 日的情报分析为依据，起草了一封电报，最后附上一句："我们认为，所有迹象都表明，日美之战即将爆发。"他把拟稿交给上司 W·A·赫德海军上校过目，然后两人一起拿给威尔金森看。威尔金森指示麦高伦把拟电送交特纳批准。

特纳看过后，做了多次修改，除保留原稿情报部分外，其他句子几乎都删掉了。尔后，特纳让麦高伦看了 24 日和 27 日的电报。这是麦高伦第一次见这两封电报，"战争警告"的字眼给他留下极为深刻的印象。特纳问麦高伦这两封电报的分量是否足够重，这位情报专家很策略地回答："噢，足够重了。您甚至把'战争警告'几个字都写上了。我不知道还有比这更明确的提法。但是，我仍然很高兴看到我的电报被发出去。"

人们可以想象出特纳当时紧皱眉头咆哮的样子。他说："好吧，如果你想发出去，就按我修改好的电稿发出去，否则你把它拿回威尔金森那里，我们以后再辩论。"于是，麦高伦一路小跑回到威尔金森处，对他叙述了前后经过。最后，威尔金森说："先把它放在我这里吧。"就麦高伦所知，这就是此事的结局，他后来从没发现威尔金森对此做过什么努力，电报始终没有发出去。然而，特纳对这件事的叙述多少有些出入。他声称，麦高伦当场就"撕碎了他自己起草的电稿"，并说"这些已足够了"。他指的是 11 月 24 日和 27 日那两封电报。

麦高伦起草的电文稿，并没有警告日本人将在夏威夷发动袭击。电报也不可能这么写，因为拟稿人本人并未想到会有这样一个局面。我们不清楚草拟电文上写了什么，或麦高伦如何遣词来表示他的警告的。因为，它仅是草稿，因此文件里没有它的底稿。没有人可以断言说：若金梅尔和肖特真的收到这封电报，如此一张电报纸会对他们产生什么作用。一个玩世不恭者可能这样想："根据他们以往的表现，我们可以断定，多一次警告对他们不会产生比前几次更好的效果。"然而，多一封总比少一封强，或许接踵而至的警告会产生效果，或许某个措辞能敲响警惕之钟。可是，即使现在当斯塔克、英格索尔和特纳回想起他们当时发警告电报的情景，也都认为"我们做了一切让他们行动起来准备战争的努力，我们给他们送去足够的情报，并下达了足够的指示”。

尽管麦高伦未达到发电警告海军司令官的目的，但确实安排了各远东海军基地和驻东京的海军武官办公室销毁某些密码和机密文件。到此时为止，日本海军行动的真正动机已被推测出来，而且愈发趋于明朗化。麦高伦建议萨福德起草一封指示海军武官销毁密码的电报，因为他们负责通讯，工作时要用到密码。这样，他们将会准确无误地知道应销毁哪些密码。根据这一建议，萨福德拟好电文后直接发了出去。

关岛海军基地收到一封由诺易斯在萨福德拟写的措辞严厉的原稿基础上重写的警告电报。萨福德并未打算让人们把他的电报视为战争警告，只是想保证关岛的美国军舰在日本进攻前处理掉所有密码，因为萨福德对此负有正式责任。当萨福德把草稿拿给英格索尔过目时，这位海军作战部副主任注意到上面没有特纳的签名，于是他指示萨福德把电报拿到特纳处。战争计划部主任扫了电稿一眼，哼了一声，签上了他的大名。

无论特纳当时如何对此不屑一顾，他后来还是承认：“海军部认为，有必要销毁密码这件事，是对司令官们的附加警告。”然而，远东基地不在太平洋舰队司令的管辖之内，所以金梅尔和布洛克均未接到这封电报，但他们收到发至关岛电报的复件。由于关岛距夏威夷路途遥远，过去人们始终认为那里不具备防御能力，因此销毁那里的密码和机密文件的命令，仅被视为合情合理的防范措施。

金梅尔忙于制定加强中途岛的计划。他下令由列克星敦号航空母舰、重巡洋舰芒加哥号、阿斯托里亚号、波特兰号和 5 艘驱逐舰组成第十二特遣舰队，沿直航道前进，驶至距中途岛 130 度、400 英里处。舰队应于 12 月 7 日中午前抵达，此后发射起飞加强中途岛力量的海军飞机。完成任务后，特遣舰队返航，恢复正常训练。

在此关键时刻，野村正面临失去最得力助手寺崎的不快。他曾于 12 月 3 日要求东京推迟其得力助手的离美日期，允许他“乘 19 日的航班走”，因为“情报工作不允许他离开”。但是，上峰立即于 5 日回电说：“务必让寺崎……及其他几个人一两天内乘飞机离美。”

当美国海军 12 月 6 日把这封电报译出后，克雷默在寺崎的名字旁注上两个星号，并用铅笔附上：“寺崎，二秘，西半球日本间谍头目。他和助手将被派往南美。”克雷默很少写这样的脚注，当时他认为，寺崎在此时此刻被调任，其“意义重大”。

美国海军情报机关知道寺崎是一名经过特殊训练的间谍，手下拥有一批训练有素的人员。他今年夏季的主要任务，是在拉丁美洲建立一个间谍网。他被命令离美一事，“是风中的另一棵稻草”。陆军情报机关完全同意这一看法。实际上，布莱顿也用这个短语来评论此事，称寺崎的调令是“风中的另一棵稻草”。这个短语的含意是，时光在飞快流逝，危机在步步逼近。

当然，野村和来栖希望寺崎留在身边还另有原因——就是总统向天皇发报那件微妙之事。12 月 5 日东京电报一到，来栖立即发出急电说：

……我坚信，鉴于目前日美局势，你们一定会充分意识到建立情报网的重要性。我个人非常希望寺崎留在身边，一旦谈判结束，有了明确结局，我们再让他离开。在目前情况下，把寺崎突然换下，对工作极为不利。我以个人名义恳求你答应我的请求，待这里工作告一段落，我一定让他到任。

大使馆参赞井口，也要求东京暂缓执行调令。他要求外务省通信课课长同意“暂时推迟销毁一台特殊密码机”，因为美日谈判仍在进行中，他无法想象毁掉那台机器将会给他和同事们带来多么紧张的工作。

陆军情报部的布莱顿，敏锐地察觉到战争即将来临，他的大脑一直在考虑这个问题。12 月 2 日，星期二，布莱顿指示他的办公室工作人员说“远东不久将爆发战事”，因此办公室“今后应 24 小时昼夜值班”。他此时与麦高伦商量工作，谈话内容之一是金梅尔舰队。“你能肯定他们已得到足够的提醒了吗？他们是否已在做战争准备？他们是否受到过警告？”他追问道。

刚刚就是否拍发战争警告一事，经历过一场争执、并已读过特纳让他看的电报的麦高伦自信地答道：“噢，是的，舰队已出发……去海上。”根据这番话，布莱顿断定，所有舰队主力建制都不在珍珠港内。他回忆时说，此次谈话是发生在“袭击的前几天”，但他不能肯定具体日期。根据事情发生的前后顺序推断，谈话很可能是在 12 月 5 日进行的。布莱顿对麦高伦的原话已记不清了。

12 月 5 日，“风力”情报传到了陆军部和海军部。诺伊斯打电话告诉特纳，第一次“气象预报”已播出。“说些什么？”特纳问。

“北风，晴。”诺易斯回答，但它并不符合 11 月 29 日制定的“风力”密码。[①] 因此，特纳口气肯定地说：“一定是哪个地方弄错了。”

“我也这样认为。”诺易斯附和道。诺易斯打给特纳的电话，可能是根据联邦通

---

①见第四十四章。

讯委员会于格林尼治标准时间 12 月 4 日 22 点收听到的广播："今天，东京北风，略强，今晚多云；明天，少云，晴。"这极可能是东京广播电台，为南云特遣舰队提供的一次气象报告。

9 点左右，诺伊斯对萨德勒说，该气象报告"暗示日英关系行将破裂"。萨德勒认为："这是我得到的最重要的情报。"但他根本没看到记录原稿，就他所知，"陆军部从未收到类似的报告"。他带着诺伊斯的情报，急忙赶到迈尔斯的办公室。迈尔斯派人去找布莱顿，并指示萨德勒说："把你刚刚告诉我的消息告诉布莱顿。"萨德勒对布莱顿说："接到来自诺伊斯上将的情报，大意是日本与英国的外交关系处于危急状态。"布莱顿回到自己办公室，便和麦高伦或克雷默——他记不起到底是谁——谈起此事，但他的海军朋友对"风力"一事知道不多，对方答应说，若再有此类情报，一定会通报布莱顿。尔后，陆军上校又向通信情报科询问此事，亦无结果。

布莱顿并不认为这条情报非常紧急。他认为，"风力"密码不过是其他渠道不能使用时东京用来与其驻外使节联络的一种手段。对布莱顿来说，外交关系面临破裂的真正迹象是：向日本大使们发布销毁密码的指令。仅此而已。他说："今后收到的任何风力实施命令，都不过是风中的另一棵稻草，进一步证实我们已经把握十足的事。"

在所有有资格看"风力"情报的重要人物中，只有萨福德坚持认为"有'风力'一事，它意味战争——我们知道它意味战争"。他指出，由于日本驻华盛顿大使馆当时仍留有一台密码机，而驻伦敦大使馆已销毁全部密码机，因此"风力情报意谓伦敦"。后来，他又声称"风力"指的是"英国和美国"。

英格索尔认为他曾见到这样一份报告，但记不清楚是在 12 月 7 日之前看到的，还是 12 月 7 日之后。他记得，当时有位参谋走进他的办公室，拿着"一张纸，……似乎是用风力密码写成"。英格索尔"对它未多加注意，因为它只是进一步证实了我们已发出的关于销毁密码的情报是准确无误的事实……倘若这份报告是真的话"。他后来又声称，他第一次提供证词后，又听说那份报告不能被证明是"风力实施"。

11 月底和 12 月初的第一个星期里，布莱顿多次收到关于"风力"的错误警告，有几夜根本没合眼，听联邦通讯委员会一遍又一遍地唠叨他们又收听到的消息，并认为这是风力实施的一部分。

在与海军情报办公室的不断接触中，布莱顿得知金梅尔已收到比"风力"更为重要的关于日本人将销毁密码的警告，也知道"这一警告将转告陆军方面"。因此，布莱顿认为："我们无须再用不同的密码去发内容相同的电报，因为这样做将会威胁密码安全。"但由于大家都对"风力"一事大吵大嚷，使得布莱顿也认为"为保险起见”，他应该提醒夏威夷“自己监听广播。这样做即使不能比我们早些听到‘风力’，起码也可以同时听到”。

布莱顿对此有些左右为难。因为，一则陆军情报部无权向下通报“魔术”截获的情报，二则海军方面出于安全方面原因不允许陆军传递绝密文件。但布莱顿毕竟不是让这些枝节问题可以左右的人，征得迈尔斯同意后，他草拟了一封给肖特陆军情报部的不会招惹麻烦的电报：“立即通过第十四海军军区司令部，同罗奇福特中校联系有关东京气象预报广播一事。”

根据麦高伦所言，布莱顿认为罗奇福特“对我们在华盛顿所做的一切努力了如指掌”。他想，如果能“让梅菲尔德找个借口，去同那位海军军官谈一谈”，就会达到“双方加强联系，交换情报”的目的。布莱顿其实没有理由怀疑梅菲尔德和罗奇福特的工作合作问题，但他们不可能像他想象得那么默契。“我希望他们在必要时能紧密合作，坦诚相待。”布莱顿认为，战争迫在眉睫，他们应该警觉起来。

布莱顿白费了时间和精力。首先，梅菲尔德根本不记得曾见过这份电报，即便真的见到了，他很可能把它转给贝克内尔了。贝克内尔认识罗奇福特，与梅菲尔德合作得也很好。再者、无线电气象预报的措辞，表面上看它似乎并不重要。贝克内尔作证时说。他曾见过这封电报放在梅菲尔德的办公桌上，并见到梅菲尔德和罗奇福特讨论此事。在那段时间里，罗奇福特正在监听“风力实施”广播，但一无所获。就这样，这件事很快就无声无息了。布莱顿原想提高瓦胡岛官兵警惕性的好心努力，付之东流了。

罗奇福特记得另一件趣事的前后经过。为了执行萨尔诺夫的指示，美国无线电公司交给梅菲尔德一批日本领事馆的来往电报，电报大都用密码写成，日期为 12 月 3 日或 4 日。梅菲尔德立即把电报送到罗奇福特办公室破码、翻译。罗奇福特对此很重视，安排最好的人员去完成。他们用了不到 12 个小时，就译出绝大部分，只剩下二三封没有译完。他们在每天工作 12 到 16 个小时的情况下，于 12 月 10 日晚译完剩余电报。然而，仅几天之差，美国失掉了以喜多与东京通信往来为线索得到袭击前警告的良机。

金梅尔作证时指出的一点十分重要，即这些电报的重要性不在于领事馆是如何收集情报和如何汇总的，而在于为何“东京想急于得到这些情报……除非他们想乘军舰在港之机采取行动，否则没有理由可以解释为何急于得到它们”。

东京的确急需这批情报，因为南云特遣舰队正高速逼近目标。那天早晨，舰队经过长途航行后，到达另一重要位置。11 点 30 分，由油船东邦丸、东荣丸、日本丸和护航驱逐舰霰号组成的第二补给队，为舰队加油后，掉头朝西北方向的集结地驶去，准备在集结地等待舰队一同返航。第二补给队官兵们在离开主力舰队时，列队站在甲板上，向主力舰队的官兵们敬礼告别。东邦丸打信号说：“再见，预祝你们伟大的使命取得成功。”“每个人都为此而深深地感动。”草鹿记录道。

油船的离开，使南云的燃油储备减少，降低了他成功的保险系数，因此他不得不根据这一情况进行判断和行动。这是他始终严格按照计划行动的因素之一，因为万一和敌人遭遇，他们几乎或根本没有多余的燃油做回避动作，或加速行驶。

吉川为了获取最新情报，坐上三上的出租车，沿着穿过谢夫特堡和经过红山的旧路，驶向珍珠港附近地区。喜多把吉川当天搜集的情况于 19 点零 4 分电告东京。该情报中有一部分不够准确，但关于列克星敦号和 5 艘重巡洋舰于 12 月 5 日离港的报告，确凿无误。

列克星敦号确实是在 8 点 10 分离港，同时离去的还有重巡洋舰芝加哥号、波特兰号和阿斯托里亚号及几艘护航驱逐舰。另外两艘重巡洋舰那天也离开了港口，它们是印第安纳波利斯号和明尼阿波利斯号。在此之前，幸运女神一直明显地偏爱日本人，现在她决定给美国人喘息之机。此时，金梅尔的 3 艘航空母舰都在安全地区——萨拉托加号在西海岸，企业号在威克岛附近，列克星敦号向中途岛驶去。

列克星敦号特遣舰队，在负责巡逻的巡洋舰队司令约翰·H·牛顿海军少将率领下前进，他的战旗在芝加哥号上飘扬。与哈尔西不同的是，牛顿没有接到关于他可能会遭遇敌人的提醒。他接受的命令是加强中途岛力量，然后返回“战区”，恢复正常训练。因此，在他看来，他的任务除了加强中途岛力量外，没有什么重大意义。他考虑可能会受到潜水艇的威胁，因此他把白天航速保持在 17 节，迂回前进，并派巡逻机对前面航线进行侦察。此外，牛顿还有一点不同于哈尔西：他只是按常规下达命令，而没有下达让飞机装上弹药做好战斗准备的特别命令。

牛顿从未见到不久前发下的警告令，对此他毫无怨言，他认为他得到的情报或许正是他应该得到的，而且他也相当关注局势的发展。他拥有性能良好的雷达系统，要求“黄昏时分开动雷达训练，夜间有人值班……做经常性扫描，以确认我地区有无敌人活动”。他相信，他手下绝大多数军官都认为，“潜艇是我们面临的最大威胁”。

牛顿的顶头上司——巡逻部队司令官威尔森·布朗海军中将，也于 12 月 5 日随第三特遣舰队离开珍珠港，朝约翰斯顿岛驶去。该舰队由印第安那波利斯号和 5 艘旧驱逐舰改建的扫雷舰组成。布朗从未想到驻珍珠港的美国太平洋舰队会遭到空袭，在 1941 年秋季的一次讨论中，当谈到有无这样一次空袭的可能时，他表态说：“日本飞行员不具备完成这种使命的能力。假若他们真的来了，我们完全可以尾随他们的飞机找到其航空母舰，将其炸沉。因此，日本人实施空袭将会是一次代价极高的尝试。”

布朗做出关于日本飞行员水平明显低于美国飞行员的评价，是根据一位曾在日本一家缝纫机会社当老板的人所说过的话为基础。这位商人自然不会有机会观看日本陆海军飞行员的飞行，然而既然“日本民航管理如此混乱，以至于所在缝纫机会社禁止其雇员乘坐日本商业飞机，陆海军的飞行也好不到哪里去，人们都普遍这样认为”。没有比此更容易得到关于日本军事方面的“可靠情报”了———一位三星上将仅仅根据一位只乘过日本民航的一家缝纫机会社老板的看法，来判断日本陆海军空中力量。

两支美国特遣舰队驶出港区，与此同时，一架从美国本土飞来的 B—24 轰炸机降落在希卡姆机场上，它此行的目的是执行华盛顿 11 月 27 日要求肖特完成拍照特鲁克和贾卢伊特的指示[①]。

金梅尔回忆时，谈到了陆军的此次使命。这是自他担任太平洋舰队司令以来，华盛顿第一次指示对曼德茨进行侦察。金梅尔早就打算侦察此地，但海军部指示说：“不要接近这些地区……因为日本人可能会发觉我们对这一带感兴趣。”

华盛顿对这一地区的侦察活动之所以采取小心翼翼的态度，可能想竭力避免同日本人发生不合时宜的冲突，而这架 B—24 飞机的飞行表示上述政策的改变。华盛顿认为，巡逻后得到的情报足以抵消这样做所承受的危险。肖特当时就注意到，B—24 飞机上只有 3 门炮——一门口径为 0.3 吋和两门口径为 0.5 吋的炮在尾翼——而且没有弹药。因此，飞机显然没做好从西海岸到瓦胡岛飞行中的战斗准备。

飞机在没有装备弹药的情况下飞到珍珠港这一事实，以及肖特接到的为飞机剩余航程装备弹药的指示，都向肖特表明：“陆军部并未把火奴鲁鲁视为敌空袭的目标。在从本土到火奴鲁鲁飞行途中载有弹药重量的危险性，大于日本人袭击的可能性。”这并非是肖特做出的唯一一个明智推断。华盛顿当然不曾有人估计到，敌机可能会在夏威夷以东同这架轰炸机遭遇。但无论这样一架侦察机来自何方，它的到来都应在肖特耳边敲起警钟，而不是催眠曲。因为，陆军部最终还是冒着刺激曼德茨日本人的危险，去搜集重要的军事情报。

5 日上午，哈尔西特遣舰队在威克岛附近接到美国舰队总司令发来的电报：据报，

---

①见第四十八章对形势的解释。若飞机遭到袭击，机组人员将想方设法保存自己。飞机飞至曼德茨后，继续飞往菲律宾。陆军部指示肖特，保证这架飞机及后续的飞机“在离开火奴鲁鲁时，装备足够的弹药”。

一艘身份不明的潜艇前天晚上在夏威夷以南战区活动。这可能是某个眼尖的美国人发现了群岛附近有日本潜艇活动。到 12 月 3 日，日本的第一、二、三潜艇分队和特别攻击队已进入 300 英里半径内，并在 6 日完全包围了夏威夷，其中一些潜艇距夏威夷相当近。12 月 5 日，I—71 号潜伏在茅伊岛和卡霍奥拉韦岛之间的阿拉拉凯基海峡内，I—72 号躲在英洛凯岛和拉内之间的科洛希海峡内，I—73 号潜伏在基莱卡希基海峡，这是处于茅伊岛、卡霍奥拉韦岛和拉内之间的深水区。这几艘潜艇正在侦察拉海纳航道和拉内岛。

在 12 月 5 日 14 点 30 分至 15 点 30 分之间，塞尔夫里吉号驱逐舰发现一次潜艇接触，但又失去了目标。后来，另一位驱逐舰长拉尔夫·塔尔博特又在珍珠港外 5 英里处发现一艘潜艇，并报告要求投掷深入炸弹。指挥官塞尔夫里拒绝这一请求，并通知塔尔博特舰长说，来犯者是一只巨头鲸。舰长不以为然地说："若是一只巨头鲸，为什么它的尾部有一艘摩托艇。"

3000 英里以外的长门号上的宇垣知道，马上就要用小时代替天数来计算时间，然后就要用分钟。"至此为止，珍珠港行动似乎进展顺利。"他幸灾乐祸地想，"夏威夷就像是笼子里的一只耗子，让它再做一天和平美梦吧。"

第五十七章 在火药桶上

下沉中的美国亚利桑那号战列舰

1941 年 12 月 6 日，星期六，华盛顿的天气似乎比往常更冷，西风尖啸着吹过宾夕法尼亚大街，刮得光秃秃的树枝格格作响。斯廷森原打算马上回到长岛家中与妻子马布尔茨共度周末，但是整个上午传来的消息越来越不妙，整个气氛预示着将要发生什么。他不时地同马歇尔、迈尔斯、杰罗通话，最后给自己夫人打了个电话，说他不能离开华盛顿。于是，夫人决定立即返回首都。

最令人担心的，是 10 点 40 分收到的由驻伦敦的约翰·G·怀南特大使拍来的一份“加急电报”。电报转达了一份英国海军部报告，报告说：“据报，两支舰队从柬埔寨角出发，缓慢向西驶去，14 小时后到达克拉。第一支舰队拥有 25 艘运输舰、6 舰巡洋舰、10 艘驱逐舰。第二支舰队拥有 10 艘运输舰、2 艘巡洋舰、10 艘驱逐舰。”这两支舰队，无疑是向马来西亚方向移动的近藤部和小泽部。海军作战部部长将这一情报，电告太平洋舰队司令和第十四、十六海军军区司令。

显然，日本策划已久的南方行动已付诸实施。现在，斯廷森和马歇尔对原定从加利福尼亚哈密尔顿机场起飞的 13 架 B—17 型飞机是否会在太平洋上空遭到袭击的可能性进行了研究。权衡利弊之后，马歇尔命令飞机当晚起飞，并派哈普·阿诺德去西海岸，以确保飞机带上一切所需装备，保证飞机准时起飞。

萨福德所辖部门里，气氛一直很紧张。第一小组的行家们汗流满面地对付着日本舰队的 N—25 密码。处理了 J—19 的工作人员绞尽脑汁，试图从每一个密码中找到一点启示，以帮助破译。对付紫码的人们，正在编码和破译伦敦和科雷吉多之间的往来电报，使用无线电定向仪测定大西洋上德国潜艇的方位，并处理来自世界其他地方的电报以及来往于东京和华盛顿之间的“紫码”电报。

在过去的两个星期里，萨福德从未在 22 点前离开过办公室。现在，他已筋疲力尽，担心自己要支撑不住了，因此打算 16 点 30 分离开办公室，周末好好休息一下。16 点，“紫码”破码人员中最富经验、效率最高的密码分析员乔治·W·林少校，来值班。

有一个特殊问题使萨福德大伤脑筋。5 日晚快下班时，注册出版科发现威克岛加强部队带走了许多注册文件。萨福德向出版科索要一份带走的文件名单，于是，该科紧张工作至半夜才列出清单。清单几乎使萨福德的头发乍起，因为所有已印刷的关于太平洋舰队编制的文件，都在日本人的“竞购范围之内”。萨福德立即草拟一封发给太平洋舰队司令的“紧急”警告，并要求他将电报内容通知威克岛。电报要点是：“鉴于战争即将爆发，销毁威克岛上除最新版本飞机密码及定位密码外的所有资料。”

萨福德匆匆把拟电送交海军通信部助理部长约瑟夫·R·雷德曼上校过目。雷德曼表示同意电报内容，但对是否把它发出去还有些犹豫。诺伊斯当时正在开会，几小时后，萨福德见到了诺伊斯。诺伊斯大声吼道：“电报使用这种措辞是什么意思？”萨福德答：“上将，如果战争不是几小时后爆发，几天后必定爆发。”诺伊斯反驳道：“你可以认为战争将会爆发，但我认为他们在吓唬人。”萨福德答：“上将，威克岛上的那些文件若被日本人缴获，我们将永远不能对此做出解释。”诺伊斯不否认这一点，但还是修改了原电稿，并把威克岛作为收报地址划掉了。其结果，大大减轻原稿的分量。这封被打了折扣的发给太平洋舰队司令和大西洋舰队司令的电文如下：

鉴于目前国际形势和我太平洋外围岛屿过于暴露的特点，务请命令外围岛屿官兵现在或今后当发生更为紧急事态时销毁秘密及机密文件。关于目前行动中和交流特别情报中所使用的通讯方法，应到最后一分钟再销毁。

就这样，另一封“战争警告”被扼杀了。

11 点，费迪南德·L·迈耶来到日本大使馆拜访来栖。这对老朋友 11 年未见面了，但依然一见如故。刚落座，来栖就脱口而出：“弗雷德，我们陷入深深的困境之中！为了开辟一条军事昌盛的途径，帝国政府已做出一项危害性最小的选择，即允许军队进入印度支那。因为这样做，既不威胁西伯利亚和美国，也不威胁新加坡和英国。”来栖自然不会对赫尔说这番话，他乞求迈耶就目前形势问题向国务卿做些解释。迈耶答应下来。来栖显得很焦急，说：“军国主义者们如此全面出击，并已处于如此一种困难境地（除非他们当中的鲁莽之辈扰乱了他们的计划——这种事随时可能发生），以至于使我感到，日本国内要求和平的力量将要控制国内局势。”

鉴于当时的真实情况，这种闪烁着哀婉之情的乐观主义是难以成为现实的。东京时间 20 点 56 分（华盛顿时间 6 点 56 分），东京通知野村，外务省正准备发出一份分为 14 部分的文件，用以答复 11 月 26 日的美国提案。“我推算你大概明天可以收到，但我不能十分肯定。形势非常微妙，希望你接到来电后暂时严守秘密。”东乡还说，以后再通知递交该答复的时间。“但是，我希望你在接到指示后，能立即把该文件抄好，做好一切送交美国人的准备。”东乡的这封电报后被称为“导向”电报。为进一步把事情复杂化，东京又追加一封电报：“没必要提醒你，但起草备忘录时，绝对不要用打字员或其他任何人。”

为了“严守秘密”，野村应该不用打字员去准备将向赫尔递交的备忘录！大使馆秘书奥村胜造是使馆官员中唯一会打字的，但也是马马虎虎。

8 点，期待中的 14 部分电报通过无线电波传来。午夜前，前 13 部分被译出。井口让其他人回去休息，只留下一位值班参谋。

对于珍珠港事件，日本方面至今仍有一些自己不能解释的地方。驻华盛顿大使馆没能在 12 月 7 日 13 点准时将那份 14 部分答复送至赫尔手中的责任，不能完全推到大使馆身上。首先，东京把发报和递交之间的时间留得过于精确，没有留出人为错误和机器故障所需的机动时间。第二，导向电报除提到国际形势紧张外，只字未提此事的紧迫性，而国际形势紧张已持续数月之久。倘若东京希望这冗长的文件将于转天 13 点以适当形式送交国务卿，东京就应该在导向电报里规定限定时间，然而它没有。

再者，野村、来栖以及所有我们知道的大使馆成员，都不知道他们的自由时间已剩下不多了。而且，东京拍发电报时并未按前后顺序。例如，第四部分和第九部分同时拍发，第五和第十部分同时发出，随后是第六和第十一部分，第七和第八部分更靠后。外务省还特别指示大使馆禁止使用打字员。总而言之，人们更容易相信东京似乎情愿拖延华盛顿这边时间的说法。

华盛顿州贝恩布里季岛上的美国第八海军基地，在日本开始发报几分钟后便截收了该电报信号，并将其中转到华盛顿特区。11 点 45 分，海军部收到率先发出的第四部分，4 分钟后，又收到第一、二、三部分。接着，陆军信号情报部门于 12 点零 5 分收到导向电报，它是海军用电传送来的，隔 2 小时之后，即 14 点 51 分，电报的第五、六、七、八、十一、十二和十三部分同时到达。

当时，陆军部和海军部的许多人都连夜工作，足以使一个工会组织者对此喋喋不休一番。陆军情报部远东科与"魔术"工作人员以及各科值班参谋，那天整个下午和晚上都在值班。迈尔斯一直待到黄昏，布莱顿也在现场。他记得 14 点左右见到的那封导向电报，是信号部门送来的。布莱顿办公室工作人员把它分送到赫尔、斯廷森、马歇尔、杰罗以及本部门每个人手中。布莱顿忘记了是他本人还是助手分发的文件，但他确实记得他曾与迈尔斯及杰罗研究过这封电报。他对他们说，日本对于国务院向他们提交照会的答复马上就要到了，他不知道到达的具体时间，但时间不会太久，他将随时向他们通报一切有关情况。

对于海军何时分发的电报，现仍存有疑问。海军部分发该电报并负责将其呈送白宫的克莱默，根据海军部的记录时间认为，他是转天上午 10 点左右将这封电报连同其他几封短电一起送出的。但根据威尔特回忆说，他离开办公室前就见到了该电。此外，比尔德尔在白宫指示莱斯特 · R · 舒尔茨上尉那天下午继续值班，因为他接到通知说"将有一封重要电报呈送总统"。由于比尔德尔是 17 点 30 分或 18 点离开白宫的，因此我们可以断定，政府以及陆海军部当时就已经知道不久他们将接到东京给赫尔 11 月 26 日照会答复这一情况。

6 日下午，罗斯福经过慎重考虑后，决定向裕仁发电。他把经过他过目首肯的电文拟稿交给赫尔，并附上一张用他那有力但神经质的手写成的便条："急拍给格鲁。我认为可用灰码发出，目的是节省时间——我不介意电报是否被截收。"

总统写给天皇的信，是一位绅士写给另一位绅士的。信的开端，便提醒说，"在日美两国人民的努力下，在两国政府的英明领导下，两国长期以来和平共处，友好融洽"，两国之间的友好关系"大大促进了全人类的进步"。总统简述当前局势后，力陈"以上我所提到的（菲律宾、东印度群岛、马来亚和泰国）各国人民不是暂时就是永久坐在火药桶上"。他向裕仁保证，倘若日本陆军或海军从印度支那全部撤出，美国丝毫不打算"进军印度支那"。信中提到，他同样可以保证有关国家甚至中国都不这样做。他在信的结尾，得体但严肃地说：

我给陛下写信……因此，陛下可以正如我正在做的，考虑采取在当前紧急情况下驱散乌云的办法。我坚信，为了我们各自国家人民的利益，为了邻国人民的利益，我们正在肩负恢复传统和睦关系、避免世界上再次出现死亡和毁灭的神圣义务和责任。

由于种种复杂原因，这封信直至开战之后才转到裕仁手中。然而，即使它如期到达，人们也难以想象它是否能达到预期目的。此时此刻，阻止实施夏威夷计划的企图，就如同命令尼亚加拉瀑布向山上倒流一样。

来栖是在前驻波兰大使F·拉穆特·贝林家中和主人及迈耶共进晚餐时，听到这封信已发出的消息。来栖说："这是合众国政府的一个明智之举"，天皇"很难说出'不'字，但他也很难说出'是'字，因为'是'字将使东京许多人头痛，而且他们又要大动脑筋了"。

在日本，时针已经指向12月7日8点（华盛顿时间12月6日18点）。山本的主力舰队已准备就绪，将在4小时后以14节航速出发。每艘军舰上均已装上400枚400毫米炮弹，与岸上的联系也已切断。"我们现在看到的是，所有舰队都悄悄地按计划开始行动了，没有任何延误。"宇垣满意地写道，"现在可以肯定，我们的第一场进攻将获成功。"

南云特遣舰队已到达瓦胡岛以北偏西600英里处。天空阴沉沉的，风力大约每小时20英里。5点30分，特遣舰队收到山本发来的电报，电报简要叙述了他与天皇的对话，之后又毕恭毕敬地谈到了天皇命令。因此，所有官兵应"下定决心，完成天皇赋予他们的使命：竭尽全力捣毁美国太平洋舰队"。

一小时后，整个舰队进行最后一次加油，这是整个航行中最关键的阶段。那天上午在加油的同时，各舰指挥官认真地做着各自手头的工作。然而此时，也是第一航空舰队最不具备战略优势的时刻，因为南云舰队现正处在马丁的B—17飞机侦察范围之内，而且舰队距珍珠港尚远，不能去袭击泊在那里的美国太平洋舰队。可是，最后一次加油进行得相当顺利，大海平静地流淌着，保证了加油工作的圆满完成。8点30分，第一补给队（极东丸号、健洋丸号、神国丸号和国洋丸号）在驱逐舰霞号的护航下，乘风破浪向东驶去。

正当第一航空舰队向目标挺进时，夏威夷却在准备度过一个愉快的周末，虽然这并不是舰队的假日。清晨，空中侦察机从瓦胡岛起飞，向300英里巡逻区域飞去。7

点 12 分，威廉姆·P·伯福德海军少校指挥他的驱逐舰莫纳号，靠在珍珠港内 K—14 泊位戴尔号的一侧。这样停靠，使这艘驱逐舰位于轻巡洋舰底特律号以北 4 艘驱逐舰当中。8 点 30 分——南云刚刚加油完毕——伯福德接班，待命值勤，即命令一到，一小时后便启航。伯福德将在舰上值一天班，他已经让妻子星期日 8 点开车来接他。

驱逐舰兼布雷艇的布里斯号舰长赫勒尔德·F·斯托特海军少校，整整一上午都与他的士兵一起进行紧急战斗训练。舰上 150 余名水兵中，百分之二十是新兵，斯托特希望尽快把他们训练为合格的水兵。

战列舰俄克拉荷马号上，一派繁忙景象，水兵们正在准备星期一的检阅。这是一艘整洁的令人愉快的军舰，水兵们精神饱满，在训练和射击中经常名列前茅，晋升率也很高。因此，这是一艘众心向往的军舰。

约 10 点左右，卡辛·B·特德·扬驾驶着修理船维斯塔尔号，慢慢靠在战列舰队中的亚利桑那号旁。维斯塔尔号最初是为了维修巡洋舰而建造的，但实际上它除不能营建船只外，能为各类军舰提供各种修理服务。和平时期，船上人员达 600 余名。身材又矮又壮的船长，此时来到亚利桑那号，向第一战列舰舰队司令艾萨克·坎贝尔·基德海军少将和亚利桑那号舰长富兰克林·范瓦尔肯堡海军上校报到。与此同时，B·C·赫泽海军少尉同战列舰总工程师研究需要修理的地方。

在轻巡洋舰圣路易斯号上，H·费尔法克斯·利里海军少将（他于 1941 年 2 月 1 日接替金梅尔担任巡洋舰队司令）正在主持召开对刚刚结束的演习进行评议的会议。圣路易斯号舰长乔治·A·鲁德海军少校，认为巡洋舰“准备工作良好”。鲁德谢绝了美国海军军官学校 1941 届学员的野餐会，在舰上待了整整一天。

驱逐舰舰队司令米格·F·德雷梅尔，是认为战争即将爆发的为数不多的人士之一。他一天前刚带领舰队训练归来，便敏感地认为，日本人目前的行动可能含有某种目的。他认为，日本人那天下午在本地区可能开始某种行动，因此便留在底特律号上，以防万一。

金梅尔一早就精神饱满地来到办公室。按照惯例，他将在 8 点 15 分听取莱顿情报综合汇报。这时，他们还未确定除参加南方行动的航空母舰第三战队以外的日本航空母舰的位置。

8 点左右，莱顿接到华盛顿有关亚洲舰队发现日本人行动的报告。他对金梅尔说，局势十分严重。金梅尔希望知道更多的消息，于是指示莱顿把该报告送给派伊，征求他的意见。莱顿遵命，立即赶到泊在福特岛东侧战列舰队列中的加利福尼亚号，找到派伊和他那能干冷静的参谋长哈罗德·C·特雷恩海军上校。两位军官看完报告后，派伊问莱顿："你对日本人南移有什么看法？"

"问题在于日本人是放弃两翼不管，还是在南行途中占领菲律宾。"莱顿慎重地答道。

"你认为他们将放弃两翼吗？"派伊问。

"他们从未这样干过。"莱顿简短地说。

思索片刻，派伊断言："日本人将不会对美国人开战。对他们来说，我们太大、太强、太壮了。"他转身问特雷恩："哈罗德，你同意这一看法吗？"

"完全同意！"特雷恩附和道。

在他们谈话的同时，金梅尔又重新看了一遍报告，并同史密斯、麦克默里斯及德拉尼一起就目前国际形势问题进行了讨论。他们带来了一份最新备忘录，名为"美日战争一旦在24小时之内爆发，我方应采取的措施"。这不是一份详尽的行动计划，而是类似清单的东西，用来提醒海军上将在战争爆发后，应该做些什么。

然而，他们所考虑的主要问题是，剩余军舰是否应继续留在珍珠港内。他们一致认为，倘若美国太平洋舰队继续泊在港内，日本人就会准确无误地知道它的方位；但从另一个角度考虑，由于航空母舰已离港，其余舰船在公海上若没有空中保护，将不堪一击；此外，陆军部下达的"战争警告"特别指示肖特勿惊扰百姓，舰队主力周末离港，很难保证做到不惊扰百姓。因此，上将决定把军舰留在港里。

固然，其他一些因素对金梅尔做出如此决定也有一定影响。其中之一是，若让更多军舰在海上漂泊，将会造成燃料严重紧张，而在12小时之内，他仅能为八分之一的军舰加油。

金梅尔对日本人是否具有实施舰载机空袭的能力表示怀疑，因为山本的航空母舰续航能力有限，再者还有其他诸多原因，尽管他相信日本人有能力派遣潜艇进入这一地区，但他仍认为珍珠港不会面临潜艇带来的危险。由于他的这一想法，入口处设置的其实不是真正的防潜网，而是一张防鱼雷网，用以防止敌人在航道入口像沿着小路滚木球一样发射鱼雷。金梅尔及其顾问们，不知道有何种潜艇能够在锚地浅水区隐藏起来。

再者，金梅尔完全相信，一旦出现紧急情况，他能一声令下，舰队将很快驶向大海。为了确保出击迅速，他已安排所有军舰进港时掉转船头，使船只在停泊之前就已舰首在外，不会发生一艘庞大的主力舰掉头时堵塞水道的事情。

然而，金梅尔和参谋们一直考虑的最重要的事情，是做好防范准备。金梅尔满心认为，在战争到来之时，他早已远离珍珠港。因此，他的注意力在很大程度上集中在建立一个永久性陆——海联合防御基地上，这样在舰队离港时，仍然可以独立行动。正如我们前面看到的，金梅尔和他的参谋们认为，肖特的夏威夷陆军部队已完全进入战备状态。

金梅尔的会议还未结束，莱顿就回来汇报有关他与派伊及特雷恩的讨论结果。那天上午的某个时间，他还向金梅尔汇报了日本领事馆正在户外烧文件一事。金梅尔对此并未感到格外吃惊，因为领事馆在这一年中曾数次烧过文件。第一次烧文件时，金梅尔格外关注，并试图找出烧文件的动机，但现在在他看来，这不过是在例行公事。13 点，金梅尔一行人去吃午饭，他们围坐在饭桌旁，又讨论起一些与形势有关的这种或那种可能性。14 点或 15 点，海军上将让其他人回去，自己来到司令部。

在此期间，莱顿加入到一群等他吃饭的参谋中间。当他走近时，舰队战备参谋开玩笑地说："莱顿带着星期天危机来了！"

"有什么新情况？"几个参谋急切地问。

"有一封电报，说发现日本人进军暹罗（泰国的旧称——译者注）湾。"莱顿解释说，"我刚把这封电报送给派伊看，然后又送还给金梅尔。"

"你认为形势发展如何？"柯茨问。

莱顿担忧地说："局势相当严重。我不知道你们这些先生的看法如何，反正我希望明天还能待在办公室里。"

"莱顿，别胡扯！"他的一个朋友嘲讽地说，"你上星期六就这么说！"

"这星期的形势比上星期六严重得多！"莱顿严肃地反驳道。听完这些令人沮丧的消息后，他们开始吃午饭。

夏威夷陆军部，那天上午 8 点在菲利普斯的主持下召开参谋会议。贝克内尔告诉同事们说，日本人正在烧文件，对此他认为"鉴于目前形势，这一事件意义重大"。但会上对此未做过多的讨论，那些与会者似乎对这一事件没有特别的兴趣。

肖特后来费了很多时间才回忆起是梅菲尔德送来的这份情报，但他显然未把它视为重要事件。没有人告诉他，参谋会议上至少有人认为战争即将到来。肖特后来承认，贝克内尔对此事的看法是正确的，但他又补充说，"贝克内尔的经验远不如陆军情报部"，况且他手中也没有与此有关的材料。当然，不会有人吓唬他们说灾难将从北边轰隆而来，降临在他们头上。或许菲利普斯作证时，讲的是实话："我们认为，即使空袭来临，我们也很安全，因为舰队就在我们身边……"军舰的在场，"能增强装备、高射炮等力量"。

肖特及其参谋们都未意识到日本领事馆销毁的不仅仅是文件——例行公事——而

且还有密码，这是非同一般的。那天，布洛克通报海军作战部部长说："我们确信，日本领事馆除留下一个系统外，已烧掉全部密码系统……"然而，负责与陆军联络的布洛克却没有通报夏威夷陆军部队。由此可见，陆海两军都有未向对方透露的情报，而这些情报对另一方来说可能是极为重要的。陆军只限于防备破坏活动，而日本领事馆除留下一个系统外销毁了几乎全部密码系统。

至少有一位高级陆军军官想出一些具体的自助措施。几天前，第二十五步兵师司令马克斯韦尔·默里陆军少将认为，肖菲尔德的弹药库区在和平时期其储存办法还可以，但一旦发生战争，就显得过于集中，很危险。他认为："倘若日本人向此地投掷炸弹进行大屠杀，而他们却蜂拥而至到这里取弹药，势必造成重大伤亡。"因此，在这个仍在和平气氛笼罩下的星期六，肖菲尔德的各营房里堆满了各种各样的步兵用弹药，只是没有高爆炸药。默里知道，他违反了规章制度，但他有效地避免了更大的危险，使得大部分士兵武装袋里装上 30 发子弹，以便随时投入战斗。然而，默里只想到来自海上的突袭，而没有想到航空母舰或空袭的可能性。

11 点 30 分整，南云特遣舰队转向正南 180 度，朝夏威夷方向挺进，并把航速增至 20 节。10 分钟后，赤城号升起那面历史上著名的东乡曾在对马升起的"Z"旗，然后用信号发出由宇垣认真准备的以山本名义发来的电报："帝国之沉浮将取决于此次战斗，每个人应尽职尽责。"一个美国水兵或许仅会把这一富于鼓动性的号召视为联合舰队第十三号令。然而，南云官兵绝不会这样认为而影响士气，天空中和大海上回荡着他们的欢呼声。

特遣舰队离瓦胡岛越近，日本人越急于得到有关瓦胡岛的最新情报。那天清晨，东京再次催促领事馆："请立即回电……报告 4 日以后舰队的活动情况。"7 点左右，吉川起床，先看了看天气，然后吃早饭，接着又仔细阅读了当地报纸。在办公室处理完几件日常工作后，约 10 点左右，他动身赶往珍珠港。企图搞到一些最新情况。13 点左右，他返回领事馆，为喜多起草电报。总领事用内行的眼睛，很快地扫了一遍吉川草拟的电文。电稿部分如下：

目前尚无布置阻塞气球的迹象，他们在此地存有多少这类装备，现难以预测。即使他们为控制海面、珍珠港以及希卡姆、福特岛、伊瓦等机场的跑道上空使用这种气球，在实际意义上也是有限的。我认为，对上述地区实施突袭，其成功的可能性很大。

我认为，战列舰上未装防雷网，但详情不明，待调查后再报。

喜多点头同意，指示吉川译成密码后立即发报，吉川遵命。

喜多经手了这样一份对突袭十分有用的情报，这当然令人吃惊。然而，我们的叙述中有许多地方表明，领事馆当时了解的情况比他们自己承认了解的情况要多得多。吉川供述说，他“当时希望电告东京，若日本此时实施攻击，其成功的希望很大”。他肯定地对我们说。喜多同意他这样做，奥田在发电前也见到电文拟稿，但奥田不记得发报前是否见到过他。或许他没见到，因为我们难以想象这位精明的副领事会同意向东京拍发如此富于煽动性的话，特别当时领事馆使用的是 PA—K2 密码。

“如果我们 6 日截收到这封电报，我敢肯定局势准是另一种样子。”布莱顿说。但是，此处尚存有一个疑点，海军的一位叫约瑟夫·芬尼根的人说该电报的译文没有吉川所说的那句话。后来，当问起芬尼根哪个译文准确时，他毫不犹豫地答道：“我想陆军的译文正确。”虽然芬尼根是日语参谋，但金梅尔在 12 月 9 日或 10 日命令他去罗奇福特办公室工作以前，他已有 3 年多没干这一行了。当然，吉川坚持说他在电报上写上了那句暴露真情的句子。

倘若情况允许针对吉川电报立即采取行动的话，就会有时间提醒夏威夷，有时间让肖特实行全面戒备，有时间让金梅尔做好战争部署。然而，陆军至 12 月 8 日才译出这封电报。PA—K2 不是一流电码，当时破译它也并非困难，但它是一个方格系统，带有复杂的拼写表，可以来回变换词语位置。密码破译员在对此进入一番深入研究后，才知道吉川的电报非同一般。

第五十八章
这意味着战争

马里兰号倾覆与俄克拉荷马号露出龙骨

12 月 6 日，冷气袭人，夜幕笼罩着华盛顿。萨福德办公室的工作人员非常感激东乡这部冗长的作品是用英语形式送到他们这里来的，这样他们不必将其译成英语，更不必为遣词造句大伤脑筋，他们只花了一些时间改正电钥错误。16 点 30 分左右，萨福德说："我在这里只会打扰你们，徒增你们的紧张情绪，我回家去了。"约 19 点，工作人员译出已收到的前 13 部分，然后又用两个多小时抄好规定的份数。这些是在陆军同行们通力协助下完成的。

21 点左右，克莱默打电话给威尔金森，征得他同意后，便拿着抄件准备送出。临行前，克莱默打电话给那些需要看文件的人士，以确定他们是否在办公室内。他不太走运，没找到斯塔克，原来斯塔克此时正在国家剧院看话剧《学生王子》。挂上电话后，克莱默又给他的妻子打电话，让她为自己开车。

坐进汽车后，他的妻子立即感到"他特别紧张"。他们先开车来到白宫办公大楼，克莱默把给罗斯福的那份文件放进上锁的邮袋里，交给正在收发室值班的舒尔茨海军上尉。舒尔茨拿着锁好的邮袋来到白宫主楼，值班室的一个人陪同他来到总统书房，为他通报。舒尔茨看到罗斯福坐在书桌旁，哈里·霍普金森在不到 10 英尺的地方，慢慢地来回踱着步。

罗斯福的那只大手一把抓过这份 15 页的打印文件，仔细看了大约 10 分钟后，便把文件递给霍普金森。霍普金森看完后又还给总统。总统这时转身对舒尔茨说："这意味着战争。"舒尔茨记不清总统的原话了，但对总统的意思记得非常清楚。

霍普金森对总统的这一见解表示赞同。他们又就日本军队的部署问题谈了大约 5 分钟。霍普金森后又说："看来，战争何时到来取决于日本人。我们不能打第一枪，也不能阻止日本人发动突袭，真是太糟糕了。"罗斯福点点头，回答道（据舒尔茨回忆）："对，我们不能打第一枪。我们是一个民主、和平的国家。"随后，总统又提高嗓音继续说（舒尔茨清楚地记着他的原话）："然而，我们有光辉的历史。"谈话中，他们谁也没提到珍珠港，也没有人表示明天就是开战的一天。

罗斯福认为应该找斯塔克谈谈，但当听说他去了剧院，便决定以后再谈。因为总统若派人把海军上将叫来，或斯塔克突然离开剧院，可能将引起一阵不必要的惊慌。罗斯福把文件交还给舒尔茨，舒尔茨拿着文件离开了书房。

据推断，总统大约在 23 点 30 分，给斯塔克家打电话。海军上将后来说，罗斯福可能向他提起过那份日本照会，但即使如此，斯塔克也未留下美国应采取相应行动的印象。斯塔克的这一态度以及他回忆不起这段电话通话表明，罗斯福当时并未明确说明战争即将来临这一点。斯塔克作证时讲，他们早已做出结论：日本"可能在任何方向、任何时间发动袭击"，所以"若说这份文件能说明什么的话，那只是进一步证实了我们过去做出的结论"。

克莱默夫妇离开白宫后，又驱车赶往沃德曼公园旅馆，给诺克斯送去那份由 13 部分组成的文件。路上，克莱默沉默不语，妻子唠叨着孩子们的事，并希望他明天能睡上一整天。诺克斯用了约 20 分钟看完文件，由于他妻子和一位朋友在场，一向十分注意保密的诺克斯对文件未发表任何见解，但是他指示克莱默转天上午 10 点到国务院去，他——可能还有斯廷森——将一同去见赫尔。

离 22 点只差几分钟了，克莱默夫人开车把丈夫送到阿林顿的威尔金森家。她在外等了几分钟后，威尔金森走出来，把她请进客厅。当时，威尔金森正在举行小型宴会，客人中有迈尔斯、比尔德尔和两名法国军官。身着旧白毛衣裙的克莱默夫人觉得有些不自在，便和大家喝起咖啡和酒来。与此同时，威尔金森、比尔德尔和克莱默走进书房。看完文件后，他们只是轻描淡写地说："总起来看，这个文件意味着日本人要中断谈判。"

我们不清楚英格索尔和特纳那天晚上是否也看到了这份13部分文件。他们二人回忆说，他们是在12月6日晚见到的，但克莱默声称他那天晚上没去这两位将军家，并且知道不会有其他人将文件送去。时针已指向午夜12点半，克莱默又钻进汽车，由妻子开车把他送回办公室。克莱默把手中的文件副本放回保险柜中。值班参谋告诉他，预计要到的第14部分尚未到来。这样，克莱默结束了一天的工作，夫妇二人一同驱车回家。

由于人们提供的证词相互矛盾，我们难以搞清楚陆军当时的情况。布莱顿在国会联合调查委员会上提供的证词，似乎符合事情的来龙去脉。据他回忆，电报的前13部分在21点至22点之间便处理完毕，他打电话给信号情报部门，得知当晚第14部分来到的可能性极小。

布莱顿把该文件锁进邮袋里，22点过后，亲自把它送到国务院值班参谋手中，并指示文件"对国务卿来说极为重要"，应该把它送到他的寓所。值班参谋保证一定照令行事。拿到收条后，布莱顿返回司令部，此时已23点左右。他给迈尔斯家打电话，迈尔斯不在家。他留下话，让他的上级一会儿回电话。这时，迈尔斯恰巧从威尔金森家给布莱顿打电话。迈尔斯断言，前13部分"没什么重大军事意义"，他只想知道明天上午能否看到文件全文，以及他们两位军官明天上午是否能在各自的办公室里。

布莱顿认为，前13部分既不是战争宣言，也不意味中断外交关系，第14部分将可能含有日本政府提出的新的提议，因此陆军方面应明白该文件基本属于政府方面的事，陆军方面转天讨论也不会坏事。于是，马歇尔夫妇在阿林顿的家中度过了一个无人打扰的恬淡宁静的夜晚。

正当克莱默分送文件时，哈普·阿诺尔德正在向第三十八和第八十八侦察机中队的官兵讲话。这两个中队将乘B—17型飞机飞往菲律宾的克拉克机场，第一站就是希卡姆机场。"战争迫在眉睫，"阿诺尔德说，"在飞行途中，你们可能会遭遇战斗。"

"如果说我们有可能打仗，为什么不给我们装备机关枪？"杜鲁门·H·兰登陆军上校问。一个多好的问题！这些轰炸机不带武器飞行的原因，是因为空军想尽量节省每一加仑汽油，却没想到从加利福尼亚到夏威夷的这段飞行中，可能会发生战斗。即使不带武器，轰炸机飞至希卡姆机场时燃料也将剩得极少。这些飞机上不仅没有什么武器弹药，甚至他们的机关枪还留在科斯莫莱里，而且尚未进行校验。每架轰炸机只配备驾驶员、副驾驶员、领航员、机械师和无线电报务员等基干人员。这样看来，即使带上机关枪，装好子弹，也无人操纵。

格鲁于日本时间 12 月 7 日 22 点 30 分收到罗斯福发给天皇的致函。电报于 6 日 21 点（东部标准时间）从华盛顿发出，据推算，日本邮局应于东京时间 7 日中午收到。因此，日本人延误该电报达 10 个半小时之久——这是另一个可以用来证明日本官方那天不希望同华盛顿有及时的通讯往来的例证。

无巧不成书的是，11 月 29 日，陆军参谋本部电信课的户村森尾陆军中佐通知通信省监察局的负责人白尾棺木说：除日本政府的来往电报外，其余电函一律向后推迟 5 个小时发送。后来，又于 12 月 6 日，改为每天向后推延 5 小时，转天再度改为 10 小时。这就是日本方面为何把总统给天皇的致函扣留达 10 小时之久的原因。

即便说把权力下放到基层是当时日本官界的一大特点，我们也难以相信这两个人——一位中佐和一位文官——敢于在未得到上峰默认的情况前，断然采取如此大胆的行动。

格鲁于当夜 12 点 15 分左右带着译好的电函来找东乡，请求天皇召见，以便亲自把电函呈交裕仁手中。他这样急急忙忙，是因为不愿让人怀疑是他延误的送信时间。东乡挑剔一番后，同意将格鲁的请求转达裕仁。随后，格鲁离开外务省，这时是日本时间 12 月 8 日零点 30 分左右（华盛顿时间 12 月 7 日 10 点 30 分，夏威夷时间 5 点）——距渊田第一攻击波出击时间不到 3 个小时。

星期六 14 点左右，驻火奴鲁鲁的联邦调查局的日语翻译完成了一份冗长的电话记录的翻译工作。这是 12 月 3 日东京一位新闻记者与火奴鲁鲁的一个名叫茂利元的牙科医生的妻子的电话通话记录。那位记者在日本一方首先问道："我已接到你的电报，基本明白你的意思。现在，我希望知道你对最近所看到的情况的印象，飞机是否每天起飞？"

"是的，"茂利夫人答，"许多飞机飞来飞去。"当说完岛上水兵比年初有所减少以及岛上日本人与美国人关系相处融洽之后，询问者把话题转到美国太平洋舰队上来。然而，茂利夫人对此讲得很少，因为"我们尽量少谈这类事情……"接着，来自东京的声音又问："夏威夷现在盛开的是哪种花？"

"现在是一年中鲜花开得最少的季节，只有芙蓉和一品红正开花。"茂利夫人答道。

希弗斯越是深入分析这份电话记录，他那经验丰富的鼻子嗅出其中"鱼"的香味就越浓。茂利医生早已上了联邦调查局的可疑分子名单，自从有这份名单那天起，他的名字就在上面。希弗斯确信这段通话具有某种"军事意义"，便给梅菲尔德和贝克内尔打电话。对此次电话的监听尚属合法，因为司法部长授权他监听国际电话。

打电话时，梅菲尔德不在办公室，希弗斯只好把译文要点告诉了海军情报办公室的一名日本问题专家登齐尔·卡尔海军上尉，让他向梅菲尔德转达。梅菲尔德得知后，也坚信电话中使用了某些暗语，破译出来一定很有价值。然而，他还认为这个电话通话与以往显示日本动向的情报不大合拍。约 18 点，梅菲尔德给莱顿打电话，让他转天上午到自己办公室来一趟。这是 1944 年海军法庭讯问之前，莱顿听到的有关这个问题的最后一次谈话。

希弗斯是 17 点左右在家中与贝克内尔联系上的。希弗斯说他“有一件极重要的东西”，贝克内尔应立即看一看。贝克内尔立即动身赶到市区，不到 20 分钟，两位同行便坐在一起，开始研究这份译稿。希弗斯回忆时说：“这件东西意义极为重大，似乎暗示要发生什么事。”贝克内尔那特有的情报官警觉，也告诉他“此事意义重大”。他当即给梅菲尔德打电话，说手中有一份“极为重要”的情报，应立即送交司令官过目。梅菲尔德回答说，他和肖特马上要出去吃晚饭，请贝克内尔 10 分钟内赶到谢夫特堡，他们在那儿等他。

贝克内尔再度跳上汽车，在 19 点左右把车停在梅菲尔德住所前。陆军情报部长仔细看过文件后，说他们应该送给住在隔壁的肖特看看。他们 3 人坐在肖特的走廊里，认真地讨论起这份译稿。他们认为它“很值得怀疑，其中肯定有诈”，但是他们“理不出头绪来”。

肖特指出：“这个电话通话是对夏威夷此时情况的确切描述。”贝克内尔心想：“这正是麻烦所在，因为它描述得太精确了。”他感到沮丧的是，这件他认为极其可疑的东西，在肖特眼里“与每天考虑的琐事差不多”。此时，他们的讨论已持续了 45 分钟，但仍未做出定论。肖特和梅菲尔德给贝克内尔留下的印象是，他们认为他的情报意识似乎过强，这份材料中的对话合情合理，而且它的确真实地描述了夏威夷当时的情况，因此没有必要对此大惊小怪。

贝克内尔不满意地拿着文件离去，又回到自己办公室研究了一个小时，然后将其锁进保险柜里，回家去了。肖特和梅菲尔德把晚餐向后推迟了一小时。这时，他们坐进妻子们等着的汽车里。倘若贝克内尔得知他的上级在到斯菲尔德兵营的路上和回家的途中一直讨论茂利电话一事，他可能会感觉好一些。然而，肖特和梅菲尔德仍然不能把它与军事意义联系在一起。

至今我们未找出可以证明茂利电话是用暗语提供军事情报的直接证据。然而，日本海军情报机构自 9 月份图上演习以来，一直不断检查国际电话，因为日本海军相信，美国若在火奴鲁鲁实行紧急状态，国际电话线一定会停止通话。因此，令希弗斯和贝克内尔大伤脑筋的电话通话，可能是日本人施放的试探气球。令人啼笑皆非的是，小川告诉我们：东京时间 12 月 7 日 15 点左右，瓦胡岛 12 月 6 日 19 点左右——恰好是贝克内尔驱车向梅菲尔德家开去时——日本人进行了这样一次试验。然后，小川亲自通知永野和伊藤说火奴鲁鲁一切正常。“永野和伊藤对此感到非常高兴，放下心来。”小川说。他明白这一情况，将会立即电告南云特遣舰队。

立花也曾指出过，东京当时的确利用过无线电话同火奴鲁鲁联络。

> 通过这种渠道进行的通话，谈的完全是做买卖的事，关键词语只是偶尔在对话中使用。通过这一渠道，我们了解到 12 月 5 日美国战舰在珍珠港内的部署情况和 12 月 7 日夏威夷像往常一样平静的情况。那天，水兵们像平常一样上岸休假，也未实行灯火管制。

12 月 7 日，星期日，1 点 50 分，特遣舰队收到作战课富冈发来的电报，颇具情报意义。其中有这样的话：“日本方面与当地百姓的联系显示出瓦胡岛非常平静，未实行灯火管制。”茂利夫人在通话时强调了瓦胡岛的平静。因此，那份译文稿很自然地能与小川和立花的供述联系起来。

15 点左右，吉川出发对太平洋舰队进行最后一次侦察。出租车先把他带到埃伊，然后车从高速公路上下来，绕到珍珠港码头。吉川侦察一番后，赶回办公室起草报告。喜多审阅后，称赞不错。电文做过一番处理，18 点零 1 分，吉川来到商业办公室，拍出了最后一封电报。电报的最后一句话是：“舰队飞机似乎并未实施空中侦察。”

这最后一批电报，像喜多平时发来的电报一样，先到外务省，再转到军令部。它们使富冈的作战课委实紧张了好几个小时，迅速认真地研究电文。来自夏威夷的消息不坏：珍珠港上空没有阻塞气球，军舰周围未设防鱼雷网，未实施远程空中巡逻，舰队大部静静地停泊在港内。当然，航空母舰和许多重巡洋舰将从日本人的手指缝溜掉，它们或许还要给日本人带来麻烦。但是，不能奢望一切都遂人心愿。富冈指示译电员马上译出电报，日本时间 17 点拍出第一封，一小时后再拍出第二封。富冈回忆时说：“当我们送出最后这些至关重要的电报时，我虔诚地向祖宗祈祷，保佑一切平安顺利。”

特遣舰队于 19 点零 3 分接到潜艇 I—72 号发来的一份令人失望的报告：“敌人未

在拉海纳锚地。”这份报告的到来，使源田和渊田几乎失去了在拉海纳锚地击沉美国太平洋舰队的希望。尽管按规定明天清晨还将做最后一次空中侦察，但源田已决定放弃拉海纳。“我决定只袭击珍珠港，全力以赴地去干。”他回忆时说。他还知道现在马上就到5艘微型潜艇进入珍珠港的时间了。“微型潜艇所进行的冒险事业，令飞行人员非常感动，他们的献身精神激励飞行员去竭尽全力完成任务。”

20点至22点，源田在作战室小憩，然后起床来到甲板上。这里，技术人员们正在发动参加第一攻击波的飞机。源田站在甲板上，听着发动机的轰鸣声，看着从排气管喷出的灰白色火苗。他的目光停留在飞机上，但人却爬上了通往舰桥的舷梯。突然间，他感到神清气爽，似乎一切不安的感觉都烟消云散了，前面无论发生什么，都是由上天安排的，他对可能会出现差错的担心和对是否能取得胜利疑虑，就像晨雾一样消失得无影无踪。在这个超脱的时间里，他体验到“一种自我否定的感觉”，他的大脑似乎“像一面无瑕疵的镜子一般洁净明亮”。他已做好应付一切可能发生事件的准备，对一切都无所畏惧。

另一个感到无所畏惧的还有渊田。他最后一个换下飞行服，来到舰上军官室，和村田、板塚以及其他飞行队员做临行前最后一次交谈。渊田建议他们早些休息，睡个好觉。“快去睡吧。”他微笑着命令他们，然后走出房间。渊田约22点上床休息，他回忆说：“我睡得很好。我已为空袭做好了一切准备，现在就要出击了，担心也无济于事。”

距母潜艇发射微型潜艇的时间快到了。I—24号艇上，坂上通过潜望镜看到了珍珠港内一闪一闪的红绿信号灯。他回头同潜艇艇长英浩海军少佐研究情况。他的微型潜艇上一只旋转罗盘失灵，费了很大的劲也修不好。“怎么办？”英浩焦急地问。

坂上明白，他的小艇在设备损坏的情况下航行几乎是不可能的。然而，他当时特别激动，坚决要求出发。另一个艇员稻垣清志也是如此。“我们出发！”坂上坚定地宣布。英浩被这个年轻人的热忱所感动，大声随他喊道：“目标——珍珠港，出发！”

那天晚饭过后，贝克内尔仍然感到非常沮丧。20点左右，夏威夷空军通信部主任克莱·霍波福中校打来电话，也不能使他情绪好转。霍波福宣称：“一批来自本土的B—17飞机将要到达，请通知KGMB电台今夜通宵广播，以便让飞机依照信号方向飞至基地。”

贝克内尔咆哮着喊：“你为什么不让KGMB每夜都广播，却只让它在有飞机飞行的夜晚才广播呢？你们这帮家伙有钱，足可以这样做。”

“我们以后再讨论这个问题。”霍波福回答。此时此刻，贝克内尔也别无选择，只好打电话给 KGMB，让它做通宵广播。电台并不知这样做的原委，但空军每次让他们这样做时都付钱。而实际上，每当 KGMB 通宵播送音乐，转天清晨定有飞机飞过，这是人人皆知的事实。

那个晚上，布洛克是在家中度过的。当天下午，他打了一会儿高尔夫球，又读了一会儿书，因为感到疲劳，20 点 30 分便上床就寝。贝林格度过的那个夜晚更为平静。由于染上感冒，他自星期二就一直卧床，星期天才能下床活动。

扬和赫泽在亚利桑那号的晨会之后，便吩咐维斯塔尔号停止工作一天，批准一半船员休假。当晚，扬在自己的房间里吃的晚饭，赫泽则来到舰上军官室与军官们一道讨论起目前国际形势及同日本交战的可能性。通信参谋弗莱德·霍尔海军少尉预言，日本将袭击珍珠港。他宣称“他们要袭击的，就是我们这个地方”。霍尔没有说出日本人为何要袭击此地及袭击的大致时间，也没有人向他提这类问题，这不过是在一次气氛融洽的闲谈中发表的见解而已。但是，赫泽对这番话牢记心中。霍尔恰巧于星期日清晨（4 点—8 点）在甲板上值班，他无疑对自己的话也不会忘记。

肖特、梅菲尔德、菲利普斯和第二十四步兵师的德沃德·S·威尔逊陆军少将，都去观看安·埃茨勒歌舞演出——一个每年一度的慈善晚宴舞会，由一个多才多艺的年轻女士在斯科菲尔德兵营军官俱乐部主持。在出发去俱乐部之前，包括肖特将军夫妇在内的一大群人，聚集在埃米尔陆军中校家中喝鸡尾酒。舞会后，一些客人回到利尔德家中，又喝了些睡前酒。但肖特夫妇和梅菲尔德夫妇在 22 点 30 分至 23 点之间一同离开俱乐部，径直回家。当他们驱车驶过珍珠港时，那里灯火闪烁，景色壮观。肖特对他的情报部长说：“一个多好的目标！”他当时还不知道他的话第二天就得到了应验，而那时他正盼望着他同金梅尔的两周一次的高尔夫球赛呢。

包括马丁在内的一些空军军官参加了在希卡姆机场军官俱乐部举行的晚宴。莫里森在威廉姆·C·法纳姆陆军中校家中大吃大喝。22 点 30 分，他接到来自旧金山的长途电话，电话通知说，12 架来自本土的 B—17 飞机将于明早 8 点到达瓦胡岛。莫里森打电话给值班军官，通知飞机到达的大致时间。因为莫里森打算在塔台等候飞机的到来，便立即离开宴会，直接回家去了。

肖特的副官长罗伯特·H·邓洛普陆军上校，在同妻子、儿子一起看电影的途中，正巧遇见当天的值班军官，从他口中得知 B—17 飞机到达一事。邓洛普几次给菲利普斯打电话，但直到 23 点才打通。此时，菲利普斯刚从斯科菲尔德舞会归来。邓洛普通报这一消息后，菲利普斯回答说：“保罗，还有别的事要说吗？”邓洛普回答：“没有了，泰奇。”这一切都与平常一样平静，按部就班。正如邓洛普所说：“当时，的确没有任何迹象表明第二天要发生什么事。”

金梅尔、派伊和德雷默尔参加了由利尔海军上将及其夫人在海尔库拉尼饭店举办的一次小型晚宴，只有十几个好友参加。金梅尔对德雷默尔提到，他接到了日本领事馆的邀请，请他单独前往畅饮香槟酒。德雷默尔对日本人没什么好感，建议上将不要赴约。金梅尔肯定地对他说不去。金梅尔不久之后差点丧命，至少命运没给他开这个玩笑——在血腥星期日的前夜，同喜多共饮香槟。

这个由几个老朋友参加的小型聚会令金梅尔感到舒畅。在这个颇为讲究的社交场合中，他谈笑风生，喝着自己喜欢的酒，十分惬意。他像往常一样早早就离开了，约 21 点起身告辞。22 点左右回到寓所，片刻即上床就寝。

午夜时分，皇家夏威夷饭店的舞会结束了，此时乐队奏起美国国歌。正在妻子身边的莱顿急忙立正，一股强烈的激情涌上心头，他大喊：“醒来吧，美国！”他似乎抓住了这个幅员辽阔但逍遥自在的国家颈背上的松皮摇晃着，让它从酣睡中醒来。

五十九章

日本人在耍花招

遭到攻击的西弗吉尼亚号和田纳西号战列舰

南云特遣舰队以 24 节的时速向瓦胡岛逼近。轻巡洋舰阿武隈号一路领先，紧随其后的是第一驱逐舰战队的 4 艘驱逐舰，它们正在密切注视可能出现带有拦截迹象的舰船。这些灰蒙蒙的隔着大海看不清轮廓的驱逐舰，为后面轰鸣前进的主力舰队开路。

阿武隈号后面 3 英里处，比睿号和雾岛号在狂涛中呈纵队前进。两艘战列舰左右两翼约 4 英里处，急驰着重巡洋舰筑摩号和利根号。这组军舰形成一个强大的屏障，防止敌舰队主力从太平洋军事基地发起突然袭击。

在这个楔形方阵后约 3 英里处，航空母舰呈两个纵队平行前进。右翼，旗舰赤城号不可一世地驶在前面，威武地迎着风浪前进。在其后不到 1 英里处，是它的姐妹舰加贺号。左翼，苍龙号和飞龙号无所畏惧地前进着，地位低下的翔鹤号和瑞鹤号，在最后紧紧跟着。

先进的驱逐舰在航空母舰两侧全速前进，还有另外两艘为航空母舰殿后，再后是令和泉指挥的 3 艘潜艇，它们像海蛇一样在黑色的大海中穿行。

领航员三浦埋头察看图表，核对航线、航速和距离，他必须在明天黎明前，把特遣舰队带至瓦胡岛正北约 200 英里处。在他埋头工作的同时，无线电报务员也精神紧张地随时准备接收来自军令部的最后情报以及表示敌人可能有所警觉的蛛丝马迹。在出击前这最后几小时里，源田整理和核对着所有最新收到的有关美国舰队在珍珠港部署的情报。其中一封是 1 点 50 分收到的信息量很大的电报：

……5 日晚（当地时间），犹他号和一艘水上飞机供应船进港。6 日，港内的舰只有：9 艘战列舰，3 艘轻巡洋舰，3 艘水上飞机供应船和 17 艘驱逐舰。另外，船坞内还有 4 艘轻巡洋舰和 2 艘驱逐舰……所有重巡洋舰和航空母舰都不在港内……舰队未发现异常……

领事馆在报告中说，怀俄明号正在进港，但军令部转达时却改为犹他号。

2 点，特遣舰队又收到富冈作战课转来的吉川的情报：珍珠港未使用阻塞气球和防鱼雷网。富冈发来的电报，删去了吉川那句关于发起突袭时间有欠慎重的话。

茫茫黑夜，航空母舰在狂涛中颠簸前进。每一个飞行甲板上，地勤人员都在为第一攻击波的起飞做准备，把飞机按起飞顺序排列起来。第二攻击波的飞机，也同样按顺序停在下面的飞机库里。负责航空事务的军官考虑的是 3 件要事：保证所有飞机都能投入战斗，向驾驶员和飞行人员提供最新敌情，尽可能让所有飞机顺利升空。起床后，航空军官们立即拿起涉及瓦胡岛的最新情报，然后上甲板检查飞机。维修人员站在飞机旁，航空军官检查工作时，他们既自豪又有些忐忑不安。

一钩弯月从云缝中探出头来，朦朦胧胧地照在珍珠港外的海面。在入口浮标以南约一又四分之三英里处，扫雷舰康德尔号和克罗斯比尔号挥起了机械扫帚。约 3 点 42 分，黑暗中右舷舰首约 50 码处，有什么东西引起了康德尔号值勤军官 R·C·麦克洛伊海军少尉的注意。他叫来舵手 R·C·厄特里克，让他看看。厄特里克透过望远镜看了看，说：“先生，那是一台潜望镜。按理说，这一地区不应该有潜艇。”这显然是在航道进口处巡逻时应引起警觉的事件。于是，在 3 点 57 分，麦克洛伊通过桁端信号灯向驱逐舰沃德号发出信号：“西侧航道发现水下潜艇，航速 9 节。”

35 岁的威廉姆·W·奥特布里奇海军上尉，12 月 5 日才上任指挥沃德号，并为此感到非常自豪。当时，该舰以 15 节的速度正在珍珠港入口处外两平方里范围内巡逻。对日美紧张关系非常敏感的奥特布里奇认为，康德尔号很有可能发现的是一艘潜艇。

因此，他下达战斗警报命令，并向康德尔号询问关于那艘潜艇的大致航线和距离。扫雷舰答，最后见到该潜艇的时间大约在 3 点 50 分，潜艇向珍珠港入口处驶去。

奥特布里奇继续用潜艇探测仪寻找，但一无所获。4 时 35 分，他命令解除战斗警报。4 点 58 分，珍珠港的防护网开启，让两艘扫雷舰进港，防护网直至 8 点 40 分才重新关闭。康德尔号、沃德号和附近接收到信号的无线电台，都没有向上级汇报此次潜艇接触。因为证据极为不足，而过去在夏威夷水域中发生过多次误报错误。然而，就是从那个时刻起，瓦胡岛上的美国军队开始犯下一系列不可挽回的错误。康德尔号看到的，可能是一艘悄悄尾随在扫雷舰之后并企图在防护网开启时溜进去的一艘微型潜艇，而且它极有可能在康德尔号和克罗斯比尔号不高明的护送下进入了港口。

正当南云特遣舰队一步步向南逼近之时，夏威夷度过了未来几个月中最后一个没有恐惧的夜晚。美国海军班布里奇岛基地和华盛顿海军部之间的电传，都在咔嗒咔嗒响个不停。东部标准时间 2 点 38 分，东京发出对美国议案答复的第 14 部分。克莱默 7 点 30 分左右，来到他在华盛顿的办公室。此时，这份文件早已放在那儿等待着他。文件的结尾是："日本政府在此遗憾地通知美国政府，鉴于美国政府的态度，日本政府不得不认为通过进一步谈判达成协议是不可能的。"第 14 部分并非是一份正式战争宣言，甚至未提到中断外交关系，只不过说要停止谈判。

就在克莱默准备把整个电报汇总送出的同时，麦高伦在认真地分析前 13 部分的内涵。这时，威尔金森派人来叫他，麦高伦和威尔金森一同来到斯塔克办公室，简要地做了汇报。他们离开海军作战部部长不久，克莱默又给麦高伦送来了第 14 部分。麦高伦同威尔金森一起接过文件，两人立即返回斯塔克办公室，向部长指出"照会语言既刻薄又狂妄……"。又说："显而易见，我们要进入战争。"威尔金森建议再向珍珠港发一封警告。他们讨论了一番，但未采取任何具体措施。

克莱默于 9 点 40 分左右，把为总统复制的清晨截收到的情报送到白宫。10 点多，比尔德尔把这些文件送到罗斯福手中。据他回忆，罗斯福一边看着第 14 部分，一边摇着头说："看来日本人要中断谈判，停止谈判。"因为第 14 部分似乎并未提到最后决裂，所以总统与前一天相比，情绪有所缓和。

接着，克莱默又步行来到国务院，9 点 50 分走进赫尔办公室，亲自把文件交给 5 分钟后才到的诺克斯。克莱默从国务院回到自己的办公室时，已是 10 点 20 分。无疑，他对那个上午记忆最深的，是焦急和汗流满面。他从海军部赶到白宫，然后到国务院，又飞快赶回自己的办公室，看看是否又有什么新情报，忙乎一番后，又拿着新文件冲出门去。

陆军部里，约翰·欣德尔陆军中尉也在准备呈送国务院的文件抄本。7 点 30 分，他打电话给赫尔助手——外事助理约翰·F·斯通，让他请国务卿起床看看那封著名电报。然后，欣德尔把电报送到国务院。

8 点 30 分至 9 点之间，布莱顿在办公室里收到了第 14 部分。他把整个电报连起来，从头至尾读了一遍，想搞清楚它的内涵到底是什么。正当他全神贯注地读电文时，截收的另一封较短的东乡给野村的电报送到他的办公桌上。其电文如下："务请大使于当地时间 7 日下午 1 点整将我国给美利坚合众国的答复转交美国政府（如有可能，请送交国务卿）。"

这封电报，使布莱顿顿时感到紧张起来。电报措辞特殊，含意明显，是一封至关重要的电报，读到它的人，都一定会看出其中的内涵。原因之一，是它活化了那个分为 14 部分的照会。另一个原因是，星期日大使馆一般不办公，而且东京过去从未对大使会晤时间做过具体指示。布莱顿确信"日本人将袭击美国太平洋地区某处设施"，因此他让自己专心致志地考虑此事，让助手 C·克莱德·杜森伯里陆军中校负责处理办公室工作。但是，布莱顿万万没有想到，他说的那个处在险境的美国设施竟是珍珠港。正如他后来解释的："海军情报办公室和陆军情报部都不知道太平洋舰队主力 12 月 7 日星期日清晨仍在珍珠港内，我们都以为它们出海了。因为，这是战争计划的一部分。再者，他们已经接到战争警告。"

他认为，警告应下达至太平洋地区每位陆军指挥官手中。由于他没有这样的权力，所以他急忙出去，想找一个有权这样做的人。可是，马歇尔、杰罗都不在办公室，迈尔斯在任何情况下也无权下达指挥令。时间在悄悄流逝。9 点 30 分左右，布莱顿决定给马歇尔寓所打电话。一个传令兵告诉他，上将刚刚骑马去了。布莱顿让他去找上将，并请上将及时给他回电话，因为事情至关重要，他要与将军尽早通话。当时局势危急，何况又是在一个星期天，而且请求用词恳切，清楚地表明发生了紧急情况。然而，却没有人向马歇尔传递这个消息。

不幸的是，马歇尔不在时，陆军部值班人员中没有一个人能够或可以代替他采取行动。陆军部里，时针已指向 10 点 30 分，上将才给布莱顿回电话。布莱顿解释说，他有一封至关重要的电报，必须请马歇尔立即过目，提议把电报送去。但马歇尔回答说："不用麻烦了。我马上去办公室，你在那儿交给我。"布莱顿清楚地记得，那天他和马歇尔通过这样一次电话，参谋长后来却想不起来了。

几乎在同一个时刻，斯廷森和诺克斯正在与国务卿一起开会。正如斯廷森在日记中记下的："赫尔当时十分肯定地说，日本人在策划阴谋。我们不能确定日本人将在何时发起进攻……”

此时，恰恰是南云的飞行员们刚刚开始为实施毁灭性攻击做准备工作。一些人 3 点 30 分就早早地醒了，他们给家人写信诀别，然后在床上翻来覆去难以入睡。瑞鹤号上的江间海军大佐，起床时精神不振。他驾驶的俯冲轰炸机将袭击惠勒机场，他听说那里的高射炮火力很强，如果高射炮把他击落，他就将为天皇和祖国捐躯，然而他并不想死，他想活下来，看着他的小女儿长大成人，长成一个像她母亲一样美丽的女人。

年轻的藤田海军中尉是苍龙号上的战斗机驾驶员，他长着一副讨人喜欢的面孔。这是他第一次执行战斗任务，他希望这也是他最后一次参加战斗。上床之前，为了睡个好觉，他喝了好几瓶啤酒，然后洗了个澡。现在，他换上了一套干净的衣服，这样他就可以像旧时的武士一样干干净净地投入战斗。他还把病中父母的照片放在口袋里，他认为一切都要听天命。

大桥海军中佐是原的先任参谋，这一夜的大部分时间，他都在翔鹤号的作战室里收听 KGMB 电台广播，企图寻找关于瓦胡岛动向的蛛丝马迹。他未听到任何不寻常的动静，所以呼吸也畅快多了。显然，美国人至今未发现特遣舰队。他想，现在是突袭的绝好时机。

大约 5 点，渊田醒来了。他认真地穿起衣服来，穿上一件红色内衣和红衬衣。他同村田都买了这种颜色的衣服，目的是如果在战斗中负伤，鲜血不会在红衣服上显露出来，这样他们的血迹将不会影响其他飞行军官的情绪。

在军官餐厅，他看见村田身着飞行服，大口大口地吃着可口的早饭。村田看了他一眼，顽皮地笑了笑，大声说：“早晨好，中佐！火奴鲁鲁还睡着呢。”

“你怎么知道的？”渊田边问边坐在自己的座位上。

“火奴鲁鲁无线电台正在播放轻柔的音乐，一切正常。”村田一边回答，一边兴致勃勃地舞动着筷子。

早饭后，飞行员来到各自航空母舰准备室集合，聆听临行前最后一次鼓舞士气的训话。赤城号的正式会议开始之前，渊田来到作战室向南云报到。敬礼之后，他说：“我已做好战斗准备。”南云起身紧紧握住渊田的手，说：“我相信你。”然后，他跟在渊田后面，一起来到飞行员们正在待命的那间亮着微弱灯光的房间。

路上，渊田碰到源田。他们两人曾结为一体，而现在渊田要单枪匹马地去干了。两个人默默地站了一秒钟，渊田棕色的面庞上才绽开友好的微笑，源田拍拍他的肩膀以示鼓励。然后，渊田向准备室走去。

益田再次重申了进攻计划要点，特别强调士气、起飞和返航等问题。随后，渊田谈了进攻方法，突出强调了高空轰炸后应采取的战术。一块黑板上标出那天清晨美国太平洋舰队在珍珠港内的位置，担任空袭军舰的飞行人员仔细研究着黑板上的草图。村田向鱼雷手下达最后命令的同时，板塚则对自己的战斗机驾驶员强调了制空问题。最后，南云向飞行人员表达了他的良好祝愿，预祝他们胜利归来。接着，渊田下达立正口令，然后对长谷川敬礼。长谷川下令："按计划起飞。"

飞龙号上那间小小的准备室，容纳不下所有的飞行人员，许多人挤在狭窄的舷梯口，聆听航空参谋天贝讲解进攻目标的问题。天贝尽量想使飞行军官和机组人员放松下来，把此次袭击视为不过在执行一次训练任务。然而，加来舰长告诫飞行员们："这是一场日美之战，每个人都必须信心十足地去完成自己的任务。"在这样紧张的气氛中，鱼雷机飞行员松村表现了令人愉快的幽默。从单冠湾到夏威夷的航行途中，他一直戴着口罩，捂住嘴和鼻子，以防病从口入。这是日本人常用的一种保健措施。即使在吃饭时，他也不把口罩摘下来，而从口罩底下进食。他还声称，他不想患上感冒而失去参加突袭的机会。而这天清晨，他没戴口罩便出现在人们面前，终于露出他暗自蓄下的胡髭。"你戴着口罩，可比现在好看。"一个同僚取笑他说。

距黎明还有 1 小时，第一航空舰队已靠近飞机发射海区。南云意识到，现在形势已不在他的控制之下，便对源田严肃地说："我成功地把特遣舰队带到了进攻地点。从现在起，担子便落在你和其他飞行员的肩膀之上。"源田答道："中将，我保证飞行员们会取得成功。"

在华盛顿，克莱默从国务院回到自己办公室时，发现 13 点截收的电报正在等待他处理。尽管他不像布莱顿那样对此反应强烈，但也意识到这封电报非同一般，因此指示军士长准备一份副本，他马上送出。这一切，花费了约 5 分钟时间。在这段时间里，克莱默做了些计算。每当电报涉及时间，海军情报部门一般要把所提时间分别换算成华盛顿、西海岸、火奴鲁鲁、马尼拉和东京时间。之所以要包括东京，是因为日本海军是按东京时间行事的。克莱默计算的首要目的，是算出"这个时间到底是日出还是日落，或是月落……"

克莱默的业余爱好是航海，他用航海使用的时间周期来解这道数学题，以弄清所提到的华盛顿 1 点与日本舰队向法属印度支那海岸前进有什么联系。对于克莱默来说，夏威夷时间 7 点 30 分可能是珍珠港内军舰在一周中最安静的时间。对哥打巴鲁来说，这是黎明前 2 至 3 点，是通常发动两栖军事行动的时间。

正当克莱默准备起身时，值班军官拿来一份用普通写法写成的日本电报。从最后一个字"停"看，克莱默认出这属于11月27日制定的"藏字系统"[①]。他迅速地口述电文大意，让海军军士记录下来，然后把这份文件也放进文件夹里。他的电报译文是："日英关系发展出人意料。"紧张之中，他忽略了"美波"指美国。待他发现这个错误时，为时已晚。然而，如果当时他果真发现了这个错误，又能有什么作用呢？

克莱默驻足在斯塔克办公室前，麦高伦前来开门，克莱默把13点电报交给他，指出它与过去一周来西南太平洋形势发展的联系。他当时还提到13点这个时间乃是夏威夷的7点30分这一点，但这一事实并没引起他们的注意。两位军官一致认为，尽管陆军负责通知国务院，克莱默最好在去白宫途中把这份文件送到那里。

麦高伦把文件送给斯塔克，也强调说明了华盛顿的13点是夏威夷的7点30分的问题："是远东的凌晨……我们并不知道这个时间意味着什么，但如果要发动进攻，它似乎……根据时间推算，是对远东或可能对夏威夷发动进攻的时间。"然而，麦高伦后来解释说："珍珠港一直没有被这样提起过。我当时有一种感觉，我相信大部分军官都有这样的感觉，即在与日本爆发战争之际或前夕，我们应该想到舰队会遭到突然袭击。"但他们同样认为，战争爆发之际，舰队一定已驶出珍珠港。

与此同时，克莱默快步赶往国务院，甚至跑了一段路。约10分钟后，他来到国务院，把文件夹交给斯通，并再一次提醒注意时间问题："其中关键之处是……日本人打算执行他们占领哥打巴鲁的计划……"但他们并没有把这个时间与袭击珍珠港的可能性联系起来，加以讨论。克莱默提到这个时间为夏威夷的7点30分，纯粹是说说而已，是对那些不了解星期日清晨舰队行动规律的人而讲的。他只是泛泛地谈到，星期日7点30分，或许是一周中最安静的时间。他特别想让诺克斯明白"这在哥打巴鲁是日出前几个小时"，诺克斯当时仍然在赫尔身边。从国务院出来，克莱默又赶往白宫，最后返回海军部。

上午收到的这几封电报，给日本大使馆带来的麻烦，比带给美国人的还多。当来栖的一秘弓木9点上班时，看见奥村正拼命地为日本答复件的前13部分打字。最后一部分至少一小时前就已收到，但值班军官难以把电报室的工作人员召集起来，他们直至10点左右才开始工作。一小时之后，大使馆又收到了13点的电报。奥村此时已完成前13部分的打字，但是他打的稿子太乱，只好在翻译的帮助下重打。他们一定感到形势不妙，所以出了不少错误。他们还收到几封修改过的电报稿，这些刚好使他们能搞出一份正确的文件。

---

①见第四十九章。

几乎就在大使馆收到宣告战争一触即发的电报的同一时刻——夏威夷时间 5 点 30 分——筑摩号和利根号向夜空各发射起飞了一架单引擎零式侦察水上飞机，分别去侦察珍珠港和拉海纳锚地。两架飞机先在这两个地区侦察一刻钟，然后对侦察结果进一步核实，最后做汇报——这将打破无线电静默。

这两只邪恶的鸽子在没有护航的情况下，径直飞向美国防御区关键地带。当时，只要有一个美国人抬头看一眼天空，就能在此关键时刻提醒夏威夷的防御者们。然而，日本人之所以冒着被发现的危险，是因为他们此时对最后精确情报的需要程度已超过保守秘密的重要性。

发射起飞战斗机和轰炸机，并不需要等待侦察机的报告。5 点 50 分，来到距瓦胡岛以北约 220 英里处的 6 艘航空母舰及其护航舰，一起向左转向逆风行驶，并把速度提高到 24 节。带着泡沫的大浪掀起了又长又高的波涛，使航空母舰颠簸摇晃，浪花溅到飞行甲板上。如果航空母舰倾斜度为 11 至 15 度，起飞将极其困难，但必须冒这个险。日本军事机器中最后啮合的齿轮该到行动的时间了，战斗旌旗在桅杆上升起，在“Z”旗旁迎风飘扬。

飞行员准备进入座舱，每个人头上都系上一条写有必胜字样的带子。渊田走进他的轰炸机，高级机械师走上前来，手拿一条特制的白色带子，“这是赤城号官兵做的，”他说，“我们请你为我们把它带到珍珠港。”渊田被感动了，同时也很高兴。他鞠躬致谢，把这条带子系在头盔外边。

由于天气的原因，起飞推迟了 20 分钟。在这段时间里，机组人员和机械师们大声地互相鼓励着，人们都把注意力集中在担任空袭的飞行员身上。由于零式飞机将要首先升空，因此赤城号上所有人的眼睛都盯着板塚。飞行甲板上挤满了飞机，供起飞用的跑道很短，板塚从舰首飞出时飞得很低，非常危险。在这短短的但像静止了的一瞬间，观看的人群屏住呼吸，板塚的零式飞机从阴冷的浪涛上成功地升起来，恢复水平飞行，转弯，然后像一只大鸟直插高空。

6 艘航空母舰上的战斗机，一架接一架地以最快的速度起飞。战斗巡逻机将等到第一波全部飞机起飞之后，再行起飞。在整个空袭过程中，它们将一直坚守岗位，保卫整个舰队。

继战斗机之后起飞的，是由渊田率领的高空轰炸机。每架飞机上都有 3 名机组人员：飞行员、投弹手兼观察手和一名无线电报务员。随后起飞的俯冲轰炸机，也很平安。如果说第一波中俯冲轰炸机队长高桥缺乏渊田的金刚钻精神，除了板塚完美的飞行弧度，或者村田多变的冲刺，他也会以高昂无畏的精神赢得第四把交椅。像其他飞行员一样，高桥带着一份瓦胡岛地图、一支手枪及一些万一迫降海上需要的急救器材。

再后边，是鱼雷轰炸机起飞，机上同样载有 3 名机组成员：飞行员、投弹兼观测手和无线电报务员。村田的轰炸机沿飞行甲板像箭一般向前冲去，接着，这架超载的飞机像海鸥一样平稳地升空。

板塚起飞后 15 分钟内，第一波的 185 架飞机已有 183 架升空——43 架战斗机、49 架高空轰炸机、51 架俯冲轰炸机和 40 架鱼雷机。这是有史以来最快的一次飞机起飞，只有两架战斗机失事：一架起飞时坠毁，但一艘驱逐舰及时把飞行员救起；另一架是加贺号上的战斗机，它的发动机出了故障，只得留下来。在以后的 15 分钟里，所有飞机都大弧度地绕航空母舰飞行。在底下观看的人们，很容易地把渊田浅橘黄色的座机同其他飞行队长的黄色飞机分辨开，它就像黑暗中的萤火虫一样闪烁着。6 点 20 分左右，渊田率领自己的高空轰炸机队飞过赤城号船首上空，看到这个出发信号，第一攻击波向瓦胡岛飞去。

最后一架鱼雷机刚一升空，南云就命令第一特遣舰队再次转向南方，以 20 节速度前进。水兵们拼命工作着，把第二攻击波的飞机升至飞行甲板上。加贺号上负责推运飞机的士兵们，咒骂着自己那个不如其他航空母舰的老式升降机。由于这个原因，再加上风大浪急，计划中的起飞时间推迟了。黎明来临后，特遣舰队才开始准备第二攻击波飞机的起飞。

甲板上已做好准备，第二波的队长们向飞行人员做最后训令。苍龙号上，藤田和他的战友们一道聆听着板田海军大尉冷酷无情的告诫。“万一飞行中发动机出故障，你们将怎么办？”他问道。接着又自问自答道：“万一出现故障，我将径直朝目标撞去，我宁愿撞毁在敌人的目标上，也不愿紧急着陆。”

千早海军大尉有条不紊，善于思索，并善于观察，他负责指挥赤城号上的第十一俯冲轰炸机队。他把自己的飞行人员召集在身边，做最后的讲话。千早的另一个任务，是袭击后把战斗机带回来。他在登机前，源田给他下了一道严格命令，让他尽早报告敌高射炮火情况。如果报告说敌炮火杀伤力很强，源田将拒绝考虑在下一次空袭中启用鱼雷机。

7 点零 5 分，航空母舰再次转向东，做逆风加速行驶。天空仍然阴沉沉的，能见度只有 12 英里，上空只有 1 英里。10 分钟后，第二攻击波开始升空。战斗机再次率先起飞。赤城号上的进藤海军大尉是第二波控制队的指挥官，将指挥 36 架零式飞机。这天早晨，30 岁的进藤并无任何特殊的感觉，对他来讲，这不过是一次战斗而已。

随后起飞的是岛崎，他是第二波中多才多艺且讲究实际的飞行队长。他的 54 架高空轰炸机来自翔鹤号和瑞鹤号，任务是轰炸希卡姆、福特岛和卡内奥赫，继续第一波对美国空中力量的打击。江草率领的第二波 78 架俯冲轰炸机，是整个空袭中最大的一支力量，目标是战列舰、巡洋舰和驱逐舰。第二波中，除飞龙号的一架俯冲轰炸机发动机出现故障不得不退出外，其余都顺利升空。在第一攻击波开始起飞 90 分钟后，第二攻击波的最后一架俯冲轰炸机也升空了。由 350 架飞机组成的一支强大攻击力量，现在正朝着目标飞去。

同一时间内，即 6 点 30 分，战列舰比睿号和雾岛号以及重巡洋舰利根号和筑摩号分别派出巡逻机，在特遣舰队以南的地区做巡逻飞行，随时向南云报告可能来犯的美国军舰和飞机。'

南云将特遣舰队朝南带至距瓦胡岛北端约 180 英里处，他担心地望着第二波慢慢消失在天空中。草鹿站在他身旁，心情万分激动。源田同他们待了一会儿。飞机顺利地起飞了，一种自豪感使源田的心里久久不能平静，他现在坚信他们已把握住突袭这一关键因素。然后，源田走进控制室，等候渊田的信号，渊田的信号将使日本战争机器上的其他部分投入战斗。甲板上，人们的眼泪顺着浸透着汗水的面庞流淌，他们挥舞着帽子向飞机告别，直至加速的飞机在天空上变成黑点为止。

第六十章
十万火急

停泊在珍珠港的美军战舰卡辛号和唐尼斯号

坂牧通过潜望镜，惊恐地发现他的微型潜艇离珍珠港越来越远。探测回转仪显示，潜艇已偏离航道 90 度。按照计划，日本的 5 艘微型潜艇应在黎明前潜伏到港底，但是他的潜艇还在港外很远的地方。自从离开 I—24 号，坂牧和稻垣尽自己最大的力量不让潜艇露出海面。坂牧借助潜望镜，让潜艇挣扎着低速沿航道前进。然而，尽管他们尽了最大努力，潜艇还是不听指挥，狼狈地兜着圈子。

那天上午，坂牧并不是唯一感到沮丧的人。在华盛顿，布莱顿看着时间一分钟一分钟地过去了，心里越来越感到烦躁不安。表嘀嘀嗒嗒地响着，而参谋长直至此时还未在部里露面。布莱顿打电话后不久，迈尔斯才到。第 14 部分和 13 点电报，都令迈尔斯感到震惊。在他看来，这两封电报暗含两层意思："（1）从日本人的措辞上看，战争马上就要开始；（2）有什么事情要在华盛顿时间 1 点发生。"

直至 11 点 25 分左右——此时，南云特遣舰队正掉转方向顶风行驶，为飞机起飞做准备——马歇尔才露面。迈尔斯和布莱顿立即向他走去。当他们走进办公室时，马歇尔正在读着日本的答复全文。在等候期间，布莱顿心里极为烦躁，布莱顿和迈尔斯想打断马歇尔，让他看看布莱顿手中的另一封电报，但这有如让冰川改道一样不可能。

马歇尔似乎花了很长一段时间才看完，然后接过那封预示战争即将爆发的电报。他丝毫也不怀疑电报所提到的时间“具有某种特别意义……”他征求迈尔斯和布莱顿的看法，两人异口同声地回答说，他们“坚信这个时间，意味日本将于当天下午 1 点或晚些时候，在太平洋地区对美国某个设施采取行动”。就在这时，杰罗和作战计划部负责太平洋事务的邦迪走了进来，他们也一致同意这个判断。

然而，到底是哪个美国设施？迈尔斯命令立即向菲律宾、巴拿马、西海岸和夏威夷下达战备警告。但是，没有一个人提到夏威夷与 13 点电报有什么关系。讨论一番之后，大家一致同意：“以最快的速度立即给我外围地区再发一份警告。”于是，马歇尔撕下一张便条纸，用普通写法写成一份电文，然后拿起通往白宫的电话，接通了斯塔克，此时大约为 11 点 40 分。他把自己打算要做的事，谨慎地通知了海军作战部长。

斯塔克拿起电话筒时，正和舒伊尔曼一起研究这封日本电报。斯塔克告诉马歇尔：“我们已警告过他们多次。”他不想再次提醒他们，这句话结束了他和马歇尔短短的通话。

但是，迈尔斯和布莱顿继续催促马歇尔应再次发出警告电报。刚过一分钟，斯塔克又给马歇尔打电话，说将要和马歇尔采取同步行动，并主动提出马歇尔可以使用海军通信系统，因为该系统在形势需要时传递非常迅速。马歇尔回答说，他相信他同样有能力很快把情报发出去。斯塔克接着还提出，让马歇尔在电报中指示部下通知他们的海军同事。马歇尔的确这样做了，并指示布莱顿把拟稿送到电报中心，“立即用最快而且安全的方式”发出。布莱顿出门时，杰罗在后面叫住他说：“如发报有先后顺序的话，应首先考虑向菲律宾发报。”

华盛顿的中午，只有几分钟就过去了，马上就到限定时间了。但是，似乎没有人想起用电话向外联系。凡涉及有关秘密情报之事，海军极少用防窃听电话联系，因为诺伊斯曾警告说，这种电话并不完全安全可靠。马歇尔后来作证时说，即使当时使用电话通知，他也将先通知麦克阿瑟，然后再通知巴拿马。

不久，陆军部信号中心负责人爱德华·E·弗伦奇陆军中校听到密码室传来一阵骚动声，他走出办公室想看个究竟。只见布莱顿手里拿着电报，异常激动，弗伦奇从未见过他这么激动。

布莱顿把电稿交给弗伦奇，强调说：“参谋长希望立即用最快而且最安全的方式把它发出去。”弗伦奇扫了一眼马歇尔草拟的电稿，回答说：“好，请你帮助我把它弄成能看懂的稿子好吗？我和我的部下都看不懂马歇尔将军的字体。”于是，布莱顿对一个工作人员口述这封电报，这个工作人员把它用打字机打出来，这一切只花了几分钟。

电文如下：“日本将于东部标准时间下午 1 点递交最后通牒。之后，他们将按照命令，立即销毁密码机。我们不清楚该时间内涵意义所在，但必须酌情提高警惕。转告海军方面。马歇尔。”

布莱顿看看手表，时间大约是 11 点 58 分。对南云特遣舰队来说，此时是东京时间 12 月 8 日 1 点 58 分——当地时间 12 月 7 日 6 点 28 分。渊田率领的第一攻击波，此时正在航空母舰上空盘旋，准备给美国人以毁灭性打击。

布莱顿把那份电稿留给弗伦奇处理，便回到马歇尔办公室。参谋长命令“再回去看看要用多长时间才能把电报发到收报人手中”，布莱顿急忙回到弗伦奇那里，向他提出马歇尔刚才提到的问题。弗伦奇心算一会儿后，说：“大约需要 30 或 40 分钟，收报人才能收到。”但这并不意味肖特能够在 40 分钟后看到电报，因为电报要经过脱密、译码及送出几个环节。布莱顿一直以为陆军能够直接与夏威夷联络，直至空袭发生后好几天，才发现事实恰恰相反。

第一封电报于 12 点直接到达加勒比防御指挥部，6 分钟后又被送到麦克阿瑟处，普雷西迪奥收报时间为 12 点 11 分。但是，向夏威夷发出的警告电报却不那么顺利。当弗伦奇信号中心开始工作时，弗伦奇发现自 10 点 30 分起，天电条件不允许向火奴鲁鲁发报，严重的天电干扰甚至影响了与旧金山的联系。弗伦奇曾考虑向海军求援，但后来认为商业通讯系统可能更快，更安全。他在华盛顿有一个直接与“西部联盟”联络的电传系统，西部联盟可以把电报发往旧金山，再转给美国无线电公司，最后转给火奴鲁鲁。前一天，他刚刚听说美国无线电公司正在安装同夏威夷陆军司令部联络的电传系统。于是，12 点 17 分，他把电报拍给了西部联盟。这样，天电现象又使日本人再次走运。

当该警告电报还在途中时，命运又一次向瓦胡岛敲响了警钟。储存供应船安塔尔斯号在一艘驳船的牵引下，缓缓向珍珠港驶去。船长劳伦斯·C·克兰尼斯海军中校，在集结地等待拖轮为安塔尔斯号送来领港员，引导安塔尔斯号进港。

6 点 30 分整，克兰尼斯在右舷约 1500 码处发现一个外形可疑的东西。这东西不像他过去所见过的任何潜艇，该潜艇指挥塔稍稍露出水面，看来它的下潜控制系统出了故障，它似乎正试图下潜。克兰尼斯把这一发现通知了沃德号。

沃德号上，奥特布里奇刚刚进舱，甲板上站着的是S·W·戈波纳上尉。该驱逐舰的操舵手是首先见到那个奇怪东西的，他和戈波纳认定，这可能是一艘潜艇的指挥塔，但他们从未见过美国海军有这样的潜艇。“舰长，快到驾驶台来！”戈波纳叫奥特布里奇。奥特布里奇慌忙边穿衣服边跑出来。“它在尾随安塔尔斯号进港，它是什么？”他自言自语道：“这只能是一艘潜艇，但它属于哪个国家呢？”

6点40分，奥特布里奇发布战斗警报，水兵们迅速装上炮弹，沃德号全速前进，向潜艇冲去，所有发动机都颤动起来。当驱逐舰距来犯者50码呈直角时，奥特布里奇下令开火。第一阵炮火没有击中，炮弹在指挥塔上边飞过去。第二阵炮火打在吃水线处位于艇身和指挥塔的接合部。潜艇向右舷倾斜，速度减慢，开始下沉。它显然从沃特号尾部下通过，撞上在大约100英尺深处的深水炸弹，潜艇沉到了1200英尺深的水底。

所以，令人奇怪的是：瓦胡岛战斗中响起的第一枪不是来自日本飞机，而是来自一艘美国军舰，流下的第一滴血也是日本人的。正如源田和渊田所担心的那样，潜艇过早地引起了军事行动。但是，日本人运气仍在，这是由于误解和官僚主义所致。

奥特布里奇立即把这一行动汇报给第十四海军军区值日军官：“我们曾在防御海区内，向在此活动的潜艇投掷深水炸弹。”汇报之后，他认为他的语气应更加肯定，所以又做了第二次汇报：“我们向在防御海区活动的潜艇开炮，并投掷深水炸弹。”无论谁见到这份报告，都会认定他曾向某种东西开火射击。主教角无线电台于6点53分把这一报告记录在案。此时，距渊田及其手下的飞行员开始轰炸时间还有1个小时又2分钟。

那天早晨，布洛克司令部的值班军官是哈罗·德卡明斯海军少校。他曾参加过第一次世界大战，是个再次服役的军官，回来任职已一年有余。他把此事记录在案后，马上与布洛克的副官联系，但没有打通电话，只得给舰队值班军官打电话，并把报告交给其助手R·B·布莱克海军少校。然后，他又给布洛克的参谋长厄尔海军上校打电话。

金梅尔的值班军官，恰巧是年轻精明的助理作战计划参谋文森特·默菲海军中校。他从前一天晚上开始值班，随时准备执行麦克莫里斯撰写的一份备忘录，备忘录上有一旦宣战或发生袭击军舰应如何部署的指示。指示中，还提到如何把哈尔西部、牛顿部和布朗部召回港内投入战斗的计划。

默菲正在穿衣服，布莱克打来电话，告诉他有关卡明斯基的报告。默菲指示布莱克："我穿衣服，你给他打电话，弄清他到底采取了什么行动，是否已给布洛克将军打了电话。"布莱克一遍又一遍地拨着号码，但卡明斯基的电话始终占线。布莱克如实向默菲汇报。默菲说："好吧。你到办公室去，拿出军舰位置图。我再打一次电话，如拨不通，就算了。"默菲又打了一次电话，还是占线。然后，他又给接线员打电话，指示他掐断地区值班军官的任何电话，除非极其重要，并通知卡明斯基马上给他回电话。

当默菲走进办公室时，电话铃响了，电话是第二巡逻机联队的朗根·拉姆齐海军中校打来的。他向默菲报告刚收到的福特岛值班军官迪克·巴林杰海军上尉的报告。巴林杰报告说，他们的一架飞机在执行任务时，在距珍珠港入口一英里处击沉一艘下潜的潜艇。默菲回答说："真有意思，我们从一艘在近海巡逻的驱逐舰那里，接到了一份同样的报告。"

"就这样吧，"拉姆齐回答说，"你最好马上采取措施，我也马上回作战中心去。"挂上电话后，拉姆齐穿上宽裤和夏威夷衫，驱车来到作战中心所在的福特岛行政楼。他并不认为上午的报告是敌人确实要行动的情报，但他还是以海军基地空中防御计划为基础，起草了一份巡逻计划。此项计划，特别提出加强对东北海区的巡逻，因为这一地区被认为是日本人最有可能发起进攻的方向。

拉姆齐刚放下电话，卡明斯基就来了电话，汇报沃德号所采取的行动。之后，默菲打电话告诉了金梅尔。海军上将在 7 点左右起床，正准备去同肖特打一场高尔夫球。默菲打电话时，他还没穿衣刮胡子，也没有吃早饭，但他当即回答："我马上就来。"像厄尔一样，金梅尔不能肯定这是一次真的攻击。他后来解释说："……我们曾有过许多次……关于外围地区潜伏潜艇的错误报告，所以我想还是等证实以后再说……"因此，第一声"狼来了"的呼叫，使得金梅尔停住追踪的脚步。而此时此刻，那些食肉者们正在向羊群扑来。

厄尔听到卡明斯基报告后的第一个想法是："这可能又是一份假报告。"所以，他要求卡明斯基再汇报一些旁证材料，并让他与下一班负责巡逻的驱逐舰联系，命令它立即出海，又同作战部长取得联系。7 点 12 分，厄尔打电话给布洛克，两位参谋对这份报告讨论了 5 到 10 分钟，试图断定这一消息的可靠程度及应该采取的行动。既然最高司令官已经知道此事，他们决定等等再说。

尽管厄尔是一个天生的怀疑论者，但我们看到的是一群警惕性很高的行家们在工作，他们对报告既不仓促行事，也不掉以轻心。然而，所有与此相关的人员都出于良好的愿望，纠缠在电话线上。待到所有人打完电话，整整半个小时过去了。如果此时无论是太平洋舰队司令部值班参谋还是福特岛值班参谋，有权派出侦察机去证实一下，也许会减轻即将蒙受的损失。

珍珠港事件中，在空袭前有关潜艇问题上，海军犯下了最严重的错误，即未能通知陆军关于一艘驱逐舰在防御海区内击沉一艘带有明显敌意的潜艇一事。这一事件的分量，足以使夏威夷陆军部队把第一号警戒令升为二或三号警戒令，因为一艘潜艇在夏威夷附近窥探，绝非是当地破坏者所为。

因此，正如南云及其参谋和飞行员所担心的那样，潜艇扎了一下日本人的手心。这也是金梅尔一直所担心的——日本潜艇可能在某一天袭击他的军舰。美国军队曾几次有发现山本秘密的机会，但都失去了。在黑色悲剧袭来之前，他们还会再有几次机会。

第六十一章
虎！虎！虎！

美军水手试图抢救起火燃烧的飞机

太平洋的高空中，南云的飞行员们正展翅朝目标飞去。编队中央约 9800 英尺高度，飞行着由渊田亲自率领的 10 架高空轰炸机。左侧，大约 1．1 万英尺高度，飞行着高桥的两个俯冲轰炸机大队。右侧，村田的 4 个鱼雷飞机大队呼啸着飞行在大约 9200 英尺高度上。板谷的战斗机大队，担任整个飞行部队的掩护，飞行在 1．41 万英尺高度。

破晓时分，阳光照射在帝国海军的旗帜上，给它披上了一层近乎炫耀的色彩。渊田非常激动，欠了一下身子，好像要对这一可爱的象征表示敬意。他回头望去，庞大的机群正以完美的编队跟在后面，阳光照在机翼上，泛起银白色的光。他的目光盯在这一壮观景象上，足有两三分钟。啊，对日本来说，这是一个光辉灿烂的黎明！他这样想着，心中禁不住涌起一股对他的祖国、他的士兵及他的使命的自豪感。

心血来潮过后，渊田的大脑又回到现实中。现在已过 7 点，他调准 KGMB 电台，指示飞行员按这一无线电信号波朝目标飞去。正当他们快速掠过渐渐发亮的天空时，一片厚厚如絮的白云在飞机下方约5000英尺高度慢慢散开，遮住了他们的飞机。事实上，这层遮盖有点不妙。他们可能会飞过珍珠港，引起所有防御部队的警惕，而自己却找不到目标，或者甚至连瓦胡岛都找不到。

如果渊田对瓦胡岛上正发生的一切了如指掌，他定会再增加一个最大的担心。命运之神似乎不情愿轻易抛弃美国，尽管海军在发现潜艇事件上再次失误，命运现在还是把球又传给了美国陆军。

位于瓦胡岛北端卡胡库角附近海拔230英尺的奥帕那流动雷达站，通常被认为是地点最好的雷达站。4点，中士约瑟夫·L·洛克哈德和乔治·E·埃洛特上岗值班，在雷达方面颇有经验的洛克哈德指导埃洛特如何使用示波仪。7点，洛克哈德开始关闭装置，因为7点是他们结束早上工作的时间。

突然，示波仪显出一幅异常图像。洛克哈德认为这一定是仪器出了故障，可是迅速检查之后，却没有发现问题。洛克哈德替下埃洛特，他确信这一定是某种机群在飞行。埃洛特朝标图板走去。至7点零2分为止，机群出现在东北方5度132英里处，机群庞大，约有50多架。埃洛特建议把这个发现用电话通知情报中心。起初，洛克哈德表示反对，因为正常工作时间已过。然而，埃洛特坚持说，这将是对情报中心的一次很好的考验，一次规定外的演习。洛克哈德只好让埃洛特打电话。通话持续了七、八分钟。此时，示波仪上的可视信号，显示机群距瓦胡岛大约20至25英里。

埃洛特给情报中心的电话，是交换台话务员二等兵约瑟夫·麦克唐纳接的。麦克唐纳以为情报中心的其他人员已经下岗，现在只剩下他自己，便把这个情报记录在案。当他转过头核对时间时，看到克米特·泰勒中尉。泰勒是驱逐机军官，那天早上值班主任的助手。

泰勒于12月3日星期三刚刚完成他作为驱逐机军官值勤的处女飞行——这是他12月7日前唯一的一次值勤飞行。一个驱逐机军官值班时，应负责协助值班主任指挥空中飞机拦截敌机，或假定敌机。

情报中心，位于珍珠港以东数英里、奥帕那雷达站以南30英里的谢夫特堡。值勤时，一群标图员站在一张大桌子周围，标出从各雷达站通过电话传递来的有关飞机的位置。然而，他们只记下雷达显示器捕捉到的飞机的位置，而无法搞清是敌机还是我机。在岗的值班主任和驱逐机军官，可以从一个有两层楼高的大平台上看到下面人员的工作。

然而，在这个命运攸关的早晨，值班主任和飞机辨认军官都没有在场。泰勒带着

七、八个士兵4点钟开始上岗，7点整，标图员们收起仪器后离开了。因此，当埃洛特打来电话时，情报中心只剩下泰勒和麦克唐纳两个人。

麦克唐纳认为埃洛特的报告很重要，便让泰勒来接电话。此时，是洛克哈德和泰勒通话，他向泰勒报告所掌握的全部情况——可视信号的方向、距离及规模。泰勒记得洛克哈德称这一可视信号是"他见过的最大的可视信号"。

泰勒的脑子里始终未想到飞近的机群可能是敌机，他以为是从美国海军航空母舰上起飞的飞机。忽然，他想起来，那天清晨在去情报中心的路上，他听见了一段夏威夷音乐。泰勒记起他的一位驾驶轰炸机的朋友讲，每当B—17飞机从本土飞到夏威夷时，基地便整夜播放这段音乐，为驾驶员充当导航信号。

因此，泰勒确信，奥帕那雷达站捕捉到的是一个大型轰炸机群。他的第一个反应是：为空中堡垒从正确方向飞来松了口气。从这一点上，泰勒的判断在某一方面完全正确：兰登率领的来自加利福尼亚的机群，正在奥帕那观测信号大约5度以外迅速飞近。当然，由于安全方面的原因，泰勒不能把这些告诉洛克哈德和埃洛特。所以，他只说了声："好啦，别管它了。"

此时，大约为7点20分，奥帕那的显示器上显示渊田的第一攻击波的方位为3度74英里。洛克哈德再次要关掉仪器，可是埃洛特仍然坚持继续观察。于是，他们继续观测，把发现的情况标在一张摊开的图表上，并一直做着记录，直至山的阴影使波形失真，失去可视信号为止。7点39分，他们最后一次报告：这一异常可视信号为41度20英里。

洛克哈德犯了一个大错，他没有告诉泰勒观测到的机群有50余架飞机。如果报告了，泰勒几乎不可能把它看成是B—17机群。如此多的飞机，将是美国此种飞机总数的一大部分。

从技术上讲，泰勒的错误在于他没有用电话通知第十四驱逐机联队地面指挥官肯尼斯·P·伯奎斯特少校。但是说实话，即便报告也不会起太大作用。由于肖特的一号警戒令，这一警报确切地说，只能遭到相当于沃德号与潜艇接触后向上汇报时同样的命运，而不会有可能去疏散飞机，准备弹药，然后进入二号或三号警戒。当时或此后，都没有人通知海军关于奥帕那雷达站观测到的可视信号一事，这是一个非常严重的错误。因为它至少可以揭示日本航空母舰的方向，免去海军后来费时费力而又徒劳的搜索。

正当陆地上发生着这一切的时候，命运同样在海上捉弄着美国。7点零3分——恰好是渊田的空中纵队在奥帕那雷达显示器上出现1分钟后——沃德号声呐发现敌人潜艇，这艘驱逐舰投下许多深水炸弹。7点零6分，船尾300码处发现黑色油泡。这一事实，证明奥特布里奇无愧于驱逐舰长这一值得骄傲的头衔。

此时此刻，渊田的飞行员们实际上正以为兰登的B—17机群导航而连续播放的夏威夷轻音乐为自己导航。与此同时，从筑摩号起飞的侦察机正在珍珠港上空盘旋，飞行员测量着下面的地形。此时，瓦胡岛显得比平时更平静安宁。7点35分，飞行员对自己的观察结果表示满意，于是发出情报："敌舰队在港内停泊有9艘战列舰，1舰重型巡洋舰，6艘轻型巡洋舰。"3分钟后，他向南云报告珍珠港上空气象情况："风向80度，风速14米，敌舰队清晰度1700米，云密度7。"任务完成后，他漂亮地转了个弯，返回第一航空舰队。

接着，利根号的侦察机发来了稍稍令人不快的消息。飞行员证实了前一天的观测，他报告："敌舰队未在拉海纳锚地。"这一消息，使日本在拉海纳深水中找到美国军舰的希望变成泡影，也使源田和渊田煞费苦心在单冠湾制定和修改的另一个可行性计划落空。渊田和他的飞行员只得集中全部力量袭击珍珠港。完成侦察拉海纳任务后，侦察机又沿珍珠港向南面的海面搜索，希望通过这一冒险行动，获得一些到此时为止还踪影全无的美国航空母舰的情况。然而，搜索距离还不够远，未能发现西边约200英里海上的企业号航空母舰。

7点33分，火奴鲁鲁RCA（美国无线电公司）收到马歇尔自华盛顿发来的警报。此时，已经超过最后期限——东部标准时间13点——3分钟了，渊田的第一攻击波已经到达距奥帕那雷达站15度35英里处。那份电报被放进标有卡西勒的分信箱中。这个信箱负责的地区，包括谢夫特堡。RCA的信差渊上忠夫，从标着卡西勒的信箱中把这份电报连同其他信件一起取出。电报上未标明急件，外表也看不出有什么与众不同之处。渊上忠夫拿上邮件，跨上摩托车，一踩油门上路了。

此时，华盛顿迎来又送走了13点，而日本使馆则在顽强地致力于那份分为14部分的照会，12点30分已经译出第14部分，但奥村还未弄好抄件。野村已作赴约准备，他不耐烦地注视着办公室里打字的进展情况，催促着正在打字的工作人员。也许只有那个正在按动键盘而身后又站着大使的打字人，才能理解奥村此时此刻的心情。现在情况很清楚，文件在最后期限内打不完。所以，野村向赫尔提出延时要求，并得到允诺。

太平洋上空，渊田用高倍望远镜全神贯注地观察着。此时，他应该能看到远方的瓦胡岛。他的目光随着一缕穿过云缝的阳光望去，接着高兴地喊出声来："哈！"瓦胡岛在那儿——周围是海浪涌起的白色泡沫，郁郁葱葱，岛上灰紫色的群山笼罩在一层薄雾之中。晨曦下，这是一幅多么令人心旷神怡的景色！渊田告诉他的飞行员：“这是瓦胡岛北端。”他们继续向前飞行，这时渊田下达了进入攻击位置的命令，同时指示六崎密切注意敌人的截击机。他们到达瓦胡岛上空太突然了，各小队几乎来不及展开。渊田拿起信号枪，到此时为止，日本人一切都相当顺利。根据概律，现在早已过了该出错的时间了。说来也怪，正是细心的俯冲轰炸机队长高桥出了差错。

根据计划，渊田打一发信号弹表示突袭，打两发中间间隔 2—3 秒表示敌人已有所准备。看到一发信号弹后，村田的鱼雷机将开始向下滑翔。与此同时，板谷的战斗机加速向前，控制领空。因此，飞速较慢的鱼雷轰炸机，可以在没有任何障碍的情况下径直飞向目标，俯冲和高空轰炸机将紧随其后。但是，如果日本人面前的敌人有所戒备，鱼雷机将等到俯冲和高空轰炸机把美国炮火引向战舰上空，再由战斗机掩护投掷致命的鱼雷。

7 点 40 分，渊田确信可以突袭，便打出一发信号弹。他马上注意到，战斗机队队长之一管波大尉似乎未见到信号，因为他的飞机没有改成相应的编队。因此，大约 10 秒钟后，渊田又打一颗信号弹，想提醒一下管波。高桥看到了这第二颗信号弹，而没有注意两颗信号弹之间的时间，认为是打了两发信号，便立即带领俯冲轰炸机朝福特岛和希卡姆机场猛扑下去。村田目睹了所发生的一切，他虽然知道高桥判断失误，但是别无选择，只有率领其鱼雷机队，以最快的速度冲向目标。然而，高桥还是赶在了前边。这样，这场袭击是以炸弹开始，而不是鱼雷。

渊田看到他和源田、村田如此煞费苦心制定的精确战斗计划，由于没有估计到的现场因素——人的误差而落空，气得咬牙切齿。然而，他很快就发现进攻顺序无关大局，成功已经在握，唯一要考虑的是能取得何种程度的成功。此时，渊田顺着峡谷看珍珠港，如同顺着枪筒看一样。就在他望着珍珠港的时候，那团松散的晨云如同舞台的帷幕一样拉开了。渊田调了一下望远镜，看见停泊着的阵容强大、景色壮观的美国太平洋舰队。

好一派威风凛凛的气派！简直令人难以置信！渊田这样想着，数了一下，共有 7 艘战列舰，而侦察机和领事馆的报告都是 9 艘，另外两艘到哪儿去了？实际上，珍珠港内有 8 艘战列舰，渊田没有看到干船坞中的宾夕法尼亚号。另外，筑摩号的侦察机和吉川都把靶船犹他号看成一艘战列舰了。渊田感到有点失望，他一直违心地希望早上的报告是错误的，金梅尔的航空母舰可能会在珍珠港内。然而，那些航空母舰踪影全无。

7 点 49 分，在拉希拉希角外的某个地方，渊田等来了零时。凉风嗖嗖地吹着他的后背，他向管波发出攻击信号："脱，脱，脱。"这是口语"攻击"一词的第一个字母。接着，他命令报务员把这一命令向全体飞行员发出。内海里的长门号上，一个参谋带着这条消息冲进了宇垣的房间，这位山本的参谋长接着奔向作战室。

第一攻击波展开队形时，渊田的无线电发报机仍在咔嗒咔嗒响着。渊田在巴伯兹角上空盘旋一圈，排除所有疑虑后，确信他们已最大限度地实现了战略奇袭的目的。7点53分，他发出了"脱拉！脱拉！脱拉！"（虎！虎！虎！——译者注）的密码信号，通知整个日本海军偷袭太平洋舰队的成功。

赤城号上，草鹿的眼泪顺着他那饱经风霜的脸颊流了下来，尽管他是个冷静的禅宗教徒，但对此丝毫不感到羞愧。南云的生命和荣誉与此次使命休戚相关，他此时一句话也说不出来。真是令人难以置信，他们奇迹般地圆满完成了山本策划的荒唐冒险行动！南云和草鹿天性安静，他们只彼此握着对方的手，眼睛却表达了他们难以言表的心情。

第六十二章
拉响战斗警报

珍珠港上空美军高射炮火横飞

当渊田的第一攻击波在奥帕那雷达站以北几英里处展开时，金梅尔在他的住所里正在穿衣服，等待着沃德号击沉潜艇的证实报告。7 点 50 分，当渊田在哈累阿机场上空发出总攻信号 1 分钟后，村田命令他的鱼雷手开始攻击。鱼雷机在伊瓦西北处分成两个小队，每队 8 架，分别由永进和松村率领，竟相朝珍珠港西侧飞去。另一个由村田和北岛一郎海军大尉率领的飞行队，也是由两个小队组成，但每队有 12 架飞机，它们飞向东南方向，折向北，再向西北，在希卡姆机场上空划了一个大弧形，然后直接朝战列舰群飞去。

每个鱼雷机小队在进攻时，都以 2 架或 3 架为单位。所有鱼雷轰炸机飞行员均已得到明确指令，不惜冒生命危险靠近目标。如果观察手兼炮手认为不能击中目标，飞行员将重来，直至认为能准确无误击中目标为止。如果经过几次俯冲，观察手仍不能辨清目标，飞行员必须自己做出判断，重新选择目标。

金梅尔的电话又响了，默非已给他回过电话，这次是报告沃德号截住了一只在潜艇出现地点活动的舢板。正当值班参谋讲话时，渊田已飞到巴伯兹角上空。他向高空轰炸机队发出信号“哧，哧，哧”——这一信号与刚才发出的“脱，脱，脱”相似，但它只适用于高空轰炸机队。

高桥的俯冲轰炸机已经投入战斗，飞机的轰鸣声引起了太平洋作战部队司令、海军少将威廉姆·丽亚·弗朗的注意。当时，弗朗正在他的旗舰布雷艇奥格拉拉号的后甲板上散步，等着吃早餐。奥格拉拉号很陈旧，极少离开码头，如果一个老水手被分到这条船上，他的反应可能是一半不敢相信，一半充满感情地说：“多好的老船！”在这个不同寻常的早晨，奥格拉拉号恰好停在宾夕法尼亚号的泊位——1010号码头，靠着海伦那号巡洋舰的外舷。住在奥格拉拉号的弗朗，是那天早晨在现场的最高指挥官。

弗朗在看到第一枚炸弹落下以前，一直注意着飞机引擎的轰鸣声。“多么愚蠢粗心的飞行员，”他自言自语地说，“竟照看不好投弹器。”炸弹在福特岛西南端靠近水边的地方爆炸，未造成任何破坏，只是溅起了大片的泥土。当飞行员向左急转加速时，弗朗看到了红色朝日，立即反应过来。他大声喊道：“是日本人！各就各位！”命令一下，奥格拉拉号马上发出警报：“港内所有船只出击！”

在西弗吉尼亚号上，海军少尉罗兰·S·布鲁克斯把自己所看到的一切误认为是加利福尼亚号舰内发生爆炸，于是命令消防救险小组前去。实际上，火焰和浓烟来自福特岛上一个燃烧着的机库。他的命令使数百名官兵蜂拥到甲板上，为他的船赢得了非常宝贵的几秒钟。毫无疑问，他的命令也救了数百人的性命。

此时，大约7点45分，由飞龙号和苍龙号起飞的第三、第四鱼雷机队在松村和永井的率领下，径直朝福特岛西南飞来。松村急于确定船只，所以飞得特别低，紧擦着甘蔗林飞过，他感觉到了这片夏季还没有过去的土地上的热空气。几秒钟后，一双鱼雷飞快穿过浅水，向轻巡洋舰雷利号和靶船犹他号冲去。如此浪费宝贵的鱼雷，简直激怒了松村，他曾特别指示部下避开犹他号。然而，年轻缺乏经验的中岛海军大尉，以为看到一枚鱼雷已投向犹他号，便紧随其后，投下了鱼雷。过后，他非常不高兴，因为他在辨认美国军舰的训练中没有学会什么。犹他号向左舷严重倾斜，开始倾覆。

雷利号的舰上总值日官，认为这次空袭是常规空袭训练的一部分，便命令高射炮手准备战斗。然而就在这时，即7点55分左右，一枚鱼雷击中它的第58根肋骨处，海水涌进了前发动机房和1、2号锅炉房。上士弗兰克·M·贝里立即朝报警器跑去，可是报警器不响，因为电源已经断了。

爆炸声惊醒了海军少尉小约翰·R·贝尔得欧，他只有22岁，是总统海军助理的儿子。他穿着红色睡衣奔上后甲板，最先映入他眼帘的是那些大红球，他很快就明白发生的一切，他的高射炮不到5分钟就开火了，因为雷利号上所有3吋口径大炮的炮位弹药箱里都有弹药。8点零5分，雷利号向左舷严重倾斜，经过抗倾覆注水，船还在继续倾斜。海军上校R·本瑟姆·西蒙斯立即组织抢救，以防倾覆。8点，又一枚鱼雷溅落在底特律号与雷利号之间，鱼雷一头扎进泥里，没有造成任何危害。

在最初的关键时刻，永井飞过福特岛，试图击中干船坞中的宾夕法尼亚号。然而，当他看到系泊的船台可能会挡住鱼雷，便把鱼雷投向了奥格拉拉号。似乎为了补偿日本人没有击中底特律号的过失，这枚鱼雷从奥格拉拉号船底穿过，撞在轻巡洋舰海伦那号上爆炸，一枚鱼雷同时击伤两艘军舰。奥格拉拉号的航海日记上写道："爆炸的作用力掀起了锅炉房的金属地板，撕裂了左舷船身。"海伦那号航海日志记的是："7点57分30秒，附近接连3次响起巨大的爆炸声。7点58分左右，右舷的强烈爆炸声震得船体来回摇晃。"

令人难以置信的是，所有这一切是在默菲向金梅尔做简要汇报的同时发生的。值班军官还在说着话，一名军士冲进他的办公室，大声喊道："信号塔发出信号，日本人正在袭击珍珠港，这不是演习。"默菲把这一惊人的消息通知了金梅尔。舰队司令摔下听筒冲了出去，边跑边系着他那白色军上衣的扣子。

在金梅尔隔壁厄尔新家的草坪上，可以清楚地看到对面海港里的战列舰群。金梅尔和厄尔夫人目瞪口呆地站在那里看着，日本飞机成8字形盘旋，向军舰投弹，然后飞走，接着再飞回来投弹。他们可以清楚地看到机翼上的朝日。如果飞行员探出头，他们一定能看见日本人的面孔。富有同情心的厄尔夫人为舰队司令感到难过和同情。金梅尔看着，表现出难以相信和十分震惊的样子，他那张扭曲的脸，像身上的白制服一样苍白。

他后来说："我马上就明白发生了可怕的事。这不是几架迷航飞机发动的心血来潮的袭击，天空密密麻麻都是敌机。"金梅尔和厄尔夫人朝着那些可爱的军舰所在方向凝视着，轰炸机和战斗机正在它们的上空，像蝙蝠一样猝然飞过。他们看到亚利桑那号被抛出水面，然而又沉下去——一直沉下去。在此可怕时刻，两人谁都没说话，眼前这一幕可怕的情景已经说明了一切。历史如同失控的电影一样，一幕幕在金梅尔脑海中闪过，其速度之快，令人无法看清，也无暇思考。有许多美国人在看到村田的飞机呼啸而来俯冲投弹时，都认为这是当地飞机在演习。甚至当第一枚鱼雷投下时，许多目击者的反应都和上尉劳伦斯·拉夫一样，等待着一大批人被抬上医院船安慰号。"唉，唉，有个愚蠢的飞行员疯了！"

对此很快就反应过来的是贝克内尔。在他家的阳台上，看珍珠港上空和后面，可以一目了然。从日本人的战略角度出发，他认为袭击是有道理的。然而，事实仍使他十分震惊。当你在一个宁静的星期天早上从窗口朝外看时，你看到的却是军舰在你的眼前爆炸，你当然会感到十分吃惊。"突然，他开始咕哝起一品红和芙蓉"，这使得他的妻子大惑不解。贝克内尔此时突然想起茂利电话中的一些话，它们可能是指某种战舰①。

果真如此，这些暗语完全可以证实日本人已事先获得情报。那天清晨，村田的士兵投掷鱼雷时，他们肯定知道港内军舰的位置。村田焦急地等待着观察员的报告，那些最新改进匆忙调试的新鳍板管用吗？"Atarimashita！"（"击中了！"）观察员大声喊了起来。鱼雷机手们把自己唯一但致命的鱼雷一枚枚投下去，庆贺成功的欢呼声此起彼伏。村田得意地用无线电报告："鱼雷击中敌战列舰，造成重大损伤。"

这正是日本海军领导人所期待的消息——至关重要的鱼雷袭击战列舰群的结果。鱼雷所肩负的这一重大使命，关系到整个行动的成败。源田的心激动得怦怦直跳，袭击将会取得成功，他想。南云和草鹿当时也许相当满意，但是他们表面上不露声色。他们和在舰桥上的参谋们交换着眼色，南云的嘴角露出一丝微笑——这是特遣舰队离开单冠湾以来，源田第一次看到南云的笑容。

击中西弗吉尼亚号的第一批鱼雷中，有一枚是松村第二次向战列舰群俯冲时投下的。一股巨大的水柱冲天而起，超过了该舰的烟囱，然后四散落下，犹如间歇喷泉一样……接着又一股水柱冲天而起。多么壮观的景象啊！松村受到此景的感染，命令观察员把它拍照下来。可是观察员误解了他的意图，用机关枪不停地扫射起来，结果打坏了自己飞机上的天线。

此时，敌人的炮火开始猛烈起来，黑色的爆炸烟雾破坏了非常美丽的天空。松村回忆道："甚至可以看到白色爆炸烟雾混杂其间。"白烟来自毫无杀伤力的教练弹。当水兵们正在砸着舰上弹药库的锁头时，美国人向日本人发射一切可以打出去的东西。现在，那些弹药开始产生致命的效果。松村飞走了，在一架战斗机的掩护下，朝集合地点飞去。

海军少尉内森·F·阿谢尔站在驱逐舰蓝号的舰桥上，他也不清楚士兵们是怎样以最快的速度和方式，从弹药库中把弹药拿出来的。几个水兵醒来时，带着星期天早

①见第五十八章。

上特有的饮酒过度的头痛恶心。然而，他们后来说："一生中从未清醒得这么快。"

犹如幸运之神在偏爱维斯塔尔号的舰上总值日官、一级准尉弗雷德·霍尔一样，他前一天晚上刚预言日本人要袭击珍珠港。此刻，霍尔一眼就认出轰炸机翼下的红色圆盘，马上下令拉战斗警报。可是，值日官助手半张着嘴，两眼直盯着霍尔，好像失去了理智。"该死的！"霍尔喊了起来，"我是说拉战斗警报！那是日本飞机。"7点55分，他亲自拉响了战斗警报。8点零5分，维斯塔尔号开始射击。一枚炸弹击中其左舷第110根肋骨，接着第二枚炸弹击中右舷第44根肋骨，两枚炸弹各炸死一人，炸伤多人。

俄克拉荷马号左舷靠在F—5号泊位，内侧是马里兰号，它的位置正好暴露在外。后滕驾机逼近目标，突然那条大船赫然耸现在他的正前方。后腾后来说："当我投下鱼雷时，我的飞机距水面只有20米左右。鱼雷发射后，我的飞机开始爬高。此时，我才发现我甚至比这艘战斗舰的桅楼守望台还低。观察员报告，在该舰位置升起一股巨大的水柱。'击中了！'他叫道。我队中的另外两架飞机……当时也攻击了俄克拉荷马号。"

电工上士欧文·H·塞斯门正在机房熨一条粗布工作裤，这时扩音器大声响起来："士兵们进入战斗岗位！这不是开玩笑！"塞斯门被这大喊大叫的声音吓了一跳，但他认为这只不过是一次演习，所以抓过一袋工具和一支手电筒，朝着他的岗位操舵舱小跑而去。

接连投下的两枚鱼雷，击中了俄克拉荷马号的要害部位。水手长阿道夫·M·博斯内发现高射炮位弹药箱和消防救援箱都还锁着，便从工具柜里抓起一把锄头和一把錾子。就在此时，第三枚鱼雷击中舰的中部，船开始明显地倾斜。博斯内只好爬到右舷一侧，在没有任何掩护的情况下，把炮位弹药箱子砸开，取出弹药。然而不能装炮弹，因为一个士兵说炮上没有击火装置。

炮手埃德加·B·贝克中士，急急忙忙地赶往他的战斗岗位——舰中部四号炮塔。路上，他认为没有必要再往前赶了，因为军舰显然要翻了。于是，他决定全力以赴帮助伙伴们通过炮弹升降机，这是他们唯一的逃生之路。他知道，当船倾覆时，约1400磅的14吋口径炮弹将会松脱，碾死任何一个挡在它面前的人。

俄克拉荷马号副舰长、海军中校T·L·肯沃西，是舰上的最高指挥官，他和舰务官海军少校W·H·霍比一致认为，军舰很快就会下沉，现在应尽力多救出些人来。于是，肯沃西命令弃船，并指挥士兵越过右舷，当船倾覆时，从那里爬到船底上去。

村田对西弗吉尼亚号的攻击和后滕对俄克拉荷马号的攻击，几乎同时开始。此时，一枚鱼雷恰好从维斯塔尔号的船底穿过。用锅炉长约翰·克劳福德的话说，“炸掉了亚利桑那号的船底”。高个子长得很帅的亚利桑那号海军陆战分遣队司令艾伦·沙普利少校，当时正在用早餐，他感到一阵剧烈的晃动。他想，一定是一只 40 英尺长的小艇从起重机上掉到船尾上了，于是跑上甲板去看个究竟。他生动地回忆当时的情况说，一些水兵站在亚利桑那号的栏杆前，观看一队飞机掠过海港，他听到其中一人说道：“这是陆军航空队进行的一次最出色的演习。”

海军上校范·瓦尔肯伯格和损害管制参谋海军少校塞缪尔·G·富卡，几乎同时来到甲板上，上校立即又赶到舰桥，富卡下令让海军少尉 H·P·戴维森去拉战斗警报。就在这时，一枚炸弹击中与 4 号炮塔平行的右舷后甲板。

这正是金梅尔和厄尔夫人从马卡拉帕高地看到的鱼雷攻击。“我知道当时舰只被炸得很惨，”金梅尔后来说，“因为，当时我就看出它在倾斜。”他记不起曾要过车，然而车子突然出现了，哧的一声停下来。长期为他开车的司机、轮机长埃德加·C·尼贝尔上士坐在方向盘前，金梅尔一头钻进汽车。汽车刚开动，第四潜艇分舰队司令、海军上校弗里兰·A·多宾就跳上了踏板。舰队司令和搭车人，于 8 点零 5 分左右赶到司令部。此时，加利福尼亚号刚刚被一颗鱼雷击中，正在摇晃，紧跟着，又一颗鱼雷击中了其左舷第 110 根肋骨。

加利福尼亚号是派伊舰队的旗舰，单独停泊在 F—3 号泊位，它位于油船尼尔肖号下首，紧靠福特岛，朝着珍珠港外航道和大海方向的一侧。特雷恩觉察到两声清晰但很沉闷的声音撞在舰上，这是被鱼雷击中了，军舰马上向左舷方向倾斜。此时，加利福尼亚号上的炮火开始射击。然而，那天早上所有停泊在珍珠港内的战舰，它是最不堪一击的了。为了准备星期一的视察，加利福尼亚号的几个出入孔的盖子都被打开，另外一些盖子也被拧松。当两枚鱼雷击中该舰后，海水灌入燃料系统，切断了照明和动力。一名机灵的海军少尉埃德加·M·费恩立即指挥抗倾覆注水，才使它免遭灭顶之灾。

到此时为止，停泊在内侧的战列舰损失不大。这时，渊田的高空轰炸机吼叫着飞来，对它们及外侧军舰实施轰炸。渊田发出攻击信号后，便从领导位置退下来，让 2 号机顶上去，以便自己能观察战斗情况。2 号机担当此任当之无愧，因为机上有阿曾和渡边这个坚韧不拔的投弹小组，他们曾在高空轰炸演习中取得第一名。[①]

第一轮攻击时，空气湍流影响了准确瞄准，只有 3 号机投下了炸弹。早在训练

①见第十九章。

时，3 号机的投弹手就不善于计算时间。渊田看到炸弹毫无作用地落入水中，认为那家伙老毛病又犯了，于是朝 3 号机生气地挥了一下拳头。失望的投弹手用手势告诉他，敌人炮火把他的炸弹打掉了。渊田感到抱歉，觉得自己不该未经调查就作结论。但是，他没有时间过多考虑这件事，因为此时，他自己的飞机摇晃起来，就像挨了一大棒。

"是否一切正常？"他大声问。

"机身穿了几个洞。"飞行员肯定地回答。

两枚炸弹击中西弗吉尼亚号。副舰长海军少校 R·H·希伦科特赶到后甲板时，这艘战列舰已开始迅速向左舷倾斜。接着，左舷又被狠狠地击中。很快，3 号炮塔顶部起火，又一次猛烈的爆炸，把希伦科特抛到了甲板上。

袭击刚开始时，西弗吉尼亚号舰长、海军上校默文·本尼昂和领航员海军少校 T·T·贝蒂就发现通讯已经中断。于是，他们登上右舷一侧舰桥，研究采取补救措施。海军上尉克劳德·V·里基斯请求实施抗倾覆注水，并得到批准。在一个叫比林·斯利的能干的帆缆军士的帮助下，里基斯开始抗倾覆注水。此项措施，使该舰恢复平衡，避免了倾覆。

金梅尔跳下汽车向司令部跑去，此时炸弹的爆炸声，子弹的呼啸声，飞机的轰鸣声，明白过来的防御者还击的猛烈炮火声，炮火和硝烟的刺鼻气味——所有这一切交织在一起，折磨人的神经。村田的投弹手们还在投掷鱼雷，与此同时，俯冲轰炸机像鹰一样攻击着附近的希卡姆机场和福特岛，高空轰炸机在空中投下雨点般的致命炸弹，战斗机进进出出，共同编织着可怕的死亡罗网。目瞪口呆的金梅尔冲进自己的办公室，试图重新理顺被打乱的头绪。他面色苍白，似乎对所发生的一切难以接受。他没时间，也无心自怜，"我要想的只是我那些军舰的命运。"他说，"……看一看眼前发生的一切，然后反击日本人。"

这时，参谋们开始赶到金梅尔的身边。史密斯看到的金梅尔虽感到震惊，但仍不失镇静。此时，他正与派伊一起，在作战计划办公室观看敌人的攻击。史密斯提醒他们不应待在一起，一颗炸弹可能同时将两个人炸死，而使舰队没有总司令来指挥。派伊立即转移到大楼的另一头去了。

戴维斯跳出汽车时，注意到一群军官、士兵和平民聚在司令部周围，目瞪口呆地望着天空。戴维斯清楚，司令部里面的情况也不会更好。通讯参谋迅速抓起电话，试图接通瓦胡岛上任何一个人，让对方想办法使海军飞机起飞，去寻找来犯飞机的起飞处。

莱顿急急忙忙穿过大厅，赶往自己的办公室，路上正与金梅尔的射击指挥所主任、海军上校小威拉德·A·基茨撞上。这位上校非常大度地和他打招呼："我们早应该听听这个小伙子的话。"麦克莫里斯脸色严峻，对莱顿说道："如果对你有什么满意的地方，那就是你对了，我们错了。"莱顿在日本人采取行动之前，便已确信日本人将会袭击。他研究了大量的情报，发现情况越来越复杂和令人不解。像戴维斯一样，他正试图找到正在袭击太平洋舰队的日本海鹰的巢穴。

默菲已经给亚洲舰队总司令、大西洋舰队总司令及海军作战部长发电："敌人空袭珍珠港，不是演习。"然后，又发了另外几封电报。8 点 12 分，金梅尔通知整个太平洋舰队及斯塔克："同日本人的战争，以空袭珍珠港开始。"8 点 17 分，他指示第二空中巡逻联队"寻找敌舰队方位"——这是一道简单但执行起来非常困难的命令。

金梅尔司令部里的气氛，给柯茨的印象是一种"没有歇斯底里，只有正常状态的沮丧"。金梅尔和史密斯同他们一样，也正在试图搞清袭击飞机来的方向。通讯参谋参加了进去，这 3 位军官不能实地观察袭击，但迅速到来的报告，使他们对形势了如指掌。日本人袭击的效果使他们震惊，但是甚至戴维斯也认为，敌人最多不过一两艘航空母舰。此时，显然没有一人想起马丁一贝林格或法刑的报告，两份报告都推断得令人可怕的精确。

在被击中的俄克拉荷马号上，大约 150 名士兵按照巴桑·巴斯内的指示，"坐在附雷隔堵层上，该舰几乎停止翻转……"就在这时，第四枚鱼雷袭来，俄克拉荷马号被托了起来，落下时倾覆了，有些士兵从舰的一侧滑入水中。厄尔夫人还在门前看着眼前一幕幕可怕的情景。她后来说："这时，俄克拉荷 马号开始慢慢地令人头晕地向一侧翻去。最后，只有船底露出水面。太可怕了，这么大的军舰竟在我眼前沉没了！真是不可思议。起初，我没有意识到士兵们也正在死亡。"

操舵舱里，塞斯门和他的小组在柜子和零件掉落下来时东躲西闪，以免被砸得失去知觉。25 岁的塞斯门在该组中年龄最大，他认为自己有责任保护同伴们。水开始从通风系统潺潺流进来，水兵们用床垫、毯子以及所有能够找到的东西去堵通风管。

此时，日本全部空中力量似乎要把自己的怒火集中到倒霉的亚利桑那号和西弗吉尼亚号上。俄克拉荷马号刚被倾覆，一声无法描述的可怕爆炸及其作用力，震颤着亚利桑那号。这一声爆炸和冲击力，似乎要把人间所有的生命都吞噬掉。这可能是不怕死的一流投弹手金井投下的炸弹，它击中了 2 号炮塔一侧，引爆了前弹药库。

在这可怕的一瞬间里，近 1000 人丧生，其中包括海军上将基德和海军上校范·瓦尔肯堡。一名海军少尉后来说，舰上助理值日官当时刚刚报告上校说，一颗炸弹击中

2号炮塔一侧或2号炮塔。后来，他所知道的只是“军舰像受到地震袭击一样沉下去，指挥台燃起熊熊大火”。富卡在第一枚炸弹击中军舰后，飞快地冲向前去救火，但没有成功。此时，他遇到一个人，此人告诉他：看见一颗炸弹落入烟囱。然而，这种说法至今还有分歧，一些幸存者认为这种说法不对，他们指出，烟囱的角度使炸弹进不去，况且果真如此，爆炸应在锅炉房，而不是在弹药库。富卡也认为这是不可能的，但他不想为此去争执，只是命令往前弹药库里注水。此时，他发现甲板上的炮火停止了，他意识到军舰已经无法继续战斗，于是下令弃船，并开始抢救伤员。

令人奇怪，摧毁亚利桑那号的爆炸却救了维斯塔尔号。冲击力像一个身材高大的剪烛花人，在维斯塔尔号头顶猛击一掌后，便把火扑灭了。冲击力同时也把成吨的碎片抛在维斯塔尔号的甲板上——有军舰碎片，士兵的大腿、手臂和头——各种形状的尸体，甚至还有活人。爆炸把大约100个人从维斯塔尔号上抛下水，其中有舰长海军中校扬。维斯塔尔号上的水兵开始从水中捞起亚利桑那号的那些烧伤严重的伤员。登上修理舰的每个幸存者都接受了一针吗啡，然后立即被送往医院或安慰号。

大约就在此时，有人命令弃船。第一批士兵开始离船时，一个形如海洋怪物的人从海里爬了出来，站在通路上。他就是扬。油污从他的脸上身上一滴一滴往下落，虽经海水浸泡，但他还是他。“你们要到哪儿去？”他问舰上总值日官。

“我们正在弃船。”值日官答道。

“回到舰上去！”杨咆哮起来，“你们没有问我就弃船！”说完，就同余下的水兵，一道回到各自的岗位。

亚利桑那号的碎片也布满了田纳西号。它给田纳西号带来的损害，要比先前被两颗日本炸弹击中的损失还大。袭击者继续向亚利桑那号投弹，除了鱼雷以外，一共投下8颗炸弹。10点32分左右，这艘舰再也坚持不住了，全舰1400名官兵，袭击后幸存者只剩不足200人。

西弗吉尼亚号看起来似乎拒绝沉没或倾覆，村田和他的鱼雷手们像是被激怒了，向它投下更多的鱼雷。西弗吉尼亚号被6条鱼雷击中后，阿部的高空轰炸机群于8点零8分又向它投下两枚炸弹。一大块榴霰弹片击中本尼昂的腹部，伤势严重，贝蒂派人去请医助。海军少校多尼尔·C·约翰逊急忙赶来，带着一个身材高大、体格健壮的黑人食堂服务员多丽丝·米勒。米勒曾是舰上重量级拳击冠军，约翰逊认为他是能够把上校从危险中送走的合适人选。

医助尽最大努力，给本尼昂包扎好伤口。由于浓烟和大火正在吞没这艘舰，本尼昂命令部下别管他。然而，部下们没听，这是他们唯一一次没有服从他的命令。他的头脑一直很清楚，直至生命最后一刻，还在询问战斗进展中一些敏感问题。他死后，约翰逊看到米勒拿起一挺机枪扫射起来。他可能没有意识到他拿着的那玩意儿对敌人来讲，比拖把强不了多少，他疯狂地扫射着，好像一生中只有这次机会。射击时，那平时冷漠的面孔，露出狂暴的北欧海盗式

至此，内华达号还未遭受到其他战舰的命运，它处于不易被攻击的位置。8点零2分，内华达号上的机关枪朝左舷正前方飞来的鱼雷机开火。这些飞机是加贺号的北岛飞行大队。其中一架飞机被舰上炮火击中，掉在左舷船尾100码处……不久，又一架飞机被击落，但是在投完鱼雷后被击中的。这枚鱼雷把舰首左舷大约第40根肋骨处撕开一个大洞，许多舱进了水。这是该舰受到的最大损坏。

内华达号舰长、海军上校F·W·斯坎兰德当时未在舰上。但是，当时在场的级别最高的军官、美国海军后备队少校·J·F·托马斯及时并卓有成效地担任了指挥。8点零5分，就在渊田的高空轰炸机在船首两侧出现时，内华达号开始向左舷倾斜，但这艘战列舰上的5吋和0.5吋口径枪炮立即开火。不到一分钟，几颗炸弹就落在左舷一侧，两分钟后，船开始实施防倾覆注水。由于水面漂浮的燃油在亚利桑那号第一次被击中时引燃，大火对内华达号构成了威胁。因此，他们认为有必要开船，以避免更大的损坏。

同珍珠港内的每条军舰一样，内华达号上传送着许多可歌可泣的故事。21岁的海军上尉小约瑟夫·K·陶西格是舰上总值日官，他那当将军的父亲曾断然说同日本开战不可能。8点零1分警报拉响时，陶西格立即奔向岗位——右舷高射炮位。由于他是在场的高炮组最高军官，便担负起指挥射击任务，甚至在一颗飞弹穿透大腿骨后，仍坚持指挥。他拒绝去战地包扎所，而要留下来继续指挥高射炮向敌机射击。

内华达号虽然损坏严重，但仍然漂浮在海上，充满了战斗力。此时，海军上尉拉夫乘安慰号的摩托艇赶来，从侧面爬上了内华达号。他知道上校和其他高级军官都在岸上，不同往常的沉重担子将会压在他和托马斯肩上。此时，托马斯在舱内的战斗岗位上，拉夫靠近到足以对话的距离时，建议托马斯负责舱内，他负责舰上。

投下鱼雷后，村田的鱼雷机在战斗机掩护下，朝北飞去。他们共损失5架鱼雷机，都是加贺号上的。正如写现代战争报告很难确定某人是如何死的一样，美国人的死是各种各样的，这只能归罪于可怕的突然袭击、激烈的战斗及燃烧着的舰上翻滚着的浓烟。此外，美国人一直在发疯地战斗着，每个人都渴望燃烧着的掉下来的飞机是自己的武器打下来的。

战舰命运的消息传到金梅尔耳朵时，他的牙缝里挤出了一声痛苦的呻吟。然而，

真正撕扯他那颗勇敢的心的不仅是失去了军舰，还有他的士兵的死亡和所遭受的不幸。他们对金梅尔来说，并不是一行行整齐的统计数字。当时，美国海军是一个小的和睦的集体，在这个集体中，几乎所有人都彼此相识。一个士兵入伍后可能会被派到一条船上，在那里待上二、三十年，直至退役。安纳波利斯的共同服役、战斗情谊以及家庭间的通婚，像无形的纽带联结着海军军官们。金梅尔在珍珠港认识上千名士兵，能叫出几百名士兵的名字，和几十名士兵交了朋友。所有这些人，从历经沧桑的舰长到稚嫩的水兵，都是他的部下，他应对他们负责。

柯茨和金梅尔一起站在窗前。此时，一颗跳弹穿破玻璃，打在海军上将的胸部，白色的军服留下一个黑色的污点，子弹掉在了地上。金梅尔把它捡起来，这是一颗5毫米口径机枪子弹，这颗子弹好像带有象征性意义。金梅尔渴望能有机会对这可怕的一天进行报复，然而他心里完全清楚，此次毁灭性打击意味着他作为美国海军舰队总司令生涯的结束。金梅尔不愿惹人注意，然而他心中充满了难过和失望，他像是对柯茨，又像是对自己小声说：“如果这颗子弹打死我，那真是太仁慈了。”金梅尔说的是心里话。

第六十三章

他们在熟睡中被人袭击

美军希卡姆机场被炸得七零八落

拉姆齐站在福特岛指挥中心的一扇窗子前观看护旗队升旗，同时等待有关发现潜艇的证实报告。7 点 55 分左右，他听到飞机在基地上空俯冲的尖叫声，便转身对巴林杰说："迪克，把那家伙的机号记下来，他违反了 16 条航线安全条例，我要上报。"飞机开始向下俯冲时，每个人都在窗口朝外探望，目光追踪着这架飞机。"迪克，你记下他的机号了吗？"拉姆齐问道。"还没有。但我想可能是某个中队指挥官的座机，因为我看到飞机上有一道红线。"巴林杰答道。

"查一下，看看天上是哪个中队指挥官的座机。"拉姆齐命令。就在此时，巴林杰报告说："我看到那架飞机俯冲下来后，投下一个黑色的东西。"

这时正好是 7 点 57 分，一声爆炸从飞机库方向传来，拉姆齐脸上顿时露出恍然大悟的表情。"迪克，不用找什么空军中队指挥官了。"他大声说，"这是一架日本飞机和投下的一颗延期炸弹。"说完这句话，他就冲出房间，直奔走廊另一端的电讯室。拉姆齐命令所有在岗人员用明码发报："空袭，珍珠港。不是演习！"

于是，这条著名的无线电消息于7点58分整随着嘀嘀嗒嗒之声传送出去。正如我们前文提到的，金梅尔司令部在此不久也发出了一个类似的电报。然而，使美国从熟睡中惊醒的电报，是由海军中校洛根·拉姆齐率先发出的。

俯冲轰炸机群呼啸着向下俯冲之时，拉姆齐又发出了第二封电报，命令所有巡逻机到各指定地区，去寻找日本舰队的位置。他此时根本不知道这一努力毫无意义，也不知道来犯者已完全剪断了夏威夷的翅膀。接着，他又给贝林格打电话："日本人正在袭击！"但他的上司却怀疑地说："你不该拿这种事来开玩笑。"拉姆齐费了很多口舌，才使贝林格相信他的话不是在开玩笑。

今天是贝林格染上流感后第一天起床，但他绝不是在战争已经开始却畏缩不前的那种人。"查利，走，让我们到司令部去。"他朝他的作战计划参谋海军中校科喊道。科这时刚把妻子和两个孩子送到贝林格家来，因为这里的地下室可以躲避炸弹。

"将军，起码也得让我把裤子穿上吧。"科抗议道。然后，贝林格开着汽车像冲出地狱的蝙蝠一样急驶而去，而科则飞快地赶回家中取衣服。在飞速赶往司令部的途中，科超过了那些抄近路赶往战斗岗位的官兵，以及奔向空袭掩蔽所的妇女儿童。天空中，成批的日本飞机飞来飞去。仅几分钟，高桥的俯冲轰炸机就炸毁了福特岛上近一半的舰载机，使飞机库变成一片废墟。

福特岛机场指挥官海军上校休梅克在水上飞机停机坪跳下汽车，望着眼前这骇人的一幕：燃烧着的飞机，像森林着火一样燃烧的飞机库，停机坪上几乎未剩下一架完好的飞机。休梅克看到一个军士和几个士兵躲在他们自己认为可以藏身的东西后面，便命令他们把没有烧着的飞机拖走。这是他们唯一可做的事，因为当福特岛消防队赶到现场时，发现没有水压。原来，亚利桑那号沉没后，压在自来水总管上。休梅克最担心的是油库区遭到轰炸，以及右舷靠在福特岛F—4号泊位的油轮尼厄谢号受牵连而发生爆炸。这艘油轮在日本人袭击开始前5分钟，刚刚卸完航空汽油。

休梅克发现，油库区的情况比他预料的要好，原来一个机灵的海军少尉打开了巨大油罐上的洒水装置。休梅克那焦灼的目光朝尼厄谢号望去，它停泊在燃料供应处附近。那些油罐装的不是普通油，而是汽油，倘若被击中，或者日本人击中尼厄谢号而引起油轮爆炸，附近的战列舰——马里兰号、田纳西号、西弗吉尼亚号——将会成为一片火海。然而，尼厄谢号的船长海军上校约翰·S·菲利普已完全控制住局势，他的高射炮手于8点10分开始射击。不久，菲利普下令把船开走。8点42分，该船已在驶向梅里角M—3泊位的途中。

与此同时，拉姆齐费了九牛二虎之力，也未能与堪尼奥赫第一巡逻机联队用电话联系上。日本人现已完全控制了福特岛上空。拉姆齐希望 PBY 飞机能起飞，去寻找敌人。然而，堪尼奥赫目前的处境既帮不上福特岛的忙，也救不了它自己。

航空轮机下士盖伊·C·艾弗里，懒洋洋地躺在堪尼奥赫机场上的一间平房式阳光浴室的床上。忽然，他听到“离我们房子很近的地方有一架单机飞行的声音，它飞过去，又飞回来”。“让陆军见鬼去吧，他们每天都这么干。”他在想。可是，飞机引擎声中的某种声音引起了他的好奇心。他赶到窗口，正好看到一队零式飞机在基地中心上空开始呈扇形散开，并且扫射起来。他对正在熟睡的战友喊道：“日本人来了，发生战斗了！”有一个人听到他的喊声后，懒洋洋地回答说：“喂，艾弗里，别担心，战争也就能持续两星期。”

艾费里看了一下手表，此时是 7 点 48 分。“我们最先遭到袭击，比珍珠港约早 7 分钟，”他后来写道，“我们的值勤军官给附近的贝洛机场打电话，提醒他们并请求支援。然而，他的电话被视为恶作剧。尽管仅耽搁了几分钟，但已经来不及了。”事实上，一个名叫萨姆·阿韦奥的堪尼奥赫的承包商，在此之前曾打电话给希卡姆和贝洛机场，通报他们日本人开始袭击的消息，然而没有人相信他。

堪尼奥赫机场颇受欢迎的指挥官海军中校哈罗德·M·马丁，此时手里没有人员和装备可以用来作战。他只有 303 名水兵和 31 名海军军官，此外还有 93 名海军陆战队员和两名陆战队军官。甚至连马丁的机动高射炮也于 12 月 5 日运到一个陆军军事设施去了，他只有 36 架 PBY 飞机和几架型号不一的飞机。

堪尼奥赫机场的飞机，有 4 架停在大约 1000 码以外的海湾中，其余的停在停机坪上，只有 4 架在一号机库。马丁从家中赶到办公楼时，水上飞机已有一架起火。日本零式飞机开始扫射几分钟后，俯冲轰炸机便跟随而来，第一颗炸弹就炸毁了马丁唯一的一辆救火车。马丁的部下大多是新手，对于这些人在战斗中的表现，他心里没底。其实，他根本不必担心。他说：“显然，没有一人惊慌失措，每个人都进入到正确位置，给敌人以反击，或者做应该干的事。”尽管如此，日本人还是在短短的 8 分钟内给堪尼奥赫以毁灭性打击，而且并不就此善罢甘休。所以，拉姆齐打完电话后，堪尼奥赫机场的景况甚至比福特岛还糟。

此时，营救工作在福特岛周围水域正在进行。体格健壮的救援人员冒着爆炸、轰炸以及油料引起大火的危险，帮助伙伴们从燃烧的军舰上撤到等待着的汽艇、驳船或其他任何可以弄到的船上。这些船只往返于福特岛，运送炸伤、烧伤以及吓坏的官兵。派伊和利里将军的两只漂亮的快艇像水虫子一样疾驶往来，把幸存者从军舰上接到快艇上，然后运到岸上。无数的人从军舰跳入水中，游到岸边，然后争先恐后地往岛上爬。他们身上浸透了油污，衣不遮体，许多人都有不同程度的烧伤和碰伤。

伤员来得如此之快，以至于空军第二巡逻机联队军医海军上尉塞西尔·D·里格斯和他的助手们，只来得及给他们扎一针吗啡，然后用红药水在脑门上涂个记号，表示该伤员已注射过药，而再也顾不上采取其他措施了。在此后的 1 个半小时里，大约 300 名伤势各异的伤员被送到，医生们把海军陆战队兵营和大食堂改为临时医院。此时，12 名医生和大约 15 名海军卫生兵赶到。

不久，伤员就被排到了院子里。洛根·拉姆齐的 16 岁的女儿玛丽·安·拉姆齐在这里为伤员们登记姓名，尽力做一些未受过专门训练人所能干的事。玛丽跑在一个又一个士兵身旁，像哄生病的孩子一样轻轻地摇着他们，用她那颗被日本人炸弹唤醒的深深的同情心，来减轻他们最后时刻的痛苦。当某个士兵死去了，她便轻轻地把他放下，虔诚地给他盖好，然后又向另一个极度衰弱的伤员走去。

海军中校 H·L·扬驾驶着一架海军 SBD 飞机，从企业号上起飞，进入福特岛上空。哈尔西的副官海军少校海伦·尼科尔也在机上。他的第一个想法是："天啊！陆军疯了，星期天早上还进行高射炮演习。"飞机飞近些后，尼科尔认出红色圆球，想开炮，但未成功。接着，他们穿过极为密集的炮火，最后终于抵达福特岛机场。这架 SBD 飞机停止滑行后，两个气愤而又迷惑不解的飞行员爬出飞机，向前来迎接的休梅克发问："这到底是怎么回事？"

在场的飞机之后，又从企业号飞来 18 架飞机。因此，当哈尔西接到太平洋舰队司令发来的关于遭到敌人空袭的电报时，跳起脚来喊道："天啊，他们在朝我们的士兵开火！快告诉金梅尔。"美国高射炮的确击落了一架哈尔西的飞机，这架飞机落入海中，飞行员和观测员都被救起。板塚的零式战斗机击落了 4 架美机，只有两名美国飞行员生还。海军上尉克拉伦斯·迪金森恰巧在埃瓦机场以西跳伞，搭乘几次车后，才辗转到达福特岛。另一架 SBD 飞机在考艾的伯恩斯机场强行着陆。其余的那几架飞机经历千辛万苦，或在福特岛或在埃瓦着陆。休梅克非常高兴地把他们召集在一起，空袭后不久，他们便起飞去找日本人了。

希卡姆机场控制塔中，该基地指挥官、消瘦但结实的得克萨斯人海军上校法刑，正同夏威夷空军副官长切尼·伯索中校闲谈。基地作战处长海军中校戈登·布莱克站在一旁，为即将到达的 B—17 飞机导航。它们就是泰勒在奥帕那雷达屏幕上把渊田机群误认为是他们的那群飞机。莫里森打电话说，他立刻就到。

突然，一队飞机从北面尖啸着冲下来，展开队形后，又向几个方向飞去。其中一队有 9 架轰炸机，朝希卡姆飞去。法刑看到一架飞机慢慢地在珍珠港上空盘旋，就像鸭子凫水似的。当他认出日本的朝日标志并看到一枚鱼雷落入水中后，马上奔向战列舰，一种恐惧感在他心中产生。此时，一连串的爆炸声在希卡姆机场响起。

莫里森刚刚刮了一半胡子，就听到两声爆炸，抓起一件浴衣套在睡衣外，急忙奔出去。他刚一出门，就看到一架零式战斗机正在低空沿大街飞行，机上的机关枪闪着死神般的火光。与此同时，希卡姆机场轰炸机中队代理指挥官海军上校布鲁克·E·艾伦，从对面的家中冲出来，浴衣随风飘动着，露出他的裸体。他愤怒地向零式飞机挥动着拳头，声嘶力竭地喊着："我早知道这帮兔崽子星期天要来进攻！我知道！"

"布鲁克，这不是我们待的地方。"莫里森对他喊，"我们先去穿衣服，然后再走。"两个人立即行动起来，急忙赶到各自的岗位。

海军上尉弗农·H·里夫斯，看到第九号机库房顶上就像有一架飞机撒下牙签似的，原来一架日本轰炸机刚刚炸烂那个屋顶。一架飞机掠过里夫斯的窗口，机翼离地面不足一码，它的出现好似给军官俱乐部铸上铅一样。里夫斯对那位飞行员的技术大为惊叹，甚至使他暂时忘记这家伙现在是向希卡姆扫射。里夫斯转向伙伴说："这一定是个德国人。"接着，他愣了一下，又明白过来，和伙伴们马上赶出门去，开始用腰佩武器朝飞机射击。里夫斯并不认为他能打下这架飞机。"如果我们不得不用这个破玩意儿去打赢这场战，"他憎恶地说，"我们宁愿不造它。"

司令部里，莫里森打电话给菲利普斯，说瓦胡岛正遭到日本人袭击。菲利普斯早已听到炸弹的爆炸声，心里想："今天是星期天，这会是什么呢？我们没有任何计划。"他对莫里森的消息表示怀疑："你发疯了，吉米。怎么回事，你喝醉了吗？醒一醒！醒一醒！"

已经历过痛苦考验的莫里森咬紧牙关，伸出话筒，让菲利普斯听炸弹的爆炸声。肖特的参谋长终于弄明白了。"我能听到，"他说，"我能听到。你想让我干什么呢？"然后，他说道："我告诉你，我立刻派一名联络官去。"莫里森紧咬的牙关松了下来。与此同时，办公室的天花板掉了下来，似乎要前来分享上校的惊慌失措。

马丁比莫里森赶到司令部晚 10 分钟左右。根据莫里森的建议，马丁从楼上办公室搬到楼下。这样，在他和敌人之间就有了两层天花板。莫里森对他的上司表示同情和忧虑，马丁身体状况不佳，那天早上看起来就像一个重病号，他的溃疡病再次复发，并有内出血。然而，尽管身体和精神都遭折磨，他仍然不愧为一名飞行员。他此时的愿望是："若可能，我们将千方百计找到敌航空母舰。"

外面飞机起飞线上的艾伦此时只有一个念头，让轰炸机起飞，回击敌人。在现场，他发现高桥的飞机把一切都炸得乱七八糟，第一颗炸弹直接击中飞机修理库，另一次爆炸击中一所军需楼，大量的螺母、螺栓及轮子被抛到空中，一颗炸弹穿透士兵礼堂的屋顶，落到巨大的主军营中，当场炸死 35 名士兵，其余人带着极度的恐惧狼狈地蜂拥而出，后面还拖着流血呻吟的伤兵。

基地教堂被炸弹直接击中，士兵们的新啤酒厅“蛇牧场”被炸毁。另一颗炸弹掀开了基地禁闭室，把关在里面的人全都放出来。这些人立刻操起附近一名军士正企图一个人操纵的大炮。还有一颗炸弹击中消防站，又穿透自来水管。水管喷出的水足有 10 至 15 英尺高，地面上进行防御的人们根本无法把它堵上。

艾伦跳进他的 B—17 飞机，发动起 3 个引擎，尽管第四个发动不起来，他最终还是把这架空中堡垒从邻近的飞机旁滑行到安全地带。此时，第二航空母舰战队的零式飞机加入了俯冲轰炸机的行列。艾伦不得不临时放弃起飞的念头，因为一连串的燃烧弹已把一架架轰炸机变成一片片噼啪作响的火海。

日本人把注意力集中在难以对付的 B—17 飞机上。海军大尉志贺对它们扫射了三、四次，在距地面约 120 英尺时才拉杆退出俯冲。他注意到，此种类型的轰炸机即便无助地躺在地面上也难以引燃。事实上，袭击结束后，马丁仍使 4 架 B—17 起飞去搜寻敌人。

兰登的 B—17 飞机，在没有武器、汽油不足、只有基干空勤人员驾驶的情况下，经过 14 个小时的飞行，飞入这一可怕地区。基地部队司令海军少将威廉·L·卡尔霍恩的士兵助理、海军军士长哈里·拉夫斯基，从珍珠港看到这些飞机飞近。他想这些一定是敌机，自言自语道：“天啊！日本人现在真的来了！”

兰登看到一队飞机从南面向他们飞来，心里很高兴，他想：“这是前来迎接我们的空军。”就在此时，他看到那些飞机的机关枪喷吐着火焰冲了过来，阳光照射在红色的圆形朝日上闪闪发光。一个声音在兰登的内部通话系统中喊道：“他妈的，是日本人！”

兰登做了一个熟练的规避动作，躲过了敌机。当他正要在希卡姆机场转弯着陆时，布莱克从控制塔发出警告：“你尾巴上有 3 架日本飞机。”兰登朝后望去，果然 3 架零式飞机就像蝙蝠抓住岩石一样，死死咬住他的飞机，子弹从左右扫来。更糟糕的是，美国地面部队也向他猛烈射击。能在如此情况下着陆，足以说明 B—17 飞机的飞行员具有多么高超的飞行技术和勇气。他们终于着陆了，分落在该岛各处。

此时，马丁已给贝林格打过电话，一则因为海军负责搜索日本人，二则他认为他可能要把自己的轰炸机移交给海军，用以反袭击。贝林格通知马丁说：“没得到任何消息……”至于到哪个方向去寻找敌航空母舰这一问题，对他们来说已无关紧要，因为马丁和贝林格都没有剩下多少可以飞行的飞机，去向南云舰队挑战。当第一攻击波加速朝更绿的牧场飞去时，希卡姆机场上约半数飞机遭摧毁或重创，给半小时前还是风景优美。管理优良的机场留下一幅骇人的讽刺画。

当日本人转向下一个目标——惠勒机场时，上士村中“透过云缝看到被击中的飞机库上冒出了火苗。我看了看其他飞机中的战友，他们都在咧嘴笑，同样也睁大了眼睛，寻找下一个好目标。我们排成纵队，穿过云缝冲下去，惠勒空军基地已成一片火海”。这是来自瑞鹤号的由25架俯冲轰炸机组成的板本大尉飞行大队点燃的那场大火。他的部下中，有个叫江间的，他原以为会遇到高射炮火力网，当发现没有美国截击机或高射炮迎击他们时，简直不敢相信。他此时可以看到金黄色的飞机在地面上整齐地排列着，有的俯冲轰炸机向下俯冲轰炸四、五次，一架也没有在惠勒机场上空被击落。“与其说是实战，毋庸说演习更合适。”江间说。

负责指挥惠勒机场的海军上校威廉·J·弗勒德是不折不扣的中西部人，他已下令赶制100余个高约10英尺的U型垃圾箱，用于疏散他的飞机。那天早上，惠勒机场的战斗机根据肖特的命令，在武装警卫的护卫下，排列在机库前的水泥地上，尽管弗勒德反对这样做。如同希卡姆机场的飞机一样，这些飞机并不像其外表所显示的那样富有杀伤力。现役的82架飞机，只有52架是新式的P—40B和P—40C型飞机。在准备淘汰的39架P—36A型飞机中，有20架可以随时起飞。然而，所有这些战斗机都被拔掉了牙齿：弹药带夜间被卸下，放进了机库。

弗勒德刚刚坐下读晨报，便听到一声可怕的爆炸声。他冲出门外，看到板本的飞行员“正在向基地、飞机、军官宿舍甚至高尔夫球场投弹扫射”。“他们的飞机爬高时，我能看到几个日本飞行员探出身子在笑……这群混蛋！我甚至能看到他们嘴里的金牙。”

一架飞机把它的致命炸弹投下后，盘旋一圈，再重新飞向目标进行轰炸。零式战斗机加入到轰炸机的行列，同心协力把机场炸得稀烂。他们有时飞得极低，甚至于后来发现，地面通讯设备的碎线缠绕在飞机的起落架上。每当一架地面战斗机被击中，它便成为火源，熊熊燃烧起来，接着相邻的飞机也被引燃，很快机库前变成一条流动的火海。负责指挥第十四驱逐机联队的陆军少将霍华德·C·戴维森，同士兵们一起，拼命地把未损坏的飞机拖往安全地带。即使是这样一项工作，做起来也十分困难，因为日本人把许多飞机的轮胎打瘪了。“我们的炮都没装上弹药，”戴维森后来作证时说，“这是我们最大的困难……特别是其中一个存放大量弹药的机库着了火，弹药也跟着着了。”

其实，惠勒机场根本无法对付如此一场袭击。当陆军调查委员会问到惠勒机场的高射炮防御计划时，弗德勒答：“噢，没有任何计划。我们只有机关枪，没有高射炮。”他认为他的机场“受到海军军区的高射炮掩护”，除此之外，“惠勒没有进行迅速防御的其他能力”，也没有防空洞。

哈累威机场的海军上尉乔治·S·韦尔奇和肯尼思·泰勒，正如山本所盼望的那样度过了周六那个夜晚——在惠勒军官俱乐部跳完舞，又打扑克。当获胜者拿起最后一个筹码时，时间已近8点。听到第一声爆炸，泰勒以为“可能是某个海军人士离开了主航道”。但当认出那个鲜红的圆盘时，他们便马上给哈累威机场打电话，最后终于打通，要求给他们的P—40飞机装上弹药。然后，他们钻进泰勒的小汽车，朝哈累威疾驶，一路上被四处响起的日本人的枪炮声催赶着。

冈岛看到惠勒机场上空布满了日本飞机，便决定另寻猎物。他带领他的人马飞到巴伯兹角海军航空基地的艾瓦机场。惠勒机场上空的俯冲轰炸机，在此滞留的时间较长，它们撕开了飞机库，彻底摧毁了交换台，猛烈攻击一座兵营，当场炸死几百人，重伤其余在场人员。“真是可怜又可怕的一团糟。”弗德勒说。

截至日本轰炸机和战斗机飞走时，戴维斯半数以上的飞机被击毁，其中包括30架新型P—40型飞机。但令人奇怪的是，他们只击毁了4架准备淘汰的P—36飞机。高桥喜气洋洋地向特遣舰队发报：“对福特岛、希卡姆和惠勒轰炸已毕，敌损失惨重。”

板本的俯冲轰炸，紧随冈岛之后赶到艾瓦机场。此时，机场早已受到大火的洗礼。当天的值班军官海军上校伦纳德·阿斯韦尔于7点53分——日本人袭击珍珠港之前，发现了巴伯兹角外的日本轰炸机。这时，21架零式战斗机迅速飞跃过韦伊阿纳山脉，在艾瓦机场停机坪上空飞来飞去，朝一架架飞机扫射，直至大部分飞机被击毁或严重损坏才肯罢休。士兵们从住处涌了出来，穿过大火朝飞机奔去。汽油从油罐中泄出，没过多久，就燃起了熊熊大火。

艾瓦机场救火车司机下士杜安·W·肖，虽然知道跑道尽头燃烧的飞机不可能抢救出来，但他仍希望抢救出一些贵重的设备，诸如枪炮、零件等。他把油门踩到头，沿着跑道飞驶，犹如骑着一匹军用骡子进行障碍赛跑一般。这部车于1930年制造，时速超过42英里就走不动，一阵扫射过后，车子的后轮胎被打爆了。肖的这一勇敢的尝试，就在一阵胶皮拖地的刺耳摩擦声中，宣告失败。

艾瓦机场遭到第一轮袭击10~15分钟后，刚刚在希卡姆和惠勒机场扫荡完毕的俯冲轰炸机和战斗机又蜂拥而至。他们把注意力集中在建筑物和人员上，甚至连医院帐篷也不放过。当志贺驾驶着飞机呼啸着俯冲下来时，发现自己面对着一个海军陆战队士兵，正用一只手枪朝志贺的7．7毫米口径机关枪射击。用腰佩武器对付一架零式战斗机！志贺心里“对他非常钦佩……”

一群海军陆战队士兵临时从一架侦察机上拆下一门炮，击落了一架零式战斗机，击伤多架。为了报复，袭击者击毁或击伤艾瓦机场11架野猫战斗机、32架侦察轰炸机中的8架和8架多用途飞机中的6架。受命控制瓦胡岛领空的俯冲轰炸机和战斗机以令人难以置信的总代价——1架俯冲轰炸机和3架零式战斗机，完成了他们的使命。

那天早上，陆军的防御火力到哪里去了？这样的事情怎么会发生？第十四海军军区总工程师查尔斯·J·厄特巴克在他的证词中，把那天可怕的令人痛苦的事实用一句话概括起来：“先生们，那天早晨我听到的唯一的一句话就是：‘我们在熟睡中遭到敌人攻击，这是真的’……我想，那句话在那天，听了足有50次。”

肖特听到爆炸声后，首先想到的是海军正在举行某种演习。约8点零3分，菲利普斯匆匆赶来，拿着那封电报，说：“这是真的袭击。”

“我立即告诉他进入第三警戒状态，”肖特作证时说，“那就是我们需要下达的命令。至8点10分，命令已经下达。”肖特本人为此所做的解释是：“我不清楚袭击将会发展到何种严重地步。他们若利用当时的机会，甚至有可能让部队登陆。因此，我把所有的人都派到各自的岗位上去。”就这样，肖特从一个极端走向另一个极端——从单纯防御破坏到全面防御大规模进攻。

肖特的负责人事安排的陆军上校思罗克莫顿，匆忙把自己的妻子送到安全的地下室后，又朝仅有40英尺之遥的办公室奔去。不久，司令部指挥官陆军中校斯韦德·亨德森冲了进来。“前线指挥所的钥匙在什么地方？”他气喘吁吁地问。设在阿利厄马纽山口的前线指挥所的钥匙，放在多尼根的保险柜里。然而，这位肖特的作战处长参加早上的弥撒，现在还未回来，也没有人知道保险柜的暗码。思罗克莫顿抱着试试看的念头，捻动拨号盘，门砰的一声开了。思罗克莫顿把此视为天意，大家都松了一口气。现在，肖特和他的参谋们可以到山口去，立即投入工作。肖特准备在这个距谢夫特堡几英里远设在15英尺的岩石下的指挥所里，指挥瓦胡岛反击日本人登陆的战斗。

夏威夷陆军部队副官长陆军上校邓洛普正在埋头工作，旁边一个军官的收音机里播放着教堂音乐。亲切古老的圣歌，使邓洛普想起死亡这个永恒的主题。然而，这段音乐播了一会儿，收音机里便响起紧急消息：“离开大路，躲远一点！”“不要阻塞交通！”“待在家里！”

贝克内尔明白了所发生的一切后，马上给火奴鲁鲁市区的值班军官打电话，接着又打给谢夫特堡的值班军官："珍珠港受到空袭。"贝克内尔不知道谁接的电话，"可是，那个不知名的傻小子说：'回去继续睡觉，你做噩梦了吧？'"

贝克内尔在找梅菲尔德时，碰上肖特。此时的肖特看起来处在一种迷惑不解的状态。他已知道珍珠港正在遭受空袭，然而有关事态的发展，他一点消息也没有。"那里的情况如何？"将军问。

"我不太清楚，将军。可是，我刚看到两艘战列舰沉了。"贝克内尔答道。

肖特怀疑地瞪起眼睛望着他，厉声说："太荒唐了！"说完就走了。

实际上，日本人对夏威夷陆军所属的地面部队的注意力，远远小于对夏威夷海军或空军的注意，除了那些与空军有关的设施外，他们并未打算破坏其他陆军设施。任何有分析能力的人都会想到，日本人这种置陆军于不顾的做法，十分清楚地表明他们并未打算立即入侵。

在巴伯兹角的马拉科勒军营里，海军上尉威利斯·T·莱曼在日本人开始袭击时，正准备去教堂。"我们瞄准射击的第一架飞机……离我们大约100码远。第二架飞机飞得最低时，只有75英尺……我们几乎采取平射。"他作证时说："……那架飞机……做了一个向左升高的动作，接着又转回来，直冲而下……摔在远处的水面上。"

以夏威夷民族英雄命名的卡姆哈梅哈要塞，无愧于它光辉的名字，他们击落了板垛的另一架零式战斗机。第五十五海防炮队陆军上尉弗兰克·W·埃贝正在读史蒂芬·文森特·贝尼特所著的《约翰·布朗的身体》一书，刚刚读到"对希洛教堂袭击时"，日本人的袭击开始了。此时，他手下的全部在编人员都在场，军需中士急忙去取弹药，埃贝把机关枪架在他住所后面的网球场上。8点13分，他们的机关枪开始嗒嗒地响起来。

埃贝的上司陆军上校威廉·J·麦卡锡到达瓦胡角地势较低一侧的炮兵阵地时，看到的是一副令人毛骨悚然的情景：

……一架日本飞机撞在一棵树上，然后从树上弹回，撞在我右侧装有机关枪的军械库墙上……飞行员死了……被夹在树枝中间。但飞机掉在地上，引擎围着军械车间打起转来，击中好几个路上的行人。其中一个人头被削掉了，另一个显然是被螺旋桨击中了，因为他的大腿、手臂以及头都掉了，躺在草坪中央。

驻斯科菲尔德的第九十八海防炮兵团通讯参谋陆军中尉斯蒂芬·G·萨尔茨曼，8点25分左右听到"卡姆公路上空好像有两架飞机俯冲后拉起的声音"。他从附近一个士兵手里抓过一支勃朗宁自动步枪和几个弹夹，然后跑出去采取跪姿。负责线路通讯的陆军中士洛厄尔·V·克拉特跪在他身后不远的地方，手里也拿着一支勃朗宁自动步枪。就在此时，日本飞机上的4挺机枪同时开火。萨尔茨曼气疯了，根本不知道害怕。敌机由俯冲拉起，以躲避高压线，萨尔茨曼和克拉特把弹夹打空后，飞机在他们楼房的另一侧坠毁。两个人跑步绕过楼角，去查看损坏程度，飞机猛烈地燃烧着，使他们不能靠近。克拉特认为，那两个日本人肯定当场死了，因为他们没做任何逃脱的努力，"……他们连同座舱一起掉下来……"

肖特在关于他们反击情况的供述词中，对他们当时的反应速度极为得意。例如，当谈到第六十四步兵团炮队时，他说："……不存在任何滞后行动，没有任何混乱，人人都知道该干什么。"

不存在任何滞后行动，但是浪费了许多时间。肖特曾如此热衷于防御假想中的内部危险，以至于对事实上根本不存在的可能进攻进行了如此之快的防御。当他的高射炮准备就绪时，要想获得明显的战果已为时过晚。被陆军击落的4架渊田第一攻击波的飞机，都是在他们呼啸着俯冲扫射时，进入了射程相对有限的机关枪和勃朗宁自动步枪的射程内，被这些武器击落的。

在华盛顿，诺克斯同赫尔以及斯廷森开完会后，于13点左右回到办公室。过了一会儿，斯塔克和特纳与他一起讨论起来，讨论持续了大约一个小时。然后，斯塔克和特纳走出诺克斯的办公室，来到诺克斯的机要助理约翰·H·狄龙的办公室。他们正站在狄龙的办公桌旁，一位手持公文的海军中校出现在门口。狄龙回忆说，这封电报的内容大意是："我们受到袭击，这不是演习。"

诺克斯满腹狐疑地读着电报，他显然被搞糊涂了，随口说道："天哪！这不可能是真的，这一定是指菲律宾。"然而，消息来源处——太平洋舰队总司令——当即证实了这一切是千真万确的。斯塔克回答道："不，先生，这是珍珠港。"

第六十四章
啊，帝国海军多么强大

福特岛美海军航空基地遭到轰炸

格兰尼斯在安塔利斯号的舰桥上，用一种气愤而又沮丧的目光注视着珍珠港内的混乱、阴郁和灾难。突然，他眼前出现了一幅极为美丽的情景——一艘驱逐舰冲破烟幕向大海驶去，阳光下闪闪泛光的海水，在舰首两侧堆起很高的令人难以忘怀的舰首波。这可能是赫尔姆号，在几艘驱逐舰中，它是最先驶离珍珠港的。空袭开始时，它已经启航。8 点 17 分，当它驶入航道时，发现一只微型潜艇正挣扎着想从珊瑚礁上解脱出来。赫尔姆号把航速提高至 25 节，向右急转，朝着敌潜艇驶去，接着开火射击，但一发炮弹也未击中，入侵者从珊瑚礁上挣脱，于 8 点 21 分下潜。

这艘潜艇上有运气不佳的坂牧，他成功地把潜艇开到这里，但在试图潜入港里的努力中，接连三次撞上珊瑚礁。他本来可以开火，或许还能击中赫尔姆号，然而他决定省下他的鱼雷。他得到的指示是把攻击目标对准一艘战列舰或航空母舰，而他已把将来的攻击目标定为宾夕法尼亚号，但却不知道这艘旗舰现在停在干船坞中。他应该对那艘驱逐舰发射鱼雷。或是由于赫尔姆号的一发炮弹，或是由于该微型潜艇撞在珊瑚礁上的缘故，他暂时失去了知觉，同时，他的一个鱼雷发射装置被撞坏。

另一艘逃脱出来的驱逐舰是艾尔温号。它于8点28分接到启航的命令。这时，一枚炸弹落在离它右舷舰首50码的地方，炸弹使启航命令显得更为重要。随着另一声爆炸声，该舰扇状尾被炸得插入锚浮标，摆动起来。舰上军官们明白，一个螺旋桨被损坏了。

艾尔温号上的指挥官全是少尉，4个人中，以海军少尉斯坦利·卡普兰资格最老。他们都是海军后备役军人，4人的航海经历加在一起，不过一年有余。他们几乎都认为自己永远不可能在枪林弹雨中把军舰开出港，然而他们最终克服了许多困难，运用现有的航海技术，使艾尔温号于9点32分驶入大海。艾尔温号舰长海军少校R·H·罗杰斯大约一小时后追出港外，但卡普兰未下令停船，因为他已接到前去与企业号汇合的命令。此外，他还接到报告，说发现敌人潜艇，他担心停船会是很危险的。

海军少校哈罗德·F·普伦和他的驱逐舰里德号上的枪炮部门长，把汽车停在军官登陆处附近的一块空地上。普伦朝战列舰队列望去，只见空袭后的场面令人触目惊心。“天啊！看起来就像电影布景。”他对同伴说。突然，他发现了自己那艘24英尺小快艇，坐在操纵装置旁的是里德号上的厨师。由于别人都在操纵大炮，这位厨师便决定把小快艇开到码头，以便本舰军官到达时乘坐。普伦从一侧爬上里德号，一名军官迎上前报告说：“舰长，一切正常。”他感到很自豪。这艘驱逐舰一星期前才进港大修，所以普伦担心短时间内它不能离开这可怕的处境。当轮机长向他报告“舰长，我们半小时后便可启航”时，普伦简直不敢相信自己的耳朵。

在1010码头上，海军少将卡尔霍恩的参谋长海军上校艾伦·G·奎因，正等着汽艇把他送到基地部队旗舰阿尔根号上。“1010号码头上一幅惨状。”他回忆道。抢救中心就设在这里，伤员自己爬上岸，有的烧伤严重，有的还在流血，许多人都在遭受难以忍受的痛苦，一些人是乘着小艇来的。汽车、救护车飞快地在码头上进进出出，发动机轰鸣着，警报器尖啸着，赶往各自战斗岗位的官兵们塞满了这一地区。许多人急不可耐，干脆不等汽艇，从码头上直接跳入水中游过去。习惯于集体行动的基地乐队也组成了一个担架队，一次次地把伤员抬上阿尔根号的救护所。

8点30分，贝洛斯机场第四十五驱逐机中队的空中射手军械中士雷蒙德·F·麦克布赖阿梯，看到海上飞来一架飞机正在向营区开火。可是，“子弹听起来好似空弹，那架飞机似乎是AT—6型教练机。”麦克布赖阿梯没有多想，便到教堂去了。

那架飞机的扫射帮了贝洛斯机场的忙，因为它使第六空军勤务区司令海军中校伦纳德·D·韦丁顿赢得了将近一个小时的时间来疏散飞机。位于堪尼奥赫以南数英里外的小机场——贝洛斯机场，是第八十八空中侦察中队的永久性基地。该机场此时只有6架O—47型和两架O—49型飞机。此外，一个中队的P—40型飞机当时也在该基地进行为期一个月的射击训练。

几乎从空袭那时起，美国人便把第一和第二攻击波之间的空隙称为间歇期。然而，这不过是两次袭击高峰之间的高原。与防御者们生命中的任何一天相比，这个间歇期都可谓最拥挤繁忙的一瞬间——防御者们在准备应付他们确信一定会来的下一轮空袭。此时，瓦胡岛上所有的设施，在短短的一刹那间都动了起来。坚强勇敢而又愤怒无比的士兵们，忙着清理跑道上的碎片，疏散飞机，搭设机关枪和高射炮掩体，修理那些被打坏但仍可飞行的飞机。日本人再次来犯之时，迎接他们的将是严阵以待的对手和更加密集的高射炮火。

就在渊田发出“虎！虎！虎！”的命令时，岛崎率领的第二攻击波的167架飞机，已经在飞往瓦胡岛的途中。同第一攻击波一样，第二攻击波的飞机部署在不同的高度上飞行，以便有更大的机动性，同时也有利于拦截敌机。54架高空轰炸机，在整个机群大约1.15万英尺高度飞行，它们分成两队，每队27架飞机。岛崎率领的来自瑞鹤号的第六飞行大队，将去完成摧毁希卡姆机场的任务，翔鹤号的第七飞行大队由市原海军大尉指挥，他将带领18架飞机前去轰炸堪尼奥赫机场。

机群左翼大约1万英尺高度上，略低于岛崎的飞机飞行着江草的78架俯冲轰炸机。他们分成4个大队，集中对付舰只，其任务是尽可能炸毁舰只，使其无法修复。苍龙号上的17架飞机由江草亲自指挥。另外18架飞机本应由海军大尉小林指挥，可是由于引擎出故障，他滞留在苍龙号上。海军大尉千早，指挥来自赤城号的由8架俯冲轰炸机组成的第十一飞行大队。而从加贺号起飞的26架飞机，则由海军大尉牧野指挥。

进藤海军大尉率领35架漂亮的零式战斗机，潜航在轰炸机之上。实际上，进藤的任务比板塚困难更大。进藤不能指望偷袭，况且第一次袭击结束与第二次进攻开始之间大约有30分钟的间隔，足以使美国军队进一步加强他们的防御。进藤的飞机分成4个大队，其中3个由9架飞机组成，另外一个由8架飞机组成。进藤率领从赤城号起飞的第一制空队，海军大尉进阶堂率领从加贺号起飞的第二制空队，板田率领由苍龙号起飞的第三制空队，熊野海军大尉率领由飞龙号起飞的第四制空队。除了控制瓦胡岛上空以外，熊野和板田的战斗机将用机枪猛扫惠勒机场和堪尼奥赫机场。

进藤对第二攻击波的悬空力量和他的零式战斗机的摧毁性火力信心十足。然而，他仍然睁大眼睛搜寻着前方可能出现的情况。他在中国的经历，使他知道空战中会出现一些无法预料的情况。

小渊也在睁大眼睛搜索着敌机。按预定时间，瓦胡岛在远方出现，从大海尽头慢慢升起，正在云层上盘旋的是什么？阻塞气球？不对。它们是一团团棕色烟雾，高射炮火的爆炸就像柔和的焰火。

藤田驾驶着从苍龙号起飞的零式战斗机，飞行在进藤的那群大黄蜂中。作为板田飞行大队第二战斗机分队队长，藤田担心他能否到达目标区，同时思索着第一攻击波的成功。在珍珠港上空，他看到岛崎的高空轰炸机排成一队，像鹰一样高高地翱翔在目标上空。“我的第一个想法，就是尽最大努力完成任务，并希望上天保佑我平安渡过这一切。”他回忆时说。

就在岛崎准备展开第二攻击波的时候，比尔·伯福德的驱逐舰莫纳汉号正行驶在珍珠港和福特岛之间的西南航道上。作为一艘待命值勤的驱逐舰，莫纳汉号接到出海支援沃德号的命令。此时，珍珠港正在遭到空袭，伯福德打算“尽快离开这个该死的港口”。8 点 39 分整，信号员把注意力放到和柯蒂斯号联系上，因为这艘水上飞机供应船发出发现一艘潜艇的信号。一艘敌潜艇会在珍珠港浅水区里？“哼，柯蒂斯号一定是疯了。”伯福德无动于衷地说。

“很有可能，舰长。”那个信号员附和道，“可是那下面是什么东西？”伯福德顺着他的手势从舰首右侧望去，看到大约 1200 码处，一支远弹水下滑膛炮筒伸出水面，正对着他。“我也不知道那是什么。”伯福德对站在舰桥上的其他人说，“可是它不该在这里。”接着，他下令全速朝入侵者撞去。周围的军舰都朝这个东西开火，枪弹把水都搅翻了。“这是非常紧张的几分钟，”伯福德回忆道，“那艘潜艇对我开来，我对着它开去，速度都是那么快。其他军舰在开火，我前面的几艘军舰在有限的机动空间里活动。我们身后，日本人正在空袭。再加上我们的高射炮火，他们的飞机——天哪！在这短短的几分钟里，许多事情都在进行之中。”

不久，那艘潜艇被击伤，开始上浮，并于 8 点 40 分被柯蒂斯号的 5 吋和 0. 5 吋口径炮弹击中——仅在岛崎下令展开前 10 分钟。那艘潜艇的指挥塔被击破一个直径 5 吋的大洞，艇长被炸死，潜水艇指挥塔成为一团揉皱的钢铁。

莫纳汉号狠狠地撞到潜艇的侧面，把它吸进了舰底。莫纳汉号向后倒船时，冒着被掀掉舰尾的危险投下两枚深水炸弹，爆炸声把莫纳汉号抛出水面。在深水炸弹爆炸之前，莫纳汉号上的人员注意到一枚鱼雷的航迹在右舷横梁约 50 码处通过，然而这艘微型潜艇发射的鱼雷，未造成危害，而莫纳汉号的深水炸弹却将自己的舰首炸碎。

伯福德命令全速前进，使该舰摆脱了被炸的危险，但却撞上了一只挖泥船，受了点儿轻伤，倒不会影响伯福德继续向海上航行。9 点零 8 分，该舰驶离港口。

人们很难推测出敌潜艇是何时进入珍珠港的。自 4 点 58 分康达号和克罗斯比尔号进港起，防潜网就被打开，直至 8 点 40 分——恰好是伯福特的军舰向微型潜艇进攻时才关闭。这样，日本微型潜艇有充裕的时间进去再出来，当然不包括被沃德号击沉的那艘以及倒霉的坂牧的那艘潜艇。

岛崎的第二攻击波，在距卡胡库角以东约 10 英里处向瓦胡岛扑来。8 点 50 分，他命令飞行员展开，但此时防御者们的高射炮及其他炮已准备就绪。当岛崎 5 分钟后下达攻击令时，地面防御者的火力已不可轻视。岛崎的飞行员接踵而至，在瓦胡岛上空盘旋。正在估定破坏程度的渊田，原打算接管指挥第二攻击波的进攻，当他看到岛崎时机把握得很好，便决定让他继续指挥，自己则继续观察战果。

进藤的零式战斗机最先扑过来，他们向偏西方向飞行，分成两个大队，一队转回来从西北方向飞过堪尼奥赫上空，另一队直接朝希卡姆机场和福特岛飞去。在堪尼奥赫上空，由 18 架飞机组成的第一大队又一分为二，9 架零式战斗机先扫射浮筒式水上飞机设施，然后向西用机枪扫射惠勒机场，另外 9 架飞机向南飞，经堪尼奥赫向贝洛斯飞去。

板田的飞行大队 9 点多以 3 个小队每队 3 架飞机，呈 V 型编队攻击贝洛斯。麦克布赖尔蒂和另一个士兵在一架飞机中架起一门炮，击中一架毫无目的地冲向地面跑道的飞机。麦克布赖尔蒂甚至能看到打在该飞行员身后机身上的洞，但他不认为是他击毙了那个飞行员。

板田部下给予美国人的破坏很大。他们打伤一人，点燃一辆汽油油罐车，击毁一架 O—49 型和一架 O—47 型飞机，并击落一架由第四十四空军中队的军官驾驶的打算起飞的飞机。另外两架起飞的飞机，成了紧随其后的日本人的牺牲品，一架坠落在海滩上烧毁，另一架在距海滩四分之一英里的海面上坠落，但飞行员游上了岸。

板田意外地发现，这个小机场上有一个大目标，一架飞来的 B—17 飞机在跑道中段左右降落，冲出了跑道，撞伤 3 人。日本人的这 9 架飞机，用机关枪反复扫射这架空中堡垒。然而，这架飞机显然已在着陆时损坏。贝洛斯机场的士兵们把飞机上的枪炮卸下，架起来进行地面防御。

不久，板田和他的大队又闪电般地飞回堪尼奥赫机场。岛崎的 9 架高空轰炸机正在那里轰炸，大部分炸弹落在飞机库南侧和 1 号机库东南角，使飞机在机库中被炸毁，着火的发动机又把飞机库引燃。

零式飞机“在我们头顶上飞来飞去，不时朝任何一个目标射击”，艾弗里回忆说，“他们朝住宅、汽车、行人扫射，并且专门袭扰停机坪上奋力扑救飞机大火的消防队员。”

藤田是板田飞行大队的飞行员。当他在屋顶高度飞行用机关枪猛扫时，他的机翼中了一弹，他感到胸中一阵翻腾。板田打穿了机场军械库的屋顶后，向下俯冲，此时正好一个叫桑兹的航空机械员从侧门出来，他端着一支勃朗宁自动步枪向板田猛扫。桑兹是个有丰富阅历的士兵，他对军械库中的伙伴们喊：“再给我来一支勃朗宁自动步枪！快点，我一定要打中那个黄杂种。”

板田飞过来想打死他，但这个大胆的水兵又打空了一个弹夹，并避开板田的子弹。子弹密密麻麻地打在楼房的墙上，板田突然停止了这种并非势均力敌的决斗，急急忙忙追赶他的伙伴去了。这时，板田的伙伴们重新编队后，朝一个山峡飞去。但当他跟上时，从他的飞机里喷出一股雾状汽油。于是，他调转机头，朝军械库飞了回去。毫无疑问，实现誓言的时刻到了，一向忠于誓言的板田，指了指自己又指了指地面，表示他准备冲向敌人。

一个海军士兵看他转回来，显然认出板田就是桑兹打的那只土鸽子，于是喊道：“喂，桑兹，那个狗娘养的又回来了！”桑兹抓起一支步枪，板田朝他呼啸而来，桑兹顾不得打在周围噼啪乱响的子弹，对准怒吼的零式战斗机打空了步枪里的全部子弹。板田在飞过桑兹头顶前的刹那间，停止了射击。

这架零式战斗机坠落在一条弯弯曲曲的环绕一个圆形山包的路上，撞在离一幢已婚军官公寓约 5 英尺远的人行道边，飞机滑过人行道，撞在马路对面的路基上。巨大的冲击力甩掉了引擎，飞机翻了个底朝天，板田的尸体四分五裂。埃夫里确信飞行员在坠毁前就已幸运地死去，因为他当时面对着桑兹的扫射。再者，他在坠毁的那一瞬间，似乎失去了对飞机的控制。

藤田目睹板田冲下去的那一幕，吓得目瞪口呆。他错误地认为他的朋友“直接冲进堪尼奥赫空军基地里一个燃着熊熊大火的飞机库”。

在堪尼奥赫还坠毁一架日本飞机。但防御者无法辨认飞行员，因为飞机掉进了凯勒湾。板田和他那位不知名的战友，可能会以为自己死得有价值，堪尼奥赫遭到了最大程度的破坏，36 架 PBY 飞机中只有出去巡逻的 3 架飞机幸免，有 6 架受损，其余全被摧毁。

藤田改编了板田的大队之后，率队向惠勒飞去，决心进行一次野蛮的报复。突然间，激烈的机枪火力从美国战斗机的机翼下扫来——藤田摸不准敌机到底有多少架。

海军上尉泰勒和韦尔奇从惠勒机场起飞，飞向哈莱瓦。他们一心盼望能立即投入战斗，但却接到去巴伯兹角侦察的命令。他们在那个地区未发现敌人，便重新返回惠勒，补充些 0.5 吋子弹。“我们不得不和地勤人员争吵，”韦尔奇说，“他们想让我们疏散飞机，而我们却要起飞去战斗。”就在他们给飞机装弹药的时候，日本人回来了。地勤人员跑回去拿罩子，就在这时，这两位海军上尉驾机起飞了。

藤田用机枪猛扫下面的一架敌人战斗机，但那架美国飞机在一片黑色烟迹中消失了。另一架美国飞机——P—40 型或 P—36 型——朝他飞来，机上武器向他喷吐着火焰。藤田冒着敌人的子弹继续向前飞行。一阵高射炮火击中他的机翼，一台引擎停车，但他还是朝另一架飞机射击。他的周围，战友们正在同其余的美国飞机混战。零式战斗机干得很漂亮，团结一致地挫败了美国飞机的拦截。到目前为止，日本人希望得到的，都已得到。

这可能就是泰勒和韦尔奇卷入的空战的一部分。下面是泰勒的描述：“我做了一个漂亮的转弯，插入他们中间，连续缠住 6 架或 8 架敌机。我不知道他们一共有几架飞机……在飞过瓦伊阿卢阿上空时，我咬住了一架敌机，朝它射击，但另一架飞机跟在我后面，朝我射击，于是我撤出战斗。我不清楚那架飞机怎样了，我想是海军上尉韦尔奇把那家伙击落了。”韦尔奇对事情的经过接着补充说：“我们起飞后直接插到他们中间，击落了几架飞机。我击落了一架正紧紧咬住海军上尉泰勒的敌机。”

打了一会儿后，藤田认为可以到此为止了，便摇动机翼向其他飞行员发出信号。其他飞行员迅速脱离战斗，朝指定集合点飞去。这样，他们终于没有像源田计划得那样到哈累威，去轰炸那里的美国战斗机。因此，哈累威成为瓦胡岛重要机场中唯一未受到日本人袭击的机场。但这并非由于像某些美国人后来想像得那样，说日本人不知道它的存在，而是因为两名从哈累威起飞的战士和他们的战友们赶跑了来犯的敌人。

在这期间，进藤和二阶堂的 16 架飞机飞向希卡姆和福特岛，前去为岛崎和市原的 54 架高空轰炸机扫清障碍。这些高空轰炸机将完成摧毁这两个基地这一最后的任务。进藤从高空飞近希卡姆机场，然而猛烈的高射炮火把他赶向更高的高度。接着，当岛崎的高空轰炸机开始实施致命的轰炸时，进藤下降到树梢高度进行扫射。此时，空中到处都有炮弹在爆炸，于是他把扫射限制到一次性快速射击。他既无所畏惧，也不斗志昂扬，只是平静地战斗着。这是他的任务，他要一丝不苟，干得彻底干净。他的战斗机群用机枪扫射着一排排飞机库后面用于技术用途的建筑物，和一些已经疏散开的飞机。

进藤从赤城号起飞前，源田曾指示他，要他对第二攻击波给敌人造成的损失程度做出估计。因此，他在进行单机扫射之后便脱离编队，以 300 米飞行高度飞越珍珠港上空，查看战果。他把给源田的报告归纳为几个字：“敌损失严重。”

第二攻击波的高空轰炸机全部来自翔鹤号和瑞鹤号。他们当中绝大多数首次参加战斗，因而感到精神紧张不安。甚至诸如海军大尉岩见那样具有四、五年飞行经验并在中国打过仗的人，都认为他们处境很困难：“辨认目标同样不容易，敌人高射炮打得非常准，甚至我们已飞到云层以上，都差点儿被打中。”然而，幸运与日本人同在。尽管两个攻击波返回航空母舰后，发现数架轰炸机挨了许多发炮弹，但没有一发击中要害。

那些没有经验的飞行员们直接炸中了 13 和 15 号机库。在第一次袭击中遭到严重破坏的食堂又一次成了靶心，炸弹把藏在冷藏间的中国厨师全部炸死，而那些机库看起来就像是从地里拔出来似的。

由于缺乏曾使第一攻击波几乎毫无代价地取得成功的因素——奇袭，江草的俯冲轰炸机受到醒悟的敌人英勇反击。海军大尉阿部注意到，他们刚飞临瓦胡岛北面，“猛烈的高射炮阻击网就开始逼近……这使我们不寒而栗”，他坦白地说。千早向赤城号报告说：“敌防御火力很强。”这一报告，使源田为一个问题下了定论：倘若特遣舰队发动第三次大规模进攻，鱼雷轰炸机将滞留在航空母舰上。

江草受命干掉在第一次攻击时已受创的所有舰只，特别是战列舰。每架飞机载有一枚 250 公斤重的炸弹，因此每个投弹手只有一次向敌人投弹的机会。然而，江草的轰炸机到达珍珠港时，已没有什么可供选择的目标。因为，翻滚的黑色浓烟遮住了舰只，高射炮弹接连不断的爆炸，几乎无法准确瞄准，日本人只好见什么炸什么。

小渊朝一艘停靠在福特岛南端的战列舰冲下去。“当进入攻击俯冲时，我的感觉是麻木的。的确，我并没有诅咒所发生的这一切，我只是把我自己交给了命运。”小渊说，“然而，炸弹投下去，我们拉起恢复平飞时，我真的有点儿害怕了。”

第二攻击波在珍珠港上空展开时，海军医院的医生、护士、卫生兵及病人争先恐后地寻找掩蔽处。当时的一些场面将永远留在海军上尉鲁思·埃里克森的脑海里。出于职业习惯及对人类痛苦的理解，医生们的心都在打战。一位内科医生拿起一根针扎入一个病人的静脉，他的手指就像风中的芦苇一样颤动着。肉体烧焦的气味直钻鼻孔，“我至今仍能闻到……而且，我想我永远忘不了它”，她说。

此时，珍珠港变成一个浓烟滚滚的地狱——灰色、棕色、白色、柠檬色、黄色、黑色、还是黑色——辛辣、恶臭，蘑菇状的滚滚烟尘喷向空中，犹如一大团暴雨云合拢后，又分散开来。此情此景之外，又出现了令人难以置信的奇景，即便是见到了传说中的永世漂流在海上直至最后审判日的荷兰水手，也不会比见到他更令人目瞪口呆——内华达号驶进航道，舰首有一个屋子大小的洞，它那破碎的旗帜飘动着，以示反抗。

第一攻击波开始袭击时，内华达号正在启动。8 点 50 分，这艘战列舰启航了，托马斯指挥操舵，拉夫担任领航员，舵长罗伯特·塞德伯里协助他们。内华达号慢慢地从大火熊熊的亚利桑那号旁经过时，有人看到 3 名幸存者在舰旁游着，于是抛给他们一条绳子。3 个人爬上了内华达号，帮助操纵舰上右舷 5 吋大炮。来自燃烧着的战列舰的热度太高了，炮手们只好用身体遮住炮弹，以防炮弹爆炸。

倾覆的俄克拉荷马号上，是另一幅可怕而令人震惊的样子。据一些目击者说，俄克拉荷马号的命运在那一天是最惨的了，甚至比亚利桑那号舰上的大爆炸还惨。一艘战列舰的爆炸尽管很可怕，但还是可以想象的。然而，一艘战列舰的倾覆是难以想象的，它使人的尊严受到了侮辱。当内华达号从这艘已倾覆的战列舰旁驶过时，这种恐惧感和难以相信的感觉紧紧抓住了拉夫的心。

江草的飞行员看到内华达号在他们下面破浪前进，认为这是一个一举两得的绝好机会：击沉一艘战列舰，并用它封锁珍珠港。在江草机群之上的渊田，命令飞行员大角度倾斜飞行，以便更好地观察。太好了！他心里想，把那艘战列舰在那儿击沉。难怪在 8 点 50 分时，“日本飞机像一群苍蝇似地向我们扑来”，拉夫说。福特岛上每一个目睹这九死一生场面的美国人，都紧张地屏住气。

日本人的袭击十分猛烈，有 5 枚炸弹击中军舰中部和上层结构，但拉夫深信内华达号一定能闯过这一难关。然而，内华达号看来难以幸免，9 点零 7 分，一阵炸弹袭来，虽然许多炸弹并未命中，但都只差一点儿。其中一枚炸弹击中舰首楼，当场炸死众多士兵。经过一番左闪右躲的回避，托马斯于 9 点 30 分把舰首搁浅在医院角的沙滩上。5 分钟后，舰长斯坎兰德登上该舰。至 10 点 45 分，拖船才把这艘战列舰拖到珍珠港入口航道西侧，它的右舷舰尾着地，舰首朝南。此时，托马斯和拉夫才看到内华达号破坏的真实程度，军舰前部实际上已被炸毁，舰首楼受到严重破坏。全舰共损失 3 名军官，47 名士兵阵亡，5 名军官和 104 名士兵受伤。

到 9 点 30 分，奥格拉拉号的倾斜已大约有 20 度，舰上人员已无法在甲板上站立。于是，弗朗命令弃船。10 点，奥格拉拉号最终倾覆，左舷着地躺在那里。在亚利桑那号爆炸时从维斯塔尔号上抛入水中、后来安全游上岸的克劳福德，以及在阿戈内号上不懈工作的拉夫斯基，后来一致认为，真正使奥格拉拉号倾覆的既不是鱼雷也不是炸弹。他们两个人坚持认为，这位老姑娘是“由于精神崩溃而被吓死的”。

维斯塔尔号也不得不从危险地带转移。在亚利桑那号上，富卡忧心如焚地干着活儿，但仍放心不下旁边的修理船——维斯塔尔号，富卡的优点就在于此。8 点 45 分，他下令砍断前索，此时舰的后索已经断裂。于是，维斯塔尔号在只有双发动机和没有操舵装置的状况下启航。一条拖船，把它的舰首拖离大火熊熊的战列舰。但修理船开始向右舷倾斜，靠近船尾处也开始进水，船体装配车间和锻工车间被淹。9 点 45 分，扬对赫泽说："这只船的情况越来越糟，我们最好让它搁浅。"于是，他们努力把船搁浅在艾伊，最后船停在了一个珊瑚礁床上。

海军少将卡尔霍恩赶到阿戈内号时，第二攻击波正好开始行动。此后不久，他的水兵们救出犹他号上绝大多数水兵。两艘驱逐舰因要出海，需要增加舰上人员。当卡尔霍恩手下的人问犹他号的水兵是否愿意去时，有 200 多人报名，由于只需要 55 人，只好硬性限制所有人前往。这 55 名水兵迫不及待，不等接他们的船来便跳入水中，一直游到驱逐舰旁。

驱逐舰蓝号在海军少尉阿谢尔的指挥下，于 8 点 47 分启航。此时，有两架飞机从军舰上空俯冲下来，但受到 0.5 吋口径机关枪的迎头痛击。据称，有人看到其中一架在珍珠港距泛美航空公司着陆处不远坠毁，它就是被这艘军舰击落的。飞机掉下时，舰上人员停止射击，互相拍着肩膀。激战中，阿谢尔甚至把自己的望远镜朝其中一架正在俯冲的飞机扔去。后来，他对自己这一有失理智的举动有点后悔，他想自己"是有点发疯了"。

平安驶出海港后，阿谢尔把航速减至 10 节，开始巡逻。9 点 50 分，蓝号对一个探测回波投下深水炸弹。调查表明，一大片油膜和"气泡升至水面，深度约 200 英尺"。因此，阿谢尔认为他击沉了这艘潜艇。

9 点零 2 分，江草的俯冲轰炸机直接击中干船坞内的宾夕法尼亚号。此后，大约 9 点零 7 分，一架高空轰炸机成功地击中该舰停放小艇甲板的右舷 83 根肋骨处。然而，倘若考虑到宾夕法尼亚号当时处于无助境况这一事实，它所遭受的损失还不算大。然而，此次攻击炸死 2 名军官和 16 名士兵，炸伤 30 名士兵，相对其物质损失来说，这一损失可谓惨重。

金梅尔的几艘驱逐舰受到严重损坏。肖号躺在离宾夕法尼亚号不远的漂浮干船坞中，一枚炸弹袭来，击中肖号的前弹药库，引起爆炸，把整个舰首撕掉。不久，江草的俯冲轰炸机的疯狂扫射，吞没了卡辛号和唐斯号，致使他们不得不弃船。此后不久，两艘军舰上弹药和鱼雷都被引爆，使它们从舰首到舰尾都在剧烈颤抖。卡辛号倾覆了，靠在伤痕累累的唐斯号上，成了一堆几乎不可辨认的废物。

一大片燃烧着的燃料油漂向加利福尼亚号，派伊的这艘旗舰在慢慢下沉。派伊认为，自己的位置应该在海上，于是让特雷恩去把所有人员都集合起来，准备转移到舰队中任何一艘可以开出去的军舰上去。一条小船靠过来，准备把他们接走。这时，派伊接到金梅尔发来的信号：任何舰船不得离港。

在所有战列舰中，马里兰号的损坏程度最小。它停泊在俄克拉荷马号内侧，这一位置使它幸免鱼雷攻击。海军中士哈伦·E·艾森安格尔已顾不得时间，也不知道他和炮手们是否打中了敌机，“因为在那种情况下，装填炮弹已成为机械动作。由于恐惧，人们按照训练动作来做。”他后来作证说。这番话，无疑是对金梅尔和基茨实施的射击训练的称赞。

9点零8分，俯冲轰炸机朝着在第一攻击波鱼雷攻击后仍在震颤的雷利号扔下两枚炸弹。“其中一枚击中雷利号船尾112根肋骨处，”西蒙斯将此记录下来，并补充说，“这枚炸弹穿透军舰，它落下的地方距储存着3000加仑挥发性汽油的航空汽油箱大约10英尺。”第二枚炸弹落在“距左舷不到100码”。接着，那个飞行员朝这艘驱逐舰扫射。为了防止倾覆，西蒙斯命令水兵们把甲板上的重物抛进海里，总计抛下约60吨重物。

9点20分，大批江草的轰炸机扑向火奴鲁鲁号。该舰停泊在21号码头，它是金梅尔驱逐舰队的旗舰。一枚炸弹击中离军舰一侧第四十根肋骨外约15英尺的码头，穿透码头，在水下爆炸。然而，冲击力造成了一定程度的损坏，舰里涌进大量的水。

炸弹在火奴鲁鲁号附近爆炸，使位于火奴鲁鲁号一侧B—17号泊位的圣路易斯号上的鲁德舰长觉得军舰猛地跳了起来，爆炸的冲击力把副舰长卡尔·K·芬克海军中校击倒。圣路易斯号的炮手们认为，当来犯的飞机拉杆改出俯冲时，他们击中了它。鲁德一心想跟上日本人，于是他命令轮机舱“做好启航准备，全速紧急前进”。圣路易斯号原计划在港内停留一星期左右修理锅炉，“士兵们在加紧修理锅炉，以便我们可以尽快驱动该舰”，鲁德说。但比锅炉更麻烦的是，修理工曾在军舰一侧切开一个直径约4英尺的洞，目的是运进运出传动装置。修理工们必须先堵上洞，焊接牢固，圣路易斯号才能启航。9点31分，堵洞工作结束。紧接着，鲁德指挥这艘驱逐舰朝俄克拉荷马号方向倒去。

鲁德指挥着他的驱逐舰朝大海驶去。途中，有一条挖泥船的钢索延伸到1号干船坞，但他没有绕行，而是下令紧急全速前进，狠狠地撞那条钢索，像扯断小提琴弦那样把它扯断了。10点零4分，圣路易斯号在限速8节的地区以24节的航速驶出航道。就在这时，鲁德发现舰首右侧有两枚鱼雷正朝他的军舰袭来，这两枚鱼雷前后相距很近。圣路易斯号改变航向，那两条钢鱼突然爆炸，掀起冲天水柱，原来它们撞上了航道入口处附近的珊瑚礁。

显然是由于发射鱼雷后减轻了自重，一艘微型潜艇升至距水面不远的地方。驱逐舰开始射击，舰上的水兵们确信他们击中了那艘潜艇的指挥塔。

圣路易斯号的出港，是珍珠港内最后一次大型舰只行动。江草的轰炸机群弹架已空，便飞向埃瓦、希卡姆和福特岛。小渊的飞机掠过埃瓦机场上空时，他看到有几架日本飞机被击落。原来，他们是碰上了难缠的刚刚加过油补充过弹药的泰勒和韦尔奇。这两个美国人曾飞往巴伯兹角去协助海军陆战队。“我们降低飞行高度，进入起落航线，在那里击落了几架日本飞机。”泰勒作证时说，“我确信击落了两架或更多的飞机，我也说不清具体数目。”他们 2 人共击落 7 架来犯飞机。据记录记载，他们在第一次战斗中击落 4 架，第二次 3 架。

在希卡姆机场上空，岛崎的飞行员刚刚完成使命，就有一队俯冲轰炸机飞来，它们显然在珍珠港已投完所有炸弹，现在开始沿一排飞机库朝地面飞机扫射。敌机开始扫射时，艾伦正在给一架 B—17 型飞机装弹药。他的飞行堡垒的一个引擎已完全损坏，一只轮子从下面被击中。于是，他不得不去找别的飞机，直到发现一架可以飞行的 B—17。他又开始给这架飞机装弹药。

在希卡姆机场的另一处，一位中年陆军上校对里夫斯喊道：“上尉，干点儿事！”里夫斯很有理智地问：“我该干点儿什么？”对他的问题，上校感到愤怒，回答道：“我不知道，反正得干点儿事！”作为一名飞行员，里夫斯的确佩服日本轰炸机的精确度和战术。他和朋友们都注意到，美国的高射炮弹几乎全落在日本飞机的身后。

除了零零星星的爆炸声外，空袭已经结束。第二攻击波中，日本损失了 6 架战斗机和 14 架俯冲轰炸机，许多日本飞机被击中，但又逃脱了。渊田在这一可怕的场面上空盘旋，估算战果和召集掉队人员。他的这架受损严重的飞机在空中盘旋已近两个小时。他是一位称职的指挥员，直到最后一架战斗机飞出视野，才朝赤城号飞去。他不能提供一个准确的战果报告，因为浓烟有时挡住了他的视线。但即使如此，他还是向南云兴奋地报告了他连做梦也没想到的成功。下面是他列举的战果：

8 艘战列舰，3 艘轻巡洋舰，3 艘驱逐舰和 4 艘辅助船，或沉没，或倾覆，或重创，或一般性受伤——共计 18 艘。海军航空兵同样损失惨重：13 架战斗机，21 架侦察轰炸机，46 架巡逻机，3 架多用途飞机，2 架运输机，1 架侦察巡逻机和 1 架教练机。此外，还应加上那天早上从企业号飞来的后来被美国炮火击落的那架飞机。

马丁将军的夏威夷空军部队损失惨重，总共损失了 4 架 B—17，12 架 B—18，

2 架 A—20，32 架 P—40，20 架 P—36，4 架 P—26，2 架 OA—9 和 1 架 O—49。除此之外，88 架驱逐机、6 架侦察机和 34 架轰炸机受损。起初，这些飞机看来已报废，但后来百分之八十被修复。另外，日本人还得到一个意外的收获：摧毁了兰登率领的那批 B—17 飞机。希卡姆、惠勒、福特岛、堪尼奥赫和埃瓦等机场的设施和飞机，均遭重创。

现在，我们来看一看所有损失中最悲惨的一幕——死亡、失踪和受伤人数。那一天的伤亡总数为：

	死亡、失踪和受伤致死	受伤
海军：	2008	710
海军陆战队：	109	69
陆军：	218	364
平民：	68	35
总计	2,403	1,178

相对而言，日本人的损失要小得多——只损失 29 架飞机，1 艘大型潜艇和 5 艘微型潜艇以及除坂牧之外的全部潜艇艇员都葬身大海。军令部作战课的海军中佐佐薙，在他 12 月 8 日的日记中感情冲动地夸张说：

我航空兵和潜艇部队齐心协力，在珍珠港袭击战中取得历史上空前的巨大胜利……只有帝国海军才有如此壮举。这一胜利归功于帝国海军 20 余年的艰苦训练。就是为了这一天，我们海军才进行如此艰苦的训练。

什么也不能阻止我帝国海军。它曾长时间地保持沉默，然而一旦醒来，就会毫不犹豫地去从事世界上最困难的工作。啊！帝国海军多么强大！

第六十五章

一生中难得的机会

被美国防空炮火击中的日本俯冲轰炸机

南云和草鹿站在赤城号舰桥上，注视着天空。大约在 10 点 10 分，远远的南边终于出现了一个个小黑点——第一攻击波的飞机返航了。他们有的编队飞行，有的单机飞行。不久，6 艘航空母舰上的飞机库都热闹起来，开始在为各自飞机的降落做准备工作。

从早上开始，天气不断恶化。此时波涛汹涌，风向不定，着陆面临很大困难。搬运工不得不把几架损坏严重的飞机推下大海，以便为燃料不足、焦急地在军舰上空盘旋的飞机清理出降落场地。

江间的俯冲轰炸机降落在瑞鹤号上。那里的同事们，在第一批报告到来时，欣喜若狂。江间如释重负，庆幸自己能在袭击中大难不死。然而，他并非认为一切都已过去，因为他相信，敌人极可能发动一次反击。然而，由于清晨袭击成功，江间和其他飞行员都一致认为，战争将对日本有利。

渊田的大脑，正紧张地思考着当天下午如何实施第二次攻击。飞行员核对飞行英里数时，渊田心里盘算的是，将把油库区为数众多的修理与保养设施以及那天早上可能 1 或 2 艘逃脱的舰只，作为未来攻击中的重点摧毁目标。

此时，所有回到赤城号上的飞行军官，都立即向舰上负责航空事务的参谋增田报到。舰桥附近的飞行甲板上，增田在村田的帮助下，用一块大黑板把袭击战果制成一览表。源田从舰桥上跑下来一两次，然后把情况再报告给正在急切等待最后统计的南云和草鹿。一次，源田来到黑板前时，聚集在那里的飞行员强烈要求实施第二次攻击。源田只是听着，没有发表意见。

赤城号黑板周围的人们兴奋极了，飞行员和观察员现在所关心的是一个精确的战果估计。但是，他们也讨论到了美国人对第一攻击波的抵抗。他们一致认为，如果全面考虑这天上午的情况，美国人的反应迅速惊人。

他们一致认为，如果不是偷袭，根本不可能取得如此重大的胜利。

大约中午时分，渊田的飞机驾驶员把飞机降落在横向摆动着的赤城号甲板上。源田那瘦削的脸上露出得意扬扬的微笑，他高兴地握住渊田的手。尔后，源田又跑回舰桥上。就在此时，一个水兵跑过来传达命令，南云想马上见到渊田。然而，渊田决定还是等他把观察结果和那些飞行队长的观察结果核对之后再去。于是，他一边呷着茶，一边仔细看着大黑板上的数字，同时听取大约 15 名飞行队长的报告。各飞行队长观察的结果，与渊田观察的几乎完全一致。此时，他认为可以给上司拿出一个相当精确的估价了。就在这时，又一个通讯兵通知渊田到南云那儿去报告，快点儿。

渊田发现，和南云在一起的还有草鹿、长谷川、大石，源田和其他几位参谋。渊田打算给他们一个正式的情况简介，按事情发生的前后顺序报告。可是，南云迫不及待地打断了他，问："结果——怎么样？"

"4 艘战列舰沉没，"渊田答道，"这是我亲眼看到的，4 艘战列舰被破坏。"他接着说。然后，他按停泊位置和种类，一一列举了飞行员们轰炸的其他舰只。

南云再次打断他，说："你是否认为美国舰队在 6 个月之内不可能驶出珍珠港？"

渊田心里立刻产生一种不安感觉。然而，他应该向舰队司令道出真情："美国太平洋舰队的主力，在 6 个月之内不可能驶出珍珠港。"南云眉开眼笑地点了点头。

此后，草鹿接着问："你认为下一个目标应该是什么？"渊田马上吸了一口气。这个措辞似乎暗示着一种进攻意图。他的大脑马上又清醒："下一个目标应该是海军船坞、油库以及那些偶然相遇的舰只。"渊田认为没有必要再次攻击战列舰。

草鹿还提到了美国人反击的可能性问题，但源田和渊田使他确信，日本人已经掌握了瓦胡岛及海上的制空权。大石突然插话问道："敌人是否有能力反击特遣舰队？"这一直截了当的问题，再次把渊田推到了窘境。他又一次根据自己的所见来定调子，说："我相信，我们炸毁了许多敌机。可是，我不清楚我们是否把敌机全部炸毁。因此，敌人仍然有可能袭击特遣舰队。"大石对他的话没有说什么。然而，他的沉默就是最好的回答。

南云现在加入讨论："你认为失踪的美国航空母舰会在哪里？"渊田解释说，尽管他不能肯定，但是他认为它们极有可能正在海上某处训练。责任感使他不得不又加上一句："此时，航空母舰无疑已收到受到空袭的报告，并必将要来寻找我特遣舰队。"显然，这个令人不快的猜测给南云留下了深刻印象。大石也为此而深感焦虑，问源田意下如何。源田丝毫没有紧张，他轻松地答道："让敌人来吧！如果他们来，我们就打下他们的飞机。"

南云夸奖了渊田几句，就让他走了。源田接着同他们讨论起来，尽管渊田的战果报告令人难忘，但源田对此并不满足他知道，他的飞行员为日本提供了一个永远不会再来的良机。因此，他希望乘胜追击。然而，他并未提议当天下午再次实施大规模袭击，因为为了防止美国人的反击，飞机已经重新装上用于对付海上舰只的弹药。若再次袭击珍珠港，需要更换弹药。如此的更换弹药，将使起飞延迟到天黑。况且，海上和空中条件十分恶劣，起飞和收回一支足以构成威胁的庞大袭击机群，势必造成难以想象的混乱，甚至导致重大伤亡。

再者，列克星敦号和企业号航空母舰仍然去向不明。源田认为："南云若在未查明这两艘航空母舰的下落之前，就再次袭击珍珠港，势必会成为永久的笑柄。"因此，源田力劝南云："在原地停留几天，找到敌人的航空母舰后再行动。"

然而，舰队司令此时的感觉，就像一个赌徒把毕生的积蓄都押在一张牌的翻转之上，并最后赢了一样。他唯一的想法是，尽快结束这一切，返回家园。他曾冒着失去日本第一航空舰队的危险，现在他的军舰完好无损并大获全胜，他不能让自己再次卷入冒险之中，再一次去体验那难忍的焦虑。

南云所取得的战果比他预计的要大得多。飞行员们已经把金梅尔绝大部分军舰击毁，严重破坏了肖特的空军基地，并斩断了美国在太平洋中部地区的空中力量的翅膀。虽然瓦胡岛的防御者进行了英勇反击，但他们在空袭来临时惊慌失措，士气沮丧，这使得南云在心理上占了很大优势。瓦胡岛上的美国军界领导人，认为日本人当天或此后的某一时刻会再次袭击。贝林格认为"他们极可能……重新加油，然后再回来"，他对为什么日本人没有这样做感到不解。肖特担心敌人可能伺机大规模登陆。

日本人对突袭的威力深信不疑，并且完全承认先发制人具有优势。然而，在冲突开始的关键时刻，他们未能显示出空袭和先发制人这一能决定胜负的优势。这是为什么？

正如我们已经提到的，在航行期间，源田为取得最大战果，制定了几套预备方案。[①] 他目前期待南云去做的是，派出巡逻机去寻找美国航空母舰，同时命令北面的油船南下，为下一步的军事行动提供所需的燃料。如果他们找到敌人的航空母舰，应尽快对其实施攻击。如果没有找到，特遣舰队应该滞留原地继续搜索，他们最终将会发现猎物。然后在攻击或摧毁敌航空母舰后，取道马绍尔群岛回国，并在特遣舰队经过瓦胡岛西面时，再次袭击珍珠港。

然而，令人遗憾的是，在夏威夷方案中缺少一个应急计划来应付南云现在所面临的情况：在第一、二攻击波的袭击取得超出预料的成功后，应怎样利用这一有利形势。因此，南云没有派巡逻机去寻找去向不明的敌航空母舰。就我们所知，他甚至未曾让他的为数众多的潜艇去瓦胡岛周围做现场侦察，以报告成果。源田和渊田为取得袭击珍珠港全面胜利所做的努力，被保守头脑筑成的马其诺防线所击败。草鹿毫不犹豫地建议舰队司令南云撤退，南云马上表示同意。

“此次行动的目的是保护南方舰队的侧翼和后翼。”草鹿解释说，“既然目的已基本达到，我认为我们不应该留在此地，同样不应该迷恋于无限期延长这一冒险行动……”根据自己的判断和天时地利来看，南云认为他对日本未来战争的最大贡献，莫过于把他的特遣舰队完好无损地带回日本，以便将来再战。这也是军令部同意给南云 6 艘航空母舰的条件之一。

南云和草鹿很赏识源田和渊田对敌人实施反复攻击的强烈愿望。但是，正如草鹿所指出的：“我们不得不把战斗热情和物力做出公平的权衡。由于日本财力有限和美国潜在的能量，日本人经不起把自己的舰只随意放在赌桌上，也不能在不知得益大小时就去冒险。”

轻而易举的取胜使南云失去了重心，就好像朝着一扇门猛跑过去，快撞上时却有人把门打开了。他发现事情并不像自己期望的那样，损失掉特遣舰队的三分之一。他的军舰未受到丝毫损伤。他忘记了关于最大限度地给敌人造成破坏这一点，却开始从如何尽量减少特遣舰队损失的角度来考虑。他和草鹿一致认为，此次行动已获得百分之八十的成功，另外百分之二十不值得再去冒险。

---

①见第五十二章。

由于占有偷袭优势，第一攻击波仅以 5 架鱼雷轰炸机、1 架俯冲轰炸机和 3 架零式战斗机的代价，换回敌人的重大损失。在第二攻击波袭击中，美国人也受到骇人听闻的惩罚，而日本人付出的代价是 14 架俯冲轰炸机和 6 架零式战斗机——日本人仍占便宜，只是所受到的损失是第一攻击波的 3 倍还多，而取得的战果却比第一攻击波小得多。此外，除 29 架飞机失踪外，还有 74 架飞机受损。死里逃生的 23 架战斗机，41 架轰炸机和 10 架鱼雷机，应归功于他们的好运气，而不是娴熟的驾驶技术。

然而，上述因素并不是决定性因素。倘若换上山本或山口的话，他们可能会把损失的飞机和取得的战果放在天平上加以权衡，然后毫不犹豫地再度实施攻击。可是，南云不具备这种头脑，也没有灵活到用自信和决策去面对新的出乎意料的形势的程度。传统的海军战略思想和传统的出于经济角度的考虑，再加上一生的思维方法，促使南云决定返航。

此外，南云在很大程度上依赖草鹿。早先，草鹿也反对珍珠港行动，他不是考虑其内在的危险性，而是合乎情理地怀疑它是否有必要。根据“集中兵力”这一军事原则，他认为日本人应该把所有力量都投入到主战场上去。可是，当他这番话讲给山本听并被驳回时，草鹿放弃了自己的想法，决心为进一步完善作战方案尽一份努力。① 他比任何人更能遵守诺言。此时他已完成任务，因此想尽快把军舰和士兵转移到主战场去。他认为他们始终应该在那里。

南云的返航决定令许多飞行员失望，他们本想更好地抓住此次机会。“绝大多数的年轻飞行军官渴望再次袭击珍珠港，因为他们想尽量给敌人的破坏更严重些。”后藤说，“这是一生中难得的机会，许多飞行员认为不应错过此次机会。”

进藤手下的一些飞行员“要求再次攻击”，可是，进藤知道也有许多飞行员在给敌人造成重大损失后松了一口气，希望尽快返航回国。进藤本人“认为应该实施第二次袭击”，然而由于性格冷漠，他没有竭力主张攻击的强烈冲动。他回忆时认为，反复攻击的方案，应该在一开始就写入夏威夷行动方案中去。

绝大多数的幸存者一致认为，就飞机状况和人员的精神状况而言，再次攻击是切实可行的。因此，赤城号的飞行员要求源田解释南云的决定。源田给出 3 条理由：（1）袭击已取得预期效果；（2）再次攻击将有使特遣舰队蒙受重大损失的危险；（3）美国航空母舰下落不明。可是，尽管源田的解释合情合理，但他本人也把南云看成是一个不易适应环境的人。他相信，如果山口或大石指挥此次行动，情况一定会

①见第三十二章。

大不一样。因此，他更恨海军省人事局。

与此相反，渊田的替补军官海军中佐桥口则认为不应该实施第二次全面攻击，因为“我们给敌人战列舰造成的损失，已相当令人满意”。他认为，鉴于金梅尔的航空母舰这一最大目标未在港内，我们没有必要实施第二次攻击。因此，他同意南云的观点：特遣舰队不应该使用精锐航空部队去攻击瓦胡岛上的军事设施，而应该养精蓄锐，将来某一天同敌航空母舰进行一场殊死决战。

山口的第二航空母舰战队，已做好下一步战斗准备。山口一直期待珍珠港袭击能起决定性作用。还在单冠湾时，他就怂恿南云组织第二次、（如果必要）第三次全面进攻，彻底击败敌人。现在，他沮丧地发现南云已做出只进行一次性攻击的决定。据他的飞行参谋铃木讲，山口当时焦急地等待着下一步行动的命令。然而，并非所有的飞行员都盲目地支持山口。例如，海军大尉阿部声称：“既然第一目标——航空母舰——下落不明，况且袭击珍珠港的效果比预期的要好，我赞成保存我航空母舰的实力，准备下一次军事行动。”

虽然第五航空母舰战队只损失了一架飞机——一架俯冲轰炸机——原和他的先任参谋海军中佐大桥对南云是否会再次下令实施全面袭击表示怀疑。原的旗舰翔鹤号上的飞行员们对再次袭击热情也不高，只有那些年长的更有经验的飞行员在探讨着再次袭击的可能性。原和大桥对于岸基报复行动的恐惧，超过了对以航空母舰为基地的报复行动。他们一致认为，倘若美国航空母舰所处位置近得足以攻击特遣舰队，他们早就这样做了。但是，原和大桥对瓦胡岛的情况尚不清楚，或许现在敌人的轰炸机正向第一航空舰队逼近。他们认为，日本人在掌握一些确凿事实之前，不应计划下一步的攻击。瑞鹤号上负责航空事务的军官下田，命令手下的全部飞机准备再次袭击。“这样做只是出于常识。”他说。就他本人来说，他反对如此冒险，因为敌航空母舰一直下落不明，再者美国人此时肯定知道南云舰队的位置。

渊田坐在上飞行甲板上的指挥所里，狼吞虎咽地吃着自黎明前早餐以来的第一顿饭。这时命令传来：“攻击准备取消。”赤城号悬挂起信号旗，指示特遣舰队其余舰只做好北撤准备。渊田冲上舰桥去提抗议，一进门他就向南云敬礼，并问道：“我们为什么不再次袭击？”南云张开嘴刚要回答，草鹿抢在前面：“珍珠港军事行动的目的已经达到，现在我们必须准备以后的军事行动。”

草鹿的语气非常肯定，渊田无法开口反驳。他凭借着坚强的意志才忍住失望和愤怒。他担心不能控制自己，便敬礼，然后转身，又难过又生气地走了出去。

他因自己未能驳回南云的问题，在生自己的气。他痛苦地认为，是自己的战果估计使天平倒向持慎重态度人的一边。渊田其实大可不必责备自己，南云早已决定只实施一次性攻击。下落不明的美国航空母舰，来自敌岸基飞机的报复的可能性，尤其是美国潜艇将要找出特遣舰队的可能等——诸多因素只不过坚定了早已做出的决定。草鹿也早就认为袭击应快如闪电，撤离应快似阵风。他知道，几架美国轰炸机就足以攻击装甲不厚的日本航空母舰，而扭转整个战局。

源田大度地接受了这一决定。然而，他仍然认为南云应一干到底。作为一个卓越的军事家，他不愿意见到日本在战争中如此过早地犯下军事书中称之为追踪不到位的致命错误。此种错误，曾使多次胜利化为泡影。但是，归根到底，南云是总司令，有做出决定的权力和义务。因此，源田只好善罢甘休。比源田更易感情冲动的渊田，此时仍处于紧张的战斗兴奋状态中。他对这一决定气愤之极，以至于在以后的返航途中很少和南云说话，除非是在值勤或出于礼貌时才不得不应付几句。

在日本，长门号上的宇垣在可以吐露真情的日记中，表示出他的极端不满。“昨晚收到一份电报，说特遣舰队正在返航……他们撤得像飞贼一样快，只满足于那点可怜的战果，是应该遭到谴责的。”他写道，“在我们只损失 30 架飞机的情况下，最重要的应该是扩大已经取得的战果……”

黑岛那天晚上召集联合舰队的部分年轻参谋，讨论是否应对珍珠港实施第二次攻击的问题。绝大多数人认为，只要找到敌航空母舰，就应该这样做。除了美国航空母舰以外，还有另外两个危险障碍。其一，南云在单冠湾给他的特遣舰队的命令中，包括一句关于“重复攻击”的话，但是并没有说再度实施一次全面袭击。黑岛和他的同事们推断，南云将发布新命令，重新组织特遣舰队。然而，南云在给已经向北航行的油船拍发命令时，很可能会把自己的位置和意图泄露给敌人。其二，在知道南云持反对态度之后，他们推测舰队司令会认为自己的使命已经完成，他的参谋们也会支持他。此时，如命令他返回夏威夷，必将造成心理障碍。

第二天上午 10 点多，黑岛在另一个参谋会议上向山本和宇垣扼要地说明了这几个问题。当然，最后的决定取决于山本。山本的先任参谋敦促山本下令实施第二次袭击，指出无线电报告的成果不完整，特遣舰队应再次发动袭击，以确保彻底使美国太平洋舰队陷入瘫痪。

山本若有所思地听着讨论，这些观点有其自相矛盾之处，对此他已注意到了。那时，整个联合舰队都有这样一种印象：一艘潜艇击沉了一艘美国航空母舰，因此威胁特遣舰队的，只剩下一艘航空母舰。此时，南云的参谋们不仅担心南云在用无线电向油船下达命令时会暴露自己的位置，而且还设想敌人已知道第一航空舰队的方位，并将其找到。再者，在通知山本说舰队正在回撤时，南云已经打破了无线电静默。

不过，山本知道除非条件十全十美，否则南云不会再度袭击。然而，情况果真十全十美，也就没有必要实施另一次袭击了。山本带着他平时的微笑，讽刺地说，南云此时的感觉无疑就像一个小偷一样，作案前和作案时都异乎寻常的勇敢，然而，此时他所考虑的只是带着猎物逃跑。

司令长官肩负着对一个庞大的战争计划的责任，珍珠港计划只是整个计划的一部分，尽管它牵动着司令长官的心。倘若在现场指挥，他可能会再度袭击，然而舰队能完好无损地返回，他同样会感到吃惊和喜悦。他一贯的政策，是把决定权留给了解情况的战地指挥官，而联合舰队参谋人员是不可能了解战地细节的。如果他根据参谋的意见做出决定，命令南云返回，将使南云在部下面前失了面子。为此，山本拒绝了否决战场指挥官决定的提议。

宇垣在日本时间 12 月 9 日一段重要的日记中，就他本人看法，为山本的决定归纳为下列原因：

1. 此时，接近敌人不被发现已不可能。因此……虽然我们可能战果显著，但损失必将巨大。再者，我舰队有可能受到来自敌舰飞机的侧翼攻击，此种攻击可能会给我方带来沉重打击……

2. 我们还未制定出此类计划。起草一个新计划并付诸实施，并非易事。

3. 目前，我们首先应该考虑的是心理因素。那些从一开始就知道此次行动细节的人，是否敢于大喊大叫地让我们再次实施袭击？他们（南云的官兵）所做的一切，几乎达到他们能力的极限，再向他们提出过多的要求，只能使他们愤慨。

没有比这几条更能说明山本五十六为人的了，保守、不灵活以及对飞行员的误解，在此暴露无遗。南云的飞行员们，肯定会强烈反对第三条假设。

在东京，军令部内部意见相对一致。袭击的前一天晚上，永野、伊藤、福留和富冈待在位于东京闹市区的海军俱乐部里。3 点 30 分左右，他们难以置信地听到了“脱拉！脱拉！脱拉！”（虎！虎！虎！）。他们非常高兴，松了一口气，但仍放心不下特遣舰队。他们考虑更多的，是美国人反击的可能性，而不是实施第二次袭击成功的可能性。在俱乐部吃过早餐后，他们回到司令部继续他们的讨论。据富冈透露，其中一人主张实施第二次全面袭击，但是出于影响山本做决定的同一原因，他也反对如此命令南云。

袭击珍珠港的胜利大大超出了最乐观的估计，军令部根据日本全面征服计划，对此次胜利做了解释。这一良好的开端，为大规模南进打下了契机。关于采取任何步骤来扩大瓦胡岛战果之事，应该等到日本获得大量资源之后，而现在日本马上就能够夺取这些资源。因此，军令部应暂时放弃夏威夷，而加倍致力于他们一直认为是第一重要的任务。

海军省从未提及有关对珍珠港实施第二次袭击方面的问题。这并不奇怪，他们只负责诸如人员和补给这些非战斗性事务，军事行动超出了他们的权限。况且，岛田天性软弱，不敢涉足南云或山本的职权范围。

南云的决定正确吗？这一问题在历史上始终争论不休，至今没有结果，也许永远也不会有定论。争论双方各持己见。草鹿坚持认为，从当时局势和他们所掌握的情报来看，决定撤退是正确的。如果历史重演，他也将采取同样的步骤。与此相反，源田对未能在珍珠港袭击中一干到底始终感到不快。他断言："夏威夷是太平洋所有军事行动的关键，谁控制了珍珠港，谁就能牢牢抓住中太平洋。日本只有占领并控制它，才能击败美国海军。"

源田和渊田由于亲身卷入此次袭击，所以忘记了山本的基本意图——打击美国太平洋舰队，使其在大约6个月内失去战斗力。这样，日本在实施占领东南亚的计划时就不会受到美国海军的侧翼攻击。就这方面讲，南云和草鹿完成了他们的使命。

然而，为数众多的美国海军将领认为，日本人做出了错误的决定。舰队司令切斯特·W·尼米兹说："日本人未返回珍珠港一干到底，这是对我们的最大帮助。因为，他们给自己的主要敌人留下了喘息之机，恢复士气，并重新组织力量。"

金梅尔认为，珍珠港基地比战列舰更有袭击价值："……如果他们当时炸毁地面上全部燃油……这将迫使舰队撤回海岸，因为其他地方没有用来维持舰队行动的燃油。"

此外，弗朗指出，南云过于恪守传统的海军条例，不折不扣地执行自己的任务，不敢越雷池一步。弗朗说："命令可能是错误的，他们也要执行。"他认为，错误不在于计划的执行，而在于最初目标的确定。

中途岛上的英雄、海军上将雷蒙德·A·斯普鲁恩斯，也持有类似的看法。他说："日本人只袭击了军事目标，这是他们接受的任务，而他们严格地执行了这一任务。"他还认为，如果日本人袭击潜艇基地、油库区以及类似设施，将会造成更大程度的破坏。他认为，日本人对舰只的攻击卓有成效，然而他接着补充说："由于还有其他轰炸目标，所以他们没有彻底完成任务。"

山本除了对南云做出的决定不满外，对南云还有其他不满。据富冈说，山本始终记得南云最初曾反对他的计划。在珍珠港，南云执行了他的命令，但是没有进一步去扩大战果。山本认为，即使南云没有接到命令，也应该实施第二次全面攻击。

富冈认为，南云并没有全错，因为严格执行命令是日本海军内存在的通病，海军军官缺乏足够的灵活性，以适应可能允许他们超出命令范围的新情况。富冈还认为，问题的根源在于日本的教育，这种体制侧重于把事实强加于学生，而不侧重独立思考。

宇垣对联合舰队司令部的讨论及做出这一决定的原因所做的记录中，有哲理地说："俗话说，见好就收。"接着，他又流露出自己的真实想法："如果我是总司令的话，我将不遗余力，一干到底……直至珍珠港被夷为平地。"然而，倘若在那个决定性的早晨宇垣也在赤城号上，他完全可能做出与南云和草鹿完全相同的决定。

因此，从日本人的立场来看，人们倾向同意 1942 年末山本在特鲁克群岛对小泽的谈话："事实已经证明，未对珍珠港实施第二次袭击是一个极大的错误。"由于未能充分利用瓦胡岛上的惊慌、迷惑和混乱局面，未能充分利用这次猛烈攻击金梅尔军舰的有利条件，未能把珍珠港基地彻底夷为平地，未能炸毁瓦胡岛庞大的燃油储备和未能找到下落不明的美国航空母舰，日本人犯下了整个太平洋战争中第一个也许是最严重的战略错误。

第六十六章

的确是个刺激

美军打着国旗从被日本飞机和潜艇攻击的西弗吉尼亚号和田纳西号战列舰上撤离

12 月 7 日，星期日，空气清新，天气寒冷，白宫度过了一个宁静的早晨。10 点左右，比尔德尔送去了那份著名的关于日本中止赫尔—野村谈判电报的第十四部分。随后，他回到海军部的办公室里，随时准备再到白宫去送文件。此外，他对局势的发展也十分关注，自然想知道现在的动态如何。

比尔德尔走后，总统的私人医生罗丝・T・麦金太尔海军少将从 10 点起陪伴总统直至 12 点。罗斯福对野村、来栖与赫尔国务卿之间不成功的谈判深感忧虑。但他确信日本军国主义者不会冒险同美国交战的，他们有可能去侵占英国的边边沿沿，袭击新加坡或远东某地。但是，他从未想过日本人可能进攻美国领土。

总统同中国大使胡适博士会谈约 40 分钟后，回到自己的卵形书房，同哈里・霍普金斯共进午餐，谈了些与战争无关的事情。然后在大约 13 点 40 分，总统接到诺克斯打来的电话，得知珍珠港遭到袭击的消息。霍普金斯认为："这肯定弄错了……日本绝不会袭击火奴鲁鲁。”罗斯福则认为“报告可能是真的”，出其不意正是“日本人的惯用伎俩。他们可以一边就太平洋和平问题进行谈判，一边策划如何霸占它”。

14 点零 5 分左右，罗斯福打电话告诉赫尔夏威夷发来电报的内容，并建议赫尔仍然去会见野村和来栖，但只字不要提珍珠港发生的事。他要求赫尔应该冷静、不失礼仪地接下他们的答复，然后把他们送走。

赫尔最初打算拒绝会见日本特使，当时特使已于 14 点零 3 分到达国务院，正在外交官休息室等候。但赫尔想到万一那份报告弄错了，于是决定以礼相待。14 点 20 分，赫尔在国务院远东问题专家、曾多次参加双方谈判的约瑟夫·W·巴兰提的陪同下，颇为冷淡地会见了日本特使，赫尔在会见时连坐也没有让。

野村把照会递给赫尔后，解释说：“我受命于下午 1 点递交本照会。”对时间的推迟，他表示歉意。赫尔问：“为什么要特别定为一点钟？”野村答：“不清楚，但这是给我的指示。”赫尔对此的回答是：“不管怎么说，我是在两点钟接到照会的。”显然，赫尔力图让两位特使牢牢记住这个时间。国务卿打开照会扫了一眼，然后冷冷地瞟了野村一眼。他那带有藐视口气的话，比任何勃然大怒都令人颤悚：

我必须声明，我同你们在过去 9 个月的谈判中，从未讲过一句假话，这是有案可稽的。我在任公职的 50 年中，从未见过比这份照会更谎话连篇、歪曲事实的了。我至今才敢想象我们这个地球上，竟然还有一个政府能够如此不顾事实去撒弥天大谎。

赫尔举起手，阻止了刚要张口进行反驳的野村，然后头朝门口方向示意，两位特使低着头走出门去。此时，至少从表面上看，野村正在经历巨大的感情冲击。

经常在日记中少言寡语的野村，那一天对他那颗善良的心中充满的伤痛和不安，也只字未提。他的 12 月 7 日的日记，简短而有意义：

今天，中止了日美外交关系……我从国务院一回来．就听到了偷袭珍珠港的报告。我们和赫尔谈话前，他一定已经得知此事。

野村后来听说赫尔在会见前确实知道珍珠港遭袭击的消息。野村从未料到战争会爆发得如此突然，简直令他惊慌失措。

午饭时间已过，斯廷森才在伍德利处吃上午饭。这时，总统打来电话，告诉他遭到偷袭的消息。斯廷森调子低沉地记下他当时的想法：“唉！这的确是个刺激。”当天晚些时候，他这样写道：

刚刚得知日本袭击我国时，我的第一个感觉是解脱：优柔寡断的日子结束了。危机临头，将使我们所有的人民团结起来。尽管有关这场灾难的消息源源而来，但我始终持这种想法。因为我认为，只有国家的团结，才能使我们无所畏惧。那些缺乏爱国热情的人们，曾使国家离心离德，人民消沉。

午后不久，马歇尔叫来秘书约翰·R·迪安陆军中校，说他希望能在15点左右见到总统。他还指示迪安办公室昼夜安排值班，人员要安排军官和文职人员。然后，马歇尔回寓所吃午饭。大约13点30分，一位海军士兵手拿那封令人心焦的珍珠港遭受袭击的电报，冲进迪安的办公室。迪安当即打电话给马歇尔。马歇尔指示他："如可能，马上与夏威夷取得联系，证实一下消息是否准确。"迪安还没来得及打电话，一封证实电报就到了。马歇尔10分钟之内赶到办公室，并在办公室一直待呆到白宫会见的时间。

那天下午，华盛顿的所有公职人员都急匆匆地走进各自的办公室，因此萨福德的缺席十分显眼。他两个月来的焦虑再加上前几天几乎彻夜不眠，搞得他精疲力竭。他睡了一昼夜，外加4个小时。当他吃着已经过了时间的早餐时，一位海军军官的妻子给他打来电话，问日本人在轰炸珍珠港，她的丈夫是否有危险？

萨福德确信他们曾截收到一封"风力实施"情报，因此对他的那封警告电报在华盛顿还未诞生就遭流产一事，气得几乎要发疯。现在他决定待在家里。书桌里存有一把侦察型38手枪和肩背枪套，他担心如果他拿起这件唾手可得的武器，会先杀死诺克斯，然后再去干掉斯塔克。

15点刚过，赫尔就离开了国务院，几分钟后，他和马歇尔来到白宫。罗斯福的顾问们神色焦急地聚在这里，他们知道来自瓦胡岛的每一份报告都不会乐观。有关夏威夷的消息大部分都是斯塔克从海军部用电话报告的。他的声音显示出他异常震惊和难以置信。对于罗斯福忠心耿耿的秘书格雷斯·塔利来说，速记下这些时断时续令人震惊的报告，再用打字机打出，送给上司看，实在是件苦差事。混乱和嘈杂的声音，使她的精神不能集中，因此她不得不使用总统卧室的电话。

麦金泰尔、比尔德尔和其他几个人，在她记录时急不可耐地从她的肩膀上探着头去看。起初他们还不太相信这一切，但新消息源源而来，证实并补充了第一封电报的消息，他们只好愤怒地接受了这一事实。"与其他人相比，总统外表显得要镇静些，但他的镇静里包含着愤怒。”塔利这样写道，“每送来一份情报，他都忧郁地摇摇头，嘴唇咬得更紧了。”有一个特殊原因，自然使比尔德尔比别人更多了一分焦虑和痛苦——他的儿子在珍珠港轻巡洋舰雷利号上。

那天下午，罗斯福打电话给瓦胡岛总督波因德克斯特。正说着话，总督忽然对着电话惊叫一声。罗斯福马上把这个消息告诉周围的人：“天哪！日本人的又一个攻击波，此时正在夏威夷上空。”

赫尔赶到白宫时，他的脸色像他的头发一样苍白。他痛苦地意识到自己和美国完全被人愚弄了。他向总统汇报了他同日本特使会见的情况。人们不停地向诺克斯和斯廷森提问题：发生了什么事？为何认为可能要发生袭击？为何认为日本侵略军可能继空袭夏威夷后会大规模入侵？为何说西海岸可能遭到类似袭击等。

接踵而至的报告令斯廷森忧心如焚。“夏威夷的消息非常糟糕……看到那些很早就被提醒而且一直保持警惕的人们遭到了突袭，令人大为震惊。”他在那天的日记中这样写道。

总统与马歇尔一道研究起陆军和海军的部署问题。马歇尔向总统保证说，他曾命令麦克阿瑟一旦日本人发动战争，麦克阿瑟有权实施一切必要的调动。罗斯福还敦促赫尔保持同南美各共和国的联系，“保持同它们的睦邻关系”。罗斯福指示斯廷森和诺克斯在兵工厂、军需厂和桥梁周围加派岗哨，但不希望白宫周围有军人站岗。

马歇尔显然希望回到自己的岗位，斯廷森也是如此。所以，斯廷森在白宫未待多久，便返回陆军部，开始向各单位下达指示，防范破坏，加强防御。

16点，赫尔在国务院主持召开了一个会议。会议正在进行中，送来一份新闻报道，报道宣布：日本已向美国宣战。面对这一新的紧急情况，赫尔保持着他特有的镇静，然而，他对夏威夷武装部队遭到如此袭击表示极为失望。此次会议的记录者回忆说：“近几个月来，赫尔尽其最大努力反复多次向陆海军方面提出警告，美国随时有遭到日本人突袭的危险。对他自己的警告未能引起足够的重视，他深感遗憾。”此次会议上，国务院成员的最初反应是：

……日本人为其自身的利益袭击珍珠港，是非常愚蠢的，因为它将促使全体美国人民团结一致。然而，当与会者得知我夏威夷武装部队损失惨重时，他们便不再认为日本人愚蠢了。

16点左右，几百名男女和儿童——大部分男人面带怒容——聚集在行政楼前，一些人把孩子扛在肩上。这些人同其他美国人一样，对于自己国家的强大一直深信不疑，如此可怕的事情怎么竟会发生在美国?

在同一时间，罗斯福的新闻秘书斯蒂芬·T·厄尔利对正在等候着的新闻记者通报说，总统已开始口述呈交国会的要求宣战的咨文稿。这就是总统第二天下午发表的具有历史意义的演说稿，只是有些地方稍稍做了改动。之后，厄尔利向焦急的记者们发布了当天最可怖的新闻。布洛克上将报告说：“损失严重”，“伤亡惨重”。

太阳慢慢落到白宫的后面，草坪上光秃秃的树枝上松鼠轻快地蹦蹦跳跳，行政办公室的窗户透着灯光。来往车辆经过此地时都减速缓行，司机和乘客伸长脖子，望着这个自己国家政府和权力的所在地。白宫的警察们不时地催促着观看者离去，然而还是有些人从早到晚一直站在那里，默不作声地望着那透着灯光的窗户，似乎想要钻进屋内紧张工作着的人们的大脑中去。

那天晚上，总统在自己的书房里和儿子詹姆斯以及霍普金斯和塔利小姐共进晚餐。“哈里看起来像一具活僵尸，皮包骨头。”晚饭期间，总统没有提珍珠港，也未抱怨什么。“他一小时前就想放松一下自己。”他的忠实秘书说。

罗斯福的内阁成员于20点30分在卵形书房开会，与会者中只有霍普金斯是非内阁成员。总统开场便说：“这是1861年内阁成立以来最严肃的一次会议。”他继续说，“发生的事情，你们都已知道了……但我们到目前为止还不十分清楚那里的具体情况。”有人问：“总统先生，我们几个人刚乘飞机赶到，除了那骇人的大字标题‘日本人袭击珍珠港’外，其他一无所知。您能否详细谈一谈？”于是，总统就他所知讲了起来：

> 我们始终保持警惕——8点多，一大群日本轰炸机对我珍珠港内的军舰及所有机场进行轰炸……我非常难过地说，伤亡惨重……看来，我方8艘战列舰中已有3艘被击沉，或许是4艘，停泊在干船坞内的2艘驱逐舰被炸毁，2艘战列舰严重受损，几艘小型军舰不是被击沉就是被击毁，干船坞也遭破坏。舰队余部尚在海上，它们在足够的海上力量的护航下，正驶向海上我航空母舰。

罗斯福清楚，此次袭击具有重大的历史意义，因此他所关心的是第二天他在国会宣读的报告，他开始缓慢地读起刚刚口述记录下的草稿。斯廷森认为，咨文“只从目前这场袭击实属背信弃义这一基点出发，流于浮浅……但倘若说该咨文以此为基点，行文确实铿锵有力。然而它却未涉及日本长期以来无视国际法的行径，也未提到日本同德国之间的勾结……”斯廷森和赫尔都持有这种看法。赫尔特别希望“总统就日美谈判过程问题做一次详细报告”。然而，其他人都倾向于行文简短的咨文。

斯廷森还敦促总统同时请求与德国宣战。他指出“从截获的电报及其他证据来看，是德国人怂恿日本人走这一步的……”但是，其他与会者主张等一等。那些了解“魔术”内情的内阁成员知道，里宾特洛浦已对希特勒讲——无论是否值得开战，一旦战争在美日之间爆发，德国将对美宣战。

人们从“魔术”那里找不到斯廷森提出的关于柏林操纵东京这一观点的证据。但斯廷森的论证慷慨激昂，同全国上下低估日本的倾向相吻合。对于华盛顿人士来说，这场军事行动如此迅速，如此残酷，如此成功——总而言之，如此一场闪电战——若说它不是出自希特勒之手，简直难以让人接受。那天，当布洛克打电话给斯塔克时，海军作战部长还问：“港内击沉的潜艇是不是德国人的？”

内阁会议后，两院领袖走了进来。他们是多数派领袖艾尔本·W·巴克利，他的对手共和党领袖理查斯·L·麦克纳里，对外关系委员会主任托马斯·T·康纳利及同事海勒姆·W·约翰姆，军事委员会的沃伦·R·沃斯汀。来自众议院的有议长山姆·雷伯恩，多数派执行领袖杰尔·库珀，少数派领袖约瑟夫·W·马丁，外交事务委员会主席索尔·布卢姆以及议员理查斯·A·伊顿。

面对聚集在此的国会议员们，总统直截了当地说出自己的意见。袭击一事对国会议员们震动极大，他们默默无声地坐在那里，甚至在总统发言之后，说话也很少。有人问及日本人的伤亡情况，总统回答说：“这个问题有点难以回答。我们估计击沉他们几艘潜艇，但尚不知……我们知道击落几架日本飞机。”但是，他指出上次战争就有这样的情况，“某人说他打下15架敌机……另一人又说他打下5架……我应该说，到目前为止，尽管我们也给日本人带来一些损失，但损失巨大的是我们”。有人问，据传一艘日本航空母舰在巴拿马运河被击沉，罗斯福对这一传闻未加证实，尽管他很愿意这样做。据报，运河区目前处于戒备状态，但非常平静。

总统接到一份未经证实的报告：日本或是已对美宣战，或是宣布与美国处于敌对状态。实际上，美国东部时间的1941年12月7日16点，日本帝国最高司令部就已宣布：日本与美国和大英帝国之间处于战争状态。

罗斯福补充说：“我国整个西海岸和全美洲西海岸的主要防御力量，今天遭到了严重破坏。”他请求明日12点30分在国会发言，这一请求得到了参众两院的批准。他继续说：“目前形势严峻。据传有人曾看见两架标有卍徽的飞机，是否真有其事，我尚不清楚。”由此看来，他并不是下意识地怀疑德国人参与了此次空袭。接着，他准确地概述了日本人是如何开始袭击的。他指出："换句话说，他们昨天夜里极可能在距夏威夷四、五百英里的地方。因此，他们不在所谓的巡逻区域内……"

但是，参议员康纳利没有心思听这些抱歉的话。在报告过程中，他越来越激动，此时他大声喊道："地狱已经着火，我们做了些什么！"

"这正是关键所在！"罗斯福回答说。

康纳利又转向诺克斯质问道："我们做了些什么？"

诺克斯刚想开口，怒气冲冲的参议员便打断了他："上个月，你不是说我们能在两周内吃掉日本吗？你不是说我们的海军已部署完毕，日本人休想动我们一根毫毛吗？你在向公众做出这一声明时，是不是要告诉全国人民你是一位能干的海军部长？"

倒霉的诺克斯是与会者中受指责最多的一个，他力图找到托词。罗斯福一言不发，只是面无表情地坐在那里。康纳利根本不想放过海军部长。

"你为什么让这么多的军舰挤在珍珠港里？"他尖刻地问，"你为什么要在珍珠港入口处安上木头链子，让我们的军舰出不来？"康纳利可能知道安装反潜网一事。当然，没有任何机械装置能阻挡军舰从珍珠港出来。

"为了保护我们免受日本潜艇的袭击。"诺克斯用颤抖的声音回答。

"那么，你从未想过会有空袭。"康纳利问。

"没有。"诺克斯承认道。

"那么，他们还被认为是处于戒备状态，"康纳利说，"如果他们处于戒备……[①]我奇怪他们怎么会受到日本人的袭击。更令我吃惊的是海军所发生的这一切。他们当时还在熟睡，我们的巡逻机到哪儿去了？他们知不知道正在进行谈判？"这是大家都想听到答案的问题。诺克斯没起来进行反驳，因为他无以对答。

国会议员和内阁成员直到23点才离开白宫。这些职位显赫的人士出现时，对等候着的记者说了几句话。他们一致认为（用奥斯汀的话来讲），国家将进入"政治假期"。麦克纳里保证："依我之见，无论做什么，共和党都将会同意。"马丁说："每当国家统一和尊严受到威胁时，国家就只有一个政党。"

在财政部，摩根索召集部里关键人物开会。会议接近尾声时，金融研究中心主任哈里·德克斯特·怀特问："是由于过失，还是注定要打仗呢？"

"哈里，这一切怎么会发生——我对此不能理解。"摩根索答道，"他们就像进入挪威一样轻而易举地进来了。他们在菲律宾也没能这样做。让斯廷森对此解释

①此处的空白出现在记录上，表示未听清。

吧……海军一直被认为在保持戒备，这一切怎么能够发生呢？我听到的任何解释都讲不通……”

摩根索对所发生的一切不可理解。“我们一向认为，海军是我们的第一道防御屏障，夏威夷是坚不可摧的。我的意思是说刚才提到的那些说法是强加在我们头上的。”会议期间，他反复提到夏威夷遭受袭击这个话题。

“他们不知道我们这里的任何消息，他们让整整一支舰队集中在一个地方——整个舰队在那个小小的珍珠港基地内。”摩根索像一个唱针不走的唱片那样，总是重复着“整个舰队都在那儿”这句话。他不明白日本人是如何钻进去的，因为美国军队每天都在 500 至 600 英里的范围内进行巡逻。他宣称“他们永远也解释不清楚，他们将来也不会解释清楚”。然而，所有的悲伤和困惑都不能使时针逆转。

第六十七章 我们的国旗仍在那里飘扬

日本天皇对英美两国“宣战诏书”

令人奇怪的是，火奴鲁鲁岛的许多居民在袭击开始后至少 1 小时才弄清情况。对于陆海军演习时飞机的轰鸣声和爆炸声，他们早已习以为常，因此他们以为这阵可怕的喧嚣无非是一场实战演习。无线电台发出了警告，但很不具体，一般居民仍无法从中了解目前所发生的一切。9 点，韦伯利·爱德华兹在 KGMB 电台广播中宣布日本突袭之后，灵机一动，加上一句“这是真的”。短短的一句话，让人们相信了所发生的一切。

很快，关于夏威夷日本人的传说，像生长在充满怀疑和歇斯底里土地上的毒菌一样冒了出来，甚至连金梅尔也受到这一气氛的影响。他于 12 月 12 日写信给斯塔克时说：“第五纵队的活动使情况更加复杂化。因此，马上对下面送来的报告做出估计很难做到……”事实上，瓦胡岛上的海军、陆军和居民早已人心惶惶，根本不需要第五纵队制造混乱。

有一个传闻说，日本种植园的工人在甘蔗地里削箭头，准备为袭击部队指示珍珠港方向——真是荒谬的谣传。在瓦胡岛上空找不到珍珠港，就像在电话亭里看不见一个椴木鼓一样不可能。最令人头痛的，是关于日本人在饮用水中投毒的传闻。这个谣传可能是从福特岛传出的。那里的供水管被炸坏了，一位足智多谋的供需军官把本单位的 3 个游泳池作为临时水库使用。当然，这里的水须煮沸后才能饮用。有关当局立即对所有诸如此类的传言和报告进行调查，结果没有一个属实。

《明星报》的一位日裔记者请求上街采访，该报主编赖利·H·艾伦担心这个年轻人可能会被子弹打中或被拘留，艾伦最后决定送他到日本领事馆，采访到什么消息就带回什么。这个记者极可能就是劳伦斯·中塚。那天上午，他曾到领事馆进行过采访。

像瓦胡岛的许多人一样，领事馆成员也盼望能度过一个闲暇的星期天，喜多和奥田早有约会，同一个朋友一起去打高尔夫球。9 点左右，琴城户听到远处传来轰鸣声，他的住所离领事馆不远，便步行赶到领事馆，想弄清楚发生了什么事造成如此混乱。他看到喜多、奥田和其他领事馆成员焦急地聚在一起。吉川一会儿也来了，他衣着不整，头发乱七八糟。他说，这个早晨太吵人。吉川想去楼顶看个究竟，喜多制止了他。

喜多拒绝向中塚承认日本人正在袭击，因此拒绝对此事发表评论。

中塚连忙赶回自己的办公室，拿来一份当天的号外让喜多看，以证明他的话是真的。醒目的大字标题“战争！瓦胡岛遭到日本飞机轰炸”，成了吉川采取措施的信号，他和月川冲进密码室，开始拼命地烧毁文件。

贝克内尔离开肖特司令部后，来到位于闹市区的自己的办公室。这里，他见到士兵们正在分发武器弹药，希弗斯也在场。像其他人一样，他也非常惊恐不安。他和贝克内尔打算立即逮捕日本嫌疑分子，但未能如愿，因为宪兵司令不能提供必需的卡车和宪兵。因此，这项计划推迟几小时后才得以实施。“鲍伯·希弗斯和我，像两条印度野狗一样到处乱窜。”贝克内尔回忆说。

10 点或 11 点左右，希弗斯要求宪兵司令加布里埃尔森在领事馆周围布哨，保护总领事和其他成员以及领事馆财产的安全。加布里埃尔森把任务交给本杰明·范库伦和长谷川中尉，他们 2 人和几位同事赶到领事馆时，看到身穿制服手拿短枪的警察已在站岗。喜多站在楼后的汽车道上，手拿那份《明星报》号外。

范库伦和他的士兵们从后门进去。在密码室里，警察们发现地板上有一只水桶，日本人正在水桶里烧文件，警察从水桶里抢出一个褐色折叠着的信封，里面装满尚未毁坏的文件。他们把这些战利品交给美国联邦调查局，这些文件又被转到海军情报部门，让罗奇福特破译。那天上午某个时间，贝克内尔来到美国无线电公司，把存有领事馆发往日本和来自日本的电报文件袋要来。

当领事馆内发生这场闹剧时，三上按照约定时间开来出租车，打算把喜多和奥田送到高尔夫球场——真是一个不折不扣执行命令的典范。他请求岗哨向奥田通报他来的消息。副领事仍然保持着绅士风度，传出话说，请不要等了，他那天可能不能去打高尔夫球了。

锚地里，从受伤舰只渗出来的油起火了，战列舰周围成了一片火海。“这是那天最可怕的情景之一，”特雷恩说，“燃烧着的水沿航道而下，随着浪潮流向大海。它像幽灵，像怪物，既吓人又危险。更糟的是，没有办法把它扑灭。”燃烧着的油气势汹汹地包围了加利福尼亚号。10 点 15 分，舰长 J·W·邦克利海军上校征得派伊同意后，下令弃船，但大火不久就离开了该舰，邦克利又取消了弃船令。然而，加利福尼亚号已不适于做司令部，因此派伊和参谋人员一起到金梅尔的办公室报到。太平洋舰队司令对他们也像对自己说：“我需要你们。”尽管这段可怕的时光对他的打击很大，但他现在一心只想如何回击日本人。

舰上舰下，幸存者们同大火拼命搏斗着。田纳西号的水兵们试图把自己的军舰从亚利桑那号旁边移开，但它纹丝不动，西弗吉尼亚号似乎要把它挤向码头。在余下的那个昼夜里，田纳西号一直开着发动机，目的是让发动机带起的水流冲走尾部燃烧着的油。

除舰首一小部分外，大火吞没了西弗吉尼亚号。该战列舰上的幸存者们把一个 5 吋大炮当作桥梁，爬到田纳西号上。旁边，垃圾方驳 YG—17 号，用巨大的水龙头向西弗吉尼亚号喷水，直至大火得以控制——真好像是一个地位低下的洗碗女仆保护了一位陷入困境的女王。

抢救人员拥向犹他号和俄克拉荷马号。他们切开船体，循着里面被困海员敲舱壁的微弱声音找去。直到星期一下午，塞西曼和他的士兵们才爬出俄克拉荷马号。他说：“我们有一种很深很强的感觉……就像从自己的坟墓爬出来一样。”

美国人心中怒火在燃烧，他们要去搜寻敌航空母舰，向它们讨还星期日清晨的血债。但是，运气之手似乎在保护着南云特遣舰队。最初，防御者们不知袭击者到底来自何方。但金梅尔的直觉告诉他，敌舰就在北部水域停泊。10 点 18 分，他命令海上部队：“从珍珠港地区开始搜寻。有迹象表明，敌人在瓦胡岛西北部。收电部队直接组成第八联合特遣舰队截击敌人。敌军构成不详。”

一艘日本潜艇截收了这封电报，把它转发到日本特遣舰队。秋云号上的千草在日记中写道："看来，敌人可能会发现我们。"然而，美国人并未按照这个显然合乎情理的指导思想行事。从希伊厄的定向仪上，罗奇福特判定日本人的方位是 351 度或 178 度。这表明，来犯者或在北部或在南部停泊——两个方位的读数是相同的——"从飞机活动的有限性上看，日本人可能在 200 英里范围之内。"

作战计划处的麦克默里斯"倾向认为袭击者来自北部和南部两个方向"。鉴于在海上的美国航空母舰现在南部水域，因此作战计划处认为在北部截击敌人的可能性极小，在南部的可能性至少有一些。就这样，正确的思路被引向歧途。10 点 46 分，金梅尔通知哈尔西的第八特遣舰队："D / F（定向仪）显示，敌航空母舰的方位为巴伯兹角外 178 度。"

科回到福特岛自己的办公室时，拉姆齐让他接通军用电话，命令陆军空中部队寻找那些日本飞机的来犯方向，并尽量收集其他有关情报。科尽了最大的努力，但当时一片混乱，一切都瘫痪了，没有人接电话。他说："我叫不通任何人的电话。"然而，即使他们找到南云的特遣舰队，也对此无能为力。科说："我们没有能力报复。"

还有一些人把注意力放在北方。那天清晨，当兰登驾驶 B—17 飞机来到时，他注意到一些日本飞机向北边飞去。他把这一情报汇报给夏威夷空军司令部，并希望他的报告能引起关注。无奈当时每个人似乎都在忙着给自己的头盔添上新衬里，去迎接另一场袭击，而不急于找到敌人特遣舰队，在来犯者再次组织袭击之前打它一下。

奥帕纳雷达站的雷达显示屏上，出现了一个清晰的飞机向北飞去的航迹，谢夫特堡上的雷达控制中心于 10 点 27 分至 10 点 29 分把该可视信号记录下来。然而，马丁说："当时没有任何迹象表明北部的重要性。"原来，没有人把这一情报向他报告，直至后来在分析控制中心的图表时，他才知道此事。金梅尔作证时说，由于陆军方面没有把这一情报通知海军，"所以袭击后，水面舰队向西行动，大部分飞机向西南方向搜寻……"

至 10 点 27 分，马丁已经使希卡姆机场上的 4 架 A—20 轰炸机能够马上起飞。海军没向他们下达命令，因此马丁下令让飞机飞往巴伯兹角以南水域寻找敌航空母舰。该地区的确有一艘大型军舰，但它是重巡洋舰明尼波利厄号正在从舰队战区返回基地的归途中。该舰舰长指示无线电室向金梅尔报告："未发现任何航空母舰。"但这句话，却被误解为"发现两艘航空母舰"。幸运的是，向该舰飞去的飞行员认出了它是明尼波利厄号。

另一艘美国巡洋舰，在那天下午险些丧生。从中途岛返程的水上飞机中队队长报告说："有一艘日本航空母舰和驱逐舰，在珍珠港正南方。"金梅尔的参谋几乎都对此情报做过核实。但飞行员坚持说："这的确是一艘日本航空母舰，因为船的甲板上印有朝日。此外，它的甲板被伪装成重巡洋舰的样式。"这个地区，恰好是布朗特遣舰队所在水域。太平洋舰队司令立即命令布朗击沉这艘航空母舰。布朗回答，他敢肯定自己手下的重巡洋舰曾遭到轰炸。司令部对此不敢相信，便向波兰号发电询问："今天下午你舰是否遭到轰炸？"答复是："是，一架飞机扔下两枚炸弹，险些炸中舰尾。"

艾伦终于从希卡姆机场的跑道上起飞了，尽管他自己坚信猎物在北部，但还是根据官方提供的情报向南飞去。途中，他见到那艘漂亮的航空母舰。该舰向他射击，因此他开始进入投弹飞行。但突然——用艾伦的话讲——"上帝告诉我，这不是一艘日本航空母舰"他见到的原来是企业号。艾伦从原路撤回，决定向北飞，但是他运气不佳，没有找到。此后，他又转回头向南飞去。他再次看到企业号，此时距瓦胡岛已经很近。他朝希卡姆机场返航时，两架海军野猫战斗机怀疑地盯住了他。据时间推算，艾伦第一次向南飞去的时间，正好是南云航空母舰驶出他的飞行航程的时间。

第一批派去空中搜索的飞机起飞后不久，夏威夷空军收到一张从在卡米哈米哈堡附近击落的日本飞行员身上搜出的地图。地图上标有近 10 条指向瓦胡岛西北部某点的航线。这表明，飞机不是从该地离开航空母舰的，就是返回到泊在那里的航空母舰上。根据地图提供的线索，马丁当天下午派遣其余飞机向北飞行，但同样一无所获。

那天余下的时间里，美国人把主要注意力放在准备抵御另一场袭击上，特别是一次随时可能到来的两栖登陆上。瓦胡岛的卫士们想象不出此次日本人空袭的目的是什么，事实上他们正在等待敌人扔下的另一只鞋子。再者，在他们眼里，渊田的飞行员留下许多未完成的目标。金梅尔和史密斯似乎期待着港内所有军舰被炸毁，海军基地被彻底摧毁，而现在许多军舰还未损一根毫毛，船坞和码头相对来讲也未受多大损伤，特别是油库还完好无损。

充满了斗志和勇气的金梅尔开始理顺头绪，准备全面防御。他和他的参谋长担心，日本人在渊田飞机轰炸珍珠港的同时，可能已在瓦胡岛登陆。他们二人和其他参谋都盼望日本人再度发起进攻，好同他们决一雌雄。

瓦胡岛上最忙的人，要属莫里森了。他为在阿利亚玛努山口修建夏威夷陆军部临时司令部，一直在拼命工作。莫里森称这个工作为"累死人的苦差事"，因为这里缺乏最起码的设备。实际上，这是一个存放弹药的隧道，既无室内陈设，又无通信设施。这里的条件，就像一个安静的目击者站在那里看着瓦胡岛陆军是如何迫切需要换上如此一个司令部似的。莫里森不得不全力以赴，在 14 点 30 分这一规定进驻时间前完成任务。

他还要对马丁负责。这位将军既不缺乏个人勇气也不缺少正确的判断能力，但是溃疡病使他失去了抵抗力，而这场袭击又击垮了他的神经。约 15 点，马丁对自己的参谋长结巴着说："我该干点儿什么呢？我想，我已失掉了决策的能力。"莫里森当即意识到，他的英明上司已智穷力竭，便立即安排马丁住进希卡姆机场医院，并指示谁也不许打扰他。他把自己的电话接到马丁床边，以期在必需时，可以随时同他联系。

柯茨很快就认识到，袭击后的一个主要难题是如何控制火奴鲁鲁居民的歇斯底里情绪。大约 40 枚美国高射炮弹越标，落在市区爆炸，使市区受到破坏。尽管市中心只落下一枚日本炸弹，但居民们很自然地认为他们处于敌人的直接轰炸之下。柯茨对火奴鲁鲁无线电台有些恼火，他们好心好意地播放一系列旨在指导和镇静民众的新闻，然而效果恰恰相反。于是，他给电台打电话，让他们停止扰民，"停止这些该死的愚蠢行动"。

此后不久，KGU 和 KGMB 停止了播音，其主要原因是防止日本飞机把它们的电波作为导航信号。但是，沉默比新闻广播更糟，现在非战斗人员得不到任何消息。那些军人的妻子不能忍受没有消息的折磨，她们把收音机视为同陷在珍珠港地狱里的亲人联系的纽带，尽管这个纽带细得可怜。

海军和陆军的无线电台对这种惊恐情绪的扩散也起了推波助澜的作用。错误的报道不时出现，例如"11 点 33 分，驱逐舰西卡德号观察到另一次高空轰炸机袭击"。其实，日本人此时早已离开。据推断，这艘驱逐舰很可能把马丁派出向外飞去的轰炸机误认为是再度飞来的日本飞机。一些令人沮丧的有关入侵的报告也纷纷传来："敌军在北岸登陆，身着蓝色紧身军裤、佩戴红色徽章。"这个传闻的起因，是当日本人击落一架训练用水上飞机时，机上身着粗布工作服的飞机技师"跳伞安全着陆"。其他一些令人胆战心惊的报告，也从各消息中心源源不断传出："伞兵在巴伯兹角登陆""据报，敌运输机距巴伯兹角 4 英里""伞兵部队在北岸登陆""敌舢板马上就要在海军弹药库登陆""敌人登陆部队离纳纳库里海岸不远，我机向他们开火"，等等。

在堪尼奥赫，马丁预计"将有日本登陆部队"，因此指示每个人"拿两身白衣服到餐厅染色"。由于没有染料，他们只得把衣服浸在烧得滚开的浓咖啡中，军衣变成深褐色。艾弗里并不为损失咖啡感到惋惜，袭击对他有一种特殊的心理调节作用。从星期日上午至星期四上午，他既未睡觉也未吃一口饭或喝一口酒，但他始终保持警惕，而且精力充沛。

福特岛上，那些吓得脸色苍白的军人妻子和孩子们挤在贝林格的防空洞里——一个废弃的炮台。贝林格夫人一直忧心忡忡地想：如果塌方，我们被埋在里面怎么办？我能忍受得了吗？

邓洛普陆军上校瞅了一个空儿，跑回家去看一看一直放心不下的妻子和同她们住在一起的 81 岁的岳母露西・奥德・梅森夫人。梅森夫人是同美国的过去联系在一起的活纽带。1890 年“沃恩得尼”战役中[①]，她失去了丈夫。现在，她断然拒绝到地下室避难。那些年轻的日本小兵吓不住她，她不能丢下她那几只招人喜欢的金丝雀不管。

那天上午，悲剧中不可缺少的喜剧成分出现在邓洛普的寓所里。斯韦德・亨德森陆军少校的颇有魅力的妻子玛丽・里・亨德森，在整个空袭过程中一直大睡不醒。大约 10 点 30 分，她到邓洛普的房子里问“发生什么事啦”。这个问题令她的邻居瞠目结舌。

从某一方面说，诸如肩负特殊任务的海军护士鲁恩・埃里克森这样的人，比那些夫人们更能适应形势。护士长制定了轮流值班表，按此表鲁恩应 16 点下班，但她和许多同事并不觉疲劳。“我们靠的是精神力量，我们不下班。”她强调说。

舰队外科医生埃尔菲奇・A・M・金德罗海军上校在给海军军医局局长麦金太尔海军上将的报告中，称赞了他部下的男女军人们：“我只能说，他们出色地完成了一个相当艰苦的工作。至于士气，上帝站在敌人一边！”接着，金德罗表现出一种非现实的奇怪感觉，那天许多人都具有这种感觉。“我依然盼望自己是从一个噩梦中醒来，或看到的是一场战争电影的结束。”

奎因从停泊在 1010 码头的勤务舰队旗舰阿戈内号的舰桥上向港里望去，他看到了加利福尼亚号渐渐沉入浅水区的情景。浓浓的黑烟像一块裹尸布一样，吞没了这艘战列舰。几条喘着粗气的拖船使劲拖住舰的侧面，不让它倾覆。一阵风吹走了愤怒的烟云，奎因一眼看见星条旗仍在加利福尼亚号尾部飘扬。奎因在自己的岗位上坚持了 72 小时，这期间是国旗在赋予他勇气和决心——“经历了一夜考验之后，我们的国旗仍在那里飘扬”。

由于严重的交通阻塞，路上障碍重重。美国无线电公司信使渊上，直到 11 点 45 分，才把马歇尔发来的涉及日本“一点钟电报”的警告送到肖特处。译出后，文件于

---

①地名，位于美国南达科他州。1890年，这里爆发了历史上美国军队与印第安人的最后一次重大冲突，历史上称为“沃恩得尼”战役。

14 点 58 分送至邓洛普手中。看后，邓洛普自我解嘲地大笑起来，自言自语道："这个该死的东西，现在已毫无用处了。"他把电稿交给旁边的一个参谋，说："立即送给肖特上将，直接送到他手中。"

据罗伯特·J·弗莱明陆军上校讲，肖特在副官长派人送来电文之前，就已接到信号中心送来的同一份电报。当时，还是少校的弗莱明被任命为后勤处长，是肖特贴心的公关专家。他当时正在临时司令部里，信号参谋卡罗尔·A·鲍威尔陆军中校让他把电报送给肖特。鲍威尔解释说：他过去曾和将军有过几次口角，他不愿把这封电报亲自送给将军，因为肖特上将极可能火冒三丈，把怒气撒在他身上。他认为，弗莱明大概不会担此风险。弗莱明把电报送了过去，正如鲍威尔估计的那样，肖特的确急得火冒三丈。

马歇尔的电报到得太迟了，对夏威夷陆军部一点价值也没有。但肖特后来承认，即使他通过保密电话得到电报提供的情报，也用处不大。日本人销毁密码机的情报（电报中也提到）要比提到的一个具体时间重要。但无论如何，他当时至少可以在电话里问马歇尔这个时间对他有何意义。尽管保密电话不像密码那样安全可靠，但还是比较安全的。

当金梅尔在肖特之后看到马歇尔电报时，他怒气冲冲地把它扔进废纸篓里。陆军通信员威廉姆·B·科布陆军上尉，与舰队负责航空事务的军官戴维斯讨论这件事，试图找到传递延误的原因。金梅尔认为，这是一件延误重大情报的典型事件。

那天下午，油漆匠把金梅尔司令部的窗户玻璃都漆成黑色。这样，上将和参谋们可以在不暴露灯火的情况下工作到深夜。不幸的是，黑漆被抹在玻璃内侧。为了抵御寒风，司令部窗户紧闭，令人窒息的烟雾和热气折磨着这些本来已经筋疲力尽、心情悲伤的人们，使他们睁不开眼睛，感到恶心。

空袭时，大家都很忙，几乎没有时间去思考。亲身经历和目睹了这场可怕磨难的人们气得咬牙切齿。克劳福德海军军士长恨恨地说："如果我捉住一个日本人，就把他像碾小虫子一样碾得粉碎。"枪炮军士长贝克说："每个士兵都怀着强烈的复仇之心。珍珠港事件后，我丝毫不会怜悯任何一个日本人。"

夜幕降临，在白天的惊吓和混乱之上又增加了黑夜的恐惧。"夜幕突然降临，犹如一层厚厚的帷幔，既神秘又危险，是一种来自四面八方的威胁。"奎因追忆说。曾在 1941 年任肖特的助理通信参谋的乔治·P·桑普森陆军准将回忆说："12 月 7 日的夜晚比白天更糟糕，因为直到此时，人们才有时间进行思考。他们与朋友和邻居交谈，当想到和说到空袭时，他们的恐惧加剧了。"

由于自尊心受到挫伤再加上神经质，瓦胡岛的卫士们度过的那一夜，就像在一间闹鬼的房间单独过夜一样——一半害怕，一半反抗，看见影子就跳起来，抽打挡住他路的一切东西。“形势不妙，甚至连一条狗在街上跑都不安全。”古扎克回忆说：“当时的命令是：黑夜禁止走动！任何移动的东西都会遭到枪击。”当瘦骨伶仃、精神疲惫的柯茨在灯火管制下摸黑从金梅尔司令部返回自己的房间时，几个哨兵同时向他喊，“站住，是谁？”这样的问话响了六七遍。幸运的是，他停住了脚步，并被认出。

午夜时分，梅菲尔德的办公室接到报告说，有人在萨福特堡后用蓝色灯光发信号。经过调查证明，原来是一个上年纪的日裔挤奶工在给牛挤奶（因为灯火管制规定，只允许使用蓝色灯火），他在一个旧灯笼四周贴上蓝玻璃纸，棕榈叶前后晃动时，灯光看起来时隐时现，好像用手电筒在有节奏地发信号。

传闻四起。因此，几天后肖特命令梅菲尔德通过电台辟谣。梅菲尔德认为最有意思的谣传是，一个家伙断言“依瓦海滩上有一条狗大叫着向海里的潜艇发信号”。肖特的情报部长补充说：“报告此事的家伙十分认真，他显然相信这个传闻。”

堪尼奥赫机场一片恐慌。两个高射炮兵连之一驻扎在艾弗里的平房旁，炮手们都是年轻后备役军人，他们接受正规陆军训练不足 90 天。在下面这件惨剧发生时，艾弗里曾听到哨兵“惊恐的尖叫声：‘站住’”，之后是扣扳机的声音——

> 枪声导致两个炮兵连竞相猛烈开火……对谁射击呢？他们也不知道，其他人也不知道。拿着冲锋枪的士兵，都在拼命射击。机场警报器发出战斗警报，但没有战斗岗位可言，因此警报起不到任何作用……我们的电话铃响了，上司想知道我们是否遭到敌登陆部队的袭击。无人知晓……激烈的但毫无规律的枪声，足足持续了十分钟之久，他们的军官才控制住局面———瞬间……基地的警报声引起许多居民的注意。他们驱车沿公路而来，想弄清到底发生了什么……两个高射炮连把枪口转向这些汽车。冲锋枪手狙击他们，直至所有的人都被赶下公路。没有人伤亡！午夜时分……山上一个俯视堪尼奥赫城的探照灯连开始扫瞄天空，高射炮兵们此时发现炮轰探照灯连倒是极容易。

海军军人妻子凯恩林·布伦斯·库珀和她的一位朋友住的那家旅馆，实施了灯火管制。一个人聪明地组织起一个急救小组，让这些女人们都有事干。大约 22 点，一声巨响使整个旅馆大乱起来，原来一枚高射炮炮弹落在 50 码开外街对面的帕纳赫高中的校园里。万幸，无一伤亡，但围墙被炸开一个大口子。凯恩林和她的朋友以为敌人又回来了，便和其他信奉天主教的妇女聚在一间屋里祈祷。每次祈祷结束，他们都说："主啊！与我同在！"那些非天主教徒们也附和着他们。

邓洛普上校组织人力，把约400名妇女送到谢夫特堡外围海岸防御部队正在修建的司令部的一间大地窖里。尽管那里不舒适，地面铺的是碎石，但头顶上有大约10英尺厚的岩石，可以保护她们免遭炸弹轰炸。

面临撤退，梅森太太意识到，她和女儿露西·邓洛普可能在一段时间内不能回家。她给自己的金丝雀留下足够吃4天的食物，然后和露西及其他人一起搬进洞去。同时进洞的还有肖特夫人，她没能按原计划在周五离开火奴鲁鲁。她原打算乘坐陆军运输船和儿子——一个西点军校的学生——一起到奥克拉何马城去度假，但航班延期。现在，她和邓洛普夫人及其他太太们像苦工一样打扫着这个可怕的窑洞，准备临时卫生设施。

那天下午，妇女们得到去某个军营集合的通知。大约3个小时之后，几辆大轿车开来了，妇女们蜂拥而上。她们当中有第24步兵师师长德沃德·S·威尔逊陆军少将的夫人。司机和乘客都不知道发生了什么事情。汽车在无灯光照明的公路上，像蜗牛一样爬行着。曳光弹划破夜空，增加了人们的恐惧，她们以为这就是报告中所说的众多敌登陆部队的枪声。威尔逊夫人乘坐的那辆车迷失了方向，回到公路上以后，又被交通堵塞耽搁了整整一个小时。此时，许多妇女控制不住自己的感情，哭着，尖叫着，像受了惊吓的孩子。一些人跪在汽车地板上，断断续续地祈祷着。威尔逊夫人感到奇怪，为什么身受交通堵塞和乘客夹击之苦的司机，还不对自己的脑袋开一枪。

那天晚上的情况并不都是充满了恐惧和混乱。卡尔霍恩作证时说："海军医院里住有300至400个病人，晚饭后准备转移他们。但这时几乎所有能走动的人都不见了，他们或是回到自己的军舰上，或是随即将出海的军舰走了。他们好几天都未回医院。"

不幸的是，空袭的幸存者中，不止一个人被自己人的乱枪打中，甚至那些仍然努力从满是油污的海水中捞人的救生艇，也受到神经紧张的海军们的骚扰和威胁。他们不时发问口令，回答慢一点儿就开枪。那天夜里最惨的事件，发生在数名企业号飞行员搜寻日本航空母舰返航时。休梅克说："我们一回到希卡姆上空，地狱就骚动起来。"他继续说：

此时，希卡姆机场上到处响的是各种各样的枪炮声。那些打急了眼的炮手们，接到了拼命打的命令。因此，飞机飞到希卡姆上空时，便进入了猛烈的高射炮火之中。我们飞到海军造船厂和战列舰宾夕法尼亚号上空时，再次受到炮火洗礼。飞机到达时，都亮着航空灯。因此，他们成了极好的射击目标。

水手长弗伦其看见，这批飞机飞近福特岛时，“珍珠港所有的大炮都向它们开火，”他说，“飞机无处躲藏。它们当时仅在1200英尺或1000英尺的高度飞行，航行灯又亮着，那些炮手们应该认出这是我们自己的飞机。”

一架飞机坠毁了，但驾驶员安全跳伞。詹姆斯·G·丹尼尔斯海军少尉在福特岛上空，驾驶着飞机直接向炮手冲去，并打开着陆灯，灯光刺得炮手们睁不开眼睛，炮弹落在目标之外，这样他救了自己一命。丹尼尔斯再次着陆，这次他没开灯，最后终于安全着陆。休梅克见到3架飞机被打着火后掉了下来。

整整一夜，福特岛被来自夏威夷陆军部队雷达提供的错误情报弄得心神不定。休梅克回忆说：“这些断断续续发来的情报令我们吃惊，而我们对此却无能为力。”

沿岸水域里，斯托特海军中校站在驱逐舰布里斯号右舷舰桥栏杆旁，看着军舰附近海豚嬉水时泛起的粼光。“夜像帽子里一样漆黑，”他说，“我们只能靠测程器和罗盘推算在海中航行的船位。整个地区实行了灯火管制，我们向岸上望去，除了拍打岸边的浪花外什么也看不见。”斯托特突然发现不远处有东西，他起初以为是海豚，接着他注意到，一共有两个这样的东西，它们没有躲闪而是直奔布里斯号而来。“的确是鱼，”斯托特说，“但不是我最初认为的那种鱼。”他加速向大海驶去，避开了鱼雷。但是，他没有发现发射鱼雷的潜艇，因此也没去进攻它。“投掷深水炸弹不起作用，反而要引起一阵惊慌失措。”他解释说，“人们已经够紧张了。”

数艘敌潜艇此时正在夏威夷水域潜伏。其中一艘，是渡边海军中佐指挥的I—69号。渡边在夏威夷行动中是年纪最轻的标准的潜艇艇长，同时又是最勇敢的艇长。18点30分，他接到清水命令：从潜伏地向珍珠港以南移动17英里，侦察（以珍珠港为中心）半径为8.5英里的中心地段。

20点，渡边报告发现4艘驱逐舰，这些驱逐舰向他投掷深水炸弹，但潜艇完好无损。其实，渡边几天前就已吓得惊魂不定。12月8日，I—69号挂在一张反潜网上，在水下呆了38个小时后才挣脱。

渡边还为另一个传闻添了点儿证据：12月7日21点零1分，他看见“一片大火向天熊熊燃烧，从火焰判断，像是一只军舰在珍珠港内爆炸起火，此后响起了激烈的高射炮声”。按时间推算，几乎可以断定，渡边看到的是被击落的一架企业号航空母舰上的飞机，他听到的是这架飞机被击落之前的高射炮声。渡边对所见所闻的描述，以及 12 月 8 日零点 41 分收到的一艘日本微型潜艇获得袭击成功的报告，使日本人相信，不仅微型潜艇大获成功，而且其中一艘潜艇还击沉了亚利桑那号。1942 年春季，日本报纸对这个故事大肆渲染。事实上，没有一艘微型潜艇在珍珠港内外取得战果。但是，这个故事很有意义。因为它表明，12 月 8 日零点 41 分，至少有一艘微型潜艇还在珍珠港内徘徊。

坂牧和稻垣度过了疲劳但一无所获的一天。他们一次又一次地试着潜进珍珠港，但每次尝试都使他们这艘难以驾驭的微型潜艇撞上珊瑚礁，最后他们把第二套鱼雷装置也撞坏了。由于空气污浊，又数次受碰撞，两人最后都昏了过去。午夜时分，坂牧苏醒过来，打开舱门，深深地呼吸着清新的海上空气。黎明到来时，发动机噼啪作响，最后熄灭了。坂牧看见眼前有一片土地，乐观地认为他们靠近了救援地附近的拉纳岛。事实上。他们漂到了堪尼奥赫—贝洛机场外的一个地方。

坂牧和稻垣使出最后一点儿力气，把潜艇推向大海，点上导火索，准备炸沉潜艇，然后自己跳入海水中。海水比坂牧想象得更加寒冷，更不好对付。更为严重的是，由于精疲力竭、吸入有毒气体和精神高度紧张，他现在身体极度虚弱。他看见稻垣的头在不远处露了一下，然后永远地消失了。他也未听见潜艇爆炸的声音，当他意识到潜艇没被炸毁时，懊丧失望之情紧紧地抓住了他的心。之后，一阵大浪把他抛起，眼前一黑，他失去了知觉。苏醒时，他躺在海滩上。他睁开疲劳的眼睛向上看，见到一个美国士兵正低着头看他。大卫・M・阿奎中士为美国俘获了第一个战俘。

奎因在阿戈纳号舰桥上一夜没有合眼，他在值班。珍珠港仍然是一片烟雾和火光。士兵们全副武装，凭借想象和出于恐惧，胡乱开枪。远处一个哨兵喊了一声，片刻四周便响起零零落落的枪声——朝谁打，几乎无人知晓。深水炸弹低沉的轰隆隆的爆炸声在黑暗中回荡，它们是用来对付可能还在港里的潜艇的。

第二天清晨，地平线开始发亮时，奎因满怀希望地朝加里福尼亚号所在方向看去。晨雾散去，滚滚的浓烟也已消失，他发现加利福尼亚号并未倾覆。这简直令人难以想象，尽管它在慢慢向下沉，但仍然昂然挺立在那里，船尾的星条旗迎着海风，骄傲地飘扬着。

山上的云彩

罗斯福宣布这天为美国“国耻日”

12 月 7 日下午的太阳迅速地退进了黑黢黢的天空里，整个世界也同样迅速地被罩上了黑幕。13 点，南云向联合舰队电告初步战果统计。此后，舰队以 26 节的航速向北驶去。然而，特遣舰队现在并不安全，南云对此也十分清楚，但无论是好是坏，他已决定撤退。可是，敌人会让他安然撤退吗？那些下落不明的美国航空母舰和重巡洋舰会对他怎样呢？因此，他再次下令军舰严格保持无线电静默。17 点 15 分，他下令特遣舰队处于战备状态，飞机于转天黎明时分起飞，在方圆 300 英里内做巡逻飞行。他补充命令道：“高空轰炸机应随时准备实施鱼雷轰炸和俯冲轰炸。”

源田把此次飞机巡逻视为再次空袭实施的第一步骤。如果南云最终决定实施第二次袭击，明天上午就应该开始行动，而在未确定美国航空母舰的方位之前，实施大规模袭击是不可能的。

在南云舰队开始向北航行时，渊田指示所有参谋加快冲洗空袭照片，进行最后的战果评定。来自其他5艘航空母舰的运载邮件飞机降落在赤城号上，带来各作战单位的材料。下午晚些时候，渊田拿到全部材料。这位飞行队长几乎整夜未睡，研究这些材料。第二天清晨，渊田交上了他的战况报告。

南云向部下发出信号，其中有表扬也有告诫："你等卓越的努力，为我们国家取得了辉煌战果。但我们前面的路还很长。此次胜利后，我们仍需系紧头盔带，继续向前，继续战斗，直至最后胜利。"

12月8日上午，南云派遣轻巡洋舰阿武隈号和驱逐舰谷风号去同第一补给队汇合。第一补给队在进行完袭击之前最后一次加油后，到集结地去了。两艘军舰于21点同油船会合，迅速加油后，一同返回特遣舰队。

有二、三架黎明起飞的巡逻机，由于迷失方向，最后耗尽了燃料，被迫把飞机降落在水面上。驱逐舰救起大部分飞行人员。一艘油船捞起苍龙号上的一位侦察机驾驶员，在余下的归途中，他留在这条船上。而那些安全返航的巡逻机却带来了不错的消息。因此，南云于15点30分发信号，对部下说："空中巡逻结果：方圆300英里未发现敌人。立即改换26节航速前进。"

本文以后凡叙述有关特遣舰队归航情况的章节，将再次使用日本时间（除专门指出外）。直至11日星期三。大森才放心地把他的警戒部队参谋们召集到旗舰阿武隈号上，正式开杯庆祝胜利。此时，传来了日军在马来亚登陆和空袭菲律宾克拉克机场获得意外成功的消息，这些为已满到杯边的胜利佳酿再添美酒。他们兴致极高，如释重负，欣喜若狂地庆祝日本首战连告大捷。

返航中的某一天，海军大尉阿部对南云说："从无线电广播里听说，金梅尔海军上将被砍首。"南云沉下脸，深深地叹了一口气，回答说："我感到我做了一件极对不起他的事。"阿部马上又对将军说，他刚才只是打个比方——金梅尔将被革职，而不是被砍首。阿部一向佩服南云高尚的人品，现在当他见到南云对敌方司令表示同情时，敬佩之情倍增。

不久，大自然的另一缕云彩出现在南云的地平线上。12月9日21点，南云收到联合舰队发来的第十四号令："若情况许可，特遣舰队在归途中对中途岛实施一次空袭，将其夷为平地，使美军将来不能使用该基地。"

驻中途岛的美国海军守备部队已经听说珍珠港惨遭袭击的消息，因此官兵们严阵以待，并击退了小西的中途岛压制部队的来犯。但是，小西的炮火也给他们带来了一定的损失，打死4人，打伤10人。

联合舰队接到中途岛压制部队的无线电报告后，宇垣建议让山本的参谋们重新讨论是否可能再次袭击这个环形珊瑚岛。两条道路，摆在他们面前：（1）增派两艘战列舰；（2）命令南云特遣舰队在归途中空袭中途岛。由于驱逐舰已被证明不能发挥效力，所以第二条路是毋庸置疑的选择。

形势真是多变，中途岛行动的最初目的是为了保护特遣舰队安全归航，而目前联合舰队却让特遣舰队从撤退途中改变航向，自己去保卫自己。这个命令激怒了草鹿，他认为该命令"就像要求一个把相扑冠军击败的相扑摔跤者从胜场的归途中，手拿一个小红萝卜一样"。源田也反对此命令，他认为，这一行动将使特遣舰队暴露，所冒的危险超过任何到手的利益。南云同他们一样，也反对中途岛计划。而且，天气的恶化给舰队带来极大的困难，使情况更加复杂。

源田不是不关注中途岛，但没想到在归途中要亲自去袭击他，他认为这是不明智的。当特遣舰队行驶到中途岛以北约700英里处时，源田向南云提出了他的最新计划：舰队驶到特鲁克群岛时，做一次必要的彻底检修和补充给养，带上来自马绍尔群岛和加罗林群岛的陆海军的几个团，然后调头向东开拔。这些部队将去占领威克岛、中途岛和约翰斯顿岛，为最后占领夏威夷群岛和歼灭美国太平洋舰队架起一座横跨太平洋的桥梁。

源田认为，目前正是把这个大胆计划付诸行动的时机，因为瓦胡岛上的美国军队目前还未从珍珠港袭击中缓过来，美国用于其外围基地的防御力量此时一定也最薄弱。依他所见，占领夏威夷是控制中太平洋和获取最后成功的关键。况且，这样做可以使美国人不能再把这些岛屿作为其潜艇基地使用。他保证说，用此方式占领中途岛和约翰斯顿群岛，将使失踪的他想找到并消灭掉的美国航空母舰重新露面。由于他满脑子都是这个计划，所以他不赞成去打中途岛。

开始，南云颇有兴趣地听着源田野心勃勃的计划。他的自信心似乎随着他和珍珠港之间英里数的增大而增加。在珍珠港袭击几天后的东京，包括前田和山口海军大佐在内的几名参谋聚在一起，对再次返回夏威夷的可能性进行了讨论。他们认为日本目前应扩大战果，于是把这个问题提到小川、福留和富冈处，供他们研究。

那些情报参谋的畅抒己见，基本等同于源田对南云所说的观点：美国人将来必定从西海岸调拨部队增援夏威夷防御部队。目前占领夏威夷，不仅能除掉日本在太平洋中这一强大军事跳板上最大的敌人，而且还将阻止美国人修复在珍珠港袭击战中尚未完全损坏舰只的工作。倘若美国没有夏威夷群岛这个媒介，他们援助澳大利亚也会困难重重。然而，日本却可以充分利用瓦胡岛上大型造船厂和仓库等有利条件。情报专家们再次极力主张，在美国重整旗鼓进行军事报复之前，立即实施该行动计划。

福留并不是不同意该方案所提出的目的，但他回答说，此方案不行，因为这样做需要足足 50 万吨船位和一个大型油船队。从正在进行的战争中匀出如此巨大的力量，是不可能的。他和富冈都指出，他们没有准备占领瓦胡岛的计划，而目前提出任何权宜之计和临时方案，其内在危险性都太大。假如说日本军队成功地占领该岛屿，甚至在那里建立了强大的要塞，又会怎么样呢？他将极易受到美国潜水艇袭击和空中袭击。再者，夏威夷尚不能自给自足，日本将不得不在供应自己占领部队以外，还要养活当地居民。该群岛的战略价值无须否认，但目前首先应该考虑的是得到东南亚的丰富资源。以后，日本或许可以考虑实施这一计划，但目前军令部坚决不同意此项提案。

12 月 12 日和 13 日，北太平洋上的风越刮越大。航空母舰在整个行动中经历了多次狂涛骇浪的冲击，这一次狂风又卷走了飞龙号上的几个水兵。赤城号前后颠簸，飞机不可能起飞和降落，无情的浪涛使南云的军舰出现了许多裂缝。在这种条件下，中将抓住了山本命令中的限定语“如果情况许可”，下令取消了袭击中途岛计划。

尽管南云的决定令宇垣失望，但联合舰队未提任何异议。南云的飞行员还有另一项更紧急的任务要完成——空袭威克岛。由于该岛的空中、地面联合防御力量在技术和士气上胜过即将来犯的侵略者，因此第四舰队参谋长谷野海军大佐向联合舰队司令部请求支援一艘航空母舰，为其提供空中掩护。山本命令南云派第二航空母舰战队增援梶冈，由于要执行这项新命令，南云不再考虑源田的驶向特鲁克群岛后，通过该群岛返回瓦胡岛的计划。

根据命令，南云于 12 月 16 日命令重巡洋舰利根号和筑摩号、航空母舰苍龙号和飞龙号以及驱逐舰谷风号和浦风号离开特遣舰队，进军威克岛。南云在给驻特鲁克群岛的第四舰队的电报中表示：他不能全力以赴地给予他们支持，“由于燃料问题，特遣舰队不能给予全力合作……分遣队不能在你处滞留过长时间，分遣队将在对敌设施实施一次空袭后即刻离开”。

百发百中的高空轰炸机投弹手金井，被公认为是轰炸亚利桑那号的英雄。他也参加到袭击威克岛的队伍中去。似乎是报复他在珍珠港的所作所为，美国截击机把他击落了。他的死是日本海军的重大损失，因为目前日本海军需要所有曾经过战斗考验的飞行人员。一些飞行员不赞成威克岛行动，至少不赞成特遣舰队参与该行动。战后，阿布指出，日本人当时不可能在那个孤立的外围基地上给美国人以致命打击。他们当时的所作所为，只不过向美国人展示了日本宝贵的战略技术，而美国人却从中学会了如何对付日本人。

南云直至安全驶出夏威夷水域后，才向联合舰队发出最后战果报告。12 月 17 日，他发出第一号战况报告。鉴于当时目标区上空可见度很低这一事实，渊田和其他观测者所做的战果统计，精确得可以说令人惊奇。日本人的统计数同他们的实际战果有些出入，多出了 1 艘油船和 5 艘巡洋舰，夸大了宾夕法尼亚号、奥格拉拉号、维斯塔尔号和柯蒂斯的损失程度，对击落飞机的统计数目更加言过其实。南云的报告说，约有 450 架飞机起火，扫射和轰炸使多架飞机受伤，交战中多架飞机被击落。

他在报告中继续说："可以肯定，除上述数字外，先遣特别攻击队也在其极为英勇的进攻中给予敌人极大打击……"但他未提出任何可以证实这一说法的依据。这一说法是错误的。然而毋庸置疑，它博得了山本和宇垣的欢心，因为他们两人是那些年轻勇敢但没有起任何作用的潜艇兵的坚决支持者。

12 月 17 日接到南云战斗情况报告后，渡边在长门号上写下南云报告给他带来的复杂心情：

报告最初送到联合舰队时，军令部一片欢腾，一致认为给予珍珠港的打击和特遣舰队遭受的微不足道的损失完全出乎意料。然而当重新审查那份战果报告后，它就不像最初看起来那么令人兴奋了。这主要是因为南云舰队并未找到美国航空母舰的方位。但是人们相信，在美国修复珍珠港创伤这段时间内，南方行动定能获得圆满成功。

这才是袭击的首要目的。对报告的反应，可以概括成这样的一个短语——"完成使命"。

南云特遣舰队在回国途中的运气依然不错。从 18 日起，天气渐好。那天千草在日记中写道："巡逻机整日飞行，但仍没有发现潜艇踪迹……傍晚旗舰发出信号，一艘敌潜艇从北开来，我们可能有机会碰到它……"但是，这一机会没有来到，最充分的理由是该地区尚无美国潜艇潜伏。尽管如此，诸如此类的怀疑性观测，使负责规避的草鹿疲于奔命。

这一天，宇垣的日记写得很清楚："夜里，在威克岛附近巡逻的两艘日本潜艇碰撞，当即沉没。威克岛似乎在施魔法……"无论是否被施以魔法，一切都是命中注定的。阿布海军少将指挥的特遣舰队分遣队，于 12 月 21 日向那座岛上发起第一次进攻，有力地增援了第四舰队。当他们于 23 日下午离开后，梶冈宣布威克岛已属于日本，并给它重新起名为鸟岛。

与此同时，特遣舰队主力继续西行。“一架海上巡逻机在我们头上掠过。”千草12月19日记道，“看来，我们离日本已经很近了。”两天后，第二补给队按原命令与特遣舰队会合，把余下的燃料输进战舰中去。12月21日，来自德山的第二十一和二十八驱逐舰中队的7艘军舰作为防御水下威胁的补充防御力量，加入了特遣舰队。第二天，南云的半数飞机离开航空母舰甲板，向其基地飞去。一天后，其余飞机也随之而去。

12月23日6点，战斗警报响起，要求进入二级准备状态。千草在日记中高兴地写道：“我们终于返回家园了。”9点30分，特遣舰队进入一级准备状态。千草继续写道：“舰队上方的天空中，许多飞机像鸟一样翱翔。海防部队的巡逻舰，列队行驶在我们舰队的两旁。”即使像大理石一样冷静的草鹿，当驶过赤城号的军舰升旗表示敬意和祝贺时，也激动起来。

特遣舰队于18点30分在广岛抛锚。宇垣立即赶到赤城号，欢迎南云和草鹿的归来。他们简短地交谈了一会儿作战经过。南云对他说，一切如此顺利，以至于他们禁不住相信这是上天的恩赐。他特别表扬了补给部队的献身精神和高超技术。他也指出，严格的无线电静默使他在把各军舰集中起来时困难重重。

宇垣注意到草鹿有几句话要一吐为快。“归途时下达的空袭中途岛的命令，尽管带有糖衣的修饰短语‘如果情况许可’，使参谋长本人感到十分气愤。”

转天清晨，南云和他的参谋们来到长门号，向山本表示敬意。永野约9点30分出现在大家面前，他满脸微笑，像收获时节的那轮满月。南云回答了一个个急切的提问，此时他再度夸大了已用无线电发回的战果报告。11点左右，一群人来到赤城号上，赞扬声铺天盖地地落在特遣舰队的官兵头上。摄影师的快门跳动着，给各战斗单位的官兵们拍下一张张必不可少的照片。

山本兴致极高。他稍稍离开那些极端欢乐、互相拍肩以示亲热的人群，对庆祝胜利者说：“由于你等长期刻苦训练，才在珍珠港袭击战中获得极大成功。但是，你等必须记住，尽管我们已取得这样重大的胜利，我们只进入了这场战争的第一阶段，我们只完成了一次行动。你们必须谨防首次胜利带来的沾沾自喜，前面还有更多的战斗。我希望你们一如既往，在未来所有的战斗中，尽你们最大的力量。”

山本讲话后，庆祝活动在一间不太整齐的参谋室里继续进行，米酒尽情地喝，那些留在家中的人们向归来的侵略者们提出无止无休的问题。渊田是此时的明星，他还未使一个提问者满意，另一个又插进话来。永野向他表示衷心的祝贺，和这位飞行队长互换盛满米酒的杯子，这是荣誉和友谊的象征。山本送给渊田一幅约4尺长漂亮的条幅，上面有他用精湛的书法写下的赞词：“袭击战果从 3000 英里以外传到我的耳中——它来自夏威夷。为纪念飞行队长渊田在 12 月 8 日清晨出色的表现，山本五十六特此题笔。”

然而，最大的荣誉是天皇希望珍珠港袭击领导者本人亲自向他讲述袭击过程。因此，永野为自己、渊田和岛崎安排了一次历史上从未有过的召见。

渊田和岛崎分工合作，渊田负责向陛下讲述空袭美国军舰的经过，岛崎向裕仁介绍袭击空军基地的过程。由于岛崎控制飞机的能力远远超过其驾驭笔墨的能力，渊田只好一人写两份报告。

12 月 26 日 10 点稍过，渊田面对面地站在他为之赴汤蹈火的人的面前。后来，他承认，指挥一场袭击远比向天皇汇报容易。他哆哆嗦嗦地铺开瓦胡岛地图，这是他特意为此次召见准备的。由于礼仪上的需要，渊田首先把过程讲给莲沼茂陆军少将，陆军少将再把渊田的话翻成高雅的宫廷语言（一种与标准日语差异很大的语言）讲给裕仁听，尽管存在着语言上的障碍，但渊田还是满意地看到，他得到了天皇的注意。

陛下认真地审视着渊田为此次召见特意汇制的图片和战果表，提出了许多有关问题：战果是如何统计出来的？渊田本人认为战果统计的精确度如何？是否有民航机被击落？港内是否有医院船？美国人的最初反应如何？是否有日本飞机因不能返回航空母舰而被击落？

渊田的回答同样干脆扼要。天皇和飞行员谈得很投机，以至于超过原分配给渊田的 15 分钟时间的两倍。随后，岛崎结巴着简要描述了瓦胡岛机场的损失情况。他太兴奋了，以至于没用完给他的 10 分钟，就讲完了。

天皇提了几个问题后，屋里一片寂静。最后，永野站起身。裕仁突然又问：“除军舰、飞机和机场以外，其他地方是否也遭破坏？”永野让渊田回答这个问题。渊田急切中直接对陛下讲起来——这一礼节上的失误，仁慈地被谅解了——渊田的回答是否定的。他说：“飞行人员接受特别指示，只轰炸军事目标。”当天皇站起来准备结束这次召见时，说：“朕将非常高兴把这些图表留在宫内，朕希望让皇后陛下看看。”说完，退出房间，所有人都毕恭毕敬地鞠着躬。

渊田知道，他将永远不会忘记，他曾和天皇在同一个房顶下交谈的这一天——这是任何日本人都渴求的最高荣誉。然而，某种紧张空气笼罩着此次召见。陛下对一名曾参加一次伟大海战的海军军人表示兴趣，体现出一个高贵的人对一位平民的关心，他也流露出一个有家室的男子想和自己妻子分享生活的天性。但是，他并未流露出一丝一毫的欣喜之情。

突如其来的名誉，使南云和草鹿十分激动。从此以后，在日本历史上和在日本人心目中，这两位军官将永远联系在一起——他们是空袭珍珠港的指挥者。同样，山本也将在日本海军的英烈祠里占上一席之地。他可以自豪地认为，是他在各种各样反对意见的压力下推进实施了这场行动。但他同样也十分清楚，一次胜利并不意味赢整个太平洋战争，无论这一胜利如何显赫。

山本还特别为一件事而感到心绪黯然。作为一个正直的人，他坚持要求日本最后的外交照会务必在袭击珍珠港开始前送到。他在“军事上的奇袭”和“政治策略上的偷袭”之间划下一道分明的界限。袭击后，当美国广播拼命谴责日本人“偷袭”时，据说山本对此要求做出调查。后来的调查证明，12 月 6 日和 7 日发出的分为 14 部分的照会业已交至国务院，但具体的递交时间尚不清楚。这使山本感到不安，并似乎对此感到非常不快。看来，没有人告诉他战争开始 55 分钟之后，日本方面才向赫尔正式递交最后通牒。

外务省在调查此事上，看来丝毫不乐意同山本密切合作，山本的意愿被忽视了。一旦他知道事实真相，绝不会只发一阵脾气。他不是一个可以容忍过失的人，尽管事情已不可挽回。

再者，日本政府从未意识到时间的选择使这一事件具有其本质上的改变。“最后通牒”纯属走走形式，东京根本没有留出改正差错的时间余地。不管这样做是否合乎国际公法，日本对夏威夷闪电般的袭击，使它控制了整个中、西太平洋。现在，它可以毫无顾忌美国海军的两翼威胁，堂而皇之地侵略埃尔多拉多。朝日旗从未在天空里如此高的地方飘扬。日本国民像世界上其他地方的人民一样，对此也感到惊奇和不解，对自己国家取得的胜利感到敬畏。

根据传统，天皇在其在位的第十七个年头开始之际，向自己的臣民公布每年一度的新年征诗题——“山上的云彩”。《日本时代和广告报》用抒情般的语言，评论了天皇所选的征诗题：“山上的云彩，是新的一天到来的象征。”日本的确在那段时间里在云彩上翱翔，然而胜利山峰下的山坡，却是在向下延伸。

毫无准备

美国总统罗斯福签署对日宣战命令

日本对珍珠港的破坏性空袭唤醒了美国人民，历史上从未有任何一个事件起过如此的作用。从东海岸到西海岸，从南方到北方，美国人气愤地传送着一些悲惨的消息，并把它们深深地印在脑海里。对于珍珠港的大多数人来说，他们经历了一次强烈的感情波动，确切地说，是一次创伤后的震惊。

然而，对于美国人民来说，感情比震惊更为强烈地搅动着他们。惊奇、恐惧、迷惑、悲哀、受辱以及洪水般的怒潮交织在一起，刺激着大脑，使美国人民震颤。这种深入骨髓的气愤和仇恨，其内涵如此令人激动，如此多种多样，如此紧密地交织在一起，以至于难以用连贯的富有逻辑的模式把它们一一列出。原因之一是，美国人曾被那些混蛋们耍了而恨得咬牙切齿。太平洋沿岸的一些观察家，在看到一船船铁和其他有战略价值的物资运往日本时，曾预言过：某一天，这些东西将制成日本炸弹，再回到美国来。现在，整个国家心照不宣地承认，他们的预言是准确的。阿肯色州的《新闻报》仅用一句简洁的话，便总结出美国人的愤怒之情："现在可以看出，日本是一个对不起我们的顾客。"

卡住这个国家喉咙的另一根鱼骨，是日本人未经正式宣战便开始空袭。最使美国人生气的是，袭击发生之时，日本还在同美国谈判，表面上诚心诚意地寻求和平解决双方问题的途径。举国上下，同声声讨："正当日本的马基雅维里式[①]特使和我国政府进行'和平'谈判之时，日本人却发动了狡猾、懦夫式的袭击。"《亚特兰大宪法报》找不出合适的词句，"用以形容日本人彻头彻尾的欺骗行径……"奥古斯塔（乔治亚州）的《纪事报》，形象地描绘出握手和皱眉的动作说："这是无与伦比的不真诚和欺骗！"

感情激奋中，隐藏着一丝解脱——日本人把美国从钩上摘了下来，为美国做出了选择；这个解脱意味着侵略的耻辱将落在"轴心国"一边，意味着美国人可以结束谈判和折中，去从事真正的工作，意味着孤立主义和干涉主义之间裂痕的弥合。"既然美日之战现在看来已不可避免，空袭的到来带来了一种如释重负的感觉。"纽约《先驱论坛报》富于哲理地评论道："误会已经消除，美国人可以忘掉过去的争论，去从事他们自己的使命。"

珍珠港的炮火产生了如此令人难以置信的磁场，但也导致了对此次空袭的目的、性质等看法上的混乱。日本从此次行动中到底希望得到什么？起初，美国人对此似乎有些迷惑不解。"日本自欺欺人的精神，现已发展为严重的神经错乱。"人们怎么能弄明白疯子的动机？然而，一些专家还是做了勇敢的尝试。

在不知晓袭击所造成的破坏程度之前，人们便企图解释日本人的动机，做出了某些颇具特色的猜测。记者保尔·马伦断言："袭击夏威夷显然是一种心理示威，而不是军事破坏。"

一些人推测说，此次行动可能是另一个"满蒙事件"——日本武装力量背着东京最高指挥官擅自行动。这是一个合乎情理的猜测。然而，山本完全不同于领导日本进行满蒙冒险的军阀，文职政府此次不能推卸其法律上的罪责。

许多责任心很强的新闻界人士估计，日本不可能依靠自己的实力做出如此惊人的功绩，一定是德国人在给它撑腰。《芝加哥时代报》对这一估计毫不怀疑："倘若不是阿道夫·希特勒，日本将永远不敢冒险走上如此一条自杀之路。"《纽约下午报》

---

①译者注：马基雅维里是意大利政治家兼历史学家。马基雅维里式政治家指为达到目的而不择手段的政治家。

宣称："纳粹政府是为日本制定政策的主子。"

新闻界不仅相信希特勒向日本提供了一套现成的外交政策，还认为是他亲手制定的袭击战略。塔尔萨的《世界日报》指出：袭击的突然性和大胆性表明，"日本事先受到了德国人的悉心指导"。持有这种观点的报纸，其数量之多令人吃惊。人们得到的印象是，第四等级的绅士们（谑语，指新闻界和记者们——译者注）认为，在柏林这个恶魔天才手中被彻底击败，要比在孤立无援的日本人发动的进攻面前少蒙受耻辱。人们在此时此刻还在低估日本人。一些新闻记者认为，希特勒可能为袭击提供了飞机和飞行员。

当然，还有许多美国报纸并没有登载德国应对此负有责任的神话。它们强调指出，日本完全有能力做出这一切，而不用纳粹头子指教。

然而，上述所有这些分析和猜测，均不能使美国人民满意。他们对日本人如何侥幸获得胜利比对他们为何袭击珍珠港更感兴趣。正如指挥轻骑旅冲锋出现失误一样，一定是有人由于疏忽而铸成大错。显而易见，这个人或这些人一定是美国人。因此，美国人民并没有把所有燃烧着的利箭射向日本人，而是留下一些向自己和自己领导人瞄准，因为是他们在毫无戒备的情况下被日本人钻了空子。于是，他们开始了一场持续数年的运动：寻找小丑——在这场空袭中指挥失败的某个美国人，或某些美国人以及参与策划这场空袭的卑鄙无耻的阴谋家。

在报纸和国会讲台上还未爆发舌战之前，诺克斯便于 12 月 7 日晚请求总统同意他亲自到瓦胡岛上视察，以查明受损程度，争取找出美国军队为何在毫无戒备的情况下遭受日本人袭击的原因。"当我亲耳聆听总统宣读咨文时，我受到了鼓舞，才决定这次的夏威夷之行。"他 12 月 18 日在给芝加哥《每日新闻报》的保尔·斯科特·莫勒的信中写道："在短短的时间里，到处都是传闻。将来可能要有讨厌的国会调查。因此，我下定决心亲自到那里去，弄清事实真相。如果事实果真如此，我将亲自发起一场调查。"

诺克斯具有新闻记者的才能——亲自到事件现场去。无疑，当参议员康纳利从白宫的煤堆里把他耙出来时，他便意识到国会或者一些报纸将要往他身上泼污水，因为他曾那样愚蠢地大肆吹嘘他为之骄傲的海军。再者，对海军官兵以及军舰的责任感，也促使他到瓦胡岛上做一次危险的旅行。

于是，12 月 9 日（星期二）上午，诺克斯和包括助手弗兰克·E·贝蒂海军上校在内的一行随从官员，离开艾那库斯塔海军航空基地。两天后，飞机安全地在堪尼奥赫湾着陆。马丁在水上飞机的扶梯旁迎接诺克斯，他发现部长亲切但很严肃，急于想了解这一丑事的真相。马丁带着诺克斯一行参观了损失惨重的航空基地，遭劫难的PBY飞机，被火烧焦的机库以及正在从废墟中抢救东西的官兵。

金梅尔在火奴鲁鲁的皇家夏威夷旅馆见到了诺克斯，当时他们一行人正要去上将居住的寓所。金梅尔邀请诺克斯到他家去住，但部长婉转地拒绝了这个邀请。鉴于此行的目的是做调查，因此部长已发下命令，不做瓦胡岛上任何一位高级军官的座上客。

来自华盛顿的这些人，感到瓦胡岛被恐惧气氛所笼罩。贝蒂描述说，夏威夷的指挥官们“一切从安全考虑”，谈话时小声耳语，不断向四周看，唯恐有人偷听。许多人仍未从袭击的惊恐中恢复过来，每个人都意识到该岛暴露的位置是其潜在危险。肖特在夏威夷陆军部已做好一切战斗准备，准备反击一次可能的入侵活动。“我们已孤注一掷。”多尼根回忆说。但弗莱明认为，这场袭击是一场打完就跑的一次性进攻。与此相反，一位具有高级军官职位的陆军部工程师“几乎在对日本人再次袭击的可能性问题上患了偏执狂”，他对自己“为命运做出的预言也感到厌恶”。这种情形持续了数周，致使他的部下注意力不能集中，还导致了一个人的精神崩溃。

不仅夏威夷群岛上下忧心忡忡，华盛顿的海军界领导人也为夏威夷捏着一把汗。12月9日，海军作战部长通知金梅尔：

> 日本人在7日的空袭中大获成功。据估计，以后还将有日本人来犯，其目的旨在把夏威夷变成不具备防御能力的海军基地和航空基地。据信，日本人最终将调动适当的武装力量占领瓦胡岛、中途岛、毛伊岛和夏威夷岛等岛屿……
>
> 在加强防御力量之前，值得怀疑的是珍珠港是否能作为除巡逻机、海军飞机、潜艇之外的基地，或当基本肯定日本不会再实施袭击时做暂时基地使用……

萨福德告诉我们说，他曾对诺克斯和特纳讲过，这一判断完全是错误的。萨福德“坚持认为，珍珠港袭击是一场打完就跑的战斗，可以肯定地说，最近几个月内不再会发生空袭，日本人已完成使我太平洋舰队陷入瘫痪的目的，他们将继续侵略东南亚……”萨福德还曾相当不得体地向诺克斯强调：“目前至关重要的是保持头脑冷静。”

两种观点均有道理。萨福德对形势的估计绝对正确。华盛顿当局接受的，是所谓的不可能极有可能发生的说法，因为这种说法最为保险。海军高级领导人必须接受这样一个事实——只要日本拥有装下如此一顿美餐能力的航空舰队，掉头返回的可能性就不能排除。否则，他们将是极不负责的。况且，源田在特遣舰队返航途中，的确力促南云做出掉头再度袭击的决定。

使斯廷森感到讨厌的，是海军最近对夏威夷的关注影响了他制订援助菲律宾的方案：

我们遇到重重障碍，其特别原因是，夏威夷灾难之后，海军极不安定，犹如惊弓之鸟。再者，这场灾难完全破坏了依靠该要塞实施的海军战略部署。他们目前只考虑夏威夷以及如何恢复该岛防御能力等问题，他们反对我们为反袭击而做出的一切努力，坚持失败主义者的态度，即在未经尝试之前就断言反袭击的不可能性。

对于诺克斯及其随行人员来说，珍珠港所呈现的是一幅可怕的画面——世界上最强大的舰队现在被夷为一片废墟。他们所关心的第一个问题“是人员的损失和痛苦”。他们看到，从漂有油污的水里捞出来一具具尸体，而其他人还在紧张地清理废墟，准备另一场袭击的到来。

后来，肖特来到金梅尔的总部，与诺克斯交谈了约一个半至两个小时。肖特向部长简单介绍了袭击前及袭击中瓦胡岛的情况，反复说到了第五纵队的活动。但诺克斯不需要对夏威夷日本人应白眼相看的劝说。旅行结束后，他对罗斯福汇报说：“日本第五纵队成员的活动继袭击后立即展开，其活动形式是利用无线电台散布许多扰乱人心和自相矛盾的谣言，这些谣言大都关于飞机飞离的方向以及四面八方出现敌舰的传说。”事实上，12 月 7 日以后，瓦胡岛上的陆军和海军根本不需要日本人帮忙制造这些扰乱人心的传说。

与对当地日本人的误解形成对照的是，瓦胡岛已确切知道进攻舰队的构成。从一架坠毁的日本飞机上发现的一些文件表明，袭击舰队拥有 6 艘航空母舰、3 艘重巡洋舰和包括驱逐舰和其他类型军舰在内的辅助舰只。

在诺克斯视察期间，他发现了一个问题：一封部长认为海军部已向金梅尔和哈特发出的电报，他们根本没有收到。某些修正主义学派含沙射影地说，这封电报一定是 6 日准备发出，却被华盛顿当局扣住了。在所有有关人员中，金梅尔是把怀疑之种播到珍珠港前夕的华盛顿田里能受益最多的人，但他是一个有理智、有正义感的人。在国会委员会面前，他清楚地讲述了他和诺克斯的谈话内容，没有为这部“侦探小说”添油加醋——

“你是否于星期六晚上（1941年12月6日）收到海军部发来的电报？”我说：“不，我没收到这样一封电报。”“怎么！”他说，“我们给你发报了。”我说：“但我敢肯定没收到，或许我的通讯设备出了故障，我去查查。”

金梅尔对此事的确做过调查，但答案是否定的。此事就这样了结了。一份既能让我们尊重历史又能说明事实的证词是波克·史密斯提供的。他当时在谈话现场，他告诉国会委员会说，他几乎“字字句句都记得清清楚楚”，因为谈话留给他的印象很深。下面，就是他所回忆的诺克斯如何向金梅尔提问的原话：“难道你没在珍珠港事件前夜的星期六接到一封警告电报吗？它是关于我们秘密得知的有关来栖和野村已接到本国政府将于12月7日星期日13点整向赫尔先生呈递最后照会指示的情报？”当在场的每个人都回答没有后，诺克斯继续说：“这就奇怪了。我知道电报发给哈特了，我想一定也发给你们了。”

显然，他们说的是那封被一种以前鲜为人知的大自然现象阻挡收报人收到的电报，是马歇尔与斯塔克于12月7日中午而不是12月6日晚联合发出的那封著名电报。它不可能在12月6日准备好。其中最有说服力的理由是：电报是根据东京电报写成的，而东京电报直至12月7日才由美国陆军截收、破码、译出。

金梅尔在谈到其他问题时，在诺克斯面前也很诚实。肖特也是如此。他们两人都承认未曾预料到会发生一场空袭，承认日本人是在他们毫无准备的情况下向他们实施空袭的。金梅尔过去一直把潜艇袭击视为来自日本不宣而战的主要危险。

诺克斯对这一发现感到极为不安。“简直难以置信，陆军和海军在如此不备的状况下遭到袭击。”他12月18日在写给莫勒的信中这样说：“他们显然认为，航空母舰载机进行袭击是不可能的，他们从未对诸如此类的袭击做过任何准备。”由于诺克斯绝对相信美国于12月7日11点左右曾击退过一次根本不存在的第三攻击波，所以他肯定地说：“倘若防御者们当时有所准备，一定会击退第一次进攻。”

金梅尔现在仍是总司令，依然要关心战争局势。他认为目前仍有些正面因素，例如，油罐未遭破坏，机械车间完好无损，他的海军精英、无价之宝的航空母舰也未损一根毫毛。12月10日，金梅尔向斯塔克办公室发电。这封电报显然是对海军作战部长前一天电报的答复。金梅尔强调指出，他和他的部队已做好战斗准备。

由于敌人曾在我地区出现，现所有战斗部队以及所有的战略计划都旨在找到和歼灭敌人舰队，尤其是敌航空母舰。我们遭受的巨大损失，并未耗尽我们行动迅速的进攻部队，也未影响他们的士气和决心。珍珠港必须用做基本补给基地和检修地，必须再向陆军和海军增派飞机、换班飞行员和保养人员。珍珠港航道畅通，工业设备完好无损，生产形势良好。

然而，还有大量的清扫战场和修复工作需要做。诺克斯及其随行人员，在福特岛上见到的情况最惨。最令人痛心的一幕，是医院角内成百上千的伤员，一些人烧伤十分严重，以至于难以辨认面目。那天晚上即 12 月 11 日星期四晚，波因德克思特总督在实行灯火管制的旅馆，与一行人共进晚餐，他们几乎整夜都在谈论他们的所见所闻，并为明天做计划。第二天上午，诺克斯来到夏威夷陆军部听取详细的情况汇报。会上，诺克斯部长对肖特所做的一切未表示任何不满意。听完汇报后，诺克斯在司令部又逗留了约两小时。拿到死伤人员名单，有关受损情况的照片以及日本人留下的战利品后，他和随行人员于当天下午前往堪尼奥赫，不久乘飞机返回本土。

飞机一抵达华盛顿，诺克斯立即前往白宫。他报告的原稿上，有罗斯福的手迹："1941 年 12 月 14 日下午 10 点 F·K·（诺克斯的英文缩写）从夏威夷归来后，到此地呈交。FDR（罗斯福的英文缩写）。"

我们无从知晓他们两人谈话的持续时间和具体内容，但第二天，罗斯福情绪非常低落。帕·沃森劝他离开白宫，去开开车或干点其他什么，但劝不动。罗斯福出身贵族，曾受过贵族教育，并具有当演员的天赋，他最后选择做一名政治家，这使他一向注重自己的公众形象。诺克斯的汇报一定大大刺激了他。沃森那天下午对摩根索说，诺克斯整个晚上和白天同总统在一起。他认为在当时的形势下，"这样的长谈足以使任何人忐忑不安"。无疑，沃森夸大了谈话的时间，但诺克斯确给罗斯福送来了一大份难以下咽的食物，致使他"厌食"。

12 月 15 日上午，诺克斯在白宫见到总统、赫尔、斯廷森和其他几个人，罗斯福把用铅笔写成的有关这场袭击前后的草稿交给诺克斯。罗斯福认为，该报告在国家安全受到威胁的紧急关头应公之于世。会后，回到海军部不久，诺克斯召开记者招待会，声明他和斯廷森受命立即召开此次会议，并声称两个军种应对日本袭击所带来的损失以及未能对诸如此类的袭击做好准备共同承担责任。

12 月 15 日，诺克斯公开发表了他的报告。尽管罗斯福做了节略，但诺克斯的介绍还是既生动又富有戏剧性，非常出色。从所用时间、可用资料和保密要求等诸方面考虑，他的报告可读性强，也很准确。他宣布：袭击中损失了亚利桑那号、犹他号、卡辛号、唐斯号、肖号和奥格拉拉号，另外包括俄克拉荷马号在内的另外几艘军舰也受损。虽然报告与事实稍有出入，但从修复工程后的情况考虑，也不算离谱。他提供的死伤总数中，夸大了死亡数目，但低估了受伤人数。

在回答提问时，诺克斯表示，他相信有“150 架到 300 架飞机参加了此次袭击，飞机数目之多绝不会来自一艘载机航空母舰”，“飞机显然不是岸基飞机”，“据目前所了解的情况来看，没有一架飞机是德国人驾驶的”。他还宣称：“海军事先曾得到警告一事，纯系谣言。”他强调指出，最重要的是：“空袭中，我们的士兵表现了前所未有的英雄主义精神。在海军最危险的时刻，舰队官兵表现出无比的勇气和智慧……”但是，诺克斯不得不承认最主要的严酷事实：

美国军队对于夏威夷突然而至的袭击毫无准备。这一事实，要求我们做一次正式调查，总统将立即着手进行此项调查。下一步的行动，固然要依赖调查委员会提供的事实和建议。我们有权知道：（A）关于这场袭击是否存在判断错误，（B）袭击前是否有任何渎职行为。

诺克斯除了向我们提供了真实情况外，还帮助我们记住珍珠港事件中的一些细节。看来，关于一枚炸弹“正好落入亚利桑那号烟囱”的传说，不是他第一个讲给公众听的，就是他大加渲染的。诺克斯对珍珠港事件中一些传说的广泛流传，起了很大的作用，并且极不公平地给日裔美国人增加了苦恼。他说：“我认为此次战争中‘第五纵队’卓有成效的工作，可能除在挪威之外就是在夏威夷做出的。”

国家级报纸大篇幅报道了诺克斯报告。在当时那种形势下，许多报纸很自然地直接或间接地转载了那些对美国有利的说法。然而，任何剂量的糖衣也不能裹住日本人在 12 月 7 日炮制出药片的苦味儿。“毫无准备”这个赤裸裸的短语，有如一个手持一把冒火匕首的天使一样，站在美国和自我陶醉之间。

没人不相信海军部长的调查结果中那令人不快的一面。调查结果来自诺克斯，它以战争之斧的力量撞击着人们的心灵。自诺克斯任职以来，他热爱海军，并为之感到骄傲，他的骄傲之感几乎从他的每一言每一行中流露出来。倘若有一个人愿意竭尽全力为海军辩解和帮助有关当事人顺利过关，这个人一定就是诺克斯。一份有损于海军的报告，由“弗兰克·诺克斯”签名，要比由一个公正的观察员签名的报告更为可信，就像罗密欧责备朱丽叶一样。一般人认为，应该做一次官方调查，而且越早越好。诺克斯做出的努力，不过诞生了一篇辉煌的新闻报道，但它不是一次令人满意的调查。

从某一方面说，诺克斯的报告有损于海军威信，它把公众的注意力集中到海军身上。直至今天，当说起珍珠港事件时，人们很自然地把议论焦点集中在海军的行动、责任和失误上，尽管陆军担负着保卫港内舰队和守卫群岛这一基本任务。

陆军没拿出等同于诺克斯报告的东西。马歇尔打电话给瓦胡岛陆军部作战计划处长邦迪陆军上校，让他报告目前情况和他们的要求，但不幸的是，上校在途中死于飞机失事。因此，陆军部只得依靠诺克斯提供的情况。

斯廷森知道陆军同海军一样，也将受到惩罚。“诺克斯同意我关于两个军种均犯有疏忽的观点……”他于 12 月 15 日在日记中写道：“两位部长非常焦虑，他们不寻找本部内部的责任，而把注意力放在不可变更的责任和惩罚上，却不去进行反思。”

陆军和海军于 12 月 16 日解除了肖特、马丁和金梅尔的职务。第二天，斯廷森宣布了陆军决定，表示他同意诺克斯关于 12 月 7 日毫无准备的看法。他解释说：“解职将避免对我重要海军基地安全负有责任的军官，在此关键时刻卷进昨天总统下令进行的调查之中。”

陆军部原计划派遣航空元老、指挥第一航空兵的赫伯特・A・达古陆军上将到夏威夷接替肖特的工作。但是，达古在加利福尼亚同邦迪上校在同一次飞机失事中丧生。马歇尔希望找一名空军将领接替肖特。所以，他选择代替达古的是空军的迪洛斯・C・埃蒙斯中将，并推荐丁・劳顿・考林斯上校任埃蒙斯的参谋长。埃蒙斯当时在旧金山，他于 12 月 17 日接替了肖特的职务。指挥部门内人员的更替工作，是暗中进行的，未对外公布，也没举行任何仪式。两位将军没有对解职表示特别难过。

肖特的许多参谋认为，解职令人感到极不愉快和吃惊。“肖特从未认为他对此负有责任，或犯有渎职行为。”多尼根解释说：“因此也从未想过要被解职。”但弗莱明则认为，肖特的解职伤害了一般官兵，并不使肖特本人感到特别震惊。袭击那天下午，肖特曾对他说，他将被解职，因此他很清楚这一点。然而，弗莱明强调指出：“我不认为肖特曾预料到美国政府和美国陆军会这样对待他。”

无论解职本身，还是解职这种方式，都使肖特感到特别伤心。无疑，职位的解除刺伤了他的自尊心。梅菲尔德说：“肖特对于他的解职感到十分难过。事实上，这使他受到了极大的打击，并导致他身体健康的下降。”

肖特夫人在袭击后不久，返回了本土。将军过去的参谋们都为他难过，但他们中的大部分都没陪着他，而是让他自己独处。他们认为，他必须以自己的方式去适应这一痛苦的处境。再者，对于他目前的尴尬处境，提得越少越好。

12 月 7 日 15 点左右，金梅尔正式向他的暂时接替者派伊移交指挥权。两人按礼仪面对面地宣读了各自的命令，然后握手，最后金梅尔走出自己的办公室。解职使金梅尔感到心灰意冷和孤苦伶仃。他过去一向很健谈，但从那刻起，他变得沉默寡言，情绪低落。他清楚自己被解职的原因，但一心一意地期待着被再度起用。显然，斯塔克也有这样的想法。他 12 月 29 日在写给金梅尔的信中说："不要为我们对你的处理而忧心忡忡。我像过去一样器重你，甚至比以往更器重你。这番话发自我的肺腑。"

当时，许多驻守在夏威夷的军官都认为，在那种情况下，金梅尔和肖特必须离职。对于金梅尔忠实的情报参谋莱顿来说，上将的解职并不令他奇怪，但他感到不解的是指定派伊接替的决定。正是派伊在 12 月 6 日那天，向莱顿保证说日本人不会向美国发起进攻。当然，派伊只在金梅尔解职后和尼米兹接替前这段时间，做了 14 天的美国太平洋舰队司令。

金梅尔留在夏威夷，等待着即将到来的调查。晚上，他经常和厄尔上校夫妇谈天。厄尔夫人写道，"我们喜欢和他在一起。我记得他曾说过这样的话，'你知道，袭击过后不到 3 天，我便意识到这场袭击对我个人意味着什么'"。

解职意味着什么，这一点在金梅尔和肖特成为公众的注意中心和苛难的避雷针后，变得更加清楚。一般说来，美国大陆上的报纸大都拥护海军和陆军解除他们职务的决定。新闻记者们认为，这个行动既符合逻辑又极为必要。芝加哥的《论坛报》曾刊登过许多吹捧金梅尔和肖特的文章，而现在几乎不愿意浪费一丝怜悯之情。1941 年 12 月 18 日，它评论道：

> 空袭到来而毫无准备，是绝对不可原谅的，这是一条最高军事原则。陆军和海军两个军种均要求每位军官提高警惕，保卫自己军队的安全，无论上级是否下达命令。而刚刚被解职的军官们显然没能遵守这条军队戒律……倘若指挥官被证明不能胜任工作，就必须立即被取代。不然，更严重的灾难将降临到我们国家的头上……

马丁和贝林格的命运，比他们上级的命运要好得多。贝林格仍然留在瓦胡岛上任职。尽管马丁从夏威夷空中指挥官的位置上被撤换下来，被克拉伦斯·L·廷克准将取代，但他得到了指挥第二空军的职位，该部队负责保卫重要的美国西北地区。

对于此，人们一定会问：一视同仁的原则到哪里去了？休梅克评论说："非常奇怪，金梅尔和肖特受到审查并被一脚踢开，而空袭前接到情报仍遭到日本人痛打的麦克阿瑟上将，却与审查无缘，也未被解职。"麦克阿瑟当时知道珍珠港已遭到袭击，并知道敌人已朝他开来，但当日本人的第一批炸弹和子弹袭来时，他的飞机仍然无助地停放在地面上，使他的空军受到严重损失。

不可否认，这是对命运的嘲弄。命运把一位遭到突袭并被打得落花流水的指挥官造就成一位英雄，而把有同样过失的两位军官从现职上赶下去。然而，真正关心自己国家的美国人，对麦克阿瑟继续留在岗位上不会感到懊悔，也不会对尼米兹在太平洋上过早地操起指挥大权感到遗憾。在后者的情况中，不是一个好指挥官取代一个坏指挥官的问题，而是一个好指挥官把位置让给一个伟大的指挥官。命运对金梅尔和肖特是残酷的。然而，生活本身就很少有温柔，而战争永远是残酷无情的。

渎职

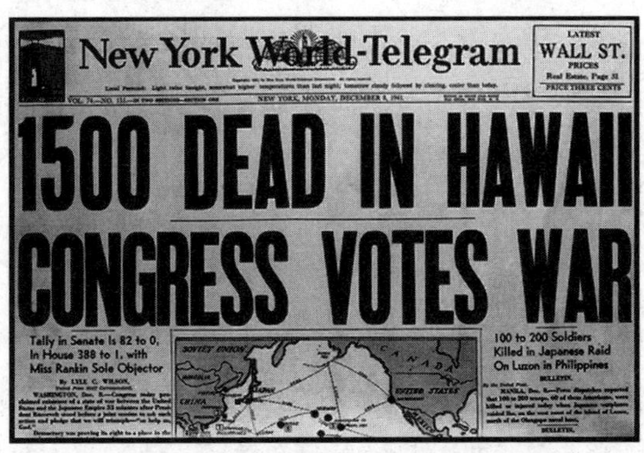

New York World-Telegram

LATEST WALL ST. PRICES

Real Estate, Page 31

PRICE THREE CENTS

NEW YORK, MONDAY, DECEMBER 8, 1941

1500 DEAD IN HAWAII
CONGRESS VOTES WAR

Tally in Senate Is 82 to 0, In House 388 to 1, with Miss Rankin Sole Objector

By LYLE C. WILSON,

100 to 200 Soldiers Killed in Japanese Raid On Luzon in Philippines

BULLETIN.

1941 年 12 月 8 日《纽约世界电讯报》报导日军偷袭珍珠港

诺克斯回到华盛顿不久，总统便通知他说，希望“任命一个由两位陆军军官、两位海军军官和一位文职人员组成的调查委员会，查出谁应对夏威夷的损失负责，并提出处理意见”。

12 月 15 日下午晚些时候，诺克斯打电话给斯廷森，通知他总统的决定，还征求斯廷森是否同意选择芝加哥的某位联邦法官为非军人成员。斯廷森认为，那位候选人不是“一位杰出的法官”，并推荐最高法院法官奥文 · J · 罗伯兹。

第二天上午 9 点前，斯廷森打电话给马歇尔，告诉他关于决定弗兰克 · B · 麦克伊陆军上将为调查委员会的陆军成员，请马歇尔选择一位航空队军官，因为他认为委员会内“应该有一位航空队人士，因为袭击来自空中，与之有关的渎职问题也同天空有关”。参谋长对此表示赞同。后来，马歇尔汇报说，他认为约瑟夫 · T · 麦克纳尼准将是“最好的人选”。此后，斯廷森把他对于陆军成员的人选的建议告诉了诺克斯。诺克斯表示同意，并表示接受罗伯兹法官为委员会成员，放弃了他自己提出的人选。

由于斯廷森的建议和诺克斯的附和，罗斯福选中了罗伯兹。罗伯兹是领导此次调查的合适人选。密歇根议员罗伊・C・德拉夫非常信任罗伯兹，说："单就他在委员会的任职和地位，就足以向全国保证，此次调查能彻底公开地查出 12 月 7 日灾难的原因和当时的情况。"早在卡尔文・柯立芝总统任命罗伯兹为"茶壶盖——埃尔克山"一案的政府特别起诉人时，罗伯兹就受到了举国上下的关注。

12 月 17 日，罗伯兹委员会在斯廷森的邀请下，来到斯廷森办公室，同斯廷森以及诺克斯见面。诺克斯对他们非常详尽地讲述了他不久前在夏威夷的所见所闻，给他们留下了深刻印象。斯廷森对委员会说："陆军和海军愿意与他们合作，愿意向罗伯兹提供一切可能的帮助。"应该指出的是，曾当过律师的斯廷森，在 12 月那些天里，同一个调查与他有关的案子的委员会见面，并做指示，允许他们听取同样有牵连的诺克斯那未经发誓而极有可能是不公正的证词，这样做的结果势必导致人们心理上的无所适从。

公正地说，当时的情况足以使任何一个律师撕下他的头发，人们几乎不可能找到既称职又不带偏见的委员会委员，或许只有来自火星的小个子能够用冷静公正、法官似的眼睛处理这个案子。国内每个有头脑的男人女人，都已读到关于珍珠港受到袭击的报道，但没有几个人能不偏不倚地听取有关这一案件的证词。更为重要的是，1941 年的海陆两军之间关系密切，几乎每个军官都有几个在夏威夷驻防的朋友，因此就不可能不掺杂一些感情因素。毋庸置疑，斯廷森和诺克斯特别关心委员会成员的人选，而从入选人员的履历来看，他们看来都非常称职。

资历最深的是 69 岁的来自美国海军的威廉姆・H・斯坦德利海军上将（已退休）。1933 年至 1937 年间，他是一位杰出的海军作战部长。罗伯兹形容他为"我所认识的最敏锐最能干的人之一，而且是一位十分公正的人"。这番评价，很好地说明罗伯兹自己的公正，因为斯坦德利给他这个主席出了好几次难题。

资历稍浅于斯坦德利的，要属美国海军已退役的约瑟夫．M・里夫斯准将。里夫斯曾当过多年的工程军官，后来在 1925 年他 53 岁时来到飞行学校，在那里获得飞行员和观察员的空军徽章。罗伯兹称里夫斯为"海军最杰出的飞行元老"。他对国会委员会说，里夫斯"在美国舰队当将军的年头，比你我生活中的任何一个人任将军的年头都长。每当他在火奴鲁鲁或其他地方出现时，海军士兵们便向他涌来，就像对父亲一样……"第二次世界大战爆发时，里夫斯被召回，负责海军方面与英国商议租借一事。萨福德评价说："如果 F. D. R（罗斯福）企图掩盖事实真相，就不会任命斯坦德利和里夫斯两位将军参加罗伯兹委员会了。”

然而，对于里夫斯的评价，并不都是歌功颂德。斯坦德利对哈利·E·巴恩斯说，里夫斯在他手下服役时“既无能，又主观”，调查期间，他“极力诋毁金梅尔和肖特”。

遗憾的是，我们没有金梅尔在委员会发表结论之前对各位委员的评价。因为，他过后的评价——可以理解——可能会受到调查结论的影响。他后来评价说：“里夫斯说话很快，崇拜罗斯福，罗斯福曾任命里夫斯负责根据租借法向俄国提供帮助一事，并在我们参战后继续让他担任此职。”金梅尔用一句刺耳的话结束了对里夫斯的评价：“如果他真有灵魂的话，他就是一个具有罗斯福躯壳和灵魂的人。”

罗伯兹委员会的陆军成员之一，是66岁的弗兰克·B·麦克伊陆军少将。他曾于30年代初在利顿委员会对有争论的满洲局势发表过演说，并以他的镇静和机智在有关国家中赢得极高的声望。斯廷森认为，他是为罗伯兹委员会所提名的所有陆军人选中，“具有最杰出履历的人士”，因为这个职位要求“宽广的眼界，高尚的人品和广博的经历”。斯坦德利认为，麦克伊真诚地希望了解到珍珠港事件的真像。金梅尔后来声称，他不敢“苟同斯坦德利对麦克伊的看法，这个人完全是斯廷森式的人，比里夫斯、麦克纳尼或罗伯兹更圆滑。他的兴趣在于洗清华盛顿，指责肖特和我”。

陆军航空队代表约瑟夫·T·麦克纳尼陆军准将为现役军人。斯廷森向总统推荐他时说：“他是此项工作最合适的航空队人选……我们航空队中没有适合这项工作的退役军官，而麦克纳尼赢得了所有人的尊敬……马歇尔和我都认为，他是我们国家目前空陆共同需要的最有能力的人。”

麦克纳尼40岁，比委员会其他同事年轻得多。在任此职期间，他赢得了一个真正的20分钟鸡蛋的名声，即使对好朋友，也不留一点缝隙。后来，斯廷森称赞他“头脑清楚，判断准确……品格高尚，忠于职守……”他是在1941年4月戴上的第一枚星徽，同月他以观察员身份去了伦敦。同年晚秋时分，马歇尔又把他召回去领导一个委员会，重新组织陆军部。

麦克纳尼是在去华盛顿接受这项艰巨任务的途中，听说珍珠港遭到袭击一事的。组织陆军部的任务十分紧迫，此时让麦克纳尼参加罗伯兹委员会，对马歇尔十分不便。但是，马歇尔还是推荐了他，其原因是“他是一名航空队军官，非常能干……”金梅尔对麦克纳尼有自己的看法，他最主要的评价是：麦克纳尼是一个软弱的人。海军上将骂道：“麦克纳尼是一条躺着的畜生，他和一条爬着的蛇一样，没有任何德行。”肖特对麦克纳尼也印象不佳，他对弗莱明说：“麦克纳尼似乎是委员会里的一条畜生。”

华盛顿几乎是在解除金梅尔、肖特、马丁职务的同时，宣布了委员会人选的任命。许多人对这一任命表示满意。旧金山《纪事报》于 12 月 18 日宣称：“我们将能从这样一个委员会了解真相，全部真相，只有真相。无论委员会提出什么样的建议，对当事人都是公正的，对陆军和海军也是公正的，而且具有建设性意义。它将提高陆海军的效率和士气。”报纸向公众传播且流传最广的看法是，该委员会绝不是一群粉饰罪责的人。

众议院海军事务委员会主席卡尔·文森决定，他的海军委员会将不再进行调查，“因为总统这么快就宣布任命了如此一个杰出的委员会”。报界也同意国会调查既没必要也不合乎时宜的看法，因为这不但浪费时间和金钱，而且不可避免地会泄露机密。被报界瞩目的国会议员们，可能将来会有调查的机会，但战争期间不可避免的争论应该回避。目前无论怎样，应该用行政手段来解决。国会在此事上可能会有其大显身手的机会，应该推迟到罗伯兹委员会做出报告之后。

对于委员会所有那些地位显赫的人来讲，委员会的第一步就迈错了。12 月 18 日和 19 日两天内，委员会听取了包括马歇尔、斯塔克、特纳、杰罗、威尔金森、迈尔斯和布莱顿在内的一些重要军官提供的与事实有出入而且未起誓的证词。这是一次令人遗憾的安排，不但浪费了重要的原始资料，而且给人们留下说三道四的把柄。

罗伯兹委员会成员，在赫尔办公室内待了一整天。罗伯兹强调说：“委员会不是在贯彻国务院和总统的政策——这不是我们的职权范围。”罗伯兹委员会从国务院那里，只想知道斯塔克和马歇尔是否在形势严峻的时刻受到过警告。他们两人以及斯廷森和诺克斯都曾对委员会说过，每当赫尔向他们提出警告，他们都向参谋长和海军上将传达。“这才是我唯一感兴趣的。”罗伯兹强调指出。

令人惊奇的是，委员会知道“魔术”一事。但是，正如罗伯兹所说：“海军对我们讲到‘魔术’时，非常谨慎，担心委员会把它泄露出去。”罗伯兹并未要求看任何一封电报：“我们没有看到‘魔术’电报，如果拿给我们看，我们也不打算看。”他解释说：“我想知道的只是，指挥官们是否被告知形势的严峻性……委员会发现，他们曾得到多次警告并接到司令部下达的多次命令。”

于是，这里出现了一幅最高法院法官及同事们的令人瞠目结舌的画面：委员会接受有关当事人未经证实的关于他们曾给予金梅尔和肖特足够警告的证词，并以主要证人未曾发誓的证词为基础，做出裁决和定论，而对最具有说服力的证据——“魔术”持异常冷淡的态度。

委员会于 12 月 22 日开始在夏威夷进行听证。他们在夏威夷皇家旅馆下榻。布鲁克·艾伦刚刚戴上少校的肩章，此时他负责向委员会提供诸如安排证人等工作。他回忆时说：“肖特来时带副官来，而金梅尔却通常带着数名助手。”有一次，金梅尔海军上将抓住艾伦的肩膀摇晃着大声说：“他们要干什么？要把我钉在十字架上吗？”

为数不少的人回忆时认为罗伯兹和他的同事们当时就是这样打算的。海军军法官T·L·盖奇海军少将对金梅尔的律师之一罗伯特·A·拉文德海军少校说：“陆军把像麦克纳尼那样的人安插进委员会，显然是想把责任推给海军。”萨福德在给海尔斯的信中说：“陪审团成员……并不固定，但总有两个傀儡，外加一个密探，因此海军从一开始就人单力薄。”

相反，弗莱明则认为金梅尔“或多或少”应该得到惩罚，因为海军负责远距离侦察。再者，某些海军高级军官——特别是麦克默里斯——对珍珠港可能遭袭击一事一向表示漠视。[①] 但是，弗莱明对罗伯兹委员会对待肖特上将的做法的确有一些独到的见解，几乎是爆炸性的看法。

与委员们一起工作的艾伦，认为委员会的工作做得很好。尽管布洛克“为金梅尔和肖特感到难过，但从逻辑上挑不出罗伯兹委员会有任何错误”。任何调查都意味着某些事情做错了，而任何现实主义者都不能否认金梅尔和肖特应该接受调查。他们二人都是乐于合作的证人，因为他们也希望弄清这件讨厌的事，以洗清自己。

离圣诞节还有两天。委员会对司令部、夏威夷陆军部和谢夫特堡做过全面调查后，把肖特作为第一重要证人传唤。肖特未带法律助理也未请律师，他相信自己“没有任何罪过”，自信能够应付自己的案子。他甚至没有带着人去帮助他处理文件。

不过，肖特在家里已做了大量的准备工作。出于习惯，他找到弗莱明为他在罗伯兹委员会上的辩护做准备。肖特找出有关文件，然后弗莱明逐一进行整理。肖特还有大约 20—25 人的打字员队伍为他通宵打印文件。最后，弗莱明再把所有的文件整理好。

在问过有关姓名、级别、服役年限和所担任的指挥工作等问题后，调查委员会成员们直接问起华盛顿警告是否引起瓦胡岛警觉这一问题。“将军，在局势紧张的情况下，你们这里收到几次足以引起警惕的警告令？”罗伯兹问，“请尽量回忆一下。”

这个问题曾是罗伯兹在华盛顿先行调查时关注的中心，他现在仍把注意力放于此，这是符合逻辑的。该问题是一个基本问题，倘若肖特可以向委员会提供令人信服

---

①见第四十九章。

的证据，即他未收到足以提醒他日美关系已严重恶化的警告，将对他十分有利。尽管缺乏这样的警告，不能完全免除夏威夷指挥机关未能成功地完成自己使命的责任，也不能完全免去夏威夷指挥官的罪责，但肯定会大大减轻肖特的责任。

然而，肖特的某些证词不但不能做到这一点，而且还起了相反的作用。一直令他念念不忘的两件事——防破坏和进行训练——在他的证词里交织在一起，如同波斯地毯的花纹。这位将军的回答是诚实的，如果他不知道该如何回答某个问题，便如实说出。他承认自己犯有严重错误："我认为我们没能为反击一次全面进攻做好准备工作，我们犯下一个严重错误。"

肖特的证词，使我们对他的印象是：手头掌握许多材料，与调查者通力合作，在不利的情况下尽可能给予最好的答案，相信自己的初衷是正确的，不为自己寻求保护——一个好人的形象。但是，我们还看到一个不时犯糊涂、不清楚自己真正使命的人。与此同时，我们又看到了一个缺乏想象力和缺少听出言外之意能力的人。他似乎还未意识到，大浪在多么有力地向他袭来。

肖特深信，他在瓦胡岛上工作出色，因此想方设法为自己歌功颂德。他为自己能唤醒夏威夷的责任心而感到骄傲，并提交了社区领导的信件作为证据，以证实他们对他的敬意。这是可以理解的，肖特不会干抹脖子自杀的事。

金梅尔也不会干这种傻事。海军上将在启航前，已为航行的顺利成功清理好甲板并装好子弹。后来，他对国会委员会说："……我被叫到委员会（罗伯兹委员会），受到了详尽的讯问。我当时没有时间做准备。一段时间内，我睡不着觉，特别紧张……"尽管他当时可能很疲劳，很紧张，但是他为了应付委员会的确花费了大量的时间和精力做准备。

他请太平洋舰队驱逐舰队司令罗伯特·A·西奥伯尔德做他的律师。西奥伯尔德很愿意效劳，但提出：因为他过去没有受过法律训练，所以至少应该找个有一定法律知识的助理律师。金梅尔回答说，他不需要法律帮助，他所需要的是正面阐述他在袭击前和袭击中对舰队所做的一切努力。于是，西奥伯尔德同意接受这项工作。

金梅尔在做证前应该做大量的准备工作，因为委员会就袭击一事对海军方面的调查，大大超过了对陆军的调查。这是自然的，因为海军的损失较大，而且"珍珠港"这个名字本身，就是美国海上力量的象征。再者，在委员会离开华盛顿之前，诺克斯向委员会做的关于他本人对这一事件的调查介绍，也是委员会较为关注海军的原因。

12 月 27 日，金梅尔第一次出现在委员会面前。他的证词显示出他处于戒备状态。他不时地表示出咄咄逼人的样子，就像传说中性格狂暴的老练水手一样。金梅尔的性格中最基本的特点之一是骄傲。当必须为自己辩解，特别是在那个自己都承认对海军事务一窍不通的外行领导下的杂烩委员会面前为自己辩解，他感到他的骄傲受到伤害。

金梅尔是一个强硬、进攻型的证人，开始就赢得了主动，而且还不时地给委员会上课。下命令的习惯，在他身上根深蒂固，以至于有时看上去似乎是他在领导此次调查。像肖特一样，他承认自己犯有某些过失，例如12月6日那天，他不相信战争就要爆发。他承认在领事馆销毁密码一事上也坐失了良机。在关于珍珠港防鱼雷攻击的问题上，他说“当然，我全错了”。

尽管金梅尔和肖特之间有某些相同之处——诚实，忠诚，真诚地希望对委员会讲实话，让委员会了解他们——但由于他们各自的性格不同，在提供证词的方式上便存在着极大的不同。陆军中将似乎远不及海军上将圆滑。他仍然不能完全意识到，他不得不涉入的水域是多么深，浪是多么急。因此，肖特是用一种天真的自信面对委员会。由于这个原因，他不是一位说服力强的证人。金梅尔对于自救有较强的意识，也比陆军中将现实得多。他明白自己已陷入麻烦之中，因此拼命地使自己免遭灭顶之灾。从某一方面说，肖特令人们联想起一条渴望取悦于人的捕鸟猎犬，而金梅尔说他“对委员会将来的裁决抱有十足的信心”，并对自己所受到的待遇毫无怨言。然而，人们可以看到，有时他像一只气愤的豪猪一样不时毛发直竖，准备格斗。尽管他一再否认，但是他反感这样一个委员会来处理他的事，而且怨恨之情随着岁月的流逝越来越强烈。

金梅尔请求给予他修改证词机会。3天后，他得到单独前往夏威夷皇家旅馆修改证词的许可。他声称已发现不少失误和错误，因此他同西奥博尔德以及他过去的速记员——一个文书军士长——用了几乎两天的时间，重新写出证词的正确稿。1月5日，他写信给委员会，要求在记录上做相应的修改。

但是，委员会拒绝修改记录。罗伯兹并非没有同情心，然而委员会对海军上将说：“将军，我们认为速记稿准确地记录下你当时所说的话。我们不允许加上你当时并未说出的事情。”但是，他们允许将金梅尔的修改稿放在一个合适的地方。因此，记录上不但有金梅尔的最初证词，也有他的修改稿。委员会拒绝让金梅尔的修改稿代替原稿，但同意把它作为补充材料放在记录里，因此不存在对他不公正的问题。

1月9日12点55分，罗伯兹委员会听取了瓦胡岛上最后一个证人派伊的证词。第二天，他们乘飞机返回本土，11日到达旧金山，当即换乘飞往普尔曼的飞机。在机舱休息室里，他们着手就那些“已经证实”的事实为基础，准备做出最后的裁决。但是，当他们15日抵达华盛顿时，仍存有一些疑问没有解决。于是，开了几次内部会议后，他们于1月19日星期一再次从一些高级军官那里得到了进一步的证词。从最后的讯问中，他们显然达到两个目的：弄清了委员们在横穿国土的火车旅途中未完全弄清的问题；把去夏威夷之前听证的非正式证词写进记录里。最后讯问的重点是，关于陆军部和海军部发给夏威夷指挥官们的警告电报问题。

委员会于1月23日星期五14点30分结束工作。罗伯兹当着同事们的面给白宫打电话，通知塔利小姐说，委员会的报告将在一小时左右准备完毕。总统通过塔利小姐传达了转天11点把报告交给他的指示。

约定的时间到了，罗斯福坐在二楼书房写字台后，逐行地读着这份文件。有两三次他摇摇头咕哝着什么，有时还来点评论，像对自己，也像对罗伯兹。

仔细看过后，他中肯地问："报告是否有可能给敌人提供他们不应得到的情报？"罗伯兹语气肯定地回答，斯廷森和诺克斯已经把这类东西剔除。此后，总统召来秘书马文·O·麦金太尔。指示他说："麦克，这份报告周六全文见报。"

该报告分为三大部分——介绍委员会工作，对事实真相的调查和委员会的结论。它的第一个结论归结起来是：赫尔、斯廷森和诺克斯曾就有关形势问题做过研究，并同马歇尔和斯塔克进行过磋商，"尽到了他们的责任"。参谋长和海军作战部长曾向瓦胡岛发出过警告，并下达过命令，也尽到了"指挥责任"。然而，报告并未使华盛顿免受指责。在阐述有关原因时，报告指出：

> 警告电报过于强调了日本对远东侵略的可能性以及应采取的防破坏措施问题。
>
> 陆军部未能答复夏威夷陆军部司令发来的关于反破坏措施的电报。

罗伯兹报告未对马丁、贝林格或夏威夷其他海军、陆军将级军官提出批评，只是说明："下级指挥官无疑应该执行上级的命令。他们对于战备状态不负有责任。"报告首当其冲地批评了金梅尔和肖特：

> ……鉴于11月27日至12月7日发给两位司令官的警告和应采取适当措施的指令，以及联合行动计划中规定的双方在通力合作的精神下应尽的义务，他们2人未能就警告令的意义和目的，根据战争即将来临的形势以及应采取适当的防御措施等问题，进行过讨论，这是他们的失职。根据当时仍在生效的联合行动计划条款，他们二人有责任了解彼此正在实施的措施。他们对此缺乏兴趣，表明他们二人对作为太平洋

舰队司令和夏威夷陆军司令应负的责任缺乏足够的认识。

……日本人的突袭完全出乎两位司令官的意料，他们未能实施适当的部署，以反击诸如此类的袭击。双方都未能正确估计形势的严峻性，他们的判断失误，是日本人袭击成功的关键因素。

因此，金梅尔和肖特现在不得不忍受——除失败的痛苦，对自己士兵伤亡的歉疚，解职的耻辱外——“渎职”罪的指控。或许只有那些和他们一样曾为自己国家兢兢业业效力几十年的人，才能理解如此不留情面的裁决对他们意味着什么，责任心是他们生命的奠基石。武装部队并不期待每个士兵都聪明机智和屡战屡胜，但却期望每个人都尽职尽责。如此的打击令人难以忍受，因为他们在此之前的很长时间里，一直在卓有成效地工作着。尤其是金梅尔，他总是有给上级留下好印象的窍门，并从不乐意承认错误。因此，这个指控在他的自我之上画上了一个邪恶的十字。

肖特也不是那种把自己的一侧面颊转向如此火辣辣巴掌的人。弗莱明曾发现陆军中将是个精悍的军官，也“有脾气”，尽管他不常发脾气，但每当有人做错了事，肖特可以非常粗暴。现在，罗伯兹委员会以“非常非常粗暴”的语言，向全世界宣告他“做错了事”，肖特如果在这个耻辱面前不感到苦恼，那他就不是一个正常的人。

弗莱明认为，罗伯兹委员会让陆军中将成为海军的“替罪羊”。弗莱明强调指出，“陆军不应该对夏威夷群岛的远距离防御负责……然而，罗伯兹委员会却转过身来，把更为严厉的谴责之手，指向肖特陆军中将，而不是金梅尔海军上将”。

其实，金梅尔和肖特受到罗伯兹委员会裁决的谴责一样多，除非人们接受弗莱明关于海军应负责远距离侦察的说法，以及应把指责从肖特肩膀上卸下来的前提。然而，事实上夏威夷陆军部队的基本任务是保卫在港舰队，因此为肖特推卸责任是不容易的。再者，肖特本人也从未对陆军的这一任务加以否认。

那些严厉斥责罗伯兹委员会掩盖事实真相和认为其中藏有阴谋的人们，显然认为，因为金梅尔和肖特并不是唯一有罪的人，那么他们就是完全无罪的。事实并非如此。罗伯兹及同事们不可能忽视他们所犯的错误，但“渎职”的裁决过于粗暴，说两位司令“判断失误”的裁决远比“渎职”公正。

1941 年 12 月 18 日，美国总统下令组建罗伯兹委员会，并授权它裁决是“渎职”还是“判断失误”，以及这类错误是否有助于日本人在珍珠港的成功，以及如果情况果真如此，谁应对此负责。委员会很可能照字面理解了总统的意思。因此，委员们除使用这个词外，没有其他选择，正像一个陪审团必须在“有罪”或“无罪”两者之间选择一样。

在某种程度上，罗伯兹委员会的失败，表明问题出在发表调查报告的同时，未发表作为报告基础的证据。当然，政府不能把全部证词都公之于世，因为大部分证词涉及属于保密范畴的防御问题。然而，无论理由如何正当，其结果是公众无从证实罗伯兹委员会的裁决和结论是否正确。全部证词，直到 1946 年 2 月 17 日才全部公开。而当时，人们不得不依靠报纸的评论和分析做出判断，然而报纸并不比读者知道得更多。

尽管报告使美国人的骄傲感受到伤害，但许多时事评论员欣喜地认为，它的发表表明政府对人民是开诚布公的。然而，这些看法并不能缓解事实披露后带来的不愉快。从某些方面说，报纸有些大惊小怪。委员会正确地引证了两位司令未能就警告电报交换意见一事。然而直至报纸完成对这个问题的讨论后，一些美国人或许还在认为，金梅尔和肖特几乎根本不说话。“根据罗伯兹报告，两人之间几乎没有什么合作。”库尔德·林肯在一篇典型评论中这样说。

诸如惠灵（西弗吉尼亚州）的《新闻纪事报》等许多报纸，希望“看到那些负有直接责任的人被撤职，被逐出军队”，因为“那些委以保卫夏威夷重任的人们是敌人最好的同盟，帮助袭击获得成功”。国会对这一呼声助了一臂之力。“现在正是我们清除那些不称职人们的时候……”密苏里议员杜威宣称：“我们周围有许多穿着镶金边衣服的人，20 年来因循守旧，他们应该被送上军事法庭。”

为数众多的国会议员称赞罗伯兹委员会，并赞成它的裁决。然而，国会习惯从政治角度出发观察问题，许多国会议员对完全从军事角度解释持怀疑态度。甚至连为本州的土生子罗伯兹法官感到骄傲的宾夕法尼亚议员迪特，也认为报告的深度不够：“委员会是政府执行机构的产物。我认为，本届国会应该对国家负责，自己着手调查……”修正主义学派的种子已经开始像豆芽一样冒了出来。密执安州的弗莱德·L·克劳福德议员指出：“珍珠港指挥官的无能，不过是华盛顿所作所为的反映……”

在这一阶段的珍珠港事件调查中，即使坚决反政府的报纸也认为有罪的不是华盛顿，而是金梅尔和肖特，华盛顿只不过应分担罪责。一些诸如诺克斯自己的芝加哥《每日新闻》等报纸乞求宽恕：“……许多人认为，受到指控的军官们由于他们已经知道所发生的一切是他们的过失，因此他们已受到了足够的惩罚。”这恰恰反映了诺克斯本人的意见。无疑，他倾向于抛开珍珠港这个话题，而继续进行战争。他还十分清楚，战争期间是不能对金梅尔和肖特进行军事法庭审判的。因为如果这样，“魔术”和其他一些绝密情报将会被严重泄密。

其他报纸，也反对把两位司令掷给狮子的做法。然而这些请求宽恕的人们，是出于美国优良传统，即当一个人倒下去时，不要再去踢他一脚。他们并不是对金梅尔和肖特被指控的罪名有所怀疑，几乎没有一个新闻记者对委员会裁决的逻辑推理提出质疑。

许多报纸都认为，向夏威夷发出的警报令能够免除华盛顿的责任。在这一点上，许多大字标题、专栏标题和社论不适当地过分渲染了某项裁决。倘若读者仔细阅读报告全文（大部分主要报纸对报告做了全文刊登），他们便能了解整个事件的来龙去脉，并能公正地看待事实。如果读者只匆匆看一眼大字标题，他们极容易得出这样的印象：华盛顿三番五次地明确警告日本人将袭击夏威夷，而这两位司令却故意不予理睬。因为报告的大字标题是——“华盛顿关于日本有可能袭击夏威夷的警告未被理睬”，或者是“两位司令对日本将要袭击的多次警告置之不理”。

斯廷森对委员会的工作基本上是满意的：“这是一份令人赞赏的报告，它公正毫无偏见，对事实调查详细。”但是，他敏锐的大脑也直截了当找出报告的一个致命弱点：“这份报告没有也不可能找出此次遭遇的内在真相，即海陆两军在考虑如何保卫海军和海军基地时，没有了解当前空中力量的发展。”为数众多的记者同意，缺乏对空中的警惕是悲剧的根源所在，武装部队缺乏合作也是原因之一。

从某种意义上讲，罗伯兹委员会是数次珍珠港事件调查中最有争议的一次调查。首先，调查时间距 1941 年 12 月 7 日那个令人眩晕的事件太近，以至于不能从适当的历史角度出发去调查。当时，美国人民急于知道日本人是如何使美国在其历史上遭到一次最难使人相信、最耻辱的打击的答案。罗伯兹委员会未能找到内在的秘密，也没有向公众披露一些令人吃惊的新情况。正如俾斯麦的《论坛报》所言，这份报告只是对美国人民已知道的事情做了证实，“当第一个内容不全的报告发表后，整个国家明白的是，某些人在玩忽职守”。

其次，委员会的任命名单得到举国上下的称赞，以至于其他任何 5 个人都不会得到公众给予的如此厚爱。报告公开发表后，评论滚滚而来。在某种程度上，报告被淹没在啰啰唆唆的旋涡之中。某些报纸的过分渲染，使金梅尔和肖特似乎比他们实际受到的处罚更要严重，或者说比罗伯兹给予的指控要严重。

其三，在国会调查期间，公众对罗伯兹委员会表示不满。尤其是后来一些修正主义学派对他们极为不满。修正主义学派之所以敌视委员会，是因为它把主要责任推到金梅尔和肖特身上，而未对罗斯福及他的政府提出指控。

怀疑罗伯兹及同事们的正直，是毫无根据的。他们并不是故意陷害，也不是政治的御用工具，他们相信自己的政府，他们都曾在民主党和共和党执政期间长期任职，他们也没有必要质询华盛顿当局的真诚。显然，他们在瓦胡岛防御问题上出了很大的偏差，而一般人都愿意尽快找出问题的实质并加以纠正，以防类似的事件在此地或其他地方重演。

委员会的活动记录表明，全体委员进行了一次深入细致的调查。他们给证人充足的时间，提出了一些高明的问题，并沿着调查的一些主要路线深入下去。显然，他们不可能调查出瓦胡岛上陆军和海军里的每个人是否曾尽职尽责。然而，摆在他们面前的，是与此相反的不负责任的画面：战舰沉没或毁坏，飞机被炸，飞机库被烧，士兵们受伤和新堆起的坟墓。

后来的几次调查，主要围绕当时政策和珍珠港为何出现如此情况等问题，从当地的大人物和高级军官中找证人。罗伯兹及同事们也与海陆军的将军、参谋及瓦胡岛上主要地方长官做过交谈，而且还询问了当时在日本人炸毁船只和设施现场的下级军官、士兵和市民。这些人不用为谁辩解，也不用解释政策和决策，或为自己辩解，他们用简单的语言，直截了当地讲述了当时发生的事情。这些证词，是任何愿意了解 1941 年 12 月 7 日瓦胡岛上发生一切的人最应知道的东西。由于这个原因，罗伯兹报告是一份最富人性、最了不起、也是美国所有珍珠港事件原始材料中最重要的文件之一。

罗伯兹是最早的调查者，他的委员会尽一切努力所得到的收获，当然不能与现在能够提供给哪怕是最漫不经心的研究太平洋战争的学者的文件相提并论。因此，评价罗伯兹报告唯一公正的方法，是不考虑后来讯问中得到的材料，而只考虑委员们当时努力得到的那些证词和文件。然而，正如某些报纸所认为的，罗伯兹报告远不是问题的最后结论，而只是问题讨论的开始，问题的实质有待于后来的调查。

第七十一章
一场灾难的灰烬

美国举国为之震惊

金梅尔结束了在罗伯兹委员会作证后，便告别了他那些忠实的部下。他的朋友特雷恩海军上将送他坐上将把他送到本土和人生新阶段的飞机。特雷恩记得金梅尔临行前说：“特雷恩，现在我们处于战争时期，目前我不打算对我的事做任何努力。”这番话展示了一颗忠于海军、忠于国家的心扉，也表示了他保留以后行动的权利。飞机进入云层后，金梅尔暗自发誓：他要尽一切努力，洗刷掉他名字上的污点。

时光冲淡了弗莱明的记忆，但他仍记得他和其他几个人到机场为肖特将军和他的副官路易斯·W·杜鲁门上尉送行的情景。他们登上了 1 月 11 日的民航班机。弗莱明认为，肖特看上去同往常一样。然而，肖特离开火奴鲁鲁，标志着他生命中寒冷冬季的开端。在旧金山的波雷西迪奥，肖特接到了一封电报，指示他前往俄克拉荷马城：“执行陆军部长的指示，任务完成后，将接到陆军部新指示，然后前往华盛顿特区，向陆军副官长报到，将暂时在参谋长办公室工作。”

这封电报给人的印象是，马歇尔打算让肖特到华盛顿来，同他本人或至少他办公室的其他人做一次谈话。然而，在珍珠港事件的有关文献中，有一张模糊不清、字迹潦草、日期为 1942 年 1 月 13 日的“手写便条”（马歇尔陆军上将）。它是关于接受肖特“退休申请”的批准，上面写着：“……被接受，有效的——为国家利益着想，对将来行动不抱成见。”

尽我们所知，到那时为止，肖特还没考虑到退休问题，当然也从未提出退休申请。马歇尔当时显然想在罗伯兹委员会做出裁决之前让肖特退役。事实上，马歇尔便条上的日期比罗伯兹及同事们返回华盛顿的日期还早两天。

当金梅尔和肖特抵达西海岸时，他们对自己在事业上的前途仍抱有希望。罗伯兹报告发表后，那个可怕倒霉的指控“渎职”，在他们的生命战场上爆炸了一枚炸弹。“判断失误”——正确，他们可以带着这个名声活下去，然而“渎职”！两位军官均不能接受这个可怕的指控。多年后，金梅尔痛苦地回忆说：“罗伯兹委员会只有一个目的——搞垮肖特和我。”

消息传开时，肖特和夫人正在俄克拉荷马城的岳父母家中。自返回本土后，肖特拒绝发表任何评论。当地方新闻记者问“是否要发表声明”时，他干脆地回答说“无可奉告”。如果他愿意说，他当然有许多话能说，他对自己在罗伯兹委员会前所做的辩护感到骄傲，认为自己做得很好。所以，委员会的结论令他“目瞪口呆”。正如他后来所说：“忠心耿耿工作近 40 年后，被指控为犯渎职罪，实在出乎我的意料。”

信念动摇了，他打电话给马歇尔，问他是否可以退休。他回忆马歇尔当时的回答是：“你已下定决心，如果有必要，我可以把此次谈话视为正式申请。”肖特回答说，一切由马歇尔决定，并表示相信马歇尔的评价和诚实。据肖特回忆，这次电话通话大概发生在 1 月 25 日星期日 13 点。肖特可能非常愿意继续任职，但是放下电话后，他决定：为了方便马歇尔，他应写一份正式退休申请，供参谋长用，如果参谋长认为这样做可取的话。他的确这样做了，并把它作为一封私人信件寄给参谋长，但马歇尔没有给他回信。

1 月 26 日上午，斯廷森和马歇尔研究“应如何对待肖特将军的问题，总统实际上把这件事交给我们办了”，斯廷森在日记中写道。马歇尔对他的上级说，肖特给他打过电话，提出退休申请。马歇尔还告诉斯廷森：“海军的斯塔克希望金梅尔也这样做。”为了保证不仓促行事和公平合理，斯廷森指出：“他们两个人必须被保护起来，以免在群情激愤时，人们找他们算账。那样就对他们太残忍了……”

当天晚些时候，马歇尔给斯廷森写了一份备忘录，说他已同肖特谈过话，并说

“目前不能采取任何行动，我们没有机会调查事情的前后经过，更不用说下结论了”。马歇尔继续说：

> 我的意见是，目前我们应该接受肖特将军的申请，但一切应悄悄地进行，暂时不向公众公布。
>
> 斯塔克海军上将说，如果我们这样做，我们最好通知他。因为他也打算把这件事如实告诉金梅尔海军上将，希望金梅尔上将也提出退休申请。

然而，航海局局长兰德尔·雅克布海军少将在1月24日写给金梅尔的热情洋溢的信里，没有任何迹象表明海军打算强迫金梅尔退休。信中说：“我刚刚同斯塔克海军上将讨论你下一步的工作安排问题……斯塔克希望你在将军委员会任职。我也认为这个位置对你很合适。”将军委员会多年来是那些年事已高的海军将军们寻求幸福的场所，对金梅尔来说，这当然是一个合适的地方，他可以在那里与同病相怜的人们在一起，做一些有用的事。斯塔克1月27日写给金梅尔友好的信，同样没有暗示让其退休的企图：

> 马歇尔昨日在我们讨论形势问题时告诉我，肖特已提出退休申请。我们认为，你可能对这个消息感兴趣……我丝毫不希望你认为，告诉你这个消息，是海军要求你也这样做……如果我们拿出具体意见或建议，我们肯定会直截了当地说出来。

罗伯兹报告见报的同一天——1月25日，驻旧金山的第十二海军军区司令告诉金梅尔说，航海局局长打电话对他讲，海军代理部长指示他“通知金梅尔关于肖特陆军中将已呈送退休申请一事”。金梅尔后来说，这一指示来自诺克斯。海军上将自然明白其中的涵意，肖特退休的消息来自官方，令他很不愉快，其潜台词是他应该效法肖特。直到此时，退休的想法才在他脑子里出现。他于1月26日及时交上退休申请。

第二天，记者追踪到金梅尔海军上将和夫人下榻的旧金山费尔门特旅馆。海军上将并不比肖特更想说话。“我不想见任何人。也不能见任何人。”他粗暴地对旧金山的《考查者报》的记者说。旧金山的《纪事报》引用他的下一句话：“我在等待海军部告诉我下一步做什么。”

1月28日，海军军区司令通知金梅尔说，斯塔克打电话来让他告诉金梅尔关于肖特退休的消息，并不是要海军上将也这样做。然而，金梅尔写信给航海局说：“我希望我的退休申请由部里根据国家利益和海军利益的需要做出决定。”斯塔克非常赞赏这位老朋友的态度。他作证时说：“我从未在那种形势下见过比金梅尔上将更富男子气、更坦诚和更好地对待这种事的人。他的忍耐是值得学习的，也是我早应预料到的。”

斯塔克显然立即给总统打了电话，把金梅尔的退休报告转达上去。28 日下午，罗斯福告诉斯廷森关于金梅尔申请退休的消息。斯廷森说，肖特也这样做了。他还对总统说，他“反对立即组成军事法庭，因为（1）在目前情况下，势必会把军事秘密公之于世；（2）因此，也不可能对被告人进行公开审理”。总统同意这个意见，并建议分三步走：第一，陆军和海军应该“同步行动”；第二，应等待“约一周时间”后，再宣布两位军官申请退休以及申请正在考虑之中的消息；第三，再过一周后，“宣布退休申请得到批准，但附加一些明确的条件……即退休后不立即进行军事法庭审理，理由是进行军事法庭审理将势必泄露军事机密，也因为在目前情况下，不可能对他们进行公正的审理”。

2 月 7 日，海军部和陆军部同时宣布了金梅尔和肖特提出退休申请的消息。上述事实表明，接受申请与否，完全由总统通过陆军部长和海军部长决定。退休并不妨碍军事法庭开庭审理，因为无论是否在职，军官还是军官。

退休申请在华盛顿引起了极大关注。国务院的霍恩巴克对萨姆纳·韦尔斯说，让金梅尔和肖特到非军事部门工作比“不让他们工作，只让他们吃饭——领津贴对美国更有利”。他想了一会儿，继续说：

> 美国花费了许多钱才培养出这些军官，他们既受过教育，又有经验。一次严重的错误，特别是一次失职，并不能抹掉其潜在的工作能力，或让这种能力化为乌有。如果委派他们其他工作，这些军官可能在工作岗位上比从前干得更好……

霍恩巴克的这个建议不错。倘若这是一件不那么敏感的事情，这种推理或许可以被多数人接受。然而，在战争期间，一位陆军将军和一位海军上将需要自己的士兵和自己的国家的绝对信任。当时，有几条道路是可以选择的：第一，免去金梅尔和肖特的职务，然后把他们派遣到另外的指挥岗位上去；第二，接受霍恩巴克的建议，让他们在参谋部门任职或做顾问工作；第三，让他们尽可能体面地滚蛋。

2 月 16 日，诺克斯正式批准金梅尔的退休申请，退休日期自 1942 年 3 月 1 日开始，但“退休不能抵消任何罪过或影响将来的处分”。5 天后，斯塔克似乎仍然不知道内阁的决定，2 月 21 日写信给金梅尔说：

几天前我还认为你的事不久会有结论。现在我倾向认为事情并不是这样，至少目前你还得继续休假……

在未做任何定论之前，你最好把自己隐蔽在一个角落里，等待时间老人的恩赐。我想时间老人会帮忙的，如果没有其他原因的话……

正如马歇尔就肖特退休问题写给斯廷森的备忘录让人产生疑问一样，这封信同样也让人产生疑问。诺克斯正式批准金梅尔退休 5 天后，斯塔克仍然不知道此事，这似乎令人难以相信。或许信件投递上出了问题，或许斯塔克在最后一分钟仍希望酷爱海军的罗斯福可能下令重新起用金梅尔，而不批准他的退休申请。在国会调查期间，斯塔克对他的律师和好朋友戴维・W・里奇蒙说，他曾请求总统允许金梅尔留任现职："你可以完全肯定，他是一个将永远不会在空袭面前毫无准备的军官，他将把他的全部心血放在新的指挥任务上。他是一个不可多得的军官，海军需要他。"这是斯塔克恳切的请求，但罗斯福在金梅尔必须离职的问题上，态度坚决。

斯塔克就是这样一种人，当他自己也要被降级时，他去白宫不是为自己，却是为朋友。海军作战部长的大脑，比许多人想象的更灵活一些。然而，这不是一个敏感的大脑。他或许不明白，如果让金梅尔继续任职，政府等于巧妙地把海军从珍珠港事件的责任中解脱出来，而把陆军尤其是肖特孤零零地吊在钩子上。人们可以想象出，这样做势必引起军种之间的怨恨。罗斯福不能褒一个贬另一个。而把两个人同时留下，等于否定了罗伯兹报告。人们此时再次可以想象出，如果这样做，全国上下的怒吼声将会多高。罗斯福手中进行的是一场具有两重目的的战争，为了民族融洽，他别无选择。只有金梅尔用毋庸置疑的证据，能证明他自己对此不负丝毫责任，罗斯福才可能做出斯塔克希望的决定。

斯塔克关于让金梅尔相信"时间老人"的建议，符合斯塔克这位海军作战部长的一贯哲学——慢腾腾。但这个建议，不适合金梅尔这个脾气急躁的人。再者，在这期间，金梅尔已接到诺克斯对他退休申请的批准，那句"不能抵消任何罪过，或影响将来处分"的措辞，直刺他的心窝。"我不明白这段话的意思……"他 2 月 22 日写信给斯塔克说。他继续说道：

我准备随时接受对我的处理决定，我不想在战争期间使政府为难。然而，我感到我在公众面前受到的谴责，已经达到了无以复加的境地……

我认为，公开部长 2 月 16 日信中的第二段，将会进一步激怒公众，而这对我是极不公平的……

你必须明白，我受到的责难并不能说明应该增加我应负的责任……

在这段时间里，金梅尔受到了极大的侮辱和恐吓。一些没有脊梁骨的胆小鬼打电话骂他，给他写匿名信，或把匿名信塞在他旧金山旅馆房间的门下。他刚一出来，他们就一溜烟跑了，他对这些人感到又气愤又蔑视。

在这些特殊的日子里，斯塔克应该考虑的是自己的事。1942 年 3 月，总统免去了他海军作战部长的职务，派他任伦敦美国驻欧洲海军部队司令——当时，这等于连降数级。斯廷森在日记中指出，斯塔克职务的变动，是海军部全面改组的一部分。尽管罗斯福偏爱海军，但他对当时的海军部极为不满。3 月 6 日的内阁会议后，诺克斯告诉斯廷森说："他实际上已解决了海军的问题。斯塔克去伦敦，特纳被派到海上。"斯廷森为迈出的这几步，表示祝贺。

与此同时，肖特在陆军部的手心里也倍受煎熬。代理参谋长 2 月 17 日写给陆军部副官署署长的信中，有斯廷森对处理肖特问题的指示。斯廷森下令"准备一封有陆军部副官署署长签字的信……主要说明，他（肖特的）工作 30 余年后的退休申请，于 1942 年 2 月 28 日批准生效，但不能抵消任何罪责或影响将来的处分"。还特别指出退休批准令中应包括这句意义特殊的话。某位军官将亲自把这封信交给肖特，拿到回执后，立即打电话通知陆军部副官署署长完成任务的情况。陆军部副官署署长接到报告后，通知新闻关系局和副参谋长兼人事部长，并通知斯廷森。在未接到斯廷森指示前，不得向报界公开。后面的这段话，更令人震惊：

一旦陆军部在文件送出 24 小时内接到肖特的答复，表示他不打算在接受所讲条件的情况下退休，陆军部副官署署长将采取必要行动，按照上述命令完成肖特将军退休事宜。

陆军部已下定决心，如果肖特接到命令后不打算服从，无论如何也让他退休。但肖特于 2 月 18 日递交了正式答复。

总统希望在公众知道退休之事以前，与斯廷森和诺克斯做些商讨。由于罗斯福患有气管炎，卧床不起，他希望此事"冷冻起来"，直至能与两位部长见面为止。推延令斯廷森感到焦急，因为他担心“一些与被处理人关系亲密的人，会把这一切加以歪曲……”

直至25日，斯廷森和诺克斯才与总统见面谈话。但此时罗斯福改变了主意，因为他现在认为“公众普遍要求军事法庭审理曾被罗伯兹委员会裁决的这个案件，因为人们认为他们犯有渎职罪”。罗斯福更愿意当事人本人请求军事法庭审理。如果他们这样做了，军事法庭可以推迟至可能进行而又不损害公众利益的时候进行。斯廷森向总统指出：“他们2人（指金梅尔和肖特）不过反映了当时国内一般人对战争的态度……”罗斯福回答，他已意识到他们2人不能受到严厉惩罚——他“将亲自过问此事”。斯廷森当时的印象是，他的上级（指罗斯福）“显然在考虑一个适当的惩戒方法”。

陆军部第二天上午一早便开始处理这件事。8点15分，军法署署长迈伦·C·克拉默陆军准将亲自带着一份备忘录，找到了马歇尔。备忘录说，2人的退休为将来军事法庭审理打开了一条通道。但是，公众呼吁军事法庭审理此案，但在军事法庭上那两位军官在任何时候都不会得到什么。备忘录还说：

他们的抗辩当然旨在把部分责任转移到陆军部。为此提交的证据和进行的辩论如果公开，将势必降低陆军部的威信，并引起人们对战争指挥者们的不信任。如果最后宣判无罪或罪责很轻，更可能产生这种情形。

这段评论巧妙地承认了肖特的罪名距最后定罪还相差甚远。当然，即使和平时期在军事法庭审理一位将级军官案，陆军部也会做长时期认真的准备。军事法庭上一次开庭，是在1926年，审理的是那个臭名昭著的比利·米奇尔案件。那次开庭已导致了陆军威望的降低，这个创伤至今在阴天下雨时还隐隐作痛。

然而，这并不单纯是形象问题。当斯廷森来到办公室时，他发现马歇尔、克拉默和人事部的一个成员正在讨论此事。他在日记中谈到这个难题：

……一位处于被告地位的军官……按理讲，不应请求军事法庭审理。他们还指出，倘若总统本人下令进行军事法庭审理，当法庭审判结果请他过目时，作为审案人，他势必带有偏见。如果陆军部长下令进行审理，就不会发生此类事情。

这似乎要把猴子放在斯廷森背上。因此，陆军部长起草了一份报告书，克拉默认为它还不错。

但诺克斯反对该报告书，说它“不符合总统希望，总统希望我们让军官本人申请军事法庭审理此案”。斯廷森反驳说，罗斯福这样做势必引起怀疑，说华盛顿在此问题上做交易，或走向另一极端，总统将被指控强迫军官本人提出军事法庭审理的请求。最后，他们打电话给罗斯福，罗斯福同意该报告书。斯廷森指示马歇尔利用电报或电话把文件精神通知肖特并讲明理由，“我希望他从我本人这里知道此事，而不是从报纸上看到”。

2 月 28 日，陆军部和海军部宣布了肖特和金梅尔的退休申请分别于 2 月 28 日和 31 日批准生效的消息，还宣布他们将以“渎职”罪被起诉，在“公众利益和安全情况”允许的时候，进行军事法庭审判。洛杉矶《时代报》确切地指出，陆军部下达的文件里没有“渎职”罪这一特别的指控。

当时，肖特在圣安东尼奥，不知道这个评论。在此事上，肖特比金梅尔受到的待遇要好。斯廷森坚持在报界公布前把这一消息通知陆军中将本人，海军部却没有给予海军上将如此厚遇，金梅尔是“从报纸上……”才得知自己将来要上军事法庭的。

金梅尔像一只受伤的狐狸，回到了家乡的土地上。他隐匿在肯塔基亨德森他幼时的家里，他的夫人到普林斯顿去看儿子内德。在金梅尔同他的两个弟兄在亨德森共度时光的日子里，他从未走出家门，甚至不允许别人从窗户看到自己。当军事法庭审判的消息通过报纸传来时，印第安纳的《新闻报》记者埃德·克林格接到把此消息通知金梅尔的任务。数分钟过去了，克林格的电话不能通过哈尔德这位站在他哥哥和外界之间枢纽地位并尽职的中间人。但最后，克林格终于说服了哈尔德，允许他同海军上将说几句话。通过电话线，记者宣读了新闻公报，但没有听到回答，只有深深的平静的呼吸声。约 5 分钟后，克林格问：“将军，您好吗？”金梅尔答：“好。还有别的事吗？”克林格要金梅尔为自己讲点什么。又一阵长长的静寂后，上将说：“不，没有什么可说的，感谢你的好意。”然后，就挂上了电话。

毋须说，报界对此议论纷纷，意见不一。许多报纸仍然在一心一意地寻找金梅尔和肖特的住处。火奴鲁鲁的《明星报》声称，将对两位军官进行军事法庭审判的命令，“是遵循了我们美国民主制度中公正这一基本原则……”

“一名哨兵在自己的岗位上睡觉，一名驾驶员在开车时打盹，当然要受到惩处。在战争期间，他们不能仅仅被要求离开现岗……”《明星报》气愤地更确切地说是痛心地对自己的读者肯定地说：“这里不是在重翻老账，而是要说明，为什么陆军部和海军部把肖特和金梅尔送到军事法庭是经过慎重考虑的决定（当然也是总统的决定）……”

金梅尔和肖特的才能并不是找不到用武之地，他们幸运地在工业界找到一席之地。1942 年 9 月，肖特加入了坐落在得克萨斯州达拉斯的福特汽车公司，任公司交通部经理。当时，工厂只生产军需品，因此可以说，肖特继续在民用战线上为国效力。金梅尔于 1942 年 6 月加入了弗雷德里克 · R · 哈里斯公司的造船分公司，使他每年 6000 美元的退休金得到增值。公司董事长也是一名退役海军少将，他把金梅尔安置在纽约市，为太平洋战争营造干船坞做设计工作。金梅尔对自己被剥夺在战场上为国效力的机会感到气愤，然而，他又把自己的全部精力投入到新的领域中去。哈雷斯后来声称：“如果不是金梅尔拥有丰富的战列舰及其用途的知识，太平洋战争就会大大向后推迟。因为，在那些从未听说过船坞的地方，干船坞为停泊军舰起了非常重要的作用。”

1942 年即将过去，珍珠港事件的画面呈现出一片模糊不清的线条和朦朦胧胧的颜色。金梅尔和肖特被搁置在一旁，既未定罪，又未受罚。这不但使两位军官及亲友们感到不满，而且也令一般美国人感到奇怪。如果说他们有罪，为何未受惩戒；倘若他们无罪，为何不让他们继续留任？然而，政府同样骑虎难下，由于安全原因，政府不能向公众解释他们的打算，因为“魔术”被暴露的可能性始终存在。然而，一次公正的军事法庭审判所需要的证人，每天都有在敌人手下失踪、受伤或生病的。倘若真理之船不能被永远搁在海滩上的话，军事审判势在必行。

第七十二章

应该采取些措施

美国立即展开对珍珠港事件的调查

即使战争的升级，也不能使美国上下减少对谁应为珍珠港失利负责这个复杂问题的兴趣。人们对此不能忘怀的原因之一，是军事法庭应在两年期限内完成审理的规定。在一封未注明日期、于 1943 年 8 月 27 日转到金梅尔手中的信里，诺克斯提醒说，金梅尔案件的审理期限为 1943 年 12 月 7 日。他请求金梅尔在目前战争情况下，“应顾及全局利益……而不要求时效兑现……”。部长对海军上将保证，“开庭日期一定尽可能提前”。9 月 7 日，金梅尔回信说，他希望军事法庭“尽可能早日开庭”，但后来还是改动了送给他的表格，并交上时效弃权声明书。他这样做，是为了保证他的案子能够“公开审理”。

9 月 11 日，斯廷森对军法署署长克莱默说：“既然海军方面已收到金梅尔海军上将的时效弃权声明书，我们请肖特将军也这样做，才公平。”斯廷森表示，肖特“不会从中受到损失，相反，他或许由于延期会得到益处”。为了满足陆军部的希望，肖特于9月20日递交了一份正式的弃权声明书。

金梅尔用动员自己舰队参战的热情，为自己将来的辩护做准备。1943年11月26日，他写信给诺克斯，要求得到1941年1月1日至1941年12月7日之间太平洋舰队司令与海军部之间通信往来的副本，其中包括所有“被视为战争警告”的副本和“关于部署特遣舰队或舰队、飞机以及军舰的命令”，以及太平洋舰队司令关于部署情况的全部报告。另外，他还希望得到他和布洛克共同递交的关于增加舰队、第十四海军军区、外围岛屿和夏威夷地区军事人员及物资的建议书。除了这个长得有些吓人的单子外，金梅尔还想得到“1941年12月7日仍在生效的”海军部、太平洋舰队和第十四海军军区的战争和行动计划。他还想要一本名为《陆海军联合行动》的小册子，以及罗伯兹委员会诉讼过程的完整记录。

诺克斯于1943年11月30日把这份申请书转给海军军法署署长盖奇，命他收集有关材料，然后转给金梅尔。盖奇又把任务转交给海军作战部长，请求他的办公室收集材料，当然除罗伯兹报告之外。

金梅尔的要求，令海军作战部的工作人员吃惊。副部长F·J·霍恩12月16日在写给诺克斯的一封长信中指出，这样做势必会引起有关人员安排、时间安排以及安全等一系列令人讨厌的问题。自1942年3月18日担任海军作战部长和美国舰队总司令的欧内斯特·J·金海军上将，于12月23日在霍恩来信的背面明智地补充道：“既然金梅尔上将目前要求得到的材料将来迟早也要给他，我的意见是现在就着手整理这些材料。”但是，他从情报角度考虑后，提议：“现在请给金梅尔上将写封回信，告诉他出于安全考虑，目前不能提供所需材料。但要向他保证，现在正在整理所需材料，将来在适当时候予以提供。”

国会对时效这一问题也非常关注。1943年12月7日上午，巴克利参议员打电话告诉斯廷森说，众议院已经通过了一项关于将在由军事法庭审理的“珍珠港防御战中出现的失职罪”一案中废除时效的议案，参议院目前正在讨论该议案。巴克利问斯廷森对此是否持有异议。部长回答说，肖特已经递交了时效弃权申请，倘若国会愿意这样做的话，他不反对他们的这一决定。

3天后，斯廷森见到了克莱默及其助手奥托·纳尔逊陆军上校。他们就国会刚刚通过的“紧急法”一事进行了研究。国会再次希望知道陆军部是否对此持反对态度。根据克莱默的建议，斯廷森写信给预算理事，说他对此没有异议。实际上，克莱默认为这个议案等于零，“因为直至两年时效到期一两天后，它才签字生效”。斯廷森的看法有所不同，他之所以认为该法案无用，是因为他们已经收到了肖特的弃权声明书。“万一他（指肖特）改变主意，继续要求实施时效法的话，”斯廷森在日记中写道，“即使法庭认为他的要求正确，我们依然能够就他的非绅士举动而惩罚他，并就此把他从陆军中赶出去。”然而，倘若他真的这样做了，即使不超越“陆军章程”中所规定的条款，也到了极限。

金梅尔继续为自己将来的抗辩搜集材料。1944 年 1 月 18 日，金梅尔在特拉华州威尔明顿休假时，拜访了他的同班同学比尔·哈尔西。豪放热情的哈尔西显然要披挂上阵，准备为自己的朋友助一臂之力。“哈尔西海军上将对我所受到的待遇，感到特别愤慨。”金梅尔记录道，“他将在战争结束后把此事视为己任，拭目以待我是怎样被证明是清白的。1943 年 8 月……他曾下令抽调他的两位参谋专门为我准备我所需要的材料……他将写出一份宣誓书，然后交给我。”

但是，哈尔西建议金梅尔“战争以后再采取为自己洗刷名声的行动。因为，在此之前采取行动，将会从反面冲击战争”。金梅尔声明说，他“目前采取的政策……是在各方面做好准备，收集证词，详细准备，但不采取任何行动去促进事态的发展。但如果有人促成审理的开始，我将非常高兴”。

然而，珍珠港问题不能消极无休止地等待战争结束。1944 年 2 月 25 日，诺克斯在记者招待会上宣布任命汤米·哈特海军上将“到海军军官中搜集有关日本袭击珍珠港的证词，以便军事法庭在审理金梅尔海军上将和肖特陆军将军案件时使用……”。他希望立即开始这项工作，“因为许多与此案有牵连的军官分散在世界各地，其中不少人从事着极为危险的工作”。诺克斯认为，这样的听证会是“绝对公平地对待金梅尔上将的一种尝试”。他还指出，将由“一位被告和海军部双方都信任的高级军官”去收集证据。他进一步解释说：“没有改变军事法庭开庭推延到战后的决定，因为到那时审理将可以安全地进行。”

早在 2 月 22 日，哈特就已经召开了他的第一次工作会议，会议很短，主要研究工作程序问题。哈特是一位忠心耿耿办事效率很高的军官，曾于 1941 年指挥亚洲舰队。他现在的工作并不是“对事实或见解做出裁决……”。他对国会委员会说，“任何裁决的做出都不在我的职权范围之内。”他得到的告诫，是“把那些正在被遗忘的证词或由于证人面临死亡而将永远失去的证词记录下来”。他未从诺克斯那里得到任何指示，也从没同他谈过这件事，哈特只是同盖奇联系。盖奇告诉哈特说：“金梅尔海军上将已提出……证词正在被忘却或丢失，对此应该采取些措施。”

诸如诺克斯和金梅尔这些为证词自然丢失而感到焦急的人们，显然是因为他们考虑到战争的残酷性。由于诺恩（诺恩是北欧神，命运三女神之一——译者注）把手中的线奇怪地一捻，诺克斯便于 1944 年 4 月 28 日死于心脏病。当时，哈特的听证正在进行之中。诺克斯的去世，不仅使未来的几次珍珠港调查失去了一位重要的证人，而且使国家失去了一位能干、受人尊敬的公仆。

1944 年 6 月初，是时效法失效的日期。5 月，国会又掀起了一阵由此引起的轩然大波。5 月 30 日，密执安州的共和党参议员霍默·弗格森公开了金梅尔的一封信，并说他本人“同肖特也有通信联系，但不打算公开”，或许与肖特的那次“通信联系”不那么令人激动。1944 年 6 月 12 日，肖特在一封短信中对金梅尔说，他曾接到弗格森发来的一封电报，“但决定继续实施不公开政策”。肖特还说：“我认为，我们将继续成为政治足球，直至大选之后，不要指望陆军部和海军部采取任何行动。”

尽管金梅尔曾对哈尔西说过，他不打算促进事态的发展，但实际上，他始终在为让锅里的水沸腾起来而努力，以保证他的案子在公众心目中留有一席之地。在给弗格森的信中，他焦急地要求进行“一次公开不受约束、尽可能提前的法庭审理”，并申明“从海军退役是违背自己意愿的”。

陆军部关于肖特已放弃时效法直至战争结束或战后 6 个月的解释，并不能使弗格森满意。1944 年 6 月 3 日，弗格森写信给军法署署长，令人极其信服地指出：“陆军只从肖特将军手里拿到弃权声明书是不合适的。至少在两天前，他们还表现出奉行这样的理论：只有一个人为珍珠港事件负责。”弗格森从各个角度注视着这份弃权声明书，直至国会最后把时效法终止期推迟到日本战败后 6 个月。

5 月底到 6 月初见报的大量文章，并不能使金梅尔感到有所安慰。这位胆汁质人士于 6 月 2 日写信给他的律师理查斯·拉格，提出一个有点阴险的建议：“我认为，不会有把诽谤罪加在美利坚合众国政府身上的事。但我认为，我们可以从这方面考虑起诉的法律程序。无论如何，报纸应该为此打头阵。”海军上将认为，他不应该为任何调查提供证词。“如果强迫我去作证，我就把我要说的话写进一份声明。我已准备好，并愿意而且急切地盼望在一次最高军事法庭上出庭。然而，我对那些他们本人就应该成为被告的人们组织和指挥的调查，不感兴趣。”直至 1944 年夏天，金梅尔仍确信每个人都在同他作对。金梅尔在 7 月 17 日给拉格的一封信中，竟然表示出他与拉格的电话通话可能被搭线窃听的担心。

与此同时，哈特继续他的工作。正如人们对一个能干的人所寄予的希望一样，哈特极为出色地收集到了一些权威性材料，对证人提供的事实及看法进行了记录。哈特后来对国会委员会解释他的工作程序时，这样说：

……我的第一个想法，是把那些可能死去的人们提供的证词一一记录下来。最初几天，我在华盛顿取得了一些人的证词。后来，我到战场上和太平洋去取证。一般来说，我先讯问那些战争开始时不在华盛顿的人，而不是当时在华盛顿的人。

哈特听取了40多位证人的证词，其中19人未曾在其他任何讯问中露面。他曾敦促金梅尔与他同行。事实上，是诺克斯命令哈特通知金梅尔他“有权参加，有权请律师，有权介绍、审查、盘问证人，有权介绍与审查有关的事实，并有权为本人抗辩或提供声明”。金梅尔一直抱怨他在罗伯兹委员会那里没有给予类似的权利。现在，诺克斯提供给他这个机会，然而他却拒绝接受。

金梅尔后来写信说，他是在律师的建议下未去参加哈特的听证会的，“因为给我提供的那些权力，将把我的命运置于海军部长手中。我对这样做感到抱歉，因为此次讯问是在我的要求下开始的”。金梅尔对本书作者说，他之所以没去参加，是因为他“不想捆住自己的手脚”。无论如何，金梅尔当时已下定在军事法庭大显身手的决心，因此对可能影响或有损他在军事法庭胜诉的所有行动，均抱有疑心。

在海军部能够指派完成这项工作的所有将级军官中，哈特或许是最胜任能为金梅尔提供有用证词的人选。他曾于1941年12月在太平洋指挥一只舰队，并深受日本人之害。然而，金梅尔却拒绝了这个或许是对自己案子最有利的机会，一次可以安排他挑选证人和盘查证人的机会。

哈特在1944年5月20日给斯塔克的信中，简要介绍了他的讯问工作，并解释他为何决定不去伦敦听取斯塔克证词的原因。斯塔克于6月2日写了一封长长的令人愉快的回信，说诺克斯已通知他关于哈特目前进行的工作，他“为有这样一位杰出、能干、公正的人士做此项工作感到高兴”。他对哈特进行的讯问已“深入到海军部里”一点也不感到奇怪。“这是必需的，”他说，“从金梅尔的角度来看，我唯一的想法是进行一次军事法庭审理对他有利。倘若不是这样，或者如果他不愿意进军事法庭，我将怀疑法庭的智慧。”斯塔克向哈特保证：“我将十分乐意同你谈谈事情的全部过程。因为，我经常苦思冥想的是，我曾做过什么不应该做的事，而没有做什么我应该做的事。但一般来讲，我不会太过分。”

哈特于1944年6月15日结束了他的讯问。尽管此次讯问提供了颇有价值的材料，但国会仍不满意。十分关注珍珠港事件的弗格森参议员，提议成立一个陆军委员会和一个海军调查法庭。

最初为成立这两个法律组织而活动的人，似乎是金梅尔和他的两位辩护律师罗格和美国海军预备役部队的爱德华·F·哈尼菲海军少尉。这两位律师来到华盛顿，在那里同参议院和众议院的一些关键人物讨论此项提案。经过一天的讨论，“立法草案出笼……”。哈尼菲在最高法院的法律图书馆里为草稿润色，然后送到马萨诸塞州参议员大卫·I·沃尔什的办公室里，沃尔什的秘书用打字机，把草稿打出。最后，弗格森这位注定将成为国会调查委员会重要成员的人士，终于把皮球滚到陆军部和海军部那里，让他们着手调查。两项调查同时进行，陆军从 1944 年 6 月 20 日至 1944 年 10 月 20 日，海军从 1944 年 6 月 24 日至 1944 年 10 月 19 日。

陆军珍珠港事件委员会，由 3 部分主要军官团体组成——陆军、国民警卫队和西点军校，主席是乔治·格鲁纳特陆军中将。他于 1898 年入伍，当时只是一名二等兵。他对远东军事问题较为熟悉，曾在 1940 年至 1941 年间任菲律宾陆军部司令。1942 年以来，他任陆军补给部队副总参谋长。他那稳重的眼睛和修剪整齐的小胡子下面刚毅的嘴，显示出他是一个不容易轻易对付的人。

另一位成员是脸如满月的亨利·D·拉塞尔陆军中将。他眼镜后面闪出的警觉目光，显示出他那不容置疑的聪明才智。他曾是乔治亚大学 ϕBK 联谊会（ϕBK 联谊会是美国大学优秀生的荣誉组织——译者注）毕业生，并在该校获法律学位。1916 年，他参加国民警卫队。自 1940 年 9 月 16 日起，他成为现役二星将军。

委员会中级别最低的是沃尔特·H·弗兰克陆军少将。他是一名飞行员，早年毕业于西点军校。他相当熟悉夏威夷，曾于 1938 年 9 月至 1940 年 11 月任第十八空军联队司令。莫里森评论他说，弗兰克看起来似乎是一位在大学教室里安安静静教书的人。然而，他在瓦胡岛任职期间，总是在咒骂海军。夏威夷卸职后，弗兰克还历任数项高级职位，其中包括驻英国第七空军补给部队司令。他到调查委员会报到前最后的一个职位，是驻俄亥俄州佩特森机场的空军补给部队司令。

几年以后，马歇尔对他的传记作者福雷斯特·C·波格说：“我对那次陆军调查未下达过任何指示，只是指示委员会中不能有我的朋友。”他显然实现了自己的愿望。委员会助理记录员亨利·C·克鲁森陆军少校得到这样一种印象：“参谋长不是这 3 个人所敬佩的人。”麦克阿瑟曾在马歇尔的命令下，替换格鲁纳特在菲律宾的职位。因此，克鲁森认为，格鲁纳特“一点也不喜欢马歇尔”。克鲁森还声称，马歇尔曾阻止弗兰克晋级戴上第三颗星，因此弗兰克也不喜欢参谋长。克鲁森还指出，拉塞尔曾负责训练过一个军团，并希望能够率领它一起到国外去，但马歇尔免去他的职务，让他留在美国，后来，当陆军委员会和由克鲁森主持的补充调查工作结束后，克鲁森问马歇尔为什么选中那几个不喜欢他的人。马歇尔简单地答道：“任命他们的唯一理由，是他们能胜任此项工作。”

倘若说陆军委员会会给马歇尔来点颜色看看只是个怀疑的话，那么相信海军带着自己的偏见涉足调查这件事，便有足够的理由。海军上下都有人同情和支持金梅尔。波克·史密斯在1944年1月10日写给金梅尔的信中，让他的老上级放心，说：“所有的海军军官都站在您一边，他们和我一样，都认为您将永远不会接受审判。目前，仍有大量的有关珍珠港事件的事实，还未得到披露。”凡为此事接受采访的前海军人员，几乎无一例外地站在金梅尔一边。在组织海军调查法庭期间，盖奇毫不掩饰他的亲金梅尔倾向。金梅尔的律师之一罗伯特·A·拉文德海军上校，于6月1日把盖奇提供的消息转达给他的当事人：

……他（盖奇）对参议院委员会讲，他恐怕不能得出与罗伯兹报告相同的结论。他还说，他对委员会讲的第一句话是，他在自己的全部工作生涯中了解你本人，在珍珠港之前对你的能力就万分钦佩和诚服，此后他从未改变过一丝一毫。

显然，盖奇盼望形势“发展成为在陆军和海军之间爆发一场谁应负主要责任的争论”。他还对拉文德讲，“部里（海军部——译者注）所有军官都支持”金梅尔。他希望金梅尔参加此次调查，摆出“自己的道理”，而且“要进攻得力”。

既然海军法律头面人物采取如此态度——即珍珠港事件的调查势必成为陆军和海军之间喋喋不休的争吵，以证实谁的尾巴拖住了锡罐，以及海军部的军官们均在支持金梅尔——人们几乎不需要水晶球（占卜用——译者注）或图纸牌（算命用——译者注），就能预测事态发展的趋向。

斯塔克同金梅尔和布洛克一样，都被指明为“有关当事人”，但斯塔克却未得到他曾领导过的海军作战部的帮助，这与金梅尔形成鲜明对照。在1944年夏季的某个时间里，他接到调令，命令他回国到海军法庭作证。这个命令不能使斯塔克明白等待他的命运如何。他将面对“凉得赛过鲇鱼”的法庭。这个比喻是法律助理大卫·W·里奇蒙海军上尉说的。

斯塔克请哈特作他的辩护律师。哈特在国会委员会面前作证时表示，他当时丝毫不愿意接受这份差事，如果不是战争在继续中，“当然不会干”。哈特在他主持的调查中不去听取斯塔克的证词，而现在却要充当他的律师，哈特或许会对此感到内疚。他做出不听取斯塔克证词的决定，恰好说明他知道斯塔克证词的重要性。现在，斯塔克处在一个“有关当事人”的地位，将要面对一次官方法庭调查。哈特无疑想借助法律，他们最后一致同意由里奇蒙担任法律顾问。

曾是斯塔克的海军作战部助理部长的罗亚尔・E・英格索尔海军上将，也将在海军法庭出任他的辩护律师，然而英格塞尔对此并不积极。

海军的法庭调查委员会阵容显赫。成员们的资格，均高于斯塔克和金梅尔。瘦长而结实、长得像撬杆一样的奥林・G・默菲海军上将任主席。他是哈特1897年在安纳波利斯的同班同学，曾任过大西洋舰队司令，第十四海军军区司令，珍珠港海军造船厂厂长等职。这些职务，使他十分了解太平洋。他于1940年5月1日退休。罗奇蒙认为默菲已过壮年，这一点在法庭调查史显示出来。

另一位是爱德毕・C・卡尔布弗斯海军上将。他的绰号是“老荷兰人”。这个又高又胖的人长着一个矗立的鼻子和厚厚的双手，看起来似乎他仍然在荷兰的旗帜下在海上为荷兰效力一样。一次世界大战后，他曾历任作战计划部部长、战斗部队驱逐舰队司令，以及军事学院院长等职。尽管1941年12月1日，他已到了法定退休年龄，但他继续留任军事学院院长职务。1942至1943年间，他是海军将军委员会的成员。1944年6月，也就是他参加海军法庭的同一月份里，他被任命为海军历史学会会长。罗奇蒙认为，他是“一个判断力强，通情达理的人”。曾任斯塔克助理的小查理斯・韦尔伯恩海军上将也同意地说，卡尔布韦斯“通常被认为是一个非常稳重的海军军官——虽不能说才华横溢，但十分稳妥可靠”。

阿道弗斯・安德鲁海军中将，是这次由3人参加的艰苦的海上航行的最后一个成员。专栏作家德鲁・皮尔逊和罗伯特・艾伦挖苦般地提到这位长得很帅颇像演员的军官，是“因为他那裁剪得体的衣服和曾担任数位美国总统的随从的经历，在华盛顿享有盛名”。然而，安德鲁曾出任过航海局局长，指挥过数次海上行动，其中还任过夏威夷分遣队司令。1942年到1943年间，他负责指挥东海岸边防部队，在任职期间负责海军反潜行动计划。在这方面，他留给斯廷森的印象是，“他一点用处也没有……”。

尽管安德鲁已于1943年11月1日被列在退休名单上，但他继续服现役，任海军人力调查委员会主席。他参加海军法庭时，还担当此任，可能对斯塔克有私人成见。威尔本怀疑说，安德鲁“可能认为斯塔克海军上将对他未得到第四颗星至少负有一部分责任，因此他有理由对斯塔克将军持不友好态度”。

金梅尔对于这个法庭感到特别满意，他这样认为是有充分理由的。金梅尔后来说：“默菲说过安德鲁是我最忠实的朋友。他自信，聪明，并尽力证明我是无罪的。”默菲还告诉拉文德说，他希望金梅尔在作证时抓住时机，穷追不舍。实际上，他希望金梅尔追究下去。更重要的是，他“故意”提问有关问题，以达到这一目的。金梅尔耐住性子，“全面、实事求是、并有根据地回答这些问题”。这使默菲更为金梅尔感到不平。

金梅尔希望把他最近得到的情况写进记录中。1944 年 2 月，萨福德拜访了金梅尔，在 3 个小时的交谈中，他告诉海军上将说，金梅尔马上要上军事法庭。萨福德将作为证人出庭，因此他一直在收集材料，并努力回忆往事。当萨福德发现某些至关重要的材料尚未送到金梅尔手中时，他的“正义感”受到了触动。因此，他来找金梅尔，口头告诉他其中一些关键内容。“这个消息使我恶心。”金梅尔说。

1944 年夏，金梅尔授权拉文德检查装有截收电报的文件夹。拉文德手中已有 43 封截收电报，这是经过证实的抄件。过去曾在罗伯兹委员会工作过的麦克纳尼陆军上将，于 1942 年出任副参谋长，他反对海军通信部部长向拉文德提供电报原文，结果拉文德未能得到电报原稿。

金梅尔不是那种能够耐心地忍受拒绝的人，特别是在他瞧不起的麦克纳尼手中。金梅尔曾正式向海军法庭要求把拉文德收集的截收电报作为证据出示，但海军部拒绝了这一要求。后来的调查表明，金梅尔提出要求的那封信找不到了。海军上将毫不畏惧，又亲手寄出另一封信给副总司令。“告诉海军部那些杂种们，丢了我的信没什么好处。”他强硬地说。如果他们这样做，他将“每天给海军部长写一封内容相同的信”，直至他采取行动。正在就此事进行讨论时，一位职员拿来了他的原信。或许这封信真的放错了地方，或许有人意识到金梅尔完全能够坚持数年，每天向他们投寄一封信，直至被满足要求为止。

第七十三章
全面公正的披露

美国民众砸锅卖铁支持对日复仇

斯塔克作为第一个证人，于7月31日出现在海军法庭上。他很镇定，但由于没有准备，显得有些语无伦次。这是可以令人理解的，因为他没有时间为调查法庭开庭做准备。在到华盛顿之后和法庭开庭之前这段短短的时间里，他没见到他任海军作战部长时的文件和记录。因此，他要求给他查找材料和做准备的时间，法庭允许把他的出庭推迟至8月7日星期一10点。金梅尔显得坐立不安，他声称："在全国范围内，我被标榜为对珍珠港惨案负有罪责的人。"他请求法庭传讯陆军、国务院以及联邦政府其他部门的证人，以澄清全部事实。他指出了此事的紧迫性："那些可以为法庭做出澄清事实证词的人，和那些可以驳斥罗伯兹委员会彻头彻尾的错误结论和歪曲事实的声明的人，其中有些人可能会不久于人世。"

像斯塔克这样谨慎的指挥官，现在被迫把主要精力放在为过去的行为辩护上，而目前的工作又要求他倾注全部身心，这一定会令他发疯的。金梅尔没有分散自己注意力的官方工作，但他在即将到来的总统大选中陷得越来越深。然而，他不是作为竞选人，而是作为一个象征。如果共和党能够证明——或者甚至用令人信服的证据让公众怀疑——罗斯福及其政府把美国拖入战争，如果他们事先知道日本将要袭击但未能通知金梅尔和肖特，或者他们在掩盖珍珠港事件真相的话，共和党人就会找到完美的竞选论点。

早在 1944 年 7 月 3 日，参议院少数派筹划指导委员会秘书乔治·H·E·史密斯，就试探过共和党全国委员会主席赫伯特·布劳内尔关于指责美国卷入第二次世界大战的责任归咎于“新政”这一问题的态度。在这个问题上，史密斯和民主党全国委员会玩的是“你搔我背，我挠你肩”之类的把戏，即：如果民主党人停止对大萧条的唠叨，共和党人便放弃战争这个话题。

4 天后，史密斯向少数派筹划指导委员会主席、参议员罗伯特·A·塔夫脱报告说，他准备到波士顿去拜访拉格，目的是弄些材料。金梅尔曾向拉格表示，他乐意“把塔夫脱视为知已，相信他的诚实和判断力”。8 月 4 日，史密斯写信给塔夫脱说，珍珠港材料中表明政府必须分担那场灾难的责任的有关材料，能写成一篇文章刊登在杂志上。

于是，金梅尔获得了强大力量的支持，信心十足地参加了 8 月 7 日的开庭。金梅尔明白，军法官已提出要看海军部某些机密文件的要求，他也同样想看这些文件，但至今未能如愿。海军军事法庭法官哈罗德·比尔斯迈耶海军中校回答说，他已写信给海军部长，向他转达了金梅尔的要求。比尔斯迈耶说：“他并不认为那些文件是法庭急需的。”

他们交谈后，斯塔克来到证人席上。他证词中最有意义的部分，是关于 11 月 27 日那封重要的警告电报。[①] 他直言不讳地强调了当时他所期待金梅尔和陆军要做的事，他肯定地说，虽然他不能排除金梅尔的责任，但法庭应记住，保卫珍珠港和在港军舰的任务属于陆军。

转天，即 8 月 8 日，金梅尔再次请求得到海军部文件。人们可以想象出，他和他的辩护律师为什么如此迫切地希望在斯塔克返回伦敦前，把“魔术”电报和其他文件作为证据弄到手。斯塔克为这些文件保密，是因为他曾发过誓，并且他本人有很强的保密意识。除非海军把这些文件送到法庭，才能解脱斯塔克。不然，他的证词不可能全面。

---

①见第五十章。

金梅尔还有一手。从哈特的调查记录中，金梅尔得知英格索尔有一套特殊的日本密码。1941 年 12 月 4 日或前后，他正是通过这套密码知道了日本人将袭击英国和美国。显然，金梅尔指的是“风力”密码。他解释说，他之所以这样说，“是表明他为何如此努力要求看到海军部的秘密文件，及要求法庭帮助搞到这些文件的目的”。

斯塔克又回到证人席上。尽管向他问了几个关于情报来源的问题，但他从未提到过“魔术”，“我的情报基本上来源于我掌握的情报源，以及我认为可靠的情报”。斯塔克为严守秘密避而不答，这是金梅尔后来指控斯塔克在法庭做伪证的主要原因。斯塔克关于保守“魔术”秘密的誓言，始终同他作为一名证人的誓言相冲突，使他和其他证人都处于一种极不舒服的境地。

8 月 9 日开庭，先由斯塔克的辩护律师向斯塔克提问题，大部分问题涉及战争计划。[①]当问到他希望夏威夷陆军部在接到 11 月 27 日马歇尔警告令后应采取什么行动时，斯塔克谈了有关陆军的步兵、骑兵和炮兵的问题：

我希望陆军会最大限度地使用其警告系统……希望他们尽可能多地准备飞机，希望他们……配备炮组人员——包括固定和移动火炮。我希望他们履行曾与海军共同制订的协议，希望他们采取某些防范措施。换言之，我希望他们在最大程度上做好保卫珍珠港的准备……我特别希望陆军准备好他们的驱逐机，当然有一些驱逐机不能随时起飞，但其余驱逐机应严阵以待……它们是防范来自海上空袭的主要的或最基本的武器。

午休之后，金梅尔不得不忙于应付另一个发展势态。那天，他听说一些重要的有关材料不允许在法庭上出示，这是海军代理部长的命令，然而部长过去曾同意可以出示它们。金梅尔激动地继续说：“不全面公正地披露我们知道的所有可用的证据，调查将是无效的。对于如此推诿国会的明确指示，以及忽视要求公正这一基本要求，我表示强烈抗议。”

不能提供金梅尔一直期待的材料的消息，是转天 8 月 11 日正式传来的但金梅尔要求一份不少地拿到全部材料。下午开庭时，他的辩护律师呈上一份长长的声明书，再次要求得到那些材料，并建议法庭诉讼程序应被划分为“与那些文件同等机密”的级

①确定谁曾在法庭上提出问题，几乎不可能。副本未指明具体提问者，只是在讯问中指明“有关当事人”，即使本人未到庭。但根据罗奇蒙所言，哈特第一天担任提问者，以后便由罗奇蒙对斯塔克进行法庭提问。

别。他说："这些文件迟早要公之于众。到那时，整个海军将会受到公众的指责。假若事态发展到海军未向法庭提供可以提供的证据的地步，公众将会产生不满。"

8 月 12 日星期六的开庭，时间很短，法庭暂时结束了对斯塔克的讯问。据拉文德讲，"默菲说，所有法庭成员都十分讨厌斯塔克"。里奇蒙对卡尔布弗斯是否也讨厌斯塔克有些怀疑，但默菲和安德鲁自法庭诉讼开始之日起就对斯塔克不友好。然而，忠于斯塔克的韦尔伯恩可以想象出他们为什么对斯塔克这样苛刻："斯塔克海军上将……喜欢查阅文件，而不是单凭记忆。他同马歇尔陆军上将不一样，在即席讲话中，他不能用简明、符合语法的语言表达自己。在这方面，他更像艾森豪威尔陆军上将。"

然而，斯塔克证词的笔录稿，没有什么艾森豪威尔式的嗑嗑巴巴的句子。马歇尔的证词记录稿，与斯塔克的差不多。人们从海军法庭记录中得到的印象是：斯塔克是一个严肃、坦率、乐于合作的证人，一个安静但正直的人。他在不得不保护"魔术"这一极不利的情况下，做了最大的努力。诚然，他为自己和自己的参谋们辩护，他的证词或许引起了那些希望结成坚决支持金梅尔统一战线人们的怨恨。

如果说海军法庭在有意开脱海军在珍珠港事件上的责任的话，那么肖特就在不明智地推波助澜。他 8 月 14 日所做的证词并未给人留下深刻印象。他喋喋不休，但意思表达不清，他所说的内容对他不利。他意识到自己要碰到难题，于是就要求并得到了"有关当事人"的身份。这样，他的辩护律师 T・H・格林陆军准将便能够到庭。

肖特在他长长的辩护中，抱怨他的枪支、士兵和设备短缺问题，特别是存在于海岸炮兵部队和夏威夷空军方面的问题。他解释说，他拥有雷达以及分散在整个岛屿高地上的 100 个观察站，观察站旨在监视来往军舰和飞机，观察站内部安装有良好的通信设备。但是，工作人员 12 月 7 日清晨并未在岗上，因为他们没有接到有关空袭或登陆部队可能来攻击或一次全面攻击的报告。

这番话实在不高明。观察站的目的，就是在有来犯飞机和军舰时发出警告。然而，在进攻来临时却无人值班，理由是他们没有接到警告令，而他们就是应该发出警报的人。肖特说，陆军在一些地区不用雷达，而用声音探测器，但声音探测器在 12 月 7 日清晨也没有使用，理由还是指挥官们未接到警报。他的这个解释，丝毫不能改变他的不利处境。

肖特将军并非没有自我保护的意识。当问他夏威夷陆军司令部是否应为保护珍珠港负责时，他反驳道"应在海军的支持下"。

肖特在法庭上表现得极差，他总是在抱怨。而且，他的证词非常清楚地表明，他对 1941 年 12 月所面临的真正危机概念不清。或许他在一群不熟悉他工作技术性质、没有理由同情他的海军军官面前作证感到不舒服。他一定也意识到了，该法庭无权判他有罪，也无权赦免他。然而，他的案子与金梅尔的息息相关。无疑，该法庭的调查结果，对他的影响不是好就是坏。

转天 8 月 15 日，轮到金梅尔出庭了。像肖特一样，他也吃了目的不明确的苦头。他似乎不明白他的舰队——一支活动着的杀伤力很强的舰队——为何在日本人眼中成了最主要的目标。“我认为，如果舰队不在港内，日本人企图袭击珍珠港的可能性比舰队在港里的可能性要大得多。然而，我只考虑到有日本人进攻的可能性，并认为只要稍微提高些警惕就能防备这种可能性。”然而，1941 年 12 月 7 日，“一般警惕性”也根本不存在。

8 月 16 日，金梅尔又回到证人席上。斯塔克的辩护律师问，他是如何做出炸掉战区内发现的任何潜艇这一决定的。金梅尔未加保留地说：“几个月来，我一直想这样做，但得不到允许。战争警告电报正好给我们提供了这样做的借口。”这个回答清楚地显示出，尽管海军上将在回顾往事时嘲弄了 11 月 27 日的电报，但当时他却抓住了电报中让他们提高警惕这层意思，以适应他的企图和打算。

在他自己的辩护律师巧妙的引导下，金梅尔大谈加强威克岛和中途岛力量的计划。辩护律师问，这项计划是否“修正了那封战争警告令……而未说明珍珠港有将遭袭击的可能性”。金梅尔答道：“在我的脑海里，这项计划旨在并的确减小了珍珠港有被袭击的可能性，如果说海军部当时认为珍珠港将被袭击的话。”然而，威克——中途岛计划是在“战争警告”之前收到并研究实施的。因此，后者应该“修正”前者，而不是相反。

当布洛克的辩护律师讯问有关谁应对远程巡逻负责时，金梅尔像往常一样指出，这是布洛克的错误：“当海军边防海岸防御计划要求第十四海军军区司令实施这一任务时，他应该自己想方设法搞到相关情报。依我所见，当他认为有必要要求增加为执行任务所需要的飞机时，提出要求也是他的职责。”

共和党人在执行利用珍珠港事件作为竞选论点的计划时，沉默了一段时间。8 月 24 日，马萨诸塞州的辛克莱·威克斯参议员又开始大动干戈。他在《国会记录》中刊登了由比尔·冈宁汉姆 8 月 22 日发表在《波士顿先驱报》上的一篇文章。冈宁汉姆呼吁为金梅尔提供“洗清名誉”的机会，他写道：“作家和评论家们踮起脚尖，小心翼翼地绕着这个题目走，似乎它是一窝睡眠中的响尾蛇……”他呼吁，在为时还不晚的时候，应该采取行动，以免发生“美国的德雷福斯案”（德雷福斯是法国炮兵军官，1894 年被诬陷下狱，举国为之愤怒。经过 10 余年反复斗争，终于在 1906 年昭雪。德雷福斯案是法国近代史上大事件——译者注）。

人们现在可能明白了，为什么忠心耿耿的反对派如此热心于总统竞选的早日到来。美国国会的立法者们，在晨报上看到的是令人为之振奋的大字标题：日本国土被炸；巴顿将军的坦克现距德国边界 165 英里；法国人和美国人占领巴黎……等。无论用经济学或传统观念还是用冷静的有理有据的论证，来与这些好消息平分秋色都是徒劳的。在公众心目中，与这些铺天盖地而来的好消息联系在一起的人，就应该当选。因此，共和党现在急需一个情感方面的论点，一个能够本能地引起强烈反映的论点。

正当共和党人在比赛场上跃跃欲试之时，海军调查法庭在海军部里，继续着它鲜为人知的努力。8 月 28 日星期一，对金梅尔来说是一个值得纪念的日子，法庭收到了金梅尔为之奋斗的那些文件。斯塔克反对的不是文件的内容，而是“在这里公开那些文件，可能使多年的艰苦工作付之东流，其后果将可能严重危害国家利益”。但是，法庭未理睬他的意见。记录上出现了许多“魔术”电报和数封领事馆电报。这一胜利，是金梅尔铁一般意志执着追求的结果，是他的法律小组尤其是指导这场斗争的拉格努力的结果。

据拉文德讲，引起最大反响的，是关于“炸弹弹着点标示图”系列中的几封电报。然而，我们讲述的这个珍珠港事件，在这里出现了一个特殊的偏差，那就是 1941 年 9 月 24 日截收的“炸弹弹着点标示图”并未在海军法庭的证据中出现。然而，正是这封电报把珍珠港分成若干地区，以便在未来的间谍报告中使用，使火奴鲁鲁领事馆更具体地向东京汇报。[①] 无论什么原因，这封关键电报未在证据中出现这一事实，可能有助于解释为什么如此多的证人，当时在“炸弹弹着点标示图”电报的重要性问题上故意打折扣。

无论如何，金梅尔胜了这步棋。海军部冒着“魔术”受到威胁的危险，向法庭提供了金梅尔通过拉文德索要的除了难以捉摸的“风力实施”以外的全部文件。“魔术”和领事馆文件的出示，弄清了以前法庭调查中许多模糊不清的问题。现在，法庭面临着下一步的调查，调查的关键问题是：华盛顿方面是否能充分证明，当时他们有告诫日本人动向的情报？如果有，华盛顿方面是否有人有意对金梅尔隐瞒消息？

如果上述两个问题都得不到肯定的回答，海军上将的境况将不会有所改善，可能还会更糟。因为当他声称海军部拒绝提供有关证据时，人们对海军部这样做的动机始终持怀疑态度。而此时，证据在法庭的监督下公开，如果金梅尔和他能干的辩护律师

---

①见第三十一章。

不能用证据说服法庭金梅尔是华盛顿那些最愚蠢、最蹩脚的阴谋家的牺牲品，海军上将可能会发现，他赢了一场战斗，却输了整个战役。

8月29日，珍珠港事件的证人中最有争议的人物站到了证人席上。萨福德像往常一样，用十分肯定的语气讲述了有关“风力”密码以及传说中的“风力实施”。他讲了许多二手材料，其中一些纯属道听途说。然而，他却驱动了在未来几年内使珍珠港机器上的齿轮磨平的转轮。在罗奇蒙看来，萨福德表面看很诚恳，其实肩负着重任：把一个不复存在的“风力实施”说得确有其事。

9月1日星期五，法庭休庭，可能为下一个证人——马歇尔陆军上将——做时间安排。陆军可以让一位级别较高的证人到海军法庭作证，而马歇尔自然合乎这一要求。正如他在9月2日向法庭解释的那样，珍珠港事件发生后，他的“全部注意力都放在该事件引起的后果上，而没有翻阅过一份有关记录。事实上，直至一两天前才看了一点儿材料，为出庭做些准备。因此说，我还未深入到这一事件中来。我在忙于做其他事情，那些急待去做的事”。

当问到他如何评价肖特时，马歇尔简洁地答道：“一个非常出色的军官。”他认为：“夏威夷是美国在国内外拥有的防御措施最完善的基地。多年来，它在陆军中首屈一指……”

马歇尔看来记忆欠佳。他的证词中有许多诸如“我不记得了”、“我忘了”、“我不知道此事”的回答。他想不起来自己在12月6日星期六夜间在什么地方，他显然认为这是一个毫无意义的问题。“我记不起我当时在什么地方，直到现在我才考虑这个问题。”他也记不清楚是否见过肖特对11月27日警告电报的答复。诸如此类的回答，对于想了解细节的法庭或委员会来说。真是太令人失望了。然而，像斯塔克和马歇尔如此坦率地承认自己不知道或不记得的证人，比那些用颇为具体的证据为他们并不直接了解的事情作证的证人，可信程度要高。

马歇尔作证后，法庭暂时从华盛顿移至珍珠港海军造船厂，听取几位不能前往华盛顿的证人的证词。在法庭向火奴鲁鲁迁移期间，国会中的共和党人发起了更强的攻势。印第安纳州的国会议员诺布尔·J·约翰逊于9月5日声称，依他所见，金梅尔和肖特之所以还未上军事法庭受审，是因为政府害怕人们了解事实真相。他断言：“如果还不采取行动，人们将完全有理由相信，只要罗斯福总统任最高统帅一天，事实就不会大白于天下。”

9月6日，宾夕法尼亚州的小休·D·斯克特国会议员提出了若干问题，声称这些问题在华盛顿和其他地方正在被人们自由地讨论。在对1941年外交大事做过长长的添油加醋的总结后，斯克特要求：“让我们了解事实真相，全部事实真相。我们不要别的，只要事实真相。只有这样，无辜者才能被赦免，罪犯才能受到惩罚，死者才能得以安慰，公众利益才能得到维护。”

斯克特的一席话及其随之而来的喧闹声，令少数派筹划指导委员会的乔治·史密斯十分焦急。他担心这种零零碎碎地泄露事实，将会使现行政府受益，这样做会削弱问题的重要性。于是，史密斯催促特夫特参议员：“在此关键时刻，延误一天都将会减少我们使用最佳行动方案的机会。天天向外泄露消息以及飞快流逝的时间，正在消耗对我们有力的论点。”

显然，史密斯认为，罗斯福政府应该对美国进入战争负责。9 月 12 日，他写信给拉格，极力敦促金梅尔带头把他的经历用适当的文体撰写出来。事实上，金梅尔的经历早已写出，并准备使用，但它还需要金梅尔海军上将的帮助、建议和资料。

在力促此事时，史密斯其实已暴露出他的想法：从军事角度看，金梅尔应该对珍珠港事件负责，“……尽管华盛顿未能向他们及时通报消息，但政府将对当时的确提出了足以使珍珠港陆军和海军严阵以待的警告这一事实抓住不放”。他写道：“政府将大肆渲染珍珠港的技术状况。因此，金梅尔为自己开脱是极为困难的。”史密斯说的完全正确。他随后继续写道：“导致珍珠港事件发生的外交失败，是金梅尔将军的辩护理由——而珍珠港的技术情况不能作为理由。”

正在此时，战争之神把金梅尔及其一家抛进个人悲剧的深渊。9 月 6 日斯克特在众议院发表演讲的那天，晚报上登出了海军上将 31 岁的儿子曼宁·M·金梅尔海军少校指挥的潜艇罗巴洛号失事的消息。该潜艇执行巡逻任务后未能返航，所有水手都被正式列入失踪者名单，并通知其亲属。

因此，金梅尔不能陪同法庭前往瓦胡岛一点也不奇怪。即使金梅尔决定再去看一看珍珠港，那刚刚发生的事也会把他想洗清自己之事推至第二位，或许这是自 1941 年 12 月 7 日以来他第一次将此事搁至次要地位。金梅尔不得不去和妻子多萝西一起共分哀思。

但是，布洛克去了夏威夷。他显然已意识到作为一个有关当事人的内涵是什么，他参加了所有的开庭。法庭自 9 月 9 日开庭，第一位证人是现任尼米兹的参谋长的索克·麦克莫里斯海军少将。麦克莫里斯像一把切肉刀一样普通，但锋利 . 他的思维开阔。在某些方面，比金梅尔及其辩护律师期望得还要宽阔。同斯塔克和英格索尔一样，他认为舰队当时是按战时编制。不同于金梅尔的是，他当时意识到了日本下令销毁密码的严重性。他认为：“该电报比以往收到的任何电报，都更明确地显示出美国可能会卷入同日本的战争中。”

里奇蒙认为，麦克莫里斯的证词有损于金梅尔。固然，麦克莫里斯并不会在所有方面都同过去的上级意见一致，尤其是麦克莫里斯认识到销毁密码电报的重要性，而金梅尔却没有。这个事实对金梅尔极为不利。尽管如此，里奇蒙依旧认为，金梅尔的错误大大少于陆军犯下的错误。

9月12日，星期二，法庭休息。第二天，听取了有争议人物——克莱默海军中校的作证。他既为金梅尔帮了正忙，也帮了倒忙。他似乎要证实收到了“风力实施”电报，但另一方面，他又漠视“炸弹弹着点标示图”电报。萨福德声称，当克莱默让诺克斯看“1点钟”电报[①]时，他特别强调了1点钟这个时间，并说“毫无疑问，它意味几小时后，有一次对珍珠港的突然空袭”。克莱默说的与此有出入。此次开庭后法庭结束了在瓦胡岛的工作，不久便返回西海岸。

9月15日，星期五，法庭听证在旧金山开始。同一天，《华盛顿邮报》呼吁结束套在珍珠港头上的神秘罩纱，在这层罩纱之上似乎酝酿着“一级政治风暴”。“全然抛开金梅尔与肖特有罪无罪这个问题，美国人民有权知道珍珠港惨案的背景。尽我们所知，没有理由让人民蒙在鼓里。”这就是问题所在。新闻界和公众都不知道政府为整个背景保密的理由——“魔术”。

9月16日，一位新演员登上了珍珠港事件的舞台。来自加利福尼亚的共和党人伯特兰·W·吉尔哈特众议员要求全文发表罗伯兹报告及有关材料。他声称，他认为该报告“被白宫修改过”。他强调指出：“大选距今不到两个月时间，通过军事法庭或国会调查讲出珍珠港真相，这在大选前已不可能。这是在玩弄鬼花招。”

印第安纳州的众议员福雷斯特·A·哈尼斯提出一个议案，要求组成一个5人特别委员会，调查珍珠港事件。他宣称：“11月大选之前，公众要求并应该被告知有关日本袭击的一切真相。”如果罗斯福对日本进攻没有责任，“他的名誉会马上被洗清……”。然而，如果总统在“指挥夏威夷军事行动中应受谴责，美国人民应该在考虑他是否适于再度当选之前知道一切事实真相……”。

海军法庭没受到这种心照不宣的不信任情绪的影响，于9月21日在华盛顿开庭。那天，理查森海军上将在法庭上做了简短的证词。他像平时一样自信，主要讲了在他任美国舰队司令期间使用的空中巡逻系统。令人奇怪的是，证人、法庭军法官及辩护律师都没有提到理查森与罗斯福于1940年的会面。理查森进一步说明，他曾非正式地（口

①见第五十九章。

头地以及书面地）提出舰队基地建设的建议，但反对把珍珠港作为舰队基地使用。

9 月 22 日星期五的开庭，只持续了两个小时。但是，它的重要意义足以补偿其时间的短暂。曾于 1941 年任金梅尔的潜艇司令的托马斯·威尔瑟海军少将，是一位深思熟虑的证人。他知道“战争警告令”，并出席了商讨此事的会议：

金梅尔上将递过那封电报让我看。看过之后，他说：“你认为电报意味着什么？”我说：“我认为它意味着战争。”然后，当时也在场的布洛克海军上将和我开玩笑——我的印象是开玩笑——他问我将去做些什么，去炸沉敌舰吗？我说，如果它们进入夏威夷 500 英里之内还不掉头的话，我将去炸沉它们。

事实上，布洛克并未参加 11 月 27 日的那个会议。然而，上述证词批评了那个会议的气氛，说明当时至少有一位与会的高级军官讽刺了一位相信“战争警告”确有其事的同事。

9 月 25 日星期一是最后一次开庭，两位“有关当事人”出庭。两位证人的特点是，金梅尔有满腹话要说，而布洛克却无话可谈。金梅尔介绍了斯塔克寄来的信件之后，又描述了他出任美国太平洋舰队司令后重建舰队的情况。

“我认为，在战争到来之前，定会有补充情报，我们会得到更确切的消息。而在没得到有关情报袭击就降临的时候. 我自然责备自己不够机灵。”他作证时说。但当他后来发现“海军部实际上掌握有关情报时”，他改变了原有态度。“我不再如此责备自己。”金梅尔声称，“不需要推敲语言，赫尔照会是一个名副其实的最后通牒……他们（日本人）被迫采取行动。”

金梅尔还肯定地说，“炸弹弹着点标示图”系列意味日本人要对珍珠港进行一次空袭。他坚持说，“风力实施”意义重大。然而，他承认假若他真的收到了这些情报，他要采取什么行动也很难说。这一记录给人的印象是，似乎法庭有时向有利的方向诱导金梅尔，其实却在牵着证人的鼻子走。下面的对话更是如此：

问：如果你在远程巡逻时发现那支舰队，并根据指示让他们（指日本人）开第一枪。你除了让自己的舰队提高警惕外，是否还要采取什么其他措施？

答：将军，我只能做当时给我下达的命令范围之内的事情，如果我向距瓦胡岛 700 英里的日本海军实施攻击，我将违反命令……

或许金梅尔的律师曾建议他使用一种把他自己说成是海军部下属的无可奈何的马前卒的策略，然而，金梅尔对这个地位相当陌生。凡认识金梅尔的人都想象不出，当一支日本舰队向他袭来时，他会站在那里无动于衷。显然，他的诚实起来向他反抗了。过了一会儿，他继续说："……如果我们发现距瓦胡岛 700 英里处有情况，我想我会想方设法控制局面，但只能在我们舰队能力的范围之内。"这席话听起来，更像金梅尔说的。无论怎样说，他曾向舰队下令，击沉战区内一切不明身份的潜艇——这个命令将可能把他置于开第一枪的位置。

9 月 27 日星期三，法庭结束调查，准备法庭调查报告。3 位"有关当事人"为了说清自己的意见，呈上他们的最后供述书。斯塔克的供述简短有力，以第三人称写出，这是哈特和里奇蒙写的。斯塔克已返回伦敦，他的一位律师代他宣读此文。[①] 斯塔克在供述中，把大部分责任归罪于陆军，"海军基地过去是、现在仍然是我们在太平洋上强大力量的中心。无论怎样说，瓦胡岛陆军各部驻扎在那里的目的，就是保卫这个基地——这是唯一的目的。"从这方面讲，海军唯一的职责是支持陆军……然而，海军"无权指挥陆军主要防御机构——飞机警告系统、战斗机及他们的战斗方向"。全文的结束，好像是向肖特和马丁颌部狠击一拳："无论海军的错误是什么，1941 年 12 月 7 日或以前的判断错误、执行错误或失职错误，所有这些错误加在一起，与瓦胡岛上陆军指挥部的错误相比，都是微不足道的。"

相比之下，金梅尔的供述要长得多，他用的是第一人称。无疑，海军上将在准备这篇文章时起了重要作用。里奇蒙认为，是金梅尔本人向法庭宣读的供述，尽管记录上没有说明何人宣读。供述一开始，便否认了因为他是罗斯福的老朋友而被授予指挥舰队权力的谣言。随后，又谈到退休问题。他总结了珍珠港的弱点，当地的防御计划，他本人在人力上的难处，和指挥上存在的问题等。

他承认"陆军在保卫珍珠港中所需要的装备极为不足"。但他有力地声明："……陆军被赋予保卫珍珠港内舰队基地的责任。"为了强调，他补充说："任何时候，都未发布过削弱或分担陆军防御责任的命令和指示。"

金梅尔在自己被指控犯有渎职罪这一问题上，抨击了罗伯兹报告。"我正式否认这些控告的真实性，"金梅尔宣称，"本法庭出示的证据。无疑说明了这些指控的不准确性，我对此感到满意。"他辩驳的要点是："简言之，当时根据我手中掌握的情报和可使用的方法，我尽可能地做出了判断，而不是稍作判断——然后，采取了相应

①里奇蒙对何人代读一事已记不清了，但认为可能是哈特代替斯塔克宣读的。

的措施。这些措施得到了一群优秀而且经验丰富的海军军官的支持，这些军官是世界上海军意识的典范。”

在诸多方面，布洛克的供述在 3 篇供述词中最为出色，他的律师们很好地完成了他们的工作。该供述词中出现了大量脚注，注明各观点的出处，这些观点来自证词或文件。宣读时，布洛克也在场，但他的供述用的是第三人称。我们不能确定是布洛克还是他的一位辩护律师宣读的供述词。

布洛克的供述，堪称一篇自我辩护和自我表现的公关杰作。他对法庭上的海军将军们既有奉承，又巧妙地假定了他和他们之间的同事关系，以及微妙地强调了他们的责任。“事后的认识……并不能影响当时事实的存在……某人相信他当时应该干什么的说法，不应该歪曲我们的观点。”他下面一席话，提醒与会者他们过去曾是战斗在一起的老水手：“可以肯定，如果我们当中任何一个人面临选择的话，他一定会高高兴兴地选择用自己的生命去阻止那个清晨悲惨事件的发生。”他再次提醒法庭的重大责任是：

> 无须说，法庭的裁决必须以明确的令人信服的证据为依据，得出一个明确的结论。……你们的报告将代表公众的意见，而公众的意见可以剥夺一个人的名誉和荣誉。
>
> 因此，报告的撰写是件严肃的工作。当报告全部完成并得到审核批准后，全军将士以及全体民众将会意识到：“是移动的手指在写，而且一直在写，我们全部的虔诚和智慧都不能诱其回转或涂掉半行，我们所有的眼泪均洗不掉上面的任何一个字。”

这些将军们不得不就他们自己的职责问题，听任一位还是“有关当事人”的军官的说教。这多多少少有点像他们在受审，但他们只好吃了个哑巴亏。

布洛克同斯塔克和金梅尔一样，强调说“陆军始终如一的基本职责，是保卫珍珠港……海军的职责不过是在袭击到来时，用它在基地上的武器支援陆军”。布洛克手中没有金梅尔不知道的情报，“也没有理由不同意舰队司令关于远程巡逻的决定”。他在结尾时说：

> 法庭调查期间，布洛克海军少将从未企图推脱他应担负的责任，现在仍然如此。布洛克海军少将当时动用了他拥有的全部武器，做了常人可以做到的所有事情。他当时选择的行动步骤是经过谨慎判断做出的，而且他尽心尽力地完成了他的各项工作。

总之，布洛克所处的地位令人吃惊地感到微妙，因为任何人都可以指责他，或可以把他视为“有关当事人”。

法庭军法官比斯默米尔并不认为布洛克在“大量”证据基础上写出的供述词，“会对他要达到的任何目的或要说明的任何问题有用”。由于 3 个“有关当事人”都未要求法庭辩论——从任何意义上讲——此次法庭调查于这一天即第 33 天结束。

第七十四章

我们要做一件工作

珍珠港事件幸存者

陆军珍珠港事件调查委员会要解决的问题，与默菲海军上将及其同事们所面临的问题稍有不同。夏威夷陆军部对驻守在珍珠港的美国太平洋舰队的安全负责，陆军委员会成员们早在该委员会成立之前就对此十分清楚。因此，委员会在调查期间将不对这一责任问题进行深究。然而，他们当中没有一个人可以这样说："夏威夷陆军部未能完成自己的使命，因此应对珍珠港惨案负完全责任。"事情并非这么简单。因为，诸如海军负责远程空中巡逻等能为陆军减轻罪责的一些原因，使问题变得复杂化。夏威夷陆军部队同陆军部之间的关系以及 1941 年的国际形势，也是他们进行调查的潜在沃土。而最重要的一点是陆军委员会将必须设法确定日本人为何及怎样对肖特这样一位能力强、责任心强的将军成功地实施那场突然袭击。

由于陆军委员会和海军法庭的性质不同，他们采取了极不相同的调查方式。海军法庭允许有关当事人参加听证会，旁听证词，请辩护律师及盘问证人，相比之下，肖特则不能旁听陆军委员会的诉讼过程，不享有盘问证人的权利，辩护律师只有当他作证时才被允许出庭。肖特的辩护律师T·H·格林陆军准将在其他证人作证时，不得旁听或进行盘问。这一切，并非是有人企图不公正地对待肖特。顾名思义，海军主持的是法庭，而陆军组成的是委员会。由于这个原因，海军在调查中主要围绕与海军有关的问题，不对传言或无关的推测进行调查。

陆军委员会却不是这样，它不指责谣言，鼓励做各种推测。因此，委员们对调查结果的幻想，把他们引向了有如沙漠一般毫无结果的讯问中去。倘若说陆军委员会在听证时采用宽轨的方法，它的法庭记录与海军法庭的记录便形成了令人满意的对比。人们从中可以确切地知道发言者的姓名，而且对原证词的修改也会被放在合适的地方。每天的法庭记录上，均放有一张列有当天证人的名单，有关文件也放在明显的位置上。

由于不是调查法庭，委员会不为一般的证据规定所束缚。而且，正如拉塞尔所言："我们要做的或许是长期以来无人做的工作，或许它将对珍珠港事件的调查产生长远影响。因此，我们必须细心工作，不能出错。"他们担心，延期时效法可能不合法律，无论当事人是否提交了弃权声明书。

将军们意识到，无论如何，时间将使他们陷入困境。"我认为，如果是几个律师聚在一起，他们对延期时效法一事只会一笑了之，称其不过是无稽之谈。"格鲁纳特说，"而我们却要干实事。如果在时效期满前，我们未采取任何行动，新闻界将会对我们做出什么样的指责呢？可能是'掩盖过失'、'受人操纵'等。"格鲁纳特又说："我们可以郑重发誓，我们从未接到过任何指令或受过任何影响。然而，他们可能会说案子被拖延到时效过期的时候。"

查里斯·W·韦斯特陆军上校是委员会的记录员，他和他的同事们负责与辩护律师及民间调查组织（例如后来成立的国会联合委员会）的工作人员联络。韦斯特还指出了另一个潜在危险："我认为，我们会轻轻松松地度过这两三个月直至11月8日……然而，我还清楚，你们将会被指控把一切事情拖至选举之后。可是，如果你们加快速度调查此事，在60天内完成任务，你们将被指责犯有罗伯兹委员会同样的错误——工作不彻底。"因此，当这些陆军军官们于1944年8月7日星期一在五角大楼马歇尔办公室首次工作时，头脑中不大可能出现他们将成为民间英雄的幻觉。

格鲁纳特对马歇尔参谋长解释说，鉴于时间有限，他们不可能全面展开工作，因此成员们被分别指定负责某些调查目标或调查阶段，但委员会最终将"逐一过目"。拉塞尔被指定负责对陆军部的调查。这番介绍之后，拉塞尔准备开始讯问工作。

就在此时，马歇尔请求“休会 10 分钟”。然而，10 分钟的时间远远不够，他们密谈了足有 57 分钟。在这 57 分钟里，马歇尔向 3 位将军简要介绍了“魔术”的有关情况，并提醒他们泄露“魔术”势必严重影响“美国在军事上的成功和美国人民的生命……”。马歇尔后来作证时，清楚地说明了他在 8 月 7 日休会期间的确讲到一些细节问题。在这次无案可稽的短会上，马歇尔只对委员会的 3 位成员谈到了具体问题，因此出现了一个多少有些矛盾的局面——韦斯特及其助手被期待协助委员会找出珍珠港事件发生的原因和理由，但却不了解其中一部分关键情况。

8 月 8 日，星期二，委员会在设在军需大楼内的法庭里开始了工作。第一个证人是约翰·K·麦基陆军准将。麦基 1941 年下半年在作战计划部负责夏威夷地区。当时，夏威夷海岸前沿的防御为 D 级，即不会发生一次可能导致敌人企图占领该地区的大规模进攻，但应利用军舰、潜艇、舰载机等进行巡逻，以防袭击、空袭和航道封锁。

麦基不认为海军负责远程巡逻会减轻肖特对空中侦察的责任。麦基认为，倘若海军司令未采取行动，“陆军指挥官没有理由不自行把实施侦察视为自己的责任……他有实施侦察的手段”。弗兰克问：“如果在实施远程空中巡逻时，飞机载的是汽油而不是炸弹，一旦发现敌情，他能对此做些什么？”麦基答：“他当然应警告高射炮部队，使部队进入战备状态……”

午休后，陆军航空队参谋长哈普·阿诺德将军站到证人席上。他说，陆军航空队从不认为保卫夏威夷联合计划可行。航空队的参谋担心，夏威夷空军在远程巡逻中将会消耗 B—17 战斗机的战斗能力，一旦需要它们投入战斗，它们将不能飞上天空。这里，阿诺德重复了金梅尔有关为了战斗而保留飞机的观点。阿诺德不赞成夏威夷联合指挥计划，“在我们看来，就空中而言，陆军和海军的职责从不存在明确的分界线，因为天空在双方的头顶上”。

他引用了指导肖特工作的基本作战计划“彩虹 5 号”的原话：“坚守瓦胡岛，以防来自陆地、海上和空中的部队，以及提防通敌者。”阿诺德补充说：“它不附带任何条件，因此就我理解，‘彩虹 5 号’与联合行动计划有冲突。”在他看来，“如果夏威夷陆军司令根据‘彩虹 5 号’和马歇尔将军的指示办事，他就有足够的权力任意延伸其巡逻范围”。

阿诺德之后到庭的是赫伦将军，赫伦曾在肖特之前任夏威夷陆军部队司令。他谈到他在 1940 年夏季实施的战备模式是——“全面战备”。[①] 他现在仍然认为，尽管日本人给

①见第五章。

予了我们极大的损失，陆军也应该能“击落他们的许多飞机……这是我们在那里的目的，即……保卫军舰和港口。相对而言，保证飞机的安全是不重要的”。赫伦可能是珍珠港调查中为数不多的能够认识到武器存在的基本目的是为了使用，而不是为其内在价值而保护其安全的证人之一。

赫伦之后到庭的是另一位优秀的证人——赫伦过去的参谋长菲利浦·海斯陆军少将。他说，1941 年夏天当通知对日本实行经济冻结时，肖特“决定开展演习，准备战争，并让新闻界将此透露出去”。他们提供给晚报的消息大意是：夏威夷陆军部队正在进行为期 10 天的陆军军事演习。于是，肖特以演习为借口，开展了全面备战。这是一个积极的想法。但令人不解的是，在 1941 年 11 月形势更为严峻的时刻，他却未采取同样的行动。那年夏天的行动，证明他能够在不过分扰民的情况下，进入全面战备状态。

肖特于 8 月 11 日、12 日即星期五和星期六两天被传讯提供证词。在陆军委员会面前，肖特是继两位出色证人之后做证的一位演技蹩脚的演员。肖特证词中所提到的大部分事实，本文已有所介绍。在同僚将军们面前，他着重强调了他对海军的依赖程度，显示出他对海军负责远程巡逻重要性的过分夸张。他似乎那时认定海军在方圆 300 英里地区实施了侦察，因为侦察是“金梅尔特遣舰队出海演习的一部分”，“我知道他们经常这样干”。但他当然也应该知道全面实施侦察的不可能性。

肖特留有这样一个印象：根据联合协议，海军实施侦察的人员来自特遣舰队、中途岛、约翰斯顿岛、威克岛或许还有巴拿马等地的部队。“瓦胡岛没有人出去侦察吗？”罗塞尔问。肖特答：“没有，我不记得有。如果那样做，则是对飞机的极大浪费。”这些表明，肖特误解了金梅尔特遣舰队当时进行空中侦察的形式和种类。更严重的是，他在这个问题上如此有把握，以至于未意识到他搞混了，因此也就没去找金梅尔或布洛克把此事弄清。

尽管当时时间紧迫，他和金梅尔也应该就 11 月 27 日警告电报一事进行正式磋商，但他们只是互换电报和“交换了对形势的看法”。这句话促使格鲁纳特问：“你曾同海军方面讨论过他们对陆军实施的 1 号警戒状态的看法吗？”肖特傲慢地回答说：“我没问过他们的看法，只是告诉他们我们目前在干什么。”

肖特声称，倘若他采取了“防备任何不测”的措施，他就会违背上级勿惊扰民众的指示，就会向日本人暴露意图或激怒日本人。格鲁纳特对他的说法显然有些不解和气愤，说：“他们（瓦胡岛人）知道陆军驻守在那里的目的是保护这座岛。他们（指陆军）难道无能，不能把弹药发给他们吗？我不明白这是什么心理状态。”但肖特坚持认为，一旦陆军全副武装荷枪实弹，报纸“一定会刊登出吓人的大字标题”，如果是这样的话，陆军方面所干的恰恰是陆军部不让干的。肖特的这番话，再次暴露了他紧紧抓住警告令中消极的一面，而没去实施保卫舰队的积极行动的做法。

8 月 12 日听证快结束时，肖特表示出他对战斗机功能的不信任，或曰无知。他承认如果实施 3 号警戒状态，受损程度可能会小些，然而他不相信实施了警戒状态，“会阻止那些低空飞行飞机的进入，因为高射炮对于那些飞机束手无策……”肖特没有说出如果那些低空飞行的飞机飞临瓦胡岛，他的高射炮开火时可能会发生什么情况。肖特在感谢委员会的“以礼相待”后，离开了法庭。

肖特的作证，并没有使人们对他的看法有所改观。人们当然期待他尽可能地为自己辩解清楚些，然而他的抗辩给人们留下一个不好的印象。从中，人们看到一个精力充沛、能力很强且精通业务的军官，但也看到这是一个缺乏想象力和领导气魄的人。更为严重的是，他过分依赖他人——陆军部应该告诉他具体应做什么，海军方面应该提醒他将要到来的危险是什么，而他又不打算站在双方信任的基础上，唯恐打破陆海军合作的那个微妙平衡。

依赖海军提醒的不止肖特一人，莫里森将军也是其中之一。莫里森在 8 月 15 日作证时说，敌人若靠近夏威夷，他“完全相信海军会向他通报”。莫里森也支持肖特关于执行 I 号警戒状态的决定，不认为若采取更加严密的防范措施，他们或许会更加有力地反击敌人。他只是认为“如果我们疏散了飞机”，那些被日本人剥夺战斗力的地面飞机或许不会受损。这是他唯一不同意肖特的观点。

8 月 17 日星期四，一个令人耳目一新的证人站到证人席上。当时还是上尉的布鲁克斯中校，1941 年在肖菲尔德兵营负责指挥一个野战炮兵连。当格鲁纳特问他“如果发生袭击”他的家属是否知道怎样做时，布鲁克斯很窘迫地答道：“我妻子知道她不得不去医院生孩子。”他说他和他的家属当时并不担心瓦胡岛有遭袭击的可能，因为“我们当时很迟钝，没有意识到他们有可能要来轰炸瓦胡岛……”。布鲁克斯给委员会提供了洞察瓦胡岛下级军官心理的一个颇具价值的机会。弗兰克将军问他：“岛上高级军官是否担心将会发生一场对该岛的袭击？”布鲁克斯说：“即使他们有这种担心，也不对我们流露。实际上，我们所看到的，却恰恰相反。”

这句话促使弗兰克向纵深探究：“对于树立战备观念这一问题，指挥官们是否既没有告诫你们也未采取任何行动？”“是的，先生，”布鲁克斯回答，后又补充说，“事实上……由于我们生活在热带地区，下午极少工作，这与战备是格格不入的。”他的这一评论，对于珍珠港事件之谜——心理上的毫无准备——提供了一条认识线索。

8 月 17 日，派伊海军上将到庭。他似乎已意识到陆军委员会对珍珠港事件的看法可能不同于海军法庭。尤其当他谈到远程空中巡逻这个问题时，就像猫沿着古玩架行进时那样小心谨慎。他坚持认为，如果他担任舰队指挥，“对此也无能为力”。罗塞尔不能完全接受他的观点，说：“如果是你把你的军舰停泊在珍珠港码头，难道你对它们有遭袭击的可能性不感兴趣吗？对此我敢肯定……”派伊反驳说：“我对此感兴趣，但是我不信任那些应为此负责的人们。”太平洋舰队司令负责全面工作，第十四海军军区司令掌管飞机，贝林格在其领导之下。派伊说：“这 3 个人对巡逻一事负有直接责任”。人们不知道派伊是否意识到他的证词足以让这几个人下地狱。

克米特·泰勒陆军中校，不得不再一次触动他对 12 月 7 日那天不愉快的回忆。他的证词告诉人们，12 月 7 日那天，情报中心没有人在鉴定观测目标。罗塞尔问：“那你为什么还在那儿？”泰勒坦率地回答道：“先生，我真的不知道。”格鲁纳特对情报中心那天的情景扼要叙述说：

……那里的工作似乎缺乏组织性，这是不应该也是毫无理由的。你到那里的目的是作为一位情报中心参谋去值班，但没有人同你合作，控制员没在，海军联络员也没在……而且那时时间刚到 7 点整，除了电话接线员和你之外，别人都已毫无踪影……

格鲁纳特显然十分厌恶地问泰勒：“你没有具体任务吗？”泰勒答：“没有，先生。”于是，格鲁纳特似乎非正式地向世界宣布：“我认为，这是愚蠢之极——把它写进记录里。”他的断言，似乎是对 12 月 7 日夏威夷陆军部情报中心的最精确总结。

到此时为止，委员会的记录始终显示出礼节上的周到，更贴切地说，是公平的问与答。然而，自此之后，记录纸上时隐时现迸发出愤怒的火花和垂头丧气。委员会成员们越来越愤怒了，下一位证人，实际上就是在他们的手心里自讨苦吃。当菲利普斯于 8 月 18 日星期五站到证人席上时，格鲁纳特立刻进入实质性提问：“你能否告诉我陆军在夏威夷的基本任务是什么？”

这个最基本的问题，似乎给了菲利普斯一闷棍，所以他马上就摆出一副防守的架势。有关对当时战备情况的质疑，更加使他躲进了防御的丛林。弗兰克说，陆军遵循的基本原则是“考虑到敌人可能对我们采取的最坏行动，并做出如何反击的决策”。他质问道：“你是否这样做了？”这个问题在记录上，导致了一场文字民间舞，弗兰克和菲利普斯在圈里滑进滑出。“你难道不想回答我的问题吗？”弗兰克恼怒地问。

格鲁纳特企图寻找陆军为什么在袭击警告面前仍然滞留在反破坏上的原因。菲利普斯在统计学中寻找避难所："我们那里有16.5万日本人。"格鲁纳特不满意这个回答，说："难道他们就那么可怕吗？"他质问道。但是，菲利普斯犹如贴在崖上的蝙蝠，不肯挪动一步。

在整个调查期间，格鲁纳特一遍又一遍地抓住夏威夷陆军部只注重反破坏这一令人窘迫的问题。他似乎本能地认为，倘若解开此谜就能解开珍珠港事件之谜。但不幸的是，他的探索注定是要失败的，因为他企图在逻辑的显微镜下剖析情感，而在所有的情感中，恐惧是用这种方法最不易分析出的。

思罗克莫顿陆军上校于8月21日出庭作证。他几乎困窘地但生动地叙述了海岸防御联合协议的签订情况。他对格鲁纳特说："……施加很大压力后，海军才和我们同坐桌边，把联合协议的框架付诸文字，最后由布洛克将军在上面签字。"此事发生在赫伦任职期间，思罗克莫顿当时是作战与训练处处长。最后，他指出是陆军草拟的协议，然后由海军过目，海军联络员对此"非常高兴"，"陆军是在没有海军帮忙的情况下拟定的协议"，思罗克莫顿把它带回珍珠港，"做了少许改动后，布洛克将军在上面签了字"。令人难以理解的是，布洛克对于这份均由他人动手最后由他签字的东西，究竟知道多少。

8月22日，星期二，陆军委员会评价布洛克的机会到了。布洛克的证词与他在海军法庭上所说的相差无几，犹如尼斯湖怪兽总是躲躲闪闪。他甚至不知道有"这是一个战争警告"这个句子，也从未听说过有用这样一句话开始的电报。他对一切的结论是："那是海军术语，据我所知这不是海军术语。"然而，事实并非如此简单。依布洛克所见，"'防御部署'这个短语，在我所知道的海军教科书、兵法书或战术指令和命令中从未用过"。人们对此的印象是：任何不使用"海军术语"或未在标准海军教科书中出现的措辞而下达的指示，均与巴比伦的楔形文字同日而语，老海军们不能明白其内在涵意。

8月24日，星期四，贝林格出庭作证。委员会从他那里得到的是一张线条极为清晰的画面。他讲解了使海军基地防御空军部队进入行动所需要的正常程序：布洛克发布命令，命令中应有为防备空袭珍珠港而进行"演习"的字眼，"该命令将使战斗部队处于待命状态，然后贝林格命令所有飞机进入'一级战备状态'，此时巡逻侦察应马上开始……"。倘若布洛克是下令让海军基地防御空军进行演习的指挥官，他自然是11月27日"战争警告"下达后或1941年12月7日清晨珍珠港战区发现有敌潜艇活动这样真正危险形势下调动空军行动的人士。

金梅尔是委员会前往西海岸之前最后一个到庭的证人。金梅尔在汉尼菲的陪同下，出现在8月25日星期五的证人席上。委员会纠缠在他与布洛克两个人在远程空中巡逻这个重要的关键问题上。金梅尔解释说，布洛克“同意这个计划后，告诉说他能匀出109架巡逻机，陆军也答应出200架空中堡垒……”。金梅尔这种等待天上掉馅饼的态度，是对他关于联合防御计划是“基于现有条件上一个现实计划”说法的嘲弄。

当讯问接近尾声时，格鲁纳特提供给金梅尔一个机会，让他进一步说明“任何能引起委员会注意”的事情。这正是金梅尔求之不得的。他说：“自从我知道陆军部和海军部手里掌握有关珍珠港的重要情报，却没有提供给瓦胡岛上负责军官后……我便断定，1941年12月7日前几天内，海军部和陆军部就拥有关于日本将要进攻美国的情报，这些情报极有可能透露了珍珠港就是袭击目标之一……”金梅尔进一步声称：“1941年12月6日，陆军部和海军部均有日本人空袭时间随时可能到来的情报。1941年12月7日清晨，准确的袭击时间被得知……”金梅尔痛苦地补充说：“所有这些情报，均未向我和肖特通报。”

当然，委员会已从马歇尔的简要介绍中得知有关“魔术”的一些情况，但他们并未听任何人说起华盛顿当时拥有珍珠港将遭袭击的有关情报，更未听说关于袭击准确时间一事。这是质的飞跃，委员会原计划去旧金山普雷西迪奥听证，但现在不得不同时为进入这个新领域做些准备工作。委员会要求马歇尔在他们返回华盛顿后再次出庭，并请求国务院允许格鲁出庭。委员会还向赫尔询问关于1941年11月26日美国向日本发出“最后通牒”一事是否属实，赫尔对此坚决予以否认。

这样，陆军委员会在其调查快近中途时极大地扩充了自己的调查范围。委员会将必须弄清珍珠港遭袭击是否是美国国务院外交政策引起的必然后果，必须弄清复杂的“风力”情报是否具有内涵，必须查明陆军部是否掌握珍珠港被袭击的确切情报，必须弄清马歇尔及参谋们向肖特隐瞒真情是出于愚蠢还是出于故意。倘若金梅尔的抗辩全部属实，将会如何影响肖特的处境？那些可使他罪责减轻的说法，能否开脱他的失职罪？还是那个不光彩的污点，将会扩散开来永不褪色？

8月29日，星期二，委员会在旧金山普雷西迪奥开始听证，马丁将军第一个到庭。格鲁纳特似乎在努力对那份脚踏实地的马丁——贝林格报告与肖特在接到11月27日警告令后所采取的行动进行对照：“在那份报告中，你对将要发生的事实做了一个十分中肯的叙述。然而，当这一切真的发生时，你却不理不睬。你说过，我想恐怕有破坏活动。”马丁对此的解释是，他记得肖特手中的情报没有夏威夷将遭袭击的警告。格鲁纳特恼怒地问：“那么，你在那儿干什么？你是到那当哨兵的，不是吗？”

那天，最后一个到庭的主要证人是多尼根陆军上校。他是肖特1941年后半年的作战与训练处长，所以说应该能提供些有价值的情况。然而，他显得很勉强，嘴巴又不饶人。当问到菲利普斯是否胜任参谋长一职时，多尼根结巴着说："我最好不回答这个问题。我们以前被警告过不涉及这种事……"他对梅菲尔德的评价同样来得很勉强："我们最好不要讨论人品问题。"格鲁纳特显然不耐烦了，反驳说："好，我们来讨论公事。从公务上讲，他是不是被认为称职？"多尼根的回答耐人寻味："尽我所知，他当情报处长和我当作战与训练处长的水平差不多。"

在普雷西迪奥得到的大部分证词，对于解开珍珠港事件之谜大都没有用处。但当委员会来到瓦胡岛后，进度再次加快了。9 月 8 日星期五，讯问在谢夫特堡开始。第一个证人是亨利・T・伯金陆军少将，他曾在肖特手下指挥海防炮兵部队。伯金谈到从保管员手中拿到弹药的困难。格鲁纳特说，大炮若"不装弹药，那将毫无作用"。格鲁纳特还想知道他们通常得到的是什么样的警报。伯金说，这要视情况而定，"但警报一般要在行动开始 6 小时前收到"。他进一步解释说："当时未接到禁止高射炮部队或其他部队装备弹药的指示，但是从军械部门、供给部长或从肖特将军那儿弄出弹药，几乎不可能。"

第二天上午，即 9 月 9 日星期六，站在委员会面前的是一位真正的有用人物。弗兰克・H・洛希，曾于 1941 年任夏威夷森林农业委员会主席，在工作上同肖特有密切联系，并且十分敬佩他。"我认为肖特将军是 12 月 7 日拯救我们国家的救星。"洛希夸张地说。洛希极不信任当地日本人，把关于成立夏威夷州的想法称为"我所听到的最愚蠢的事情"。显然，他的主要理由是，夏威夷有可能把美籍日本人选到国会去——他显然认为这将是一场灾难。"现在日本人开始向众议院蠕动……不久就会有人钻进众议院……真该死，如果我们成立一个独立州，将来有一天我们就会有一个日本人做州长，几个日本人到华盛顿当议员。"人们可能会想象出当洛希气呼呼地离开时，委员们那会意的微笑。但不幸的是，委员会最后的裁决中至少有一条受到洛希和其他几位头脑中有污秽观点的人士的影响。

原联邦调查局在火奴鲁鲁的负责人希弗斯于 9 月 12 日站到证人席上。令人奇怪的是，他把自己塑造成制造珍珠港事件之谜的一员。首先，他认为袭击后得到的图表表明，日本潜艇在空袭开始前已在珍珠港内。他还认为，日本人错把犹他号误认为萨拉多加号实施轰炸，因为这张图表标明航空母舰萨拉多加号在那个方位。他断言：

如果我们能够截获日本领事馆发往日本的电报，我们很可能知道或有充分根据推测出袭击约在 12 月 7 日到来。因为你们可以想想，库恩为日本总领事设计的信号系统，仅仅包括从12月1日到12月6日这段时间。

他的这番话证明，即使是一位经验丰富的联邦调查局特工人员，也不能免除对手中材料的误解。

以后的几天里，委员会一直是在一堆不相关的材料里忙碌着。在此之后，委员会返回旧金山的普雷西迪奥，进行了为时两天的听证。委员会于9月21日星期四完成在那里的工作，然后返回东部。在此期间，斯廷森付出相当多的时间和精力准备他的证词。他的助手罗伯特·帕特森汇报说，罗斯福“特别担心在大选之前格鲁纳特委员会出笼一份对他不利的报告……总统根本不担心海军的调查，但是他对陆军的调查感到焦虑不安，并急于想把陆军的调查拖至大选之后”。

罗斯福强烈的政治本能，与陆军部长强烈的正义感和法律意识再一次发生了冲突。斯廷森认为“任何接近委员会的企图，肯定会招来更激烈的批评，而批评是正义的”。

斯廷森的作证占用了9月26日一上午的时间。他开始便强调说，调查工作完成后，他将负有“准司法性责任”，确认证明事实真相的讼诉程序。因此，“作为一名证人，我必须谨慎从事，我不想偏袒任何一个人，这个人或许以后被起诉，或许与你们报告所提事实有牵连”。他开始怀疑自己“在法庭上出现是否合适”，但后来认为委员会有权知道他所了解的情况。

后来，斯廷森在日记中写下了他对那两个半小时作证的印象。他认为“在开始时，委员会的态度让人感到他们是在进行审问，尽管他们还算公平”。“随着听证的继续以及把珍珠港袭击前几周内发生的全部重要事件记录在案，”他认为，“委员会似乎对形势的发展显出胸有成竹的样子。无论怎样，我尽力把每件事都告诉他们，尽管人们过后总是感到他当时应该做得更好些。”

随着调查工作的迅速进行，马歇尔对于“魔术”的安全更为担忧。9月份，他听说“在目前大选中，共和党的目的旨在把珍珠港事件发展成为一场反政府的全线进攻”，共和党极可能掌握了一些爆炸性的军事新闻。特别令马歇尔警觉的小道新闻，是“破译日本密码的问题可能会卷进这场运动中去……”。马歇尔对此十分担心，决定采取一个大胆的行动。他把赌注放在具有高度爱国心和极有头脑的纽约州长、共和党总统竞选人托马斯·E·杜威身上。马歇尔决定恳求他出面，保护至关重要的“魔术”秘密。

马歇尔没告诉罗斯福和斯廷森，便自行其是地给杜威写了一封信，坦率地讲出他的担心。他大致描述了“魔术”机器，解释说：“我们得到的有关希特勒在欧洲企图的情报，主要来自大岛从柏林发往日本政府关于他和希特勒的谈话或同其他官员谈话的汇报电报。这些电报所用的密码，也用于拍发一些同珍珠港事件有关的电报。”他急切地继续道：“如果目前这场关于珍珠港事件的政治争吵暴露给敌人——德国或日本——我们的重要情报来源将受到怀疑，您或许可以想象出这场悲剧将带来的后果……”由于这个问题的严重性，马歇尔补充说：“我把此事告诉您，目的是希望您能把握形势，避免我们目前这场政治运动可能导致的悲剧后果。”

杜威决定与马歇尔合作。过后，当这件事公之于众时，杜威的一些热心支持者称赞他的行动是“有史以来最富于爱国主义和自我克制精神的非凡典例，因为这一切等于放弃当选美国总统的机会”。这个说法与其说符合逻辑，不如说带有党派偏见。人们可以斗胆猜测一下，倘若杜威真得在战争进行期间暴露了“魔术”秘密，他恐怕连巴罗角的捕狗人也选不上，更不用说总统了。

陆军委员会全然不知这个戏剧性的发展。他们再次返回军需大楼，继续从证人那里孜孜不倦地筛选有关情况。9 月 27 日，陆军委员会对前驻日大使格鲁进行听证。格鲁证词中最重要的部分，是关于赫尔照会的那部分。他认为不会有人对该文的措辞产生误解：“无论怎样，它不是最后通牒，无论在语气上还是内容上。”[①] 倘若委员会当时就此了结这个话题，或许会避免以后对此事的诸多争论。然而，委员会执行军官、委员会主任参谋小哈里·A·图尔明上校又问：“那么，格鲁先生，您认为是什么促使日本最后决定进行战争的？是什么动机和什么事件？您认为何时何事，促使他们采取了这样一条行动路线？”格鲁回答说：“……我始终认为，接到赫尔先生 11 月 26 日的备忘录后，扳机便被扣响了。”

在此期间，肖特收到罗伯兹委员会的记录副本，及可供使用的陆军委员会记录。9 月 29 日，他写信给斯廷森说：“从中，我未找到华盛顿高级官员在 1941 年 12 月 7 日前——即日本袭击前——就已知道日本袭击一事的记录……”在引证某些行动后，他口气强硬地继续道：

> 这些行动及供述中所表明的，显然是目前这次调查的实质。因此，我认为你一定会同意全面披露 1941 年 12 月 7 日前华盛顿官员掌握的关于袭击日期的情报，并把它们写进目前调查程序的记录里。

①见第四十九章。

同金梅尔一样，肖特也是在慢慢地摆脱困境。事实上，整个局势正在向高潮发展。9 月 29 日星期五下午，肖特第二次出庭，由他的辩护律师格林将军陪伴。这次出庭，显然是在肖特的要求下进行的。他提到了金梅尔的供述词，对此他认为，海军上将“除非拥有根据充足的事实材料”，否则他不会这样说的。肖特还拿出他给斯廷森的那封信的底稿。复审这些证据后，委员会驳回了肖特。

根据格鲁纳特的指示，威斯特在记录中塞进了一段有趣的事情。8 月 11 日，肖特写信要求得到一份证词副本——到目前为止记录在案的他的证词以及别人的证词。格鲁纳特建议批准他的第一个请求，驳回第二个，因为“存在着证词可能被公开的危险。允许一位证人看到其他证人不能看到的材料，可能导致对委员会报告匆忙得出结论的后果”。格鲁纳特愿意让肖特和格林看到所有证据，但他是委员会的头头，明白证据应由委员会保存的原则。然而，陆军部通过格林批准了肖特的要求。

显然，有发展成这样一种有些不寻常局面的可能：在一定的保密范围内公开秘密。于是，当马歇尔在议事日程安排很满的 9 月 29 日再次出庭作证时，开庭在非常保密的情况下进行，但一切均记录在案。马歇尔较以前更为自信，更为自如。这次，他可以从 8 月 31 日委员会写给他的关于金梅尔证词中涉及的问题开始讲起。马歇尔严谨的大脑，对付已准备好的材料，比利用机智当场回答问题更为得心应手。格鲁纳特问了一个关键性问题：“你认为夏威夷陆军部司令是否从陆军部得到了足够的情报，并能根据这些情报做出实施防御部署的决定，并且采取对付任何意外的措施？”马歇尔肯定回答说：“我这样认为。”

委员会 10 月 2 日离开五角大楼后，直至 10 月 6 日星期五才开庭。在这期间，委员会停止听证，但是有关文件却在委员会和陆军部之间穿梭往来。10 月 22 日，斯廷森回复了肖特的第二十七封信，说他“可以保证委员会查寻有关该问题的所有材料……我指示格鲁纳特将军，允许你的军事辩护律师在委员会成员的监督下查阅证词，但不得抄走。”副参谋长麦克唐纳，把这封信于 10 月 3 日转给委员会。当天，格鲁纳特在给麦克唐纳的回信中，提醒他应注意机密文件的安全问题，并解释了委员会对这些材料实施的保密措施。之后，格鲁纳特请求“不让肖特将军和他的律师见到所有案宗——无论是副本还是原文”。第二天，麦克唐纳口气强硬地在回信中说：“陆军部长在给肖特将军回信之前，已全面考虑这一问题，现在也不准备改变他经过慎重考虑的决定。”

格鲁纳特向格林强调指出“魔术”的重要性，并警告说：“请注意，肖特将军无权知道你从这里了解到的情况，也不能被告知你查阅这些秘密记录和文件的情况。”

于是，有关“魔术”的这段故事到达了荒谬的顶点。当你想象到一位律师被允许见到有关证据，却没有与他的当事人讨论这些证据的自由，你对此会感到吃惊的。这种对“魔术”安全近乎神经质的担心，就像阴郁的火舌一样，在对珍珠港事件之前和之后的调查中伸舔着，它具有火的本质，冒着缕缕烟雾。肖特直至1944年早秋，才得知华盛顿向他隐瞒了一些情况，很自然地会怀疑这些材料，一定是有损于政府但对他个人有利的证据。

此时，陆军部应该有人提出把肖特视为自己人的建议，正如海军部让金梅尔与海军法庭合作一样。即使最严厉的批评家，也不会对肖特的忠诚和爱国心持有怀疑，不会把他视为妨碍安全的危险人物。肖特是一名退休军官，但他仍会遵循军事原则行事。然而，怕这怕那并不意味冷静的推理。

第七十五章 判断失误

珍珠港事件幸存者

陆军委员会的报告，对陆军部来说意义重大。马歇尔回忆说，报告是在托马斯·T·哈代陆军准将接替麦克纳尼任副参谋长职务那天送到陆军部的，他们“2人当时都在场”。马歇尔问哈代：“你是否有一份可供我看的报告副本？”哈代没有给他报告副本，只是解释了报告的大意，并告诉马歇尔说，报告上有对他的“指责”。马歇尔后来对国会委员会说，哈代“劝我不要看它，因为我被指控犯有种种渎职罪。由于与我有关，我当时又是参谋长，所以他认为此事应该由陆军部长和政府当局处理，因此……我没有看到报告”。

在报告中，陆军委员会自以为是地声称，委员会“深切地意识到自身道义和精神上的责任，以及出于对国家和工作的责任，进行了一次公正及慎重的调查，并提出了一份公正慎重的报告”。报告认为，它“解释得无懈可击，未留有任何疑点，没有一个人需要再定罪，我们希望我们的工作方式是慎重、尊重事实而且公正的”。然而，陆军委员会并未完全实现这一如此值得赞美的目标。总的来说，该报告表现出对陆军部及战前政府政策极深的偏见。

报告的第二章交代了背景情况，概述了1940年和1941年间的大事。给人的印象是，每个美国人当时都在往自己头发里插稻草，以期制造混乱：

> 公众舆论之风从四处刮起：孤立主义者和国家主义者在为自己能占上风互相争斗；公众舆论既反对战争，又呼吁要求报复日本人；我们一方面为争取和平同日本人谈判，一方面又在实施只能导致战争的经济制裁……
>
> 人心如此混乱，局势如此不稳，一切都那么杂乱无章。大敌当前，束手无策，只得听任局势变幻，从而过早地被抛进了战争的漩涡。

但是，这份报告决非没有意义，它的确包含了许多货真价实的材料。或许，陆军委员会犯下的最不幸的错误，是对格鲁提供的关于赫尔照会的证词的严重曲解。报告称该照会为“扣响战争爆发扳机的文件，格鲁大使正是如此贴切地这样说到它的”。然而，格鲁根本没这样说过

陆军委员会还被另一个误解牵着鼻子走，它认为日本人空袭珍珠港的日期与赫尔照会有关。

> 我们11月26日的反提案，被日本人视为最后通牒。由于在呈送此文之际或之后，马歇尔陆军上将和斯塔克海军上将才发出有关警告，因此已为时太晚。为了报复，袭击夏威夷的特遣舰队于27日或28日从单冠湾集结地出发，准备实施那场袭击……

读者知道，南云特遣舰队是于当地时间11月26日[①]出发的，大大早于赫尔向野村和来栖提交照会的时间。

陆军委员会同样在关于瓦胡岛的某些问题上判断失误。他们过分夸大了那位潜伏的德国籍间谍库恩的作用：

> ……对库恩的审判使人们知道，是他把12月1日至6日美国舰队在珍珠港的部署

①见第四十八章。

和位置报告出去的……

毫无疑问，待命备战的情报，飞机机翼相连的停靠方式以及舰队部署情况，均是库恩通过日本领事馆报告的……

陆军委员会根据从微型潜艇捞上来的两幅地图错误地推断道：

……日本人一定在进攻前就已进入港内。并随意地进进出出……由于12月7日实际在港军舰与地图标记稍有出入，因此可以做出以下结论：该潜艇早已在港内，或许是它向日本舰队报告12月7日前我舰队的部署情况。

在夏威夷群岛建设问题上，报告在虽然有趣但离题很远的材料中徘徊，并且捕风捉影地抓住当地日本人不放。在指控肖特错误地把注意力集中在反颠覆破坏活动上时，报告提出以下独到见解：

显然，日本侨民之所以没有进行破坏活动，是因为他们不想惊动美国人，以防美国人采取行动来遏止他们的间谍活动或拘留他们……肖特似乎完全错误地估计了形势、敌人的心理和企图，而让部队进入防破坏活动状态。

陆军委员会不但自鸣得意地认为，它能够判断出夏威夷日本侨民的集体意向，而且提出了令人瞠目结舌的政治见解："……我们曾允许日本人只能占岛上人口的30%，即16万人。"然而，第一代日本移民的人数仅为3.75万人左右。人们不觉惊奇，美国是如何计算3.75万人以外，由产房直接到夏威夷的日本人的人数的？陆军委员会带着不满和哀怨的口气说："鼓励和允许日本人成为控制群岛事务的主要力量这一政策有些过头，其结果将使日本人成为夏威夷参众两院的重要政治力量。由于他们占有多数席位，他们在一些岛屿的议会中占据了主导地位……"很难相信，这些陆军将领们是否意识到这番话的言外之意，夏威夷的每位日裔美国人应该享有其他公民享有的选举权和被选举权。

陆军委员会断言："珍珠港事件之所以发生，主要基于两方面的原因。第一个原因是肖特未能充分提醒部下警惕战争……第二个原因是陆军未能指示肖特进入完全戒备状态，也未能让他充分了解日美谈判的进展情况。或许这样做，能使他从不全面战备到全面战备。"报告还肤浅地把责任分派给赫尔，因为他"于11月26日递交反提案”的举动，被日本人视为战争信号，从而导致了对珍珠港的袭击。

3位受到谴责的将领中，肖特受到的待遇最好。委员会基本上认为，他没能——

在接到战争警告后令其部队进入战备状态……尽管向他提供的情报既不完全也不明确，但是足以警告他关于我国政府同日本帝国之间的紧张关系及战争随时爆发的可能性。因此，他应该加强对空袭的防备以及命令其部下做好一切准备，以便最大限度地利用现有力量，及时反击敌人实施的哪怕是最凶猛的进攻。

肖特的错误，还在于未能同金梅尔和布洛克就实施联合行动计划达成协议，没能了解海军远距离侦察的实际效果，以及没能换下不称职的参谋等。

相比之下，马歇尔受到了更为严厉的抨击。简而言之，陆军委员会指责他不能使他的3位副参谋长充分了解情况，未能使肖特及时了解国际形势以及随时有爆发战争的可能性，没有及时对肖特对11月27日警告电报的回电采取相应行动。委员们还认为，马歇尔没有及时地把12月6日和7日的“重要情报”向肖特通报，以及他业已承认的对1941年11月和12月“夏威夷陆军战备情况”的缺乏了解，所以他应当受责备。

对杰罗的评价更坏。这位前作战计划部部长，被特意从驻卢森堡第五军团的指挥岗位调回来作证。他受到了毫无怜悯的折磨，尤其是拉塞尔长时间的甚至带有敌意的盘问。委员会对杰罗的批评是：他负责起草的11月27日那封电报意思含混，并且后来未追究肖特的那个不能令人满意的答复，未能在发出警告后弄清夏威夷的战备状态，而且未经核实便错误地认为那封著名的战争警告电报能够向肖特提供进入全面战备的所有情报。陆军委员会认为，杰罗应该“改正肖特的错误，让其执行2号或3号警戒状态，而不是1号警戒状态”，他当时还应该立即下令落实夏威夷海岸联合防御计划。

在一份单独为斯廷森撰写的机密备忘录中，陆军委员会涉及了一些它所认为的绝密情况。在备忘录中，委员会得出了相当令人惊奇的结论，即1941年11月和12月，国务院、陆军部和海军部：

已得到相当完整的关于日本人的计划和企图的情报，并且了解日本人用来对付美国可能采取的行动和步骤……

由陆军部和海军部送往夏威夷的电报只提供了有关情报中的一小部分，而且没有以这些情报为基础，向夏威夷陆军部下达命令，只是在1941年11月27日发出了“要这样做——不要那样做”的电报……

委员会特别提到日本人规定的最后期限——11月29日这件事，还提到当时已知日本在集中其舰队一事，以及“风力”密码的确立，还有12月3日关于毁码的电报、14部分电报和“1点钟”电报等。委员会同意萨福德关于所谓“风力实施”的说法，并认为“电稿原文在海军部档案中消失，至今尚未找到”。

斯廷森的助手哈维·邦迪在10月21至22日那个周末，用电话向斯廷森报告了陆军委员会的裁决概要。这份报告“据邦迪看来，很糟糕……”它给部长“出了一个大难题”。部长说：“虽然报告没有公开批评我，但批评马歇尔和杰罗的那些事情，我也知道并插了手，因此我必须对报告小心从事，以免对我产生偏见。”

海军法庭的报告不折不扣地维护了夏威夷的指挥者们，声称金梅尔和肖特是“私人朋友”，彼此经常交换看法，“双方都被告知对方在基地防御中采取的所有基于有用目的的措施”。报告详细叙述了许多能够减轻责任的情况，如国家供应不能满足他们对人力和军需品的要求。但尽管不能满足要求，他们仍应以能有效地保卫珍珠港基地为目的，做出相应的部署。

夏威夷的陆军和海军，对自己的职责并没有误解。“保卫海军永久基地的任务，是陆军的直接责任。海军方面通过使用海军军区提供的手段，协助陆军……”美国本土以外的海军军区司令官除完成分内任务外，还是“一名舰队军官”。这一切说明，“太平洋舰队司令有义务协助陆军方面，保卫珍珠港海军永久基地”。这一席话公开地为布洛克开脱了责任，但让金梅尔留在了钩上。法庭忙采取补救措施，说海军军区防御计划还不错，但其效果——

完全取决于敌人进攻前的情报，作战计划正是以此为前提而制定的。舰队司令不可能让舰队所属飞机始终等待着海军基地防御军官的命令，这是因为舰队缺乏足够的飞机、飞行员和工作人员。再者，舰队还需要飞机去同在海上行动的军舰联系。

法庭对12月7日珍珠港内停泊军舰的实际战备情况表示赞许和满意，并非常支持金梅尔关于不实施远距离侦察的决定。报告说：“由于飞机数量不允许在所有地区上空实施侦察，因此选择哪个地区进行侦察只能由机遇而定……”这番评价令人瞠目，竟有如此经过权衡和深思熟虑的评价。

出于安全原因，法庭将不深入阐述“其他一些重要情报问题”。报告阐述道，斯塔克认为战争警告电报“全面概述了当时的局势，然而事实上，仅凭这封电报不可能把华盛顿发生的一切都传达给战场上的指挥官们”。

法庭温和地责备斯塔克未能向金梅尔传送“在当时关键时刻，尤其是 12 月 7 日清晨他手中掌握的重要情报”。但稍后，报告又声称，即使斯塔克把 12 月 7 日的警告电报用明确的语言打电话通知，“金梅尔海军上将也不可能采取行动，以期阻止这场袭击或使其后果有较大的改变”。这种宿命论与振奋人心的西方教义——“自助者天助”背道而驰。

报告终于得出预定的结论：“最后……法庭认为，海军方面没有任何人犯有罪责或应遭受严厉谴责。”法庭建议不再就此事提起公诉。综上所述，报告留给人们的印象是，法庭成员竭力试图说服自己和读者，整个美国几乎曾是命运无可奈何的牺牲品。有两句话像鬼影一样在作祟，贯穿报告始终：“1941 年 12 月 7 日发生在珍珠港的空袭，在当时情况下是无法阻止的。而在此之前，断定袭击何时发生也是不可能的。”

陆军部和海军部未能及时发布各自的调查报告，自然引起了一阵铺天盖地的批评。罗格在波士顿声称：“这种前后不一拖拖拉拉的程序，对金梅尔海军上将是不公正的。他有权立即知道裁决结果。”参议院军事委员会主席、北卡罗来纳州的罗伯特·R·雷诺认为没有理由搞得如此神秘。“机密未免太多了，”他强有力地声称，“在我看来，现在是让美国人民知道珍珠港事件真相的时候了。日本人肯定知道这一切，而把事情视为机密的唯一原因，是不让敌人知道。”

斯廷森几乎等了 1 个月，才接到最高军法官盖奇的建议书。盖奇却又急忙于 11 月 2 日把他对海军报告的法律分析写入第一综述，并归档。斯廷森几乎完全同意海军法庭的裁决。他注意到对斯塔克不利的裁决和最后结论中关于海军方面不应有任何人受到严厉谴责的话语之间存在的明显矛盾，但他认为这“不是一个真正的前后矛盾”，因为“引证的例子没有证实斯塔克海军上将未能把有关情报传达给金梅尔海军上将，是 1941 年 12 月 7 日舰队受损的直接原因”。于是，由于有斯廷森的结论，盖奇认为报告“合乎法律程序”。

金梅尔也丝毫没有耽搁地把报告送到海军部长詹姆斯·V·福雷斯特尔手中。显然，海军部内穿军装的人当中，无人希望为把报告耽搁到大选之后而负责。在 11 月 3 日的一封信中，金梅尔谈出了他对报告所涉及安全问题的看法。他坦率地说，“诉讼中涉及的一些机密，不应公之于众”。他认为还是不发表报告为好，而节略的报告又只能带来“令人不快的后果”。简言之，金梅尔希望海军部耐心等待，不向外界透露任何消息，任凭政治纸屑到处散落。他的意见具有相当重要的意义。无论在战场上和大海里，美国官兵正在把自己的生命置于危险之中。因此，他们在华盛顿的上级最起码应该做到取得他们的信任，采取一切可行措施，保护“魔术”这一宝贵秘密。

金梅尔根据盖奇的意见和自己的看法，在 11 月 6 日签署的第二份综述中综合了海军法庭的裁决、意见和建议。他赞同其中一些裁决，但不赞成其他裁决。他认为“没有足够的证词向最高军事法庭提起公诉，但如果合适的话，不妨碍采取一些行政手段”。而后，他又极为肯定地说：“尽管有证据表明，倘若起诉的话，没有任何海军军官的错误足以在审判中被定罪，但海军不能推卸对珍珠港事件的责任。那场灾难不能被视为人类不能予以阻止和挽回的上帝的旨意。”金梅尔颇为肯定地断言道：

与其说斯塔克海军上将和金梅尔海军上将犯有渎职罪，莫如说他们犯有过失。本案中，他们显示出缺乏同他们职务和职责相称的行使指令时需要的高超判断力，而不是他们应受谴责的低效率。

……由于所提供的证据不足以向最高军事法庭提起公诉，因此应当采取适当的行政手段，降职使用这两位高级军官，使他们在新的岗位上不至于由于缺乏高超的判断力，而再铸成大错。

11 月 11 日，斯廷森第一次同马歇尔谈起陆军报告中的一些问题。3 天后，当部长再次见到参谋长时，发现他正在经历着不同往常的但很自然的精神低落期。“像往常一样，他特别谦虚地向我承认说，他认为他对陆军的贡献完全被陆军委员会的报告毁了……我对他说，这全是无稽之谈，把它忘掉吧。但他还是对我为此所做的一切表示感谢。”

那天晚些时候，斯廷森和福雷斯特尔就两份报告进行了一次长谈，并相当乐观地断言：“我们意见分歧不大，两部的标准和观点将不会有什么冲突……”

令两部感到棘手的一个根本问题，是调查的结果和结论应披露多少为宜。11 月 20 日，斯廷森第一次与他的公关参谋、刚刚休假回来的亚历山大·苏尔利斯陆军少将谈起此事。他们面临的主要难题，是如何处理对马歇尔和杰罗的谴责，特别是对马歇尔的那些责难。斯廷森不仅认为对他的参谋长的批评完全不公正，而且他还认为马歇尔“是美国最硬的男子汉……是决定战争命运的人……”。苏尔利斯的第一个提议是：隐瞒调查结果。这是可以原谅的。因为他担心海军的报告“在我们公布之后再出场，这样做会开脱他们的责任，让我们承受全部压力”。但是，斯廷森说服他道：“如果我们自己不采取主动，并且在发表对马歇尔的责难的同时发表对此的辩解，报告就会以一种更为被动的方式泄露出去……”

斯廷森和苏尔利斯谈话的转天，福雷斯特尔就给斯廷森关于采取同步行动的希望以致命的一击。福雷斯特尔在电话中警告说，他的公开声明很短，他将把它送来。斯廷森愤愤不平地记录道：“导言、引子和正文，似乎只由一句话组成。他说……对任何海军军官提起公诉都是不符合公众利益的。”斯廷森感到非常焦虑，便赶到白宫。

午饭后，总统提起这件事，说：“我认为少说为妙。”斯廷森解释说，陆军“不能独自走在前面，把一切照实搬出，而海军却在遮遮盖盖”。他把陆军委员会的定论拿给总统过目，总统认真地看了一遍。当他看到被批评的人名时，惊叹道：“太恶毒了，太恶毒了。”然而，总统仍然坚持认为，尽量按福雷斯特尔提出的稳妥办法行事。斯廷森表示担心说：“这样做，国会会找我们的麻烦，抓住那些文件和事实不放……”对此，罗斯福回答：“我们必须采取一切措施，防止此类事情发生。我们必须拒绝公开发表报告。”他说：“报告必须被封存起来，里面写上我们的意见，然后出示公告，规定报告只能在战后经国会两院联合决议并由总统批准后，才能公之于世……”

斯廷森返回五角大楼后，让他的助手着手起草一份符合总统意志的声明，但“至少要说明我们认为陆军部犯有失职错误，肖特犯有失职罪”。

陆军部长于星期五下午飞往海霍德。途中，他仔细分析了海军法官对陆军委员会报告的评论，称它为“极出色的见解”。

甚至，福楼拜也会承认这个“极出色的见解”的确相当公正。克拉默善于用简洁的语言表达自己，他提出了一个似乎被一般人忽视但非常重要的观点：“肖特是在进退两难时才坚持主张海军负责远距离侦察的……因为只有当陆海军联合协议生效时，远距离侦察才属海军负责。然而，肖特没有努力使之生效，或者哪怕是部分生效。”由于海军从未对实施远距离空中巡逻做辩护，所以这个特殊的责任似乎在一种心照不宣的协议下易手了。

从证据角度讲，报告中的最机密部分并没有给克拉默留下什么印象。他称报告是陆军委员会根据证据和记录“做出的结论集合体”。“反过来说，证人提供的证词，大部分是对某些截收电报的评价和结论……再者，陆军部得到的情报量和没有送给肖特的情报量，按比例讲被大大地夸大了。”克拉默认为：“即使华盛顿比肖特掌握的情报多，肖特手中的情报也足以使任何责任心强的指挥官认清当时存在的外来威胁，而应该严阵以待。”但是，他相信肖特的错误“是诚实的错误，不是明知故犯的错误，根据当时情况而言，肖特的错误构不上渎职罪”。

关于对马歇尔的批评和指责，克拉默持全盘否定态度。他同意委员会对杰罗的某些批评，但不是全部。他补充说：“错误的性质和他曾显示出的战场指挥的高超能力表明，他远构不上法律惩处。”这番话似乎是一个不具备前提的推理，但这比海军在斯塔克一案中采取的可笑行动有意义——海军宣称，斯塔克这位一直在战争过程中胜任高级指挥职位的军官，不适合担任高级指挥职务。

克拉默认为，即使情况许可，军事法庭审判肖特也不会有什么结果。因此，他建议斯廷森发表一份声明，“指出肖特将军犯有判断失误罪，并为此已被适时地从原指挥位置上调离，这样做在此时是对此事最完善的处理”。

这样，陆军和海军的调查均未能解开珍珠港事件之谜。他们提供了许多颇有价值的证据，但是在报告中提出的最终法律意见和建议，给各自部门留下一个大难题。海军法庭除对斯塔克进行了温和的指责外，没有指责其他任何人。当然，人们可以从字里行间寻找其内涵，并得出如此结论：既然瓦胡岛海军没有污点或错误，那么责任一定在陆军方面。在天平的另一端，陆军委员会指责了马歇尔、杰罗和肖特，甚至捎带批评了赫尔。

上一级人士对两份报告的评论也未对解开珍珠港事件之谜起什么作用。有人认为，金梅尔和斯塔克应同样受到指责，但建议福雷思特尔除与斯廷森的声明保持一致外，应对其余严加保密。克拉默为马歇尔辩解，并建议不采取对杰罗不利的行动。他还建议斯廷森发表声明，其大意应为：肖特虽犯下错误，但已受到足够的惩罚。斯廷森、福雷斯特尔和他们的顾问们使出浑身解数，调和了这个显然难以调和的矛盾。

对于斯廷森来说，11 月 30 日是“吉祥的成功日，因为经过大大小小的磨难后，我们终于迈出了解决珍珠港问题的第一步”。当陆军部对自己的声明做一些修改的时候，福雷思特尔也重新修改了他的声明。当天下午，斯廷森和福雷斯特尔打电话给在乔治亚温泉的罗斯福，征得总统同意，“在未来两三天内”同时发表这两份声明。尽管斯廷森感到如释重负，但担心这并不是“最后定局……”他认为，“不全面坦诚地交代当时所发生的情况以及我们所采取的行动，是一个大错误……”

毫无疑问，罗斯福总统对于发表陆海军声明一事的决定是错误的，斯廷森是正确的。尽管斯廷森与普通民众接触不多，但他相信美国人民是高尚的人民，他们一旦知道事实真相，会做出正确判断。在同斯廷森的谈话中，罗斯福有些过敏地要求采取安全措施，以保护在茨克斯堡存放的报告。这个罗斯福，已不是多年前同选民们进行充满理解的对话的罗斯福了。今天，人们知道，不到 5 个月后，等待他的是死亡，人们或许可以明白，疾病当时已夺去了他敏锐的思维能力和政治敏感。罗斯福应该向斯廷森期待的那样，对公众以诚相待，也应该坚持让福雷斯特尔这样做。马歇尔、杰罗和斯塔克不需要给予特殊照顾，金梅尔和肖特也不会从中失去什么。这样做，罗斯福也就没有必要把他的政府置于如此举棋不定的境地。

12 月 1 日，福雷斯特尔以第三份综述的形式，把海军法庭报告送还法庭："……我发现，目前获得的证据似乎表明，金梅尔海军上将和斯塔克海军上将犯有判断失误的错误。但是，我不敢苟同法庭已得到所有证据的说法。"他指示再做进一步的调查，尤其是要听取威尔金森和麦高伦的证词。福雷斯特尔补充说，在完成补充调查之前，他将不做出对任何一位海军军官提出起诉的决定。

海军法庭的裁决，向金梅尔发出了一个可以得到赦免的清楚而响亮的信号，但这需要福雷斯特尔也同意这一裁决才行。的确，如果福雷斯特尔承认裁决的合法性——盖奇已对此予以承认——他今后将没有其他余地。福雷斯特尔对这个结论从逻辑上不能否认。珍珠港惨案损失如此惨重，任何一个与之有关的美国海军军官均不能逃脱审查。如果每个人都做了他应该做的事情，日本人如何可以获得如此辉煌的胜利？然而，福雷斯特尔的公开声明仍旧太温和：

> 珍珠港事件调查法庭对事实和见解的最后裁决是……现在证据不能保证也不能支持最高军事法庭对海军方面的任何人进行审判。
>
> 部长……认为，海军方面在珍珠港和华盛顿的某些军官犯有判断失误的错误。

斯廷森采纳了克拉默的建议，在 12 月 1 日的声明中把肖特救出危境：

> 至于夏威夷陆军部队司令，我的意见是，从判断失误这一错误性质来看，应该解除其在指挥岗位上的职务。这已于 1942 年 1 月 11 日实施。其结果对任何一位战绩卓著的军官都是残酷的。何况，我认为肖特将军始终忠心耿耿。我认为，以记录在案的证据来判断，解职是对他足够的处分。

这两份声明都很中肯，然而却留有许多问题没有涉及，一些国会议员极力探其究竟。弗格森参议员是提出进行陆海军双向调查的建议人，但显然不满意自己撒下的种子结出的果实。他说："公众头脑存有的疑问是，在珍珠港我们的军舰被击沉，我们的士兵被杀戮，怎么会没有一个人应对此负责？"因此，他呼吁进行"一次全面正式的国会调查”。

陆海军两部联合发表的声明，标志着调查珍珠港事件的重要突破。一些报纸刊登了金梅尔的照片，他满面微笑，看起来精神状态良好；照片上的肖特，目光炯炯，流露出满意的神色。然而，他们二人及其热情的支持者们并非完全满意。报告中，的确没有那个令人憎恨的字眼“渎职”，但是宣布他们二人不够上最高军事法庭的资格，不过是等于白说的安慰话。金梅尔和肖特，只能期待将来某个时刻被证明是无罪的。肖特在达拉斯家中发表声明，其大意是，一旦全部事实被披露，在美国人民面前他完全可以为自己辩白清楚。罗格也为金梅尔说话，宣称福雷斯特尔的声明免除了对金梅尔渎职罪的指控，“如果美国人民了解全部事实真相后，会同意这个意见的”。

无论金梅尔怎样向新闻界提供一副满脸微笑、精神状态良好的假面具，他实际上对形势的改变感到十分恼火。12 月 6 日和 7 日，他在华盛顿拜访了海军法庭和海军部的几位成员。他与安德鲁的谈话，“涉及的问题比较具体”。后者认为，尽管他没有细谈裁决内容，但金梅尔对“裁决的每个字眼都会感到高兴”。他建议金梅尔“揭露丑事”，把一切细节公之于世。而卡尔布弗斯给金梅尔留下的印象是，他认为金梅尔“在此事中不应该受到谴责”。他建议金梅尔鉴于目前局势，最好不要做出任何努力，战争是首要的。因此，尽管可能发生金梅尔和其他人都认为不公平的事情，但现在可以做的唯一事情，是接受和容忍。

金梅尔在同盖奇的谈话中问，如果他“公开需要保密的内容，降临到他头上的将会是什么”。盖奇答：“你会被指控泄密，受到最高军事法庭的审判，并且会被定罪。而这样做将使整个问题复杂化，对你本人一点好处都没有。”倘若金梅尔的声明不含有机密情报，“海军部将把你视为说谎者，而你也无法证明你的任何观点，除非你讲出那些机密”。

金梅尔问盖奇是否能保证“海军法庭的记录和裁决不会被篡改或销毁”。盖奇对金梅尔说，只要他任最高军法官，他保险柜里的那份报告“就不会被篡改”。金梅尔相信盖奇，但指出他可能随时离任，而他的后任可能销毁部分或全部记录。

那个在 1941 年 12 月 7 日清晨醒来的赫斯本 · E · 金梅尔，当时宁可去死，也绝不会有意暴露他所知道的机密文件。而 3 年后的此时此刻，他却考虑公开国家最机密的文件，这样做的后果将是顺延战争和夺去数千人的生命。为什么呢？为洗清“判断失误”的指控吗？——这是一个无论什么样的人都会耿耿于怀的指控。倘若海军首席法官不指出金梅尔这样做将是出卖祖国、出卖战友以及这一行径比在珍珠港犯的“判断失误”要严重得多，后果将难以想象。

那个星期的早些时候，法庭一直在审阅陆军委员会的记录和报告。在署有 12 月 3 日的备忘录中，摘要记录有福雷斯特尔的意见。总的说来，从陆军委员会报告中未发现任何能促使改变对海军法庭的意见的东西：

金梅尔海军上将和肖特将军之间有些合作……但我不认为这两位军官之间在各方面有着充分的合作……然而……这个错误是由于对日本在中太平洋的潜在能力不够了解所致。而对日本在中太平洋的潜在能力不够了解，正是珍珠港惨案的根本原因所在。

因此，法庭仍然相信斯塔克和金梅尔“没能表现出他们具有分析和利用手中情报的高超判断力”。

金梅尔在袭击珍珠港 3 周年之际拜访海军部时，新任美国舰队总司令似乎对金梅尔“既友好，又同情”。他暗示说，海军法庭完全开脱了金梅尔。然而，他也肯定地说，法庭的诉讼程序以及裁决，战后才能公之于众。直到此时，金梅尔还未要求正名。美国舰队总司令封锁了一些关于调查背景的机密情况。罗斯福曾声称，斯塔克当时正在从事着极有价值的工作，不能被撤换，马歇尔也不能撤掉，马歇尔被认为是“无人可以取代的”。美国舰队司令解释说，“裁决曾被要求公开发表”，但他反对这个举动，因为他认为“日本人可能从中推断出对海军仍有价值的情报源”。他告诉金梅尔，还要对其他问题进行长时间的法庭调查，但目前考虑进行的“下一步调查”，与金梅尔没有什么关系。

自从海军法庭之后，金梅尔变成了一名坚定的修正主义者：“珍珠港事件之后，我认为，不论我当时如何努力和诚心诚意，但我还是不够精明。因此就这一点来讲，我必须为珍珠港事件负责……然而，现在我拒绝为珍珠港惨案负任何责任。”

对陆军部和海军部处理报告的方法感到不满的，不只是金梅尔、肖特和他们的支持者。大选之前，反罗斯福的浪潮还远远没有平息，斯廷森和福雷斯特尔的联合声明，使局势变得更加不和谐。某些报纸，已得出了既恶毒又过分简单化的结论。《华盛顿邮报》一方面避免与这些报纸同流合污，一方面表示了自己的不满之处。在一篇冗长的社论中，它发泄着不满：“两篇报告要解决的问题是：华盛顿的哪些官员曾经失职？”《邮报》建议说：“是否能剔除对敌人有价值的证词同时又能让公众知道事情的经过呢？”这句话阐明了令华盛顿头疼的公众关系问题。从证据中去掉对敌人有价值的情报后，仍能向公众交代“事情经过”，就像夏洛克从他身上割下一磅肉而又不流血的尝试一样。

无疑，在陆军部和海军部应该把全部精力放在尽快赢得战争而又尽量减少伤亡之时，陆军和海军的调查的确对两部是个沉重的负担。然而，整个调查并非没有价值。相对其错误而言，调查提供的记录还是具有相当高的价值的。

就罗伯兹委员会来说，其记录的主要价值在于：当珍珠港事件仍在记忆犹新时，它保存下来对袭击现场的书面描述。因此，在陆军和海军调查中，报告所提供的证词就其重要性而言，稍逊一筹。前者的记录是带有偏见的判断，但从证词的字里行间，人们可以重温瓦胡岛和华盛顿在袭击前的气氛，并能把握住事件发生的过程。

就军种而言，人们可以发现一种奇怪的本位主义。陆军部和海军部，均不能认识到国务院处理的事务可能对战场指挥官有用。瓦胡岛上，陆军和海军为他们的“合作指挥”感到骄傲，但他们却不能分辨友好协作和危机中双方紧密合作的区别。

瓦胡岛上提供证词的非军人，大都是当地的上层人物。他们有知识，有教养，能够容忍，多少带点家长作风。从他们的证词中，人们可以看到一片由鲜花覆盖的大地上生长的舒适安全感，温和的气候赐福于大地——虽然大地间或遭到诅咒——气候是如此温和，以至于鲜花上能感受危险的刺都不再生长。在人们的心目中，在这个基本处于战争状态的社会里，人们简单的信念是：他们处在美国太平洋舰队的保护伞下。

第七十六章 我们需要真理

珍珠港事件幸存者

尽管陆军和海军的调查报告均未暂时公开发表，但两份报告一致认为罗伯兹委员会裁决金梅尔和肖特犯有“渎职罪”是错误的。这一点，斯廷森和福雷斯特尔已在报纸上做了巧妙的暗示。然而，两份报告也留有不少漏洞。1944 年 12 月间，福雷斯特尔征求前美国舰队总司令 J·O·理查森的意见，问他是否愿意对珍珠港事件做进一步的调查。理查森拒绝了这一请求。原因是他对罗斯福和斯塔克抱有反感，因此他不可能成为“一名公正的调查者”。

于是，福雷斯特尔请 H·肯特·休伊特海军中将出任。休伊特因此于 1945 年 5 月 15 日至 7 月 11 日之间，进行了长达两个月的补充调查。他的调查，主要围绕“风力”这个无休止的争端，以及海军调查法庭解散后得到的有关日本方面的最新材料。休伊特不是赫兹那样令公众瞩目的海军将领，这无疑是部分地由于他的严肃冷静的个性。在第二次世界大战中，休伊特在海陆两栖战斗中战功显赫。1945 年，被任命为美国第八舰队司令官，并晋升为海军上将。他对美国太平洋舰队所存在的问题有所了解，因为他曾于1941年5月在指挥第八巡洋舰分舰队时，同金梅尔的一些军舰一道转移到大西洋。[①]显然，福雷斯特尔不会把负责一次详细调查的任务，任意塞给随便都能帮上忙的海军将领。

休伊特谦逊地认为，他之所以得到这样一个任命，是因为他是“从那个战场出来，与当事人又没有多少利害关系的第一个海军高级军官。我当时未在现场，没有什么与当事人有关的利害冲突”。休伊特平时比较喜欢文字游戏，甚至有些成癖。然而，他从这项工作中找不出任何乐趣，称它为“令人极不愉快的工作”。让休伊特担当此次调查，实际上恰恰强调了不可能有对1941年12月7日珍珠港事件“没有利害关系”的海军高级将领。休伊特当时的确没在现场，无论从实际意义上讲还是从比喻意义上讲，但他曾于1941年上半年在太平洋舰队待过。因此，他必定有一些先入为主和感情上的因素。他当初意识到的一个问题，是“驻珍珠港的陆军方面没有为保护该基地做好高射炮的参战准备”。他把夏威夷陆军部采取的措施（或缺乏必要的措施），与1940年驻巴拿马海岸炮兵部队的情况做了一下比较。“夏威夷比巴拿马更有可能遭敌人袭击，但一年以后，他们还未采取任何措施。”更重要的是，休伊特曾在金梅尔手下工作过，并十分喜欢和敬重他。

金梅尔无论在此次调查之前还是在进行之中，均对此持谨慎态度。5月8日，他要求福雷斯特尔允许他出席休伊特的法庭调查，要求能够“邀请辩护律师出庭，能介绍、检查和盘问证人，介绍与调查有关的情况”，为自己“作证和抗辩”等。5月15日，部长作出答复，其部分如下：

> 现已做出进行补充调查的决定……倘若那些已被调查法庭指定为“有关当事人”的人员不参与，此次调查将可以尽快结束。而调查的尽快结束，将有利于所有与之有关的人员……因此，我想我必须拒绝你的要求。当然，你可以在休伊特海军上将面前提供以前你未提供的证据，无论他请求你这样做还是你自愿这样做。

这样，福雷斯特尔只把门留了一道缝。他的推理合情合理，倘若金梅尔不利用此次机会提供他从前没有拿出的证据，就等于默认他根本什么也拿不出来。如果福雷斯特尔给予金梅尔作为当事人的全部权力，公平地说，他就必须给其他当事人、诸如斯塔克和布洛克同样的权力。这样做的结果，便会使此次调查成为毫无意义的翻版调

①见第十五章。

查，而不是补充调查。

在 5 月 18 日的一次谈话中，金梅尔向现任太平洋舰队司令通报有关福雷斯特尔的决定。太平洋舰队司令“看来对此很反感”，并答应同部长进一步商讨此事。他还主动说出，他认为“没有必要对珍珠港袭击一事再做进一步的调查，因为剩余的问题已没什么价值，不会影响调查法庭做出最后裁定”。如果金梅尔记述他的话是准确的，为什么这位美国舰队总司令还要建议做这个“补充调查”呢？

金梅尔对太平洋舰队司令说：“这种不经核实、不受约束的补充调查，极可能对我不利。我当然不会对此袖手旁观，容忍这一切的发生。我打算尽我的一切力量，力争休伊特不提出我没有机会进行辩驳和盘问的事情。”

太平洋舰队司令“十分称赞”金梅尔的决心，他的唯一建议是让金梅尔等待时机，“尽可能早地”要求军事法庭开庭。在金梅尔到海军法庭后，他与太平洋舰队司令的谈话记录中，没有丝毫迹象表明，太平洋舰队司令曾对那位前美国太平洋舰队司令说过，他本人曾正式向福雷斯特尔指出，在珍珠港事件中金梅尔无可指摘。

太平洋舰队司令或许极希望金梅尔在补充调查中出庭，但福雷斯特尔对此持否定态度。休伊特又认为，他没有权力为此事与海军部长进行争论，除非他认为事关重大，而他也从未这样做过。他仔细研究了以往调查的全部记录，看不出金梅尔能再补充什么证词。

休伊特邀请海军部长特别助理约翰·F·桑尼特做他的法律顾问。福雷斯特尔称桑尼特“勤奋谨慎，忠实可靠”。海军部长告诉杜鲁门总统说，海军法庭提供的报告“基本上”是桑尼特辛勤劳动的结晶。

休伊特听取了 37 位证人的证词，主要了解情报部门的工作，讯问了诸如威尔金森、麦高伦、克莱默、罗奇福特、萨福德、莱顿以及梅菲尔德等情报部门的关键人物以及许多在情报、通讯部门工作的普通工作人员。其中有 21 位证人从未在任何珍珠港调查中露过面，这里有驱逐舰沃德号前舰长奥特布里奇海军上校，负责破译 12 月 3 日用库恩复杂密码发出的颇有争议的“喜多”电报的多萝西·艾德嘉，特别还有破译日本“紫码”的有功之人威廉·F·福尔德曼陆军中校，他只在休伊特调查和后来的克拉克调查中出庭做过证。因此，休伊特调查得到了一些情报方面极有价值的材料，因而为珍珠港事件的调查，补充了大量证据。

休伊特于 1945 年 5 月 15 日星期一在华盛顿海军总部开始其讯问工作。星期二，他对麦高伦进行了听证。麦高伦是休伊特被特别指定进行讯问的两名证人之一。麦高伦解释说，截止到 1941 年 11 月底，海军“基本是依靠无线电监听来了解日本军队动向。所以，日本海军改变呼号一事，引起了麦高伦以及助手们的极大关注，因为他们把变换呼号认为是日本人将实施某种行动的征兆”。在这个问题上，夏威夷情报机构同海军部得出了相同的结论。

麦高伦不支持“风力实施”与美国有关这一说法。他说空袭后，“破译出的一份电报表明风力指的是与英国开战”。

萨福德以一种倍受迫害的姿态，出现在休伊特面前。5 月 11 日星期五，桑尼特见到萨福德向他提出许多问题，并就萨福德提供的证词与其他证人证词的不一致进行了讨论。萨福德似乎从这第一次的接触起，就不信任桑尼特了。

当萨福德第一次在休伊特调查中做证时，休伊特便向他提出许多问题。萨福德仍旧坚持认为有“风力实施”这码事，并列出一些据他说看过这个东西的人的名单。他记得“当时所有的人都非常紧张，因为我们不清楚它使用的功率、频率、时间等，以及我们是否有能力收到它”。尽管困难重重，但他的部下“没有放过他”，他对此十分满意，“我们做到了我们所能做的一切”。对于这一成就的沾沾自喜，解释了萨福德为何坚持自己说法的原因。他怎么能够承认如此高超的技术和对工作的忠心耿耿，具有很小或不具价值呢？

与萨福德看法一致的证人是克莱默，萨福德经常引证他的话。克莱默于 5 月 22 日星期二出庭。然而，时间的流逝似乎模糊了他的记忆：“现在我至少还记得，那封文电是针对英国的，或可能针对荷兰，但不是美国，不过也有可能是针对美国的。”

休伊特于 5 月 25 日星期五结束了他在华盛顿的第一轮讯问。之后，他率领助手们移至珍珠港，在太平洋舰队总部来访高级军官办公室内设立了法庭。其实，早在休伊特在华盛顿讯问时，桑尼特就已在珍珠港开始了调查工作。5 月 29 日和 30 日，被传讯的第一个证人是莱顿。同麦高伦一样，他也说日本于 11 月 1 日和 12 月 1 日连续改换呼号是“准备采取大规模行动的迹象”。这一点非常重要，因为它毫无疑义地证实了夏威夷指挥官们并不是生活在尘世之外，不是事事依靠华盛顿才能了解太平洋上的动向。相反，他们拥有可以自行支配的重要情报机构，并从该机构得知日本在近期内将有大规模军事行动。

休伊特的第二位“必到”证人，是前海军情报办公室主任威尔金森海军上将，他于 6 月 5 日星期二出庭。他的证词表明，当形势转向高一层次的具体行动而不是单一的情报汇总时，他的办公室或多或少被冷落到一边。向太平洋舰队传递情报的责任属于谁，“从未明确过”，“我们负责提交报告和每两星期一份的时局分析，然而我被告知，对未来行动的预测是作战计划部门的事，而不是情报部门的责任……”威尔金森解释说，“我当时和现在的理解都是，我应该向作战计划部和海军作战部长汇报从各个情报来源推断出的最新情报。然后，他们再把他们认为应该传达的情报发送到舰队。”

威尔金森对“风力”一事的印象非常浅。他不记得12月7日前后是谁告诉他有一封“风力”文电到来。“我记得有人提到此事，不过是在空袭之后。我不认为它有什么重要性，因为日本人已采取了公开行动。”

休伊特和他的同事们于6月8日结束了在夏威夷的讯问，转天到旧金山的联邦大楼进行讯问。6月19日星期二，返回设在华盛顿的海军部。6月22日星期五，萨福德第二次出庭，由桑尼特主问，但进展甚微。

7月6日星期五，克莱默再度出庭，由桑尼特主问。在此次开庭中，克莱默的回答使事情处于更加令人不满的境地，他既不全盘否认萨福德的供述，也不予以肯定。他说，的确收到一些电文，但他不能具体指出它们的具体内容。

休伊特的最后一个证人是萨福德。7月11日，他第三次到庭。这次讯问主要是了解12月7日清晨收到的“暗码”电报。萨福德始终表现出对桑尼特的敌意。后来，他对国会委员会讲，桑尼特始终在企图迫使他改变证词，迫使他相信他“已经患有记忆丧失症”。桑尼特对这一指控. 干脆地反驳为“胡说八道”。桑尼特否认他以及与休伊特调查有关的其他人做过劝说萨福德和其他证人改变证词的努力。

几年后，休伊特说：“福雷斯特尔部长有一些先入为主的想法……他希望我能找到一些我根本不可能找到而且最终也未找到的东西。我没有按他的某些意思写出报告，我想他一定很失望。”令人遗憾的是，休伊特没有举出实例。实际上，每当福雷斯特尔发现海军法庭报告与休伊特报告有出入时，在冗长的综述上，他一般同意休伊特的说法。

休伊特报告归纳出29条结论。他得出的结论与海军法庭结论的主要不同之处，是他承认海军有关人员犯有错误。他称赞金梅尔“精力充沛，不知疲劳，足智多谋，尽心尽力地使舰队处于备战状态”，但他不能为他的朋友全部开脱责任。尽管斯塔克“令人遗憾地”未能向金梅尔通报有关“能帮助他（金梅尔）全面评价形势严峻性的重要情报”，休伊特仍然认为，金梅尔“手中有足够的可以说明当时局势异常严重性的情报……”。

关于金梅尔的错误，休伊特列出的是应实施“远距离侦察，尽最大可能侦察所有地区”，以及“让高射炮处于高度战备状态……”。他还认为金梅尔应安装防鱼雷网，让“战斗部队坚持在海上随时准备拦截敌人的袭击部队”，保持“舰队大部力量在海上，让其不定期地回港停泊”，检查陆军“高射炮防线和防空警报设施”。

休伊特权衡萨福德的证词与其他证人证词的不同之处后，最后认为：“在珍珠港袭击前，并未截收到用暗码发出的与美国有关的文电。”

审阅完休伊特报告后，盖奇似乎有些改变他原来坚决支持金梅尔的态度。在1945年8月10日的第二份综述中，他注明“负责军官未能运用应有的判断力”，特别是“他们未能从已掌握的情报中，判断出珍珠港为空袭的可能目标这一点，也未能采取必要措施对此加以防范，或把空袭损失减少到最小程度”。

他指出，金梅尔和肖特“有同样的错误观点”，他们的频繁接触，只能使他们在谬误的泥潭里越陷越深。他并不认为“有足够的证据证明，有关军官犯有海军法规中的哪项条款”，已有证据不能证明他们犯有渎职罪，或当受谴责的低效率，因为这些军官的过失“不过是判断失误”。他还认为，倘若金梅尔坚持让军事法庭审理他的案子，海军“在道义上有责任做这样的安排”。在1945年8月12日的第三份综述里，基本同意休伊特的裁决和盖奇的建议。

金梅尔对休伊特极为不满。多年后，他发现他错怪了休伊特，并十分谦逊地给休伊特写了一封信，承认这一点。休伊特接到金梅尔“那封令人高兴的信后”，心情无比激动。这样，两位海军上将在暮年重归于好。

对海军法庭和休伊特调查的裁决做出审查后，福雷斯特尔做出下面强硬的决定：斯塔克和金梅尔“特别是在1941年11月27日至12月7日期间”，“未能在其指挥岗位上显示出与其军衔以及职位相应的高超判断力”。因此，他下令，两位军官不应在海军内担当需要“运用高超判断力”的职务。这样，福雷斯特尔没像斯廷森支持马歇尔一样，给斯塔克撑腰。

福雷斯特尔对海军法庭有些不满，相比之下，斯廷森对陆军委员会更加不满。他决定继续讯问，“直至所有事实被澄清，所有证人的证词弄到手为止……”。斯廷森之所以这样谨慎，是因为萨福德在证词中提到，许多军官可以为“风力实施”提供证据。陆军显然应该向与此有关联的陆军军官搞清此事。

另外，有关“魔术”的问题——在委员会诉讼最后一周才公开的秘密——意味着应该再次讯问那些为陆军委员会提供证词的人们。因为，当时不允许暴露有关“魔术”的细节，现在应向他们讯问有关情况。

当然，组织所有委员会委员重新参加听证，已不大可能。然而，其他人也可以完成此项工作。斯廷森决定让陆军委员会助理书记员亨利·C·克劳森来做。克劳森谦逊地向国会委员会讲，陆军部队之所以从众多参与陆军委员会工作的人中选中他，

“是因为他们最能容忍我”。不过，这不像是斯廷森选中他的唯一原因。部长能够慧眼识人，看到某人不同凡响，马上就会有所反映。克劳森在加利福尼亚上的高中和法律学校，并在那里有多年的实践经验。1942 年，他自愿入伍，在军法署任职，至今已 3 年有余。克劳森精明的目光，反映出他是一名机敏的律师。他的眼神中还流露出一丝神秘。他的这些聪明才智，使他成为共济会忠实的第三十三级会员。

克劳森的调查与休伊特的调查，在诸多方面有相似之处。克劳森主要针对陆军，而休伊特调查的是海军。如果需要，他们可以讯问对方的证人。为了保证自己有所需的全部权力，克劳森写下授权备忘录，请斯廷森签字。这个备忘录给予克劳森一切可以给予的权力，备忘录不仅要求证人直接回答克劳森的讯问，还要求他们主动说出与之有关的全部情况。另外，克劳森不受任何安全规定的限制，有权得到一切他所需要的文件副本。

克劳森就如何把事实准确、客观、公正地得到手的可行办法一事，请教了斯廷森的特别助理哈韦·邦迪。克劳森十分欣赏美国联邦调查局获取口供的办法：以证人本人的口供为基础，对他们进行盘问。因此，他和邦迪一致认为，可以使用以宣誓口供书来获得证据的形式。

此种做法后来引起了不少的怀疑。但是，克劳森无视任何反对的或同意的看法。自 1944 年 11 月 23 日至 1945 年 9 月 12 日期间，他乘飞机旅行，行程 5.5 万英里，与 92 个人进行谈话，其中 43 位为他提供证词，7 人为他提供有本人签名的笔供。这些证人中，有 30 人从未在其他调查记录中出现过。他们的职位不同，从麦克阿瑟到坚持在火奴鲁鲁日本领事馆安装窃听电话的西奥多·伊曼纽尔舰上文书长。

克劳森没有逐字逐句记录下证词，他的方法是以他同证人交谈的内容，起草一份宣誓口供书，口供书完成后，他再同证人交谈，对口供书的内容逐一核实。他使用这种程序的原因之一，是这种方式可以让被提问者用自己的手迹修改、订正自己的供述词。由于他有斯廷森签署的备忘录和情报部门的大力支持，证人们配合得很好。

这样做的结果，是真实的具有说服力的材料像硕果丰收一样，在克劳森的记录文本上源源流出。其中有：夏威夷陆军情报部的“形势综述”，使馆武官报告，十几份颇有价值的截获电报，联邦调查局的报告，有关火奴鲁鲁领事馆的最新文件，以及关于库恩和他为日本搞间谍活动的资料等。

与此同时，陆军方面也在进行进一步的调查，这是根据美国陆军参谋长马歇尔的口头指示进行的。从 1944 年 9 月 14 日至 16 日，以及从 1945 年 7 月 13 日至 8 月 4 日，军事情报办公室副主任卡特·W·克拉克陆军上校对于处理绝密文件程序问题做了核实。马歇尔是在接受陆军情报部部长克莱顿·比塞尔陆军少将的建议后，下令进行此次调查。由于对原记录的处理有诸多不明确之处，例如对于接收、传递的时间、方法上的记录等。马歇尔认为搞一次调查，把这些东西弄得更准确一些，是应该的。

斯廷森在 1944 年 5 月 18 日的日记中指出，国务院和国会已耳闻一些关于处理陆军记录方面的谣传：

新罕布什尔州的泰尔斯·布雷奇参议员询问关于我情报部销毁记录一事……参议员为我等销毁记录一事而感到焦虑，这很可笑。我们所做的，不过是在清理陆军情报部的那些旧记录，这些旧记录无一完整，堆在这里，影响了该部的工作。

斯廷森叫进麦克纳尼，他们二人给布雷奇以满意的答复。布雷奇很友好，答应“帮助我们回击那些可能为此事在报上挑起事端的参议员们”。当然，如果国防部不是建立在文件海洋之上的话，这种定期淘汰旧记录的做法是绝对必要的。然而，这种事极容易引起四方人士的怀疑。

在法庭律师欧内斯特·W·吉布桑陆军中尉的帮助下，克拉克非正式地进行了开庭讯问，甚至有时坐在圆桌旁进行。所有证词，无一遗漏地被速记、整理和复印成件。克拉克对 12 个证人进行了讯问，其中有迈尔斯和布莱顿。布莱顿的证词，对于他本人的职责、与“魔术”的关系以及如何处理“魔术”材料等，做了详尽的解释。克拉克的调查，有助于了解 1941 年 12 月 7 日上午发生在陆军部的情况。

克拉克调查所获材料，对于如何评价棘手的有争议的“风力”一事极具价值。克拉克调查的主要目标，是“风力”及是否有“风力实施”收到后又被销毁的可能性。克拉克在他简洁明确的调查总结中说，他发现“情报部从未收到任何风力实施笔头文电，而且……情报部以及与之有关的任何人均未销毁过有关珍珠港事件的记录”。这番话应该使一切神秘的谣传真相大白，然而却没有。多年来，修正主义学派一直纠缠着“风力实施”的话题不放，并声称华盛顿把它“活埋起来”。

金梅尔用猜忌的目光，注视着有关珍珠港事件的一切进展。他坚信自己是清白的，他坚持不懈地努力着，工作着，计划着，为抗辩那天的到来几乎着了迷。他和肖特都认为，军事法庭的最终前景必定凶少吉多，他们能够充分利用这样一次机会把一切说得清清楚楚，他们要把他们的案子交给那些与他们地位平等的陪审团。但是，“魔术”把他们两人禁锢在一个看不见的障碍后面。在陆海军主持的调查之后，金梅尔和肖特一定十分清楚为什么军事法庭开庭必须等到战后的原因。他们当初参军服役时，就清楚地知道他们可能被号召为国捐躯。人民期待他们暂时忍受对他们的一切指责，而他们的忍受，正是默默地为胜利做出贡献。

然而，金梅尔并不情愿做一只甘愿自我牺牲的羔羊。像一名边疆开发者热衷于捕获猎物一样，他寻找一切申明自己案件的机会。1945 年 3 月 31 日，他那双寻觅的眼睛在《纽约先驱论坛报》第五版上发现一条标题为“军事秘密议案被提出”的美联社新闻。新闻是前一天由华盛顿发出的。其内容如下：

犹他州民主党人埃尔伯特·O·托马新参议员，今天提出一项议案。内容是：对那些泄露军事或国家秘密的人，将处于罚款 1 万美元或判 10 年监禁的处罚。本法案适用于所有未经有关部门领导同意，而擅自泄露密码、编码方法、密码文件、军事设施的设计和使用的本国公民和外国人。

这个似乎无关紧要的提案，在金梅尔高度戒备的大脑里，响起了刺耳的报警声。萨福德此时恰好从华盛顿听说“此项议案将阻碍军事法庭开庭审理金梅尔和肖特一案，这正是该议案的目的所在”。珍珠港事件刚发生时，萨福德非常仇恨金梅尔海军土将。他认为，麦高伦 1941 年 12 月 4 日起草的警告，肯定被送到了金梅尔手中。因此，萨福德不能明白，为什么有人在接到那份警告后，还不在珍珠港实施全面备战？实际上，他可以下令让自己的舰队进入大海，让珍珠港成为一个空港。

当萨福德听说金梅尔从未接到那封电报后，他认为自己对海军上将不公平，打算做点事，以弥补自己的过失。萨福德是个认真的人，于是又走向了另一个极端，成为金梅尔狂热的支持者，他怀疑华盛顿，特别怀疑斯廷森和马歇尔。所以，他向拉文德透露了有关这项立法的传言。该提案在第七十九届国会上，正式通过为 805 号法案。

金梅尔立即把《先驱论坛报》的文章寄给在波士顿的罗格，进行核实。几天后，当金梅尔回到华盛顿时，罗格给他打电话说，参议院已于 4 月 9 日通过此法案。“我绝望极了”，海军上将后来在给哈里·Z·巴恩斯的信中说：“因为，如果该法案成为法律后，我们将永远不会在公开记录中看到截获的日本电报。”

金梅尔赶紧同他在国会的支持者们联系。他听说参议院通过此项法案时，弗格森恰好在加勒比海。弗格森解释说，他已得到参议院的一致同意，重审该法案，并重新投票。他不准备提出修正案，所以他现在只能等待。

在对弗格森的要求进行表决前，此项议案不能拿到众议院表决。“众议院军事委员会的多数委员，目前显然不在华盛顿。”金梅尔在写给罗格的信中说：“因此在该议案通过众议院之前，还有一段暂缓期，除非那个曾使该议案顺利通过的机构还像以前一样活跃。”为了抢在“这个可能发生的情况之前”，金梅尔拜访了《华盛顿邮报》的出版商尤金·迈耶和主编作家（金梅尔记不住他的名字）以及编辑阿历山大·F·琼斯。这位海军上将——

向他们指出，新闻界对该议案应极为关注，因为一旦该议案通过法律认可，新闻界以及电台的评论家和专栏作家将不能发表任何东西，除非他们确认他们要发表的东西从未用密码编排，或必须得到用密码编排部门领导的同意。换言之，政府将有权对所有的出版物进行全面审查。

琼斯看完文章后说：“如果该议案立法，包括德鲁·皮尔逊在内的所有专栏作家，都将被监禁。”金梅尔尖刻地附和道：“这就是此项议案的唯一好处所在。”尽管金梅尔看不起专栏作家，但迈耶和助手们感谢海军上将提醒他们对该议案的注意。金梅尔对罗格说：“该议案完全逃避了华盛顿新闻界的注意，或至少说他们不理解议案的内在意义。”金梅尔向新闻界透露消息后，使得新闻界行动起来，导致议案实施的延误和最后在众议院的失败。

1945 年 4 月 12 日，格林陆军准将把一份参议院第八〇五号议案寄给肖特，并解释说：“根据现行法律和秩序，你将被禁止提及或公开一切仍属机密的情报。而该议案又做了进一步的规定，禁止透露一切通过密码传送和收听到的所有情报，无论它是否属于机密。”格林同金梅尔和拉文德于 4 月 11 日进行了一次交谈。过后，他对肖特说；“金梅尔正在生气，他们无疑要为此事负责。”这里，格林显然是指《晨报》愤怒的反响。他补充说；“如果有人请你发表评论，我建议你最好保持缄默。”

格林还提到了当时正在进行的克劳森调查一事，“海军中也有一位上将正在进行类似的调查。”他继续说道，“显然，这样做的唯一目的，是实现两位部长关于继续调查的诺言。我看其中不会有什么危险。”

如果说格林在有意讨肖特高兴，那么他失败了。肖特此时存有许多误解，这些误解使他对华盛顿更加痛恨。其中之一，是关于所谓的“风力实施”。肖特写道：“1941 年 12 月 5 日，东京广播了密码‘东风，雨’，这一密码意味着对珍珠港的进攻。”由于肖特的大脑里装满了这种想法，就难怪他相信“那个丢失的证据，会说明白宫、国务院、陆军部和海军部应负全部责任”的说法。因此，肖特并不急于对参议院议案 805 号采取什么措施。他认为：“该议案是镇压新闻界和限制国会的……阻止金梅尔或我或任何能够从密码电讯中获得与袭击珍珠港有关情报的任何军官采取行动。”

在华盛顿，形势向另一个极端发展着。1945 年 4 月 12 日 17 点 46 分，斯廷森和其他内阁成员被召集到白宫，被告知总统在乔治亚州温泉逝世的消息。罗斯福的逝世令举国震惊。这位坚强、难以捉摸、彬彬有礼、极富魅力的总统，已连任三届总统，目前是第四届。他的继任，自然是那个好奇多疑、有时甚至带有敌意的公众瞩目的人物杜鲁门。当时，几乎无人预料哈里·S·杜鲁门将在美国人心目中和美国历史中占有特殊地位。在他的领导下，欧洲战事结束，抗日战争获得辉煌胜利。但是，举国上下并没有忘记尚未解决的珍珠港问题。

杜鲁门倾向于全部披露事实经过。开始，福雷斯特尔同意这个意见。在福雷斯特尔的要求下，杜鲁门于 8 月 29 日上午召集一次由陆军部和海军部代表参加的会议。福雷斯特尔显然对于“全部披露事实经过”的意见又有些动摇，担心他们将在没有经过充分考虑的情况下就草率采取行动。他担心海军报告的发表，“会导致公众对金梅尔的偏见，从而使他在最高军事法庭为自己的辩护难以进行”。但是，杜鲁门希望报告全文发表。

当天下午，国家报纸以醒目标题刊登出调查报告。尽管报告不得不与盟军首次在日本岛屿登陆的报道竞争版面中失利，第二天还是在报纸的头版占据了位置。没有比此更能证明珍珠港事件在新闻界和公众中的永久魅力的了。

在紧急召开的记者招待会上，杜鲁门发表声明，部分内容如下：

> 你们将在陆军部长的声明中注意到……他不同意对马歇尔陆军上将的批评，并补充说，该批评“完全不公正”。
>
> 陆军部长的结论是，马歇尔陆军上将在此事件前后，始终表现出一如既往的“高超的工作能力、热情和效率”。我完全同意陆军部长的看法。

杜鲁门还声称：“对于国家没能及时为维护国家利益采取足够的措施，整个国家都要负责。”

对于报告的反应，最初基本上是一致的。无论哪个政治派别的编辑和官员都一致认为，调查者尚未搞清事实真相。但如果打算弄清楚，就可以搞清楚，要达到这一目标，只有进行国会调查或军事法庭审理。然而，此时此刻又出现了另一种呼声，国会和新闻界希望的是公正，而不是报复。

《芝加哥论坛报》不同意杜鲁门关于国家和人民应受责备的论断。一篇言辞尖刻的批评性社论在结束时预言道："《论坛报》的读者们将会全面了解珍珠港事件真相，甚至可以在其他报纸的读者还不知道之前。"

公众强烈要求结束似是而非的解释。已发表的报告中，当时没有今天在珍珠港文件内的证词，它们不过是总结性的报告。读者没有途径知道这些裁决基于的逻辑是什么，也自然会对两个调查得出的不同结论感到不解。海军法庭除温和指责斯塔克外，对别人一律没做责备，而陆军委员会几乎责难了所有有关人士。美国人民无疑会呼吁要求了解更多的内情。《檀香山广告报》在一篇非常精彩的社论中，表示了它的不满：

> 读者被一系列数量之多的自相矛盾和一带而过的关键问题感到惊奇，这些矛盾和关键，似乎使他们更加感觉到需要进行深入的调查和研究。得出的结论……远不能令人满意。它们含糊其辞，暗含着对人类的讽刺，报告既未宣布他们有罪，也称无罪……
>
> 报告的观点基本来说不太明确……这种不明不白的说法，正是今天促使寻找一个替罪羊的动力。但是，我们不希望耶稣被钉在十字架上。我们需要真实、坦诚、明了，而不是含糊其辞。金梅尔海军上将和肖特陆军中将应该有到法庭上辩白的那一天。

令人奇怪的是，当金梅尔长期希望的军事法庭审判受到广泛支持时，他却拒绝了一次机会。在发表调查报告的前一天，福雷斯特尔终于提供给金梅尔请求军事法庭开庭的机会。但是，金梅尔认为时机不太有利，他怀疑福雷斯特尔的好意。海军部很早就向公众保证，战争一旦结束，就送金梅尔上军事法庭。事实上，部长经过了一番努力，才为海军上将提供了这样一次机会。但金梅尔在 9 月 8 日的回复中说："鉴于强烈要求在国会召开以前进行一次国会调查，以及参议院命令进行联合调查珍珠港事件问题，我希望能在该调查之后，再答复您 1945 年 9 月 28 日的来信。"

国会调查势在必行。罗伯兹委员会以后的所有调查，均犯有一个通病——所有调查者都是军人，因此容易听信求情和带有私人恩怨的偏见，而罗伯兹委员会又是罗斯福任命的。因此，所有这些调查团体都是行政机关的工具。为了摆正正义的砝码，只有一条道路可走——组成一个国会联合委员会，进行一次全面调查。

第七十七章

党派之争

1943 年 5 月 23 日山本五十六的骨灰由武藏号战列舰运回国内

到 1945 年 9 月初，反对新政府的诸多不同力量已携手联合。8 月 31 日，参议院少数派筹划指导委员会秘书乔治·H·E·史密斯写信给不屈不挠的弗格森参议员，并把信复制数份寄给一些共和党领袖，其中包括塔夫脱。史密斯在信的结尾说，尽管参与陆军和海军调查的所有调查人员都在诚心诚意地工作，但是“他们努力的目标是：（1）只让少数几个人承担微不足道的责任；（2）帮助他们轻而易举地摆脱责任；（3）尽可能把责任推给非人为的因素……”。史密斯承认，“总的来说，从上到下都有人在玩忽职守，这是显而易见的……”。但是，他也认为政治上的因素超过技术上的因素。

史密斯要求共和党领导人把“罗斯福政府的家丑宣扬出去……但是，这需要勇气和决心”。他认为，陆军和海军报告的出笼，恰好是报纸以大字标题宣布麦克阿瑟在东京登陆消息之时，这并“不是巧合”。

然而，正如史密斯言外之意所暗示的，倘若这类大字标题能够分散人们的注意力，它也同样能使注意力集中。因此，《芝加哥论坛报》选择1945年9月2日发表由罗斯福长期批评家约翰·T·弗林执笔的篇幅冗长、言辞尖刻的反政府文章，或许“不是巧合”。第二天，《论坛报》的社论版整版几乎被幸灾乐祸之辞充斥：

约翰·T·弗林关于珍珠港惨案的报道……是对美国总统及其政府最为严厉的谴责。在我们的历史上，从未有过一个总统把这个国家拽入还未做准备的战争中去。这漫不经心的愚蠢或比这更糟的态度，使得敌人有机会实施一场突然进攻，吞噬掉3000名美国人的生命。而他和他的内阁成员，却在24小时之前，就得到了这场袭击即将到来的警告。

民主党人显然十分乐意把珍珠港问题置于国会监督之下。9月6日，来自肯塔基的多数党领袖艾尔本·W·巴克利宣称，国会应该进行一次“国会自己的彻底公正和无所畏惧的调查……”。他希望参众两院携手行动，因为他担心分别进行调查，可能会得出不同的结论，“这将在公众心目中”和国会中“引起更大的混乱”。弗格森参议员也在准备一份与此提法相似的议案，鉴于巴克利已抢先一步，他决定不再提出。国会就调查程序进行了数次讨论，然后该议案在超越党派不计前嫌的气氛中，得到一致通过。

亨德森（肯塔基州）的《搜集新闻报》断言：“弗林文章的发表，预示着形势的发展动态……”金梅尔家乡的这份报纸，曾勇敢地支持海军上将和肖特，但此时它却用悲观的目光看待弗林和即将到来的调查。这家小镇报社勇气十足地洞察到了许多有权有势的报纸都未能意识到或未给予评论的问题：弗林对亨德森最著名的儿子没干什么好事——

弗林调查的正当目的，是洗刷金梅尔海军上将和肖特陆军中将的名声。然而，他的报告却不遗余力地对罗斯福进行了诽谤，致使金梅尔和肖特被搁置一边。事实上，他这样做的后果不是在帮助他们，而是损害他们，因为他把此事搞成党派斗争。而在这场斗争中，没有一个民主党人愿意同弗林携手合作。

《搜集新闻报》不期望国会调查会产生什么建设性的结果。它认为，调查结果将不过是“挑拨民心，一无是处而已”。

9 月 11 日，伊利诺斯州的阿道夫 · J · 萨巴恩众议员向众议院宣读了参议院提出的美国国会两院共同决议 27 号。他极力鼓动通过这一决议，说该决议将使“责任”落到“那些当受责备的人身上”。来自马萨诸塞州的少数党领袖小约瑟夫 · W · 马丁代表众议院的另一派力量，表示支持此次国会调查，并说此次调查是针对“一个非常严肃的问题”，因此“不允许党派之争作祟”。在他们发言之后的长时间讨论中，众议员们接二连三地对决议表示赞同，但是对于国会委员会的构成问题产生分歧。共和党人要求两党代表人数相等，而民主党人却主张应像以往一样，享受多数委员名额的优势。民主党人轻易获胜，因为他们绝对控制着众议院。

倘若你认为这些人关心的是真理和正义而不是党派政治或其他，那你就太愚蠢了。在这场争斗持续的时间里，权力和魅力之争在这一立法部门成为中心工作。有什么比对大众极为关心的问题做全面调查能向全国人民表示国会权力的更好机会呢？不仅国会议员不肯放过这一良机，哈里 · 杜鲁门也不想放过。他在这次国会调查后，让自己更加跃入民众的大脑中，这等于节省了数以百万美元，免费为自己做宣传。能在全国性论坛上发表自己的见解，一个政治家怎肯放过如此一个令人垂涎的良机？

9 月 15 日，新闻界公布了国会联合委员会委员名单以及委员会定于 1946 年 1 月 3 日提交调查报告的消息。众议院议长山姆 · 雷伯恩对记者说，他“选择的委员，是那些他认为最适合担当此任的人士”。他在少数派领袖马丁的推荐下，选出了共和党成员。雷伯恩在对新闻界的讲话中带有一缕忧伤之情。“我们希望并祈祷此次调查不带有任何政治偏见。”他宣称，“但是……这是一个极可能发生的但是。”

10 人委员会由参议院和众议院各推出 3 名民主党人和两名共和党人。巴克利任委员会主席。作为来自肯塔基的参议员，他可以把金梅尔和布洛克视为他的委托人。巴克利后来任杜鲁门的副总统，被人亲切地称为“副头儿”。他极受人爱戴，并具有讲故事的才能，是少数几个由于人品出众给公众留下深刻印象、却没有当选总统的副总统之一。巴克利对于进入“珍珠港袭击调查联合委员会”的任命并不十分高兴，因为他的多数派领袖地位，使他被期待应做好一切事。他的同事们一致选举他作主席，当然除去他自己的一票。

沃尔特 · F · 乔治参议员是另一位民主党老牌政客，但他不赞成罗斯福的国内政策。他连任 4 届参议员，是权力极大的财务委员会主席，因此他手中大权在握。当任命他参加珍珠港委员会时，他表示他个人对日本袭击一事没有特殊的兴趣，但对战争本身极为关心，因为他儿子马库斯——一名海军飞行员——在大西洋上丧生。乔治在委员会工作中表现平平，只提出了几个问题，而这些问题不过是在例行公事。

与巴克利和乔治相比，伊利诺斯州的斯科特 · W · 卢卡斯参议员可谓小字辈。他 1934 年被选进众议院，1938 年 11 月大选后，进入参议院，是参议院农业委员会委员。尽管在有的问题上，他不同意罗斯福的做法，但却被认为是一位政府的拥护者。

欧文 · 布鲁斯特参议员曾任两届缅因州州长。1934 年，他的选民把他选入众议院，又于 1941 年进入参议院。布鲁斯特是忠实的共和党人，在珍珠港调查中大放异彩。他从一开始就极力主张进行一次对珍珠港事件的调查，是参与调查珍珠港事件所有调查者中，最活跃、最有计谋的人士之一。

弗格森是一位共和党人，相对而言，他是参议院的新人。他曾努力使时效法延期，使金梅尔和肖特有机会进军事法庭。他于 1942 年 11 月 3 日第一次被选进参议院，是"太平洋关系研究所"和"外交理事会"的成员，这些职位足以证明他对国际事务的兴趣。他的密执安州的同事阿瑟 · H · 范登堡参议员称赞他说，他曾作为一名巡回审判官，在底特律赢得扫荡流氓组织执法人这一令人羡慕的名誉，"他可能是中西部法律界一位最无所畏惧、效率最高的真理寻求者。"据《纽约时报》说："弗格森参议员的任命，是因为他多年来坚持要求对珍珠港事件进行调查的结果。"

众议院的第一号人物，是田纳西州的杰里 · 库珀，他被提名为委员会副主席。他是一位不偏不倚的政治家，是"赋税委员会"中老资格的民主党人。他于 1929 年进入众议院，并从此在众议院效力。同事们认为，他是一个工作勤奋、忠诚老实、逻辑性强、不善动感情的人士，是现政府的热情支持者。

来自北卡罗来纳州的民主党人 J · 贝阿德 · 克拉克 1929 年进入众议院，是众议院"章程委员会"成员，一般被认为比较保守。由于只有他自己州第七区的选民知道他，1945 年没有得到提名。民主党人宾夕法尼亚州的约翰 · W · 默菲于 1945 年首次进入众议院，目前是第二届连任。他今年 42 岁，相比之下是位年轻的国会议员，然而他是一名头脑敏锐、刨根问底的审问者。

加利福尼亚州的吉尔哈特是坚定的共和党人。他兴趣广泛、行为滑稽，总有一些怪主意。在通过冰岛为第四十九个州的议案时，他带头引起争论。这位有趣的单身汉，是调查工作中最积极的共和党人之一。只要有吉尔哈特在，就不会有人感到沉闷。

他的伙伴弗兰克 · B · 基夫来自威斯康星州，1938 年进入众议院。尽管他很保守，但积极地投了社会立法的赞成票。调查开始时，他已 57 岁。他身材高大，他的身材和洪亮的嗓音给人一种精力充沛的感觉。基夫和弗兰克都是不屈不挠坚持不懈的求索者。这4位众议员都被认为是他们各自党内的坚定支持者。

尽管委员会成员中没有一位军事方面的专家，但他们可算得上是当时国会中最能胜任的人选。他们经验丰富，均做过律师工作，其中一半人员任过检察官。他们对军事不抱偏见，当1941年对征兵方案进行投票表决时，除基夫外，他们一致投了反对票。其中的3位委员——卢卡斯、库珀和吉尔哈特——均担任过各州的美国军团（美国退伍军人组织之一——译者注）分团司令。现在，每个委员都带着自己的优点、缺点和偏见来做调查工作。

委员会在挑选自己的法律顾问时非常谨慎，因为艰苦的准备工作要依靠委员会的律师来做。第一个被提名者是威廉姆·D·米切尔，对这样一项工作，他是无懈可击值得信赖的人选。这位71岁的律师，曾在柯立芝手下任司法部副部长，在胡佛的内阁中任司法部长。令人奇怪的是，《名人录》把他说成民主党人。这种自相矛盾的说法，并未使委员会感到不安。“无人考虑他属于哪个党派，”弗格森说，“我们决心在调查中抛开一切政治因素。”

米切尔从纽约赶到华盛顿参加委员会会议。会上，他讲了自己的希望：“有一点要弄清楚，倘若顺藤摸瓜找到事实真相，无论它涉及到谁或向何处发展，我们均要继续调查下去，而不允许任何人予以阻挡。”国会委员们一致向米切尔保证，说他“有这样的权力和资格”，委员会绝“不会阻挡他……”，更重要的是，他“有权选择自己的助手”。

米切尔选择了格哈特·A·格塞尔为他的助手。格塞尔是著名儿童心理学家阿诺德·格塞尔之子。年轻的格塞尔是一位聪明务实的律师，能迅速抓住问题关键，绝不耽误自己和其他人的时间。1945年，他已在高尚的法律界中进入他事业的顶峰，因此他可以走一条更为实惠的道路，而不接受国会委员会这件费力不讨好的工作。但是，由于他知道并尊敬米切尔，尽管这来自名声，所以他还是同意干这件工作。作为一名热心公众利益的人士，他对这一任命感到高兴，并且发现它很有意思，尽管工作有时进展甚微。

期待国会在探究珍珠港事件这样一个议论纷纭且棘手的问题中没有可恶的政治插手，是不可能的。人们不可能在委员会看到整齐划一的现象。11月2日，布鲁斯特戳破了浮在调查工作之上的那层甜蜜轻盈的肥皂泡。事情是这样的，杜鲁门曾发布过一项行政令，禁止公开“任何关于在美国政府或各部领导下密码翻译组织的过去和现在的活动，所采用的技术和破译过程，成功率或成果等”。这固然是继续保护整个密码翻译方法和程序系统的措施。但为了有助于国会的调查工作，杜鲁门于10月3

日为此“破例”：

国务院、陆军部和海军部将为调查袭击珍珠港联合委员会提供便利条件。如果委员会需要，可使用有助于调查的所有材料，各部门可允许工作人员或军队官兵在委员会面前为有关事件作证。

实质上，这一命令将使所有有关文件公开在委员会面前，听证中“魔术”也势必暴露在光天化日之下。总统的命令看来能够满足要求了，但布鲁斯特依旧声称杜鲁门的指令，在军队人员和调查人员之间设置了一个屏障，使他们不能相互接触。这样理解指令，实在有些牵强附会，使人们不得不怀疑布鲁斯特的居心。他对杜鲁门关于证据在全体委员和律师面前可以公开的允许，同样感到不满。少数派成员们希望进一步修正该指令，“这样，任何一名军官和政府工作人员都可以自由地同委员会任何一个成员，讨论任何一方面的问题……”。布鲁斯特还向委员会主席和律师提问说：“任何一名委员会成员是否可以查阅政府档案，以确定档案性质和档案保存顺序，找出为何某些档案失踪和某些档案被毁掉的原因。据可靠消息，政府档案确有失踪和毁掉的现象。”

换言之，倘若少数党成员的意见成立，每位委员均可以自己去进行调查，有权与证人谈话，单独查阅政府的全部档案，他们可以向委员会报告其调查结果，也可以不报告，这将取决于其本人的判断力和良心。

弗格森向参议院宣读了杜鲁门的指令及修正案。宣读之后，是长时间的讨论。弗格森全力支持布鲁斯特的建议。但巴克利发言说：“委员会的每位成员若被分别授权……进入华盛顿的所有部门……我怀疑我们将来是否还准备进行公开听证。”乔治参议员认为，杜鲁门应该授权“委员会选出的代理人”去查阅文件。他强调说：“这才是这场争论的中心。现在有些小题大做，委员会已经拥有它所需要的所有权力。”

11 月 6 日，少数派成员在众议院上演了一场由几个高手演奏的节目。节目一个接一个，时间安排得恰到好处，就像芭蕾舞的固定动作。他们重新捡起“风力实施”这一话题，指责克莱默由于被“纠缠和困挠”，不得不改变证词。他们还抓住休伊特和克劳森的调查不放，另外一些截收电报，也是他们纠缠的对象。吉尔哈特暴露出他对许多问题的误解：“每当我说起日本电报，大脑里总认为我们在很久以前就能破译他们的密码。”他说：“我们知道他们在互相说些什么。”其实，在珍珠港事件前，美国根本不能完全破译日本密码。吉尔哈特还大胆声称道：“凡是看过这些电报的战略家们——无论是陆军军官还是海军军官——他们会立即明白，‘1 点钟’电报只意味一件事，即第一枚炸弹将于早晨 7 点钟在夏威夷落下。”这完全是错误的说法，给予众议院以及整个国家一个完全错误的印象。吉尔哈特是在故意夸张事实，以便更有力地反对政府，还是他对此有所误解？我们难以下出结论。

委员会中的共和党人，可能不大赞成杜鲁门发布的授权备忘录，但他们却在充分利用它。11 月 8 日，吉尔哈特和基夫决定去拜访克莱默，克莱默此时正在贝塞斯达海军医疗中心接受治疗。当他们来到贝塞斯达时，发现克莱默夫妇已于当天离开。“重要的珍珠港见证人失踪”，纽约《美国人日报》的头版新闻标题惊呼。基夫对记者说：“我们打算追踪这位海军上校。”实际上，克莱默和夫人玛丽韵“失踪”，不过是他们秘密到华盛顿短途旅行了一趟，买点东西，转天就可以同这两位国会议员长谈了。

吉尔哈特对记者说，他们认为克莱默“非常乐于合作，而且头脑清楚”。两天之后，吉尔哈特对新闻界说：“克莱默准备回忆往事，他的回忆将证实委员会少数派提起的指控，即 1941 年 12 月 3 日、4 日和 6 日被截收并破译的密码，揭示了战争马上到来以及夏威夷将是轰炸的唯一目标。”

第二天，基夫又对新闻界说，他期待能在众议院发言，揭露克莱默悲剧的事实真相。他说：“克莱默被逼得精神崩溃，后来又被隔离，这一切是因为克莱默执意要向国会证明，1941 年 12 月 6 日晚，他送给白宫一份日本人将于转天日出袭击珍珠港的警告。”

或许基夫和吉尔哈特真诚地认为，他们自己在这样一场闹剧中扮演了值得尊敬的角色。有一个没有透露姓名的人（可能是萨福德）曾暗中告诉他们，说克莱默可以使一切大白于天下。如果他能证实接到过但被人压下的“风力实施”，如果他曾被迫成为企图掩盖事实真相的同伙，那么这两位国会议员就找到了通往天国的钥匙。这将意味着包括罗斯福在内的华盛顿高级官员们当时确已知道日本将实施进攻，知道袭击降临的时间和地点，但他们却故意不通知金梅尔和肖特，而过后又企图掩盖事实真相。

如果果真如此，美国人民将永远不会饶恕、也永远不会忘记这一系列罪恶活动，罗斯福的丰功伟绩将永远会被一笔勾销，而受过欺骗的人民将会拥护共和党人作他们的领袖。无疑，基夫和吉尔哈特企图把克莱默钉进一个象征性的箱子里，而他们要坐在箱盖上。无论他们的动机如何，他们在这位海军上校身上进行了一次效果显著但孤注一掷的尝试。他们是在挖墙脚，诱导克莱默说出适合他们胃口的证词。

在这期间的某个时间里，斯塔克邀请克莱默到他家做客。在那里，斯塔克・里奇蒙和斯塔克的其他法律顾问同他谈话。他们的态度是：如果萨福德的证词准确无误，他们将负责将其公开。但是，克莱默特别说明，他不能苟同萨福德有关“风力实施”的说法。因此，斯塔克等人不再提起此事。

吉尔哈特、基夫和委员会其他个别成员的恶劣行径，可能非常仁慈地留在《国会档案》中，但他们对调查所起的副作用却无案可查。委员会初期立下的保证，已不复存在，而且永远不会有人再相信他，党派政治和党派之争掺进调查之中，然而调查需要的是冷静和不掺杂个人因素的推理。于是，一系列枯燥无味的审问开始了，它注定是在浪费宝贵的时光。

11 月 15 日星期日，10 点刚过，巴克利在参议院办公大楼那间天花板很高的秘密会议室里站起身来，敲起小木槌，要求肃静。这间装饰华丽的会议室可容纳 500 人，现在已座无虚席。大理石墙壁上悬挂着一些图表，委员会成员就座的主席台旁，是一个 8 英尺长 10 英尺宽的瓦胡岛立体地图。金梅尔早早就到了，找了一个靠前的座位，肖特挑选的位置颇具战略性，在桌旁的证人席边。闪光灯一闪一闪地亮着，新闻摄像机不停地转动着，弧光灯发出炫目的灯光，摄影记者到处寻找最好的镜头。

委员会主席与参议员布鲁斯特和弗格森在开审前发生了点小小的摩擦。之后，米切尔打响了第一炮，开始正式讯问。他首先出示一些令人震惊的材料。仅仅“第一号证据”这个名称，就足以引起人们的联想，它是被截收的 1941 年 6 月 1 日至 12 月 8 日间日本政府发出的外交事务电报，其中包括东京和东京驻华盛顿大使馆之间的大量来往电报。现在，全国上下都知道美国早在 1941 年就能趴在日本外务省的肩膀上，阅读他们的文件。

米切尔和格塞尔配合默契，一直坚持要求出示破译出来的密码材料，因为它们在调查工作中不可缺少。因此，法庭开庭的第一天，就现了这一极为精彩的场面。第二号证据是令人目不暇接的有关军事设施、军舰调动和分门别类的日本间谍报告资料，其中还有颇有争议的“炸弹弹着点标示图”系列。

这样，能与 20 年代的“茶壶事件”和 70 年代“水门事件”相提并论的令人瞩目的国会调查开始了。陆军部和海军部代表向委员会简要介绍了 12 月 7 日事件的前后经过，使与会者在第一个证人到庭前至少掌握本案的基本情况。第一个证人是理查森海军上将，他站在证人席上时已是 11 月 19 日下午很晚的时候。他向到庭者和敏锐的新闻记者提供了一些令人震惊的情况。他被共和党和民主党认为是个“很难对付的证人”。

赫尔于 11 月 23 日出庭。这位前国务卿像一幅栩栩如生、精雕细刻、年代久远的蚀刻画，黑条西服衬托着他白色的头发和棱角分明的脸孔。在他的供述词中以及直截了当的证词中，他有力地捍卫了政府的对日政策。他当时对轴心国的外交权势不抱任何幻想："……每当我代表政府同这些刽子手在国外谈判时，他们总是盯着我的脸。但不久我发现，他们是在越过我的肩膀窥探我们的海军和陆军……"

赫尔的出庭，吸引了许多人到庭旁听，是开庭以来听众最多的一天，走廊上都摆满了座位。在一阵热烈的掌声中，赫尔缓缓地走出大厅，甚至记者们也加入到这场欢呼中去了。

那天开庭快要结束时，前助理国务卿索姆奈·威尔斯站到证人席上，继续占用 11 月 25 日星期六余下的时间作证。与他过去的上司相比，他显得有点干巴，然而他的语言简洁明确，绝不会产生误解，有助于人们了解 1940 到 1941 年间的外交状况。

12 月 27 日，赫尔真的发火了。卢卡斯让他对陆军委员会报告中关于赫尔"下达最后通牒而导致战争"的说法发表看法。赫尔用他那愤怒的双眼扫视了委员席后，反驳道："如果我可以说实话的话，我将希望你们这些大脑里充满宗教思想的人们都退下去。"这番话引起座无虚席的大厅内人们会意的微笑。赫尔继续道：

> 数月来，我忍受着这个臭名昭著的指控。当时，每个有理智的人都知道日本人将要侵略太平洋地区，其目的就是要全面控制这一地区……
>
> 他们最后决定孤注一掷，实施这场进攻。没有人有能力制止他们，除非我们像胆小鬼一样向他们投降和放下武器。如果我们放下武器，我们就是懦夫。

前驻日大使格鲁继赫尔之后站到证人席上。吉尔哈特紧紧抓住赫尔的"10 点照会"不放，向他提出有关问题。吉尔哈特一心认定赫尔照会是最后通牒，使出浑身解数，诱导证人同意他的观点。吉尔哈特表示赞赏赫尔照会，企图用狡诈的手段引导格鲁围着他的思路转，说："我试图让你承认，每个美国人心目中想象的这个照会的性质。我认为你无需避开最后通牒这个字眼，它将成为美国历史上最光辉的事件之一。"除非吉尔哈特同塔瑟斯城的扫罗（圣经中人物——译者注）一样，在前往大马士革的路上改变了方向，不然上面那番话便达到虚伪的顶峰。但是，格鲁十分机智，而且富有经验，没去品尝吉尔哈特的方糖。

《檀香山广告报》的编辑雷·科尔出席了头几天的开庭，同意委员会应从军事上寻找答案的观点，并在该报四分之一的版面上阐述了这个观点。他说："身着军装的人占听众的很大比例。但我注意到，他们待一会儿就退庭了……这些人想要知道的是陆军和海军为什么在12月7日清晨在熟睡中让人家打个措手不及，而不是美国和日本为什么不能寻求和平解决分歧的原因。”

这种趋势可能已渗进共和党人的思想中去。因为自12月初，他们的发言便改变了腔调，不那么粗声粗气了。但党派之争和相互诽谤并没有彻底停止，其来势过于凶猛，不可能戛然停住。再者，旧的恩恩怨怨已留下深深的沟壑，在珍珠港事件调查中发动这场反罗斯福运动不是偶然的，而是多年摩擦的结果。在历史这轮柔和的夕阳下，忘记罗斯福在某些事情上引起敌视是容易的。然而，那些坚决反对他的人们认为，是他带来了国家的灾难，是他极为自私自利地决定毁掉美国制度和美国特点。他们认为，他个人应对他任总统期间降临到美国头上的每一个不幸负责。他们自然把珍珠港事件视为“白宫那个人”的某些邪恶计划的产物。

然而，调查工作并没有按照少数派委员希望和期待的方向发展。他们期待理查森能助他们一臂之力，但这个愿望像受潮的鞭炮，没有响声便熄灭了。从政治角度讲，理查森没能拉开珍珠港事件的秘密帷幕，因为他根本不知道有什么可以披露的秘密。他不同意罗斯福对美国太平洋舰队采取的政策，然而并没有采取任何行动阻止总统实施处心积虑制定出来并付诸行动的政策。于是，为理查森的故事加点佐料的良好愿望，也因此在证人席上付诸东流。

从战术角度讲，理查森的证词同样使那些爱听耸人听闻报道的人们失望。他坦率地表示，那支在珍珠港获胜的日本特遣舰队可能同样能在皮吉特海峡获胜。他的这个看法，与反罗斯福派的主要论点格格不入。他们的观点是：倘若太平洋舰队驻扎在西海岸，可能就会在袭击中转危为安。

少数派在外交问题上同样未取得辉煌战果。赫尔有力地捍卫了自己和罗斯福的外交政策。他善控感情，富有逻辑性，不断讽刺那些不怀好意的审问官。从观众和一向玩世不恭的新闻记者那里，他赢得了热烈的掌声，从而证明他得到听众的认可。

威尔斯完全赞成赫尔的观点。每位知识渊博的华盛顿观察家都知道，威尔斯同赫尔的关系顶多是不好不坏。因此，他站在赫尔一边的证词具有特别的分量。格鲁也在很大程度上驳斥了分裂主义者——修正主义学派的观点。他消除了陆军委员会报告留给人们的印象，即认为11月26日赫尔照会是为太平洋战争扣响了扳机。

新闻界对少数党的所作所为越来越不满。《亚特兰大宪法报》上刊有一幅漫画，上面画着注有老大党（美国共和党的别称——译注）的大象，一只锡罐系在大象尾巴上，上面沾满了泥污，旁边写着“珍珠港的污点”。再者，许多共和党人也并没有坚定地站在本党委员会成员身后。一些资历较浅的共和党议员公开声称：“我们从感情上反对认为我们政府曾默许日本侵略的观点。”总之，少数派委员们如果得出此时应该放弃战斧拿起利剑的结论，他们就属于既愚蠢又不具备政治敏感性之辈了，但他们还未愚蠢到如此境地。他们可以安全地把难以对付的东西，留给新闻界中那支反政府更狂热的力量。

但是，两党的委员们继续纠缠在言辞尖刻的争执中，既浪费时间，又掩盖了问题，并且转移了调查中心。此时此刻，全国上下呼声愈来愈高，要求委员会注重实质问题。纽约的《先驱论坛报》告诉读者说，当时警告已送往夏威夷，但袭击到来时，他们却毫无准备，这才是珍珠港之谜最主要的问题，而当前调查的必要任务同样也是建设性任务，就是从各个方面揭开此谜。

持有这种观点的人是正确的。少数派委员在政治上所做的努力，最令人不安的，是他们置手中最主要问题于不顾。而最主要问题则是：为何美国太平洋舰队和夏威夷陆军部队在 1941 年 12 月 7 日被打个措手不及？罗斯福可能在每个满月的夜晚都变成狼人，可能与英国人、中国人或爱斯基摩人达成过某些秘密协议，赫尔可能煞费苦心兜售“最后通牒”。而这些事情，对美国国旗下各地武装部队保持最基本的警惕，均不会产生任何影响。

第七十八章
证据在汇集

美国陆军参谋长马歇尔受到抨击

11月29日，委员会的调查目标开始转向军界要人，迈尔斯继格鲁之后站到证人席上。迈尔斯是位出色的证人，他只谈陆军情报部的情况，对其他概不予以猜测，他的英语讲得也极为出色。他对肖特在接到11月27日警告后未采取足够的防备措施，感到极为失望，他证词中给人留下最深印象的，就是他的这个失望。迈尔斯强调说，“一旦我们与日本交战”，日本对夏威夷的袭击是“必然的”，“这也是我们为什么在那里修筑工事的原因”。听到此，坐在一旁的肖特脸红了，随即又微微一笑。

肖特对11月27日电报的回电到达华盛顿时，迈尔斯没见到它，但后来见到时，他认为“这是一个极不全面的答复……”他这样说完全属实。稍许，默非问道，陆军部为何不多发几次警告。迈尔斯回答：“没有必要三番两次地告诉指挥官他所面临的危险。”在此之前，肖特坐在那里无所反应，但当迈尔斯说出这番话时，肖特瞪着他，忐忑不安地摸弄着桌上的一张纸。

12 月 5 日，杰罗出庭作证，涉及的主要问题是 11 月 27 日的陆军部电报。杰罗指出，他当时之所以参与草拟电报，是因为它要求肖特部队采取行动。陆军情报部负责提供情报，而作战计划部负责发出与军事有关的电报。当杰罗看到肖特的回电时，还以为回电答复的是迈尔斯发出的陆军情报部电报。肖特回电中的电报号码，没能引起杰罗的注意，杰罗对此表示遗憾。因为，“如果再次查证……或许会得出结论：夏威夷陆军指挥官尚未执行署有马歇尔电报的指令。”杰罗从来没想到，“肖特这样一个富有经验的指挥官，在接到如此重要的警告”后，没有“进行侦察和采取其他防范措施”。但是，杰罗勇气十足地宣布：“……如果说陆军部应对未再次向肖特提出警告负有责任，那么责任应由作战计划部负责。我作为该部部长，愿意承担这个责任。”

“公开站出来承担责任，几乎前所未有。在某种程度上，这一举动令人振奋……”《国家时报》评论说。该报赞扬杰罗表现了“一个士兵的勇气……”。

显然，华盛顿的一些细心观察家们认为，杰罗代表作战计划部承担责任的背后一定藏有什么东西。《檀香山广告报》的科尔说：“……在场的记者和听众大都倾向认为，这位将军做出巨大牺牲的目的，旨在为马歇尔将军开脱责任。”

那天休庭之后，科尔问肖特“是否……能就电报之争发表评论”，肖特仍然愿意保持沉默。“你知道，我迄今未发表过任何评论。”他微笑着对科尔说，“当我被传去作证时，我将全部说出我的回答。”

科尔预感到，一旦马歇尔站在证人席上，事情就不会那么简单了。他还报道说：“……与此同时，坐在委员会成员后面一排的一群家庭主妇摆弄着毛衣针，随着证据的汇集，她们的毛衣也在逐渐成型……”

直至今天，人们仍然可以体会旁听席上的人们，等待马歇尔第一次亮相时的兴奋激动心情。战争刚刚结束 4 个月，人们仍然沉浸在胜利的喜悦中——数以百万计的士兵，数以千计的军官，几十名陆军将军，直至级别极高的艾森豪威尔和麦克阿瑟以及站在至高点上的乔治・C・马歇尔，他们共同赢得了这场战争。马歇尔没有值得夸耀的战功，他的战斗岗位在华盛顿特区。他不具备艾森豪威尔慈父般的热心肠，也不像麦克阿瑟那样富有魅力。但是，什么使他赢得了全国人民的尊敬？从根本上讲，答案很简单：他虽不是出身于西点军校，但却成为西点军校格言的具体化身——责任，荣誉，祖国。他能与丑闻沾边吗？

马歇尔走进大厅时，就像画上凯旋归来的罗马勇士一样。此时，旁听席里座无虚席，有的人已经坐到窗槛上，有的人肩并肩地站到红天鹅绒幕边，不远处就是委员会成员。前排就座的，有陆军海军将军们，听众中有不少军人和妇女，科尔希望“地板能支撑住这些高级军官衣服上镶边金子的重量”。肖特静静地全神贯注地聆听马歇尔的作证，金梅尔也“不放过每一个词”。

对马歇尔，民主党显然实施了这样一种战略方针：辩护律师先介绍基本情况，然后多数派委员尽量简单地向证人提问。这符合他们的一贯政策：依靠共和党人彻底弄清情况。这样，委员会一方面可以弄到详细的证词，一方面少数派成员将会因为揪住一个受公众尊敬的人物不放，而承受批评。不知是有意安排还是出于偶然，一切恰好是这么发生的。

马歇尔供述词涉及的问题有：夏威夷遭到袭击前的英美关系问题，1940 年的赫伦警告，向夏威夷陆军部提供飞机、雷达的难处，几次参谋联席会议，“炸弹弹着点标示图”系列，1941 年 12 月 7 日那天马歇尔的活动和行踪，当然还有“风力”问题。马歇尔记得有“风力”密码这件事，但不记得有“风力实施”。

委员会决定把马歇尔写给杜威的全部信件归进证据里，尽管信里有破译日本密码的密码分析技术介绍。委员会在调查中，必须参考“魔术”材料，这一点毋庸置疑。但是，他们毫无理由公开密码破译技术。默非声称，如此披露将“给武装部队增加无法估量的困难，再者它对调查也毫无实际意义”。

民主党委员们就有关电报问题进行了提问。在巴克利主审时，马歇尔表示愿意为陆军部接到肖特回电后未采取相应措施承担责任。马歇尔记不起他是否曾见过这份回电，但他认为他看过。“无论如何，这是我予以干预的机会，但我没有这样做。”

吞下这剂苦药后，马歇尔“非但没败坏自己的声誉，反而提高了他的声望……”《哈特福德新闻报》宣称：“马歇尔陆军上将没有躲在杰罗将军公开认错的背后……他没有推卸责任，为陆军部该做而未做的承担了责任。”对那些认为杰罗站起来是代马歇尔受过的人们，这是最好的回答。

自 12 月 8 日起，共和党人对马歇尔开始了毫不客气地轮流提问。在这场可以预料到的短兵相接中，吉尔哈特首先开炮，弗格森紧随其后，让马歇尔在证人席上站了 9 个半小时，这简直令人难以相信。似乎为了与 12 月 8 日这个日子相匹配，弗格森在他的首战中问了一些乱七八糟根本不用核实的问题。12 月 10 日星期一，弗格森经过精心准备，又提出了一些相当古怪的问题，他显然想知道罗斯福政府战前的战备情况。他用电文、备忘录等文件弄得陆军上将筋疲力尽，有时实际是一行一行地审核这些东西，来消磨时间。

转天，弗格森又精神抖擞地深究起战争警告，日本最后电报的呈送，陆军委员会以及克劳森调查等问题。待到基夫接替弗格森进行讯问时，下午快要过去了，因此他只问了一些基本问题。

在一次有意思的对答中，基夫引导马歇尔谈出许多问题：多年来如何把瓦胡岛建成“一个坚固要塞”，陆军和海军为准备与日本之战制定的计划是什么，为“实施那些计划”的对抗演习情况，空中和海底防御，美日关系逐步恶化等问题。人们以为基夫会大发雷霆：既然如此，为什么当日本进攻时华盛顿和瓦胡岛还会感到意外？但他并没有发脾气。然而，马歇尔的证词说明武装部队在心理上对珍珠港袭击毫无准备。这是不应当的，也是令人费解的。

基夫和马歇尔于 12 月 12 日上午继续对话，但没有什么新结果。基夫相当彬彬有礼，问题也容易回答，因为他基本是按照年代顺序提问的，而其他委员则像小孩玩造房子一样玩语言游戏。相比之下，基夫是令人愉快的。

此时，马歇尔看起来已很疲劳。美国合众社的福德瑞克·G·阿瑟曼发现肖特和金梅尔也“坐立不安，可能因为在参议院的椅子上坐得太久了。那些设计这种椅子的人，根本不懂人体解剖学”。阿瑟曼没有忘记观察这两位主角在个性上的区别：“陆军中将是一个不善交际的人，只同自己的律师讲话，而且话也很少。然而，海军上将却非常随便，他排队……在自助餐馆吃午饭……经常买 20 美分一小碗的青豆汤。”

12 月 13 日，马歇尔结束了作证，匆匆从屋里出来，欢送他的是一阵热烈的掌声。纵观马歇尔在各种调查中提供的证词，人们会认为，马歇尔的确像人们传说的那样，是个谦逊有礼且记忆力超常的绅士。或许他是这样一位绅士，但从某些方面讲，他算不上一个出色的证人，说起话来抓不住重点，表达得也有欠清楚。他自己也知道他在作证时精神未处于最佳状态。1941 年 7 月 21 日，在斯廷森办公室召开的一次会议上，与会者把话题转向他们与国会进行的各种斗争上。“他们将坚持让我也去那儿，”马歇尔焦虑地说，“……我是一个糟糕的证人，我会毁了我自己。”（引自马歇尔文件记录）

马歇尔当时信口说出的话，或许对自己有欠公平。但是，他的确缺少赫尔的进攻力，斯廷森清晰的大脑，金梅尔的谨慎，英格索尔证词中令读者愉悦的干脆利落。马歇尔用了许多“我不记得”这个极其简短的回答。这些回答，或许使人产生不信任感，但极可能是真话。

马歇尔应该给出许多难题的答案，应该在与同事的谈话中恢复对往事的记忆，但他却严格约束自己，不与任何人谈论珍珠港事件。1945 年 12 月 14 日，他在给赫尔的信中解释了他为什么在转天清晨到中国赴任特别使节前未向赫尔辞行的原因。他写道：“自从国会负责调查珍珠港事件以来，我认为不和与此有牵连的人士讨论这件事

是明智的……”他还进一步解释了他作证时的希望，

> 任何人不能得出这样的猜测或结论：我和其他几个主要证人串通一气，编造一些不顾事实但对我有利的证词。出于同样的原因，我从未看过罗伯兹委员会和珍珠港事件陆军委员会的报告。一则我认为把我的注意力从战争转移到我个人的问题上，是不明智的；再者，在我回忆往事时，我不希望受到任何影响，哪怕是下意识的影响。

马歇尔离开议会大厦后，讯问几乎进行不下去了，因为米切尔和他的助手们于12月14日提出辞职，只有助理律师约翰·E·马斯顿表示留下，同一批新到的工作人员继续干下去。米切尔不是一个具有政治头脑的人，尽管他年事已高，但工作勤奋认真，每天经常工作12小时。格塞尔也是如此。他们原来以为，他们的工作就是找到珍珠港惨败的原因，而日本和美国为何交战与调查目的无关。所以，他们认为，整日为搜集政治资料而拼命，实在没有意义。

米切尔提醒委员会说，他和他的助手当时接受任命时，已明确他们“1月1日以后绝不继续效力”，而调查工作不像预期的那样已初见成效。“自讯问开始以来，委员会的一些成员，对于调查范围或什么应被视为有关证据等问题，与法律顾问持不同见解，而这一分歧越来越大。”他对同事们说。他提出在新的法律团体“接管此事后，我们就撤出”。

人们一定很同情米切尔。现已是1月3日，接近结束限定日期，但委员会的工作显然没有任何眉目，事实上还未讯问到主要证人。再者，米切尔和格塞尔的效力并不付酬。格塞尔对于不得不辞职感到遗憾，他不是那种随意放弃一件未竟工作的人，而且他对这个特殊案子极感兴趣。他本来很希望能留下来坚持到底，直至写出总结性报告。但是，两位律师在一起工作配合得如此默契，米切尔的辞职，使得格塞尔也不得不辞职。

巴克利把法律顾问们的辞职称作“悲剧”。他更为苦恼的是，调查将受到它的影响。他曾认真考虑过从委员会退下来，重返多数党领导人的位置这个问题。乔治参议员也打算放弃这个重要但暂时性的工作，继续当财政委员会主席。

12月17日，星期一，委员会传讯前海军情报办公室主任威尔金森海军上将。他是一名表达清楚、非常机智的证人，他用“快捷、公事公办的语调”详细解释了通讯情报机构如何处理“魔术”的技术问题，谈到了瓦胡岛情报机构的建立和“炸弹弹着点标示图”系列等。他对未能认识到那些“现在看来显然就是指轰炸目标”的电报的重要性，感到懊悔。

他“从未想过”是否“有必要”警告珍珠港特别警惕一场突然性空袭，理由有：他认为夏威夷知道这个可能性，“为敌人下结论”不是他的分内工作。他还认为“来犯部队在进入袭击圈内时应被发现”。

12 月 19 日星期三，威尔金森回到证人席上，又谈了许多问题，其中之一有 1940 年赫伦的警告。这个题目引起基夫的特别兴趣。当天下午，巴克利说了些感谢的话后，威尔金森离开了法庭。

委员会及时记录下了威尔金森的重要证词。如果再稍晚一点，将永远不会得到这份证词。1946 年 2 月 21 日，威尔金森在弗吉尼亚州诺福克过摆渡时，他驾驶的那辆朋友的汽车掉下河，这样他死于非命。《檀香山明星报》评论说：“他在最后的一刻里表现得很勇敢。他在世的最后一个举动，是把他的妻子从下沉的汽车里推出来……”

随着调查的继续，有一点变得越来越明显，即最近作证证人们的证词，对金梅尔和肖特极为不利。毫不奇怪，布鲁斯特对记者说，传两位将军出庭作证的时机已经成熟，现在可谓水到渠成。他说：“他们不久就会出庭作证，我们那时或许能找到部分责任的去处。”

证人出庭的顺序，始终是米切尔和格塞尔与少数派委员特别是弗格森争论的焦点。共和党人希望讯问开始时就传讯金梅尔和肖特出庭作证。因为他们二位是关键证人，几年来一直等待把他们的经历讲给世人，而且一等就是几年。少数派委员们无疑也承认，调查伊始便听取两位夏威夷指挥官的证词，势必把华盛顿方面的证人及委员会本身置于被动境地。米切尔和格塞尔打算在传讯金梅尔和肖特之前掌握大量背景证据，这样他们的证词就可以放在广博的背景中去验证。

其实，米切尔和格塞尔的意见对金梅尔和肖特有利。他们等待作证的时间越长，知道其他证人的想法就越多，反驳的机会就越成熟，而且他们将享有最后定终音的心理优势。

随着时间的推移，只剩下两位华盛顿方面的证人了。他们之后，便轮到肖特和金梅尔开始他们等待很长时间的公开讯问了。继威尔金森之后，特纳海军上将“接管”了证人席。“接管”这个词用得恰到好处，因为每当凯利·特纳出现在公共场合，他总是人们注意的中心。12 月 18 日，在剩下不多的时间里，委员会讯问了特纳的生涯及其作战计划部的职责，其中包括该部是否负责战略判断等。转天全天，米切尔主持了对他的讯问，把主要注意力放到由特纳拟文的 11 月 27 日海军部“战争警告”。特纳见过肖特对战争警告的回电，并“对此感到不解”，但他没有提醒陆军当局对此注意。他“认为倘若真有什么地方不对头，就一定会被注意到”。他还认为没有必要再向金梅尔发去“几封提起空袭可能性的追加电报”。“他的那个防御部署是戒备什么的呢？”特纳问，然后自答道：“只戒备一种可能，而这正是我们电报的中心，一切都在那封电报里提到了。”

金梅尔未参加12月21日的开庭，或许这样更好一些。金梅尔不善于掩饰自己的情感，而那天特纳狠狠地指责了他。特纳声称，在他看来，金梅尔根本没有执行实施防御部署的命令，如果他执行了，可能会减少“惨重损失”，或许还能给“日本舰队以沉重打击”。他认为，误解“本电被视为一次战争警告”这句话，是不可能的。

特纳证词中最重要的部分是他的这段断言：1941年，“我们在夏威夷将遭到一次袭击的可能几乎是50%”。多疑的默菲，反驳了特纳的这个观点。他对有独立见解的特纳提出的铿锵有力的质问，是他们之间进行的一场旗鼓相当的真正交锋。他们还就作战计划部与海军情报部办公室之间显然缺乏合作的问题，进行了激烈的争论，特别提到特纳在向斯塔克汇报关于金梅尔正在接收“魔术”一事之前未与威尔金森核对的事情。

吉尔哈特向特纳提出的大部分问题，主要从政治角度出发，他采取了曾用于对付格鲁的那令人吃惊的手法——假惺惺地赞扬他曾谴责是战争导火索的美国外交政策。但特纳没有落入圈套。

特纳在证词中明确指出，海军部不是一个整齐划一的组织，存在着严重的意见分歧和人员调动分歧。但是，对于委员会考虑的根本问题——珍珠港事件是如何发生的——他对于海军部和金梅尔的看法，基本上等同于陆军部证人对陆军部和对肖特的看法：瓦胡岛上的司令官接到了他们的上级下达的关于让他们提高警惕、准备反击日本战争行动的充分战争警告。

12月21日，暂时休庭，准备过圣诞节。委员会知道前边的道路还很长。12月20日，委员会在内部会议上进行表决，最后决定法庭调查延长至2月15日。圣诞期间，一个致命的打击，差点使调查在很大程度上失去原来成功的可能性。12月20日星期六，肖特因患肺炎，住进瓦尔特·理德陆军医院，医院当局不能保证他何时能出庭作证。肖特的情况很严重，他们认为“不惊动他为好”，因为陆军中将的身体原本不太好，再者肺炎又可以置人死地。但是，肖特显然不想去死，最后终于出庭作证。圣诞期间，他病情渐好。26日，医院报告说“肖特休息得很好”。

对于此次调查，流传着许多谣言、虚构的故事和争论，但过了不久，人们对它的热情陡然直下。因为它徘徊在令人窒息的政治气氛中过久，人民厌倦了那些充满政治腔调的调查者们。新闻界也已开始对此表示深深的不满。现在，只有超凡的戏剧性事件出场，才能重新唤起公众对它的兴趣，和使它重新有占据报纸头版位置的权力。然而，不能让人们的舆论牵着鼻子走，国会调查委员会迫切要完成的任务，是深究事实真相，即使美国人民中只有十几个人对此表示关注。

1945 年的最后一天，斯塔克出庭作证。他的露面与他过去的同级人物马歇尔正相反，未引起人们热情的关注和尊敬。休庭中断了公众的注意力，许多人当然不准备中断假期，在国会大厦那间令人窒息的屋子里度过宝贵的时间，何况他们还可以从报纸上和广播里了解调查的进展情况。但有人怀疑说，是由于人品这个根本原因，才使斯塔克未像马歇尔那样引起人们的关注。他是一位极讨人喜欢的人士，是个地道的绅士，但他不具备明星般的优越条件，不能在华盛顿寒冷的 12 月最末一天，把欢呼的人群吸引出来。

斯塔克已请来他在海军法庭时邀请的能干的律师大卫・W・里查蒙做他的法律顾问。另一位能干的年轻律师詹姆斯・E・韦布主动提出为他效劳。韦布坚信，如果斯塔克的确发出“战争警告”电报，“他将不用承担任何责任”。斯塔克再也找不到比他更能干的支持者了。韦布后来先后任预算局局长、副国务卿、国家航空和宇宙航行局局长等要职。韦布还建议增加休・奥巴为斯塔克的律师，一个能给他们这支队伍带来威望和影响的人。奥巴是一位颇有名望的律师，曾任哥伦比亚特区律师协会会长。在此期间，斯塔克的女婿也间或来帮点忙，他是费城的一位律师。

里奇蒙希望斯塔克作证时态度强硬，像陆军委员会一样指责马歇尔，但斯塔克拒绝这样做。“不，我不想把矛头对准任何人。我想自在地活着，想多活几年。”总之，斯塔克为马歇尔着想，也不想牺牲马歇尔去保全自己。

斯塔克和他的律师们准备了一份详细的供述书，供海军上将在委员会上宣读。供述书的观点，完全是斯塔克的原意。他决定尽可能把知道的事实讲出来，而让委员会对此下结论。

他几乎占用了一整天的时间宣读完他那份脉络清楚的供述词。首先，他对自己自 1939 年 8 月 1 日任海军作战部长以来的所作所为做了简要介绍：力劝国会提供人力物力资金，以建设一支强大的两洋海军。然后，他对如何制订战争计划做了个简要但内容丰富的介绍。他解释说：“尽管我可以向下属司令官下达具体明确的指令，但我避免这样做。在我指导下做的战争计划……是任务和目的的概要。而具体的作战计划，则由司令官们来做。因为他们在现场，熟悉不利于他们军队行动的特殊困难。”

斯塔克请委员会特别注意与海军基本战争计划（WPL46）有关的两点：“第一，

大西洋和欧洲地区被视为决定性战场……第二，计划……是根据现有部队力量制定出来的。”他还说：“军队不够在两洋上发动全面战争……我认为，我的主要顾问也认为，分配到太平洋舰队的力量足以完成那里的任务。”

之后，斯塔克谈到了调离驻守在珍珠港的太平洋舰队部分舰只去大西洋这个棘手的问题。至此，斯塔克供述词主要谈的是他如何使舰队司令随时了解形势动向所采取的行动。这是自然的，因为它是人们对斯塔克任海军作战部长期间的主要不满。他在自己的叙述中，大量引用了他和金梅尔及其他人的来往信件片段，努力从当时记录材料里寻求证明，这很明智。

斯塔克和金梅尔双方的律师一致认为，这些信件“对于此次调查有很大帮助……”。这些信件很能说明问题，因为珍珠港事件档案材料里没有比它们对两位海军上将更有利的材料。无论从哪方面考虑，他们的通信都无可挑剔。从斯塔克写下的大量信中可以看出，他十分乐意同他的舰队司令通信联络，深切地关注事态动向和海军扮演的角色，以及充满对金梅尔的高度评价。从这些通信中，我们还可以看出的重要一点是，斯塔克忠于职守，花费了不少的星期天，给金梅尔及其他重要军官写信，做既长篇又详细的情况介绍。1941年全年，他寄了一封信又一封信，发了一封电报又一封电报，里面充满警告声。

因此，他相信他给金梅尔和哈特的信件和电报，“足以让他们了解我们所知道的太平洋上重要的军事和政治发展趋势，他们得到了足够的信息和指令，他们应该有所警惕”。

1946年的新年庆祝活动非常特殊。尖尖的门铃声和电话铃声，意味着朋友的拜访和问候——至少也是拨错了号码或推销员上门。这是1941年12月7日以来第一次不用担惊害怕的门铃声，它不再会是政府送可怕的电报。自1939年以来，这无疑是美国人最兴奋最欢乐的一个新年。《亚特兰大宪法报》专栏作家吉克·塔弗讽刺地预言道：“珍珠港调查将听取3649人的证词，证词将填满无数卷宗，而最终得出的结论是：日本人打了我们一个措手不及，是因为我们毫无准备。”

元旦那天，委员会没有开庭，但召开了一个内容繁多的会议，审阅斯塔克的供述词和他提供的信件，以及肖特在以前调查中提供的证词。当委员会于1月2日重新开庭时，会议室里稀稀拉拉地只坐有几个人。一般来讲，多数派成员关注海军方面的事，而少数派成员关心的是政治方面的问题。当然，这两条线时常交织在一起。

1月2日，由米切尔主审。斯塔克对特纳所说的他们曾误以为金梅尔有能力破译“魔术”的证词做了证实。值得赞扬的是，斯塔克没有采用摆脱责任这一诱人的方法。“……我想说清楚的是，这一误解丝毫未影响我向外继续发材料。”他供述说，“我认为，我的职责是让指挥官们……了解对他们极有用的主要发展趋势及有关情报。”华盛顿除可以从“魔术”那里得到信息外，还有其他的情报来源，海军部把得到的所有情报“归集在一起”，向下传达。综上所述，斯塔克认为，他让金梅尔随时得到了情报。

巴克利穷追不舍地讯问了一些关于金梅尔未实施远程侦察的问题。巴克利的刨根问底，使斯塔克最终不得不承认，夏威夷指挥官“没有执行指令……”。斯塔克进一步承认，日本人的袭击使他感到突然，同样令他感到吃惊的是，“未采取任何截击行动，以及密切注视敌情的措施”。

1月3日，默菲向斯塔克提问的问题范围很广。然后，吉尔哈特接着提问，他马上问起他最愿意了解并已反复提出的问题：1941年12月6日夜间，斯塔克和马歇尔在哪里？斯塔克对这个问题的记忆是一片空白。的确，12月7日的事件似乎足以把他的前一个夜晚从大脑里赶出去。

至此为止，斯塔克证词的内容远不及马歇尔的丰富。正如在12月中旬那段时间里，人们把注意力更多地集中在委员会的行政会议上，而不是在公开听证上。1月3日是委员会乐观的计划中呈交委员会报告的一天，但在这天，委员会宣布了一致同意华盛顿律师塞斯·W·理查德森取代米切尔任总律师的消息。委员们的这个选择，是1月2日午休时做出的。《密尔沃基哨兵报》驻华盛顿办公室的雷·理查德，这时真想冲过去，用斧子劈开理查德森的头颅：

> 今天晚上，令人讽刺的是，华盛顿默认了珍珠港调查委员会的新任总律师……他比退下来的律师更热衷为政府辩护……
>
> 理查德森的生计，就是依赖于他对政府的效忠。他是一家由新政人物领导下的律师事务所成员，这家事务所靠政府救济维持。

理查德忘记提到里查德森曾以一个坚定的共和党人和罗斯福的严厉批评家而著称，他在众多问题上曾严厉地批评过政府。

巴克利要求J·埃德加·胡佛找一位联邦调查局的工作人员，补上律师集体辞职后的空缺。胡佛找到一个年轻能干的特工人员爱德华·P·摩根，对他说：“我指定你去参加一次十分复杂和争议很大的调查工作。”然后又粗心大意地把两个比喻放在一起补充道：“你尽管开枪，不用管碎片落到哪儿。”（意谓你只管干，不用管其结

果如何——译者注）

摩根是一个出色的人选，他不仅年轻——33 岁——而且还有广泛的知识背景。他在乔治敦大学获得法学博士学位后，便进入联邦调查局，先后当过特工、监督员、联邦调查局学院讲师和战地办公室负责人等。1947 年 3 月，他从联邦调查局下来改做律师工作，此时他已是总监督员。摩根长得非常引人注目，与雷蒙德·巴在电视上塑造的那个讨人喜欢的专职律师彼里·马森非常相像。摩根有些惊恐地发现，调查涉及的范围极广，完全不同于在联邦调查局的工作。他开始夜以继日地阅读着，掌握已公开的证词和证据，准备接替律师工作。

1 月 4 日，斯塔克回到证人席上。少数派委员几乎有些疯狂地想去证实战前美国对英国的承诺，尽管没有人解释这样一个协议与日本人攻击珍珠港美国防御力量有何影响。吉尔哈特主审之后，弗格森热衷于这个话题之中，长时间地围绕这个话题不放。如果斯塔克想致命地报复罗斯福，只要说几个明确的“我不记得”，便可轻而易举地达到目的。但是，斯塔克对这个问题记忆犹新，再者他也不是那种靠说假话讨人欢心的人。因此，弗格森从他那里一无所获。

1 月 5 日午休后不久，弗格森把海军上将移交给基夫。基夫的问题，涉及斯塔克的“战争警告”和海军部对金梅尔见到警告后的期待是什么等问题。斯塔克当时未要求金梅尔汇报他所采取的措施，“这不是海军的习惯。我从来不去告诉‘怎样做’，而是问‘做什么’”，斯塔克显然对提问的路子感到不自在。不得不承认，倘若他是美国太平洋舰队司令，在某些方面的做法将会与金梅尔有些不同。在基夫的追问下，他断定“我认为我会把飞机派出去……”。

尽管斯塔克极不情愿伤害老朋友，但他的证词对金梅尔很不利。他的真诚和他的不愿讲假话的脾气，使事情变得更糟。斯塔克坚持认为金梅尔“有权运用自己的判断力……”，这一说法符合他的一贯作风。当委员会听完金梅尔的证词后，他们马上掂量出斯塔克的证词不利于金梅尔。基夫并不是不富于同情心，他说：“斯塔克上将，我意识到这些问题的微妙之处，在于金梅尔上将是你的朋友……”斯塔克热情地回答：“我最亲密的朋友，最好的朋友，是我所认识的人中最好的一个。”

的确，斯塔克对他从前的舰队司令和参谋人员们极为信任。他不失时机地表扬金梅尔，当他不得不表示不赞同金梅尔时，也不掺进个人因素。他还竭力去证实威尔金森和特纳在评价情报的问题上根本不存在“任何困难”。

在斯塔克的作证将近尾声时，吉尔哈特就哈尔西派遣军舰到威克岛执行任务一事，[①]向海军上将提出了许多问题。吉尔哈特不停地问，直至巴克利接过来问："上将，请你回答的这个问题是，如果……这些命令确已下达，它上面是否公开表明珍珠港会遭受一次袭击。"不久，巴克利对斯塔克表示谢意和赞扬，然后斯塔克离庭。

从记录上看，委员会对待斯塔克比对待马歇尔要客气得多。或许是和平和友好的春季使他们心情愉快，或许是斯塔克讨人喜欢的性格熄灭了他们的一些火气。尽管普遍认为马歇尔比斯塔克头脑灵活，但记录显示，斯塔克在许多问题上比马歇尔阐述得更加清楚。斯塔克似乎比马歇尔准备得充分，能从新的角度使用手头的材料。两位军官一致坚决否认美国曾在战前对英国有过承诺，以及美国在可能避免战争的情况下有同日本人开战的企图。他们对夏威夷指挥官接到 11 月 27 日战争警告后的期待几乎是相同的，只有军种性质的不同。

斯塔克的证词之所以有说服力，在于他极好地运用了手中材料。他相信原始材料的说服力，反对凭想象下结论，并且有意识地不受事后认识的影响去看待 1941 年，而且他拒绝为超过他职能范围的事情作证。在整个调查期间，斯塔克尽力使事情向好的方面发展，并为每个人考虑，但同时又坚持己见。他的回答带着自信和权威，坚信自己当时的所作所为是正确的。

斯塔克作证完毕，委员会将面临一个重要的转折点。委员会已对一大批华盛顿陆军和海军方面的证人进行了讯问，其中有助理参谋长，陆军情报部部长，海军情报办公室主任，作战计划部部长，以及职位更高的陆军参谋长和海军作战部长。这些证人表现得都很不错，律师们也予以大力协助。他们都很聪明机智，彬彬有礼，乐于合作。他们都承认犯有判断过失错误，但一致否认他们自己或罗斯福政府存在任何恶意。他们这样做的结果，使他们在严峻的挑衅面前保卫了自己的尊严。正如我们从新闻界的反应中所看到的，事实上，少数派委员纠缠不休的讯问，使得审判官们徘徊不前。

---

①见第五十一章。

第七十九章
一次战斗机会

参战方	
美国	日本
指挥官	
赫斯本德·金梅尔　沃尔特·肖特	南云忠一　渊田美津雄
兵力	
8 艘战列舰 6 艘巡洋舰 29 艘驱逐舰 9 艘潜艇 约 390 架飞机	6 艘航空母舰 2 艘战列舰 3 艘巡洋舰 9 艘驱逐舰 5 艘袖珍潜艇 414 架飞机
伤亡	
2，403 人阵亡 5 艘战列舰被击沉 3 艘战列舰受损 3 艘巡洋舰被击沉 3 艘驱逐舰被击沉 188 架飞机被摧毁 155 架飞机受损	29 架飞机被击落 55 名飞行员阵亡 5 艘袖珍潜艇被击沉 9 名潜艇乘员阵亡 1 名潜艇乘员被俘

珍珠港事件日美双方兵力对比

国会委员会终于开始了众人盼望已久的对两个主要证人的讯问。1 月 15 日，主要证人之一金梅尔进行法庭宣誓。现在，委员会和全国人民终于可以听到在那个可怕的日子里指挥太平洋舰队的指挥官的证词了。金梅尔的出庭引起了极大的关注，法庭甚至允许摄影记者拍照近 5 分钟。呈现在摄影机前的金梅尔，从容不迫，信心十足，面对国会委员会，他不带任何愧疚之意，他是来指责的，不是来道歉的。他用缓慢清晰的语调，开始宣读他那份打印 180 页的供述词。

金梅尔开头的几句话，似乎是在宣战："……我将要叙述的是太平洋舰队如何被剥夺一次战斗机会，导致未能扭转 1941 年 12 月 7 日的灾难性局面。这是因为海军部扣下了珍珠港将可能遭袭击的有关情报。"在回顾他被任命为美国舰队司令及在夏威夷建设基地以来的情况后，金梅尔开始发泄怒火。"所谓 11 月 27 日的'战争警告'电，并没有警告太平洋舰队有关夏威夷地区将遭袭击。"他断言说。之后，他又尖刻地声称："'战争警告'这个词，不能把事后想出来所有可能发生的情况均包括在内。"

金梅尔强烈抨击了华盛顿未向他通报有关日本人的某些重要情报这个事实，对于未收到"炸弹弹着点标示图"系列，他表示痛心："我当然有权知道1941年9月24日以后截收的来往于东京和火奴鲁鲁之间的电报。这些电报，表明日本袭击珍珠港的计划正在东京拟订。"对于未得到日本人的最后照会和特别是"1点钟"电报，他感到极为不满。他确信，倘若华盛顿向他通报所有情报，历史将会是另一种局面。如果他在12月5日收到"海军部掌握的所有重要情报"，他"一定会随包括航空母舰列克星敦号在内的舰队出海，与哈尔西的航空母舰舰队一道在海上建立集结地，这样就会处于有利位置，拦截日本人的进攻"。假若海军部在晚至12月7日清晨把全部情报连同"1点钟"这个限定时间通报给他，他的"轻型舰队将会驶出珍珠港，港内所剩舰船将会严阵以待，舰队其余力量将会做好准备，随时击退来犯敌人"。他内心充满了痛苦和气愤，继续说：

太平洋舰队应该有一次战斗机会，它有权得到海军部手中最有价值的情报。我们曾迫切要求得到这些情报，海军部也曾保证提供情报。我们面临太平洋上随时可能发生的各种危险，但始终确信海军部会实现他们的诺言。

他用乐观的口气结束了他的供述："展望长久的明天，我坚信历史会为我做出最后的结论。我对未来的裁决充满信心。"说完这句话，海军上将结束了供述，观众给予长时间热烈的掌声。

金梅尔的供述词，有如一篇精心写出的论文，结构严谨，说服力强，出自一位精力充沛之手。供述词中，没有故意编造的假话，因为金梅尔最蔑视欺骗。由于他相信他的供述句句属实，因此给人们留下的印象无疑是诚实的。

然而，他的供述词引起了不同的反响。委员们随着党派的不同而看法不同。吉尔哈特对新闻界说，他认为金梅尔的"供述词很好，澄清了不少问题"。但卢卡斯却认为，海军上将留下了"许多疑点"。基夫的态度有些似是而非，他认为金梅尔在其发言中显然"尽了一切努力阐述他的经历，这是他第一次为自己辩护"。但基夫补充说："他供述词中最薄弱之处，是他试图预言如果他得知华盛顿手里所有情报，会如何去做。"

《檀香山明星报》在措辞尖刻的社论中，对金梅尔的供述提出严厉的批评：

金梅尔的供述词有3大特点：

他准备把事情的全部责任推给他的上级哈罗德·S·斯塔克海军上将及海军部。

他过分细致地甚至盲从地借助于各种规章制度，为自己开脱（金梅尔海军上将显然不相信下面这个说法：法规是为那些不知何时违反它们的人们制定的！）。

在与日本关系紧张之时，他未想象到将有一场对珍珠港实施的可能袭击，实在令人吃惊。

《明星报》承认，华盛顿当时掌握的情报大大超过通报给金梅尔和肖特的情报。《明星报》还认为，斯塔克“未把截收到的日本密码电报的内容传达下去……是不可原谅的”，但无人“可以否认金梅尔当时在战场上这一事实”，“其他人可以与他一起承担责任，并不等于减轻他自己的责任……”。

金梅尔宣读完供述书后，法律顾问及委员会成员从16日至21日对他进行讯问。理查森打响了头一炮，他冷静矜持，几乎没提出任何带有指责性的问题。海军上将回答得流利肯定，给人的印象是，他是一个十分熟悉自己业务的人。金梅尔把自己表现成一个铁一样的硬汉，然而这也可能是缺点，因为铁人不知道怎样弯腰。他的不容置疑和强硬，使回答前后不一致，这一缺陷十分引人注目。

金梅尔认识到海军在太平洋的战略是防御性的，他的军舰只能击退敌人对马绍尔群岛的袭击。他还认为即使防御也应具有进攻的特性：“防御中最重要的部分是进攻。”这种进攻观点，在证词中反复出现。

他诚实地强调了他与肖特之间的合作以及保卫珍珠港属陆军职责这个不容置疑的事实。他说，他并没有只考虑保护军舰的问题，他希望珍珠港“有能力保卫自己，即使太平洋舰队全军覆灭”。然而，他却从未视察过肖特的高射炮部队，不知道肖特制定的3种警戒状态，未能亲自到情报中心看看雷达是如何操作的。这些均是用于保护他珍贵的锚地及在港军舰安全的基本力量。

金梅尔非常清楚舰队停泊在珍珠港内是不堪一击的。“我们担心会发生最坏的局面，我们始终为此感到担心。”他说。他后来又补充说：“我们认为……存在着珍珠港遭受空袭的可能性和或然性。”然而，他还认为像日本在12月7日对珍珠港实施的那场空袭的可能性“极小”，而且拒绝承认这样认为是判断失误。尽管他在海军生涯中从未见过“一次战争警告”这样的字眼，但并不认为“这是一个不同寻常的提法”。

1月17日上午晚些时候，委员会继续进行讯问。由于巴克利前几天一直缺席，所以他要在审阅一遍证词后，才能开始提问。因此，库珀首先提问。库珀的问题非常明确，然而当得不到满意答复时，他绝不放过。15 点 30 分，委员会同意金梅尔关于他要补充一些材料的请求。金梅尔显然希望缩短对他的折磨，催促他的 4 位律师说："咱们快离开这个鬼地方吧。"

1 月 18 日星期五，金梅尔回到证人席上，由克拉克主审。克拉克的问题不多，主要围绕金梅尔可能预计的袭击是什么种类的以及如果金梅尔"推断出……将遭受突然袭击"，他会采取的行动是什么。

乔治参议员，恐怕是所有委员会成员中讲话最少的一位，他不想给他的一生抹黑，摩根称他是"参议院中最聪明的老鹰"。乔治只提出了几个与海军基本作战计划有关的问题。

然后，由卢卡斯主审。卢卡斯详尽讯问了金梅尔任命的背景情况，他与罗斯福的关系，珍珠港建设舰队基地的情况，战争警告以及空中侦察等问题。不止一位记者注意到，金梅尔此时又要发脾气了。人们其实不应该对他的愤怒感到惊奇，到此时此刻，"战争警告"这几个字一定可怕得像场噩梦，一提到它，必定招来金梅尔那愤怒的抗辩声。

在所涉及的问题中，金梅尔对与远程空中侦察有关的问题反应最强烈，或许这是他的"最薄弱处"。他竭力说服委员会接受他的两个极为矛盾的观点：第一，他不具备实施有效巡逻的实力；第二，他的确派出了巡逻机队。他对卢卡斯说："袭击前每周的一、二、三、四，我们派出巡逻飞机对西北方 400 英里范围的地区进行侦察。"其实，他所说的侦察是为了到威克岛和中途岛的哈尔西和牛顿特遣舰队而实施的。12 月 6 日，在夏威夷地区也进行了侦察，然而这不过是以企业号为中心做直径 150 英里的巡逻，然后几乎径直从瓦胡岛以西飞回机场。12 月 7 日袭击前几小时内，从瓦胡岛起飞的空中侦察机直接从南面飞回珍珠港，飞行航程极短，距危险区 180 度。

在回答卢卡斯的提问时，金梅尔强调指出他缺乏远程侦察机和飞行人员。他强硬地说："海军部应该知道，而且他们无疑知道得很清楚，我没有长时期坚持巡逻的实力。"金梅尔继续说："既然我当时可以进行象征性侦察，我还可以到这里说我进行的是象征性侦察……然而，我过去不这样做，我从来不这样做，我将来也不会这样做。"

金梅尔是在施放烟幕，这或许是不明智的。从来没有人对应该实施"长时期"360 度侦察还是"象征性侦察"的问题有过质疑。金梅尔所说的"象征性侦察"，意思是派遣几架飞机进行随意侦察。然而，他应该做的是下令让他的飞机和飞行员侦察关键的北部地区。

但是，金梅尔拒不承认他犯有任何错误。卢卡斯问：“抛开那场带来羞辱和影响久远的海上惨案不说，你现在要说明的是，假若你掌握情报，就可以像一切慎重的指挥官一样阻止和减少 12 月 7 日突袭珍珠港的损失，对吗？”金梅尔有些吃惊：“我认为很对。”话毕，卢卡斯结束了他的讯问。

卢卡斯之后，由默菲主审。默菲是委员会多数派成员中最具耐心的一位。他的讯问持续到 18 日闭庭时，转天又继续提问。他深究的是金梅尔的一些薄弱点，例如金梅尔未能就“战争警告”一事与贝林格商量过。金梅尔对他为何要同贝林格商量此事感到不解，贝林格“不是我们那里唯一的航空军官”，“他是负责巡逻联队的海军少将……我有权向他发布命令”。

默菲对发布命令不感兴趣，他说的是“专业讨论……与你的航空队讨论一下当时应采取什么必要的措施”。但金梅尔似乎还未明白。愣了一会儿，他再次天真地突出了他未能明白在对有关空中行动做决策时、不同航空队人士商量的重要性这一点。默菲想知道金梅尔是否就“战争警告”一事同索克·麦克莫里斯讨论过空袭问题。金梅尔回答：

我几乎每天都要同麦克莫里斯讨论形势问题，不是几乎而是天天。我们对形势进行讨论，但麦克莫里斯从未向我建议应派飞机出去侦察。如果他认为有必要，就一定会向我提出来的。他是一个能干、敢于直言的参谋，我十分信任他。

麦克莫里斯无疑是一位能干、敢于直言和值得信赖的人，但他不是航空参谋，有关空中巡逻问题不是他提供建议的范围。

珍珠港事件以来，金梅尔所受到的对待，始终是反罗斯福力量不肯放过的话题，少数派成员现在当然要不惜时机地利用此次机会。布鲁斯特慢慢地把金梅尔带入圈套，利用海军上将优秀的品质——尽职尽责、对付困难的能力以及他的常识。例如，金梅尔并没有说他应该拥有紫码机，他认为“如果华盛顿拥有它并向我提供情报，就可以解决问题”。

委员会于星期六 16 点 35 分休庭，1 月 21 日星期一继续开庭。在华盛顿旁听席上就座的约翰·T·弗林，在这个周末匆匆下了几个结论。他的结论，与其说是在金梅尔证词的基础上得出的，莫如说是他凭空臆想的结果。他声称，海军上将之所以把军舰停泊在珍珠港，是因为“他接到要求军舰停泊在那里的命令”。这个牵强的结论，遭到正直的金梅尔的否认。1 月 21 日下午，委员们向金梅尔提出最后一些零散问题。默菲问："将军，我在此想驳斥一个我所认为的谣言，一个荒谬的谣言，是否有一个在华盛顿权力部门工作的人向你下达命令，让你把舰队在 1941 年 12 月 7 日那天停泊在珍珠港内？"金梅尔只用一个词作答："没有。"

星期一开庭，先由吉尔哈特主审，后由弗格森主审。弗格森的问题涉及一些有争议的问题，其目的显然旨在诋毁罗斯福。金梅尔对已故总统不抱好感，但是出于诚实，他使主审官的某些目的没有实现。弗格森拐弯抹角地说，倘若瓦胡岛有所戒备，日本人极可能决定不去袭击它。他说："假定他们（日本人）向他们的舰队发信号，说夏威夷群岛戒备森严而且知道将要到来的袭击，而此时我们的军舰也已驶出港口，这一切将不仅打乱他们的计划，而且极可能阻止他们的进攻，对吗？"金梅尔可以利用这个极好的机会声称，或者含沙射影地说，华盛顿向他隐匿了日本人将要袭击的情报。然而，他再一次直来直去地回答："我不明白到底怎样打乱他们的计划。"

基夫年纪最轻，所以最后一个向证人提问。他对金梅尔说："在我看来，你的抗辩相当出色。"这句话，激起观众席上一片热烈的掌声。吉尔哈特也一定这样认为，因为他在 1 月 21 日写给金梅尔的信中说："你走出法庭时，我曾对你讲过，你的出庭将一定被认为是全面成功。你带着冠军的自信走进法庭，带着胜利的表情走出法庭。如果能有比你在困难的形势下为自己辩护更全面的人，我愿意领教。"

金梅尔在自信的盔甲下，丝毫不畏惧那些权势极大的国会议员们，无论是那些企图为难他还是那些试图开脱他的人。他们出错或误解时，他一视同仁地予以反驳。由于金梅尔习惯于发号施令，一旦他认为他的审问官需要改正，他毫不犹豫地去指点或指导他们。然而，对于他尚不了解的事情，他一概不予作证。

从诸多方面讲，金梅尔是个给人印象很深的证人。他表达清楚，但不口若悬河，他显然十分熟悉太平洋舰队行动的每一个细节。如果说在众目睽睽下一般会感到难堪或不舒服，他却用了最佳方式把这种感觉掩饰起来。他有时看起来似乎不是一个证人在作证，而是一名教师在指导一次讨论会。

金梅尔表现出来的傲慢，既令人不快又有些让人感动。他似乎不明白为什么在他满意地答复了一个问题后还有人抓住该问题不放。他承认了一些对他不利的事实，却丝毫未意识到其不利之处。下面这段话，便是一例："倘若有人想告诉我什么叫作战争警告，我最好先告诉你我是否把它视为战争警告。"回答显然应是："一份战争警告"，或许可以被下定义为一封写有"本电被视为一次战争警告"的电报。金梅尔的过分自信，像一剂麻醉大脑和精神的药剂，使他丧失了最起码的戒备心理。而这种心理通过神经末梢，可以向一个不那么自信的人发出信号。

在审理该案时，金梅尔从心理上讲犯有两个错误。首先，他过分强调他所认定的华盛顿曾欺骗过他的观点，因此给人的印象是过于依赖上级，缺乏主动性和想象力。他努力推卸责任的做法，与军人勇于承担责任的传统格格不入。

金梅尔的第二个错误是，他坚决否认他曾犯有任何错误，他甚至不承认自己犯有判断失误的错误。认为自己一贯正确，是会引起反感的，何况美国人民一般同情那些勇于承认自己错误的人。马歇尔和杰罗公开承认他们犯有过失并表示歉疚，赢得了普遍的好评。

华盛顿未向金梅尔提供所有情报的事实，是不可否认的。然而，金梅尔所坚信的如果他了解全部情报内容，就会正确把握形势，回击日本人进攻，这个把握值得商榷。他的这种事后预言的做法，被爱读神秘小说的人称为“只要我知道”，然而这只是臆想。

但有一些事实却是有案可稽的。在夏威夷群岛建立军事基地的目的，旨在保卫这块领土不受它唯一可能的敌人——日本的侵略，而金梅尔是该基地的重要组成部分。1940 年前，舰队在夏威夷地区进行的演习和训练，其目的就是防备日本人的袭击。众所周知，华盛顿与东京的关系在 1940 年至 1941 年间更加日趋恶化。了解这一背景情况的人，不禁怀疑上级的追加情报能对金梅尔的思维方式有多大帮助。

金梅尔对华盛顿的猛烈进攻偃旗息鼓后，人们便期待肖特的出庭作证。1 月 22 日星期二，肖特在夫人陪同下，坐陆军部的汽车来到法庭，司机是美国陆军妇女队成员。住院以后，肖特每天散一会儿步，他最近未参加开庭，看上去仍然很憔悴，平整的蓝条西服从他佝偻的肩上松松垂下。然而，在辩护中，他口气强硬，丝毫不亚于金梅尔。他拒绝了巴克利提出找人代读他那打印好的供述词的要求。公开审理是他期待已久的机会，他不能被动地坐在那里，听着一个口气平平的声音代替他宣读。

在宣读长达 61 页的供述词时，他不得不常常休息一会儿，喝一杯水。宣读供述书的程序，用了几乎一天的时间。肖特供述词的突出特点，与金梅尔的供述词极为相似。在供述书开头，他便断言：“陆军部掌握着大量对我有用的情报，但并未向我提供。这些情报对于正确评价形势和正确做出决策，均是绝对必需的……倘若我掌握这些情报，肯定会实施全面战备。”

肖特当时没有实施全面战备，却在准备防颠覆，并把他的计划如实向华盛顿做了汇报。“陆军部有 9 天时间可以告诉我，我的行动不是他们所期望的。”他声称，“我把他们的沉默视为对我做法的完全赞同。”

肖特陈述说，他不知道有“日本领事馆接到销毁密码和密码机的命令”这回事。他同金梅尔一样，强调“1 点钟”电报一事。他认为，该电报就是“表明下午 1 点钟将断绝外交关系，并直接指明黎明时分将对夏威夷实施一场袭击。如果该情报通过最快的途径提供给夏威夷，我们将有 4 个小时的时间做反袭击准备。这段时间足以让陆军完成其准备工作”。

对于海军同行在 1941 年 12 月 7 日清晨未向陆军通报潜艇活动一事，肖特提出了间接的批评。他还指出，海军在 11 月 27 日至 12 月 6 日期间，“未要求陆军飞机参加远程侦察行动”，因此他以为这意味着海军掌握确切情报，知道日本航空母舰的位置，或意味着海军拥有足够的军舰和飞机进行必要的侦察活动，不需要陆军的协助。

至此，肖特的自我辩护似乎得出了这样的假设：他和他的顾问们有能力做好马歇尔和其他大批专家未能做好的事，即正确理解情报，采取相应措施，这样夏威夷陆军部队就一定能采取及时有效的措施反击日本人。

肖特在结束他的供述时，对他所受到的委屈做了总结：“我认为，我得到陆军部极不公正的待遇。我被拿出来作为坏典型示众，成了此次惨案的替罪羊。”他的下一段话更令人吃惊：“相对而言，我对这一事件只负少许责任。但我一直没有机会向美国人民解释，直至国会联合委员会现在使真相大白于天下。”肖特真诚地认为，他可以使公众相信，作为直接负责保卫珍珠港停泊舰队安全的夏威夷陆军部队指挥官的他，对珍珠港事件相对而言只负少许责任。这似乎令人难以置信。

陆军中将结束了发言，坐了一半人的屋子里响起一阵热烈的掌声。在肖特发言期间，肖特夫人认真地听着，看起来她很担心刺眼的弧光灯不利于她丈夫的健康。委员会也非常关心肖特的健康，允许他回去休息，不再进行讯问。然后，委员会召开内部会议。

听证于转天上午即 1 月 23 日继续进行，听众席就座的有肖特刚从海外归来的漂亮儿子。助理法律顾问缪尔·H·考夫曼首先简要提问了一些例行公事的问题。肖特概要叙述了他在陆军的经历，任命他为夏威夷陆军部队司令的情况以及工作中遇到的一些问题。缺乏华盛顿的情报，成了他的避难方舟，一遇险情赶紧支起跳板。肖特之所以揪住华盛顿这个小辫子不放，是因为他认为他的上级知道的比他们实际知道的多。“我相信，华盛顿在袭击开始前 4 个小时就已得到情报。”他说，“因此，他们应该告诉我。”

同金梅尔一样，肖特看来十分相信他的证词的正确性。因此，他毫不奇怪地把对上级的指责带有明显敌意地归并到马歇尔身上。肖特再次强调说，如果当时形势需要向夏威夷陆军部队发下“战斗警报”，他希望马歇尔“做两件事中的一件：或是下令做好战斗准备，或是向我提供足够的情报，让我自己在做出判断后下达命令”。

肖特全面树敌，把他的海军同事金梅尔也捎带进去。卡夫曼想知道肖特对金梅尔证词中关于不了解夏威夷陆军部队处于反颠覆的戒备状态，或者说不知道陆军根本未实施全面战备的看法。肖特回答说：“我唯一想说的是，第十四海军军区的参谋工作做得很不尽人意……我们交给他们10份我们的行动措施，海军参谋们当然应该对此进行研究，了解其中的意思。”

巴克利在讯问时说，已为本委员会作证的“华盛顿所有高级军官”均认为，虽然有“炸弹弹着点标示图”系列，但他们当时并不认为珍珠港有遭袭击的可能，袭击消息传来后，他们非常震惊。因此，假若肖特和金梅尔也得到了这些电报，是否“会得出同华盛顿不同的结论”。肖特的回答很有分寸：“我想有这样的可能。因为珍珠港在我们眼里更为重要，我们更了解那里的情况。我想，我们一定会更认真地研究有关夏威夷的情报。”

当巴克利问除“炸弹弹着点标示图”系列之外是否还有其他迹象表明珍珠港将遭袭击时，肖特的回答便不那么合情合理了。肖特举出日本把外交期限从1941年的11月25日改到11月29日的例子，他还认为任何熟悉阿拉斯加和阿留申群岛气象条件并“碰巧想到这条路线的人……均会得出一个肯定的结论……对于一个海军军人来说，那里最多意味着海上加油有危险”。巴克利说，阿拉斯加的气象条件并不一定表明日本人打算进攻某一地区。但肖特声称：“如果他们走北路，不是去西雅图就是去夏威夷。”肖特的断言，纯系事后聪明。

在1月23日的剩余时间及转天上午的部分时间里，库珀就陆军11月27日电报之事提出了一些引人深思的问题。他想弄清下面这个问题，他说：“我所奇怪的是，你面前放有参谋长的电报，电报并未提‘破坏’这个字眼，你为何认为你的关于‘严防破坏活动’的答复是在落实来电精神呢？”肖特振振有词地答道：“因为除内部骚乱这一危险外，没有任何情报指明夏威夷会有其他危险。”

在肖特作证的大部分时间里，乔治没有到场。因此，轮到他提问时，只提了几个问题，大都是关于空中侦察问题。其中一个问题相当尖锐：肖特为何认为11月27日警告“意味着防破坏呢？电报中的‘侦察’字眼，肯定表示应该实施除防破坏以外的措施……”。肖特的回答有些答非所问：“因为我不是……因为陆军不负责实施侦察。我没有对此加以汇报，因为这是海军的责任……”

克拉克的提问占用了1月24日的整个上午。在此，肖特再次遇到就他11月27日电报反响的一连串进攻性提问。克拉克想了解某些细节情况："你能否向委员会具体说明一下，在袭击前，是否有过内部骚乱的事例？"肖特的回答堪称一绝："我企图说明的，是我们始终严阵以待，所以未曾发生过骚乱。我们干得很好，从未发生过。"现在，当人们看到肖特的证词记录时，你会发现，凡是提到颠覆破坏这几个字眼，肖特便不再是冷静地对形势做出判断，而是从成见出发。肖特对克拉克问题的回答，使人联想起一个担心被水淹死的人在撒哈拉筑起一道水坝，然后骄傲地声称，他的水坝是撒哈拉洪水来临时未把待在附近的他冲走的原因。

午后，由卢卡斯主审，肖特在此期间又讲了一些近乎批评金梅尔的话："我不想留下这样的印象，我当时完全理解防御部署这几个字的涵义。但我想象不出会有不包括侦察在内的防御。"

卢卡斯之后，由可怕的默菲主审，他占用了 1 月 24 日的剩余时间及转天午休前的时间。默菲的问题，是围绕着肖特如何使用参谋人员和下属指挥官提出的。默菲对《檀香山明星报》记者说，他想得知的是肖特的参谋是否"清楚他们相互的责任"。情况不至于糟糕到如此地步，但肖特应该更有效地使用他的参谋人员，这一点似乎毋庸置疑。

1 月 26 日，讯问在继续，由弗格森主审。肖特不能遇到比弗格森更富同情心的审问官了，弗格森也不会再遇到如此乐于回答问题的被审问者了。在参议员的巧妙诱导下，陆军中将接受了一个可笑的观点，而这个观点受到正在兴起的修正主义学派的欢迎。这就是：倘若实施全面战备，"并且日本人得知这一切，日本人就会撤走袭击部队……因为他们会认为或肯定认为他们将蒙受严重损失。突然袭击是他们成功的唯一契机"。肖特当然无从知晓山本早已警告第一航空舰队："你们可能要杀向目标。"日本人事先完全估计到了可能蒙受的"严重损失"。

弗格森拐弯抹角地提醒肖特说，在他那愤怒的证词里，他对国会委员会的工作，未进行过评价。肖特陈述道："我认为，此次听证自始至终是极为公正的，也非常彻底。主席及委员会的每位成员对我都非常客气。"

与其他成员相比较，弗格森可谓是最不遗余力地攻击华盛顿的人了，他尽力把肖特说成是华盛顿愚蠢行为和秘密策划的受害者。然而，这一说法反而产生了某些副作用。同金梅尔一样，肖特把自己描绘成"只要我知道"综合征的牺牲品，说成是一个过分依赖上级的人。他还给人留下一个最不讨人喜欢的印象——自怜。

倘若一个人想从肖特那密密麻麻的证词里理出一丝头绪，他的脑海中一定会有一种不安的感觉：肖特缺乏广博的眼光和对现实的了解。肖特似乎始终不理解，一个军事指挥官的职责应从最坏处着眼，随时准备行动。假如肖特真的没收到华盛顿应提供的全部情报，人们的脑海中也会出现一个脑容量极小、对自己的使命缺乏眼光的人。

弗格森之后，由基夫主审。基夫的问题简短，而且富于同情心，但他的确也用了几个干脆明了、比较公正的问题把肖特问住了。其中一个问题用陈述句提出："如果你下令保持戒备状态，准备应付一次袭击，你可以同那里的部下一起干得非常出色。"对这个问题，肖特回答："是的，先生。"

基夫最后的问题，矛头对准情报部："你对本案的看法是，就华盛顿方面而言是情报部的失误？"肖特极为肯定地同意道："百分之百。"基夫又问："由于它的失误，导致了珍珠港事件。这就是你的抗辩吗？"肖特答："是的，先生。"

之后，是补充提问。最后，肖特客气地致以谢意。巴克利对肖特的"礼貌和耐心"表示感谢，并祝他早日康复。肖特在致谢声中结束了他的出庭，在一阵掌声中离开法庭。

甚至多年之后，这个面色苍白、身体单薄、衣服稍显宽大、声音时而有如耳语的人，仍然不能让人忘怀。他像一位作战的士兵，为维护自己的名誉而斗争。间或，人们也会记起这位陆军三星将军、国家最重要的司令官之一那生机勃勃颇为自信的一面。

珍珠港事件中，最令人不解的一个谜是：为什么太平洋舰队和夏威夷陆军部队，在所有有关人员均宣称已感觉到危险存在时，毫无防备地受到了袭击？没有比在金梅尔和肖特的证词中更能找到对比更为强烈的两分法了。我们一遍又一遍听到舰队训练、战争演习、标准作战规定、敌情估计、作战计划、研究磋商、参谋合计等，这一切均旨在保卫舰队和领土不受日本人的袭击，然而，他们却在敌人到来时被打了个措手不及。

正如我们所见，肖特反复固执暴躁地坚持说华盛顿未向他提供一些关键情报，所以在某种程度上讲，他没有做决策的权力。他对公开抗辩的唯一希望是，让国会委员会相信如果不是他的上司剥夺了他应得到的用于准确估计形势必不可少的情报的权力，1941 年 12 月 7 日发生在瓦胡岛上的事情定会导致截然不同的结果。但从另一个角度讲，他的证词有其不利的一面，由于过分强调对上级的依赖，就不可避免地降低了自己的高度。他的证词有时像金梅尔的一样，给人留下不舒服的感觉，似乎如果由于某种自然灾害或敌人行动的缘故，切断了夏威夷和华盛顿的联系，肖特将会完全不知所措。在传达这一感觉的过程中，两位证人对自己的评价无疑有欠公正，因为见机行事、独立判断是一切指挥官应具有的基本素质。倘若他们在此之前没有显示这种素质，便几乎不可能获得如此显赫的职位。

其实，在金梅尔任太平洋舰队司令期间，他向来是毫不犹豫地按照自己的方法管理舰队。他对特遣舰队的结构进行了调整，挑选出一流水平的参谋，并令人折服地领导着这支队伍。在他与华盛顿的往来中，从未征求过上级的意见，而只是告诉他们他的打算。一旦情况需要，他将亲自前往华盛顿，直接到白宫阐明自己的想法。

在管理部队方面，肖特的手腕不那么强硬，他的指挥权也稍逊金梅尔一筹。然而，在与华盛顿的交往中，他绝不是尤那依·希普（狄更斯小说《大卫·科波菲尔》中的人物，属阴险虚伪的小职员典型——译者注）那类人。他知道夏威夷陆军部队需要什么，为了得到所需要的武器装备，他同上级据理相争，寸步不让。

但是，无论金梅尔和肖特做了多少工作，日本人还是出其不意地袭击了他们。这两位兢兢业业的军官或许完全相信，他们在力所能及的范围内已尽了最大的努力，因此他人应该受过。

在整整 4 年时间里，金梅尔和肖特期望和等待的是公开听证。他们把公开听证视为应许的乐土（应许的乐土，指圣经中上帝应许赐给亚伯拉罕子孙的迦南乐土——译者注），幻想在这片土地上，人们欢呼着他们的清白，他们的履历将像珍珠港事件之前那样无瑕，华盛顿的恶棍将为自己犯下的罪行受到正义的惩罚。人们对于他们的这个幻想可能不会感到吃惊。现在，他们的机会终于来到了，他们可以在国会委员会的公开听证会上把想要说的一并说出来。可是，他们提供的证据未能像许多人期待的那样，使一切大白于天下，仍然没有揭开珍珠港事件之谜。

当然，金梅尔和肖特要在委员会的报告发表后才能得知委员会的裁决。但这两个聪明人一定会把能搞到的报纸都浏览一下，了解他们给人们留下的印象。结果或许不能完全令他们放心，因为人们的反应一般来讲不公开。公开听证不提供公开道歉和恢复名誉的机会，因此这块应许的乐土似乎将要变成当你走近就消失的海市蜃楼。

第八十章
责任在谁

渊田美津雄战后去珍珠港参观

由于斯塔克、金梅尔和肖特 3 人均已作证完毕，新闻界认为“公众已失去了对珍珠港事件的兴趣”，因此可以放松对此事的报道。但是，国会调查委员会却不能由于厌倦而中断对这一重大事件的调查。他们还要对几个关键证人进行听证，这些人的证词将有助于对珍珠港事件的了解。

1 月 28 日下午，最高法院法官罗伯兹出庭作证。这位爱激动的证人，带着一种咄咄逼人的气势出现在证人席上。这位法庭老手全面回答了那些合情合理的提问，可是对于离题的问题，不论谁提的，一律予以驳斥。他相信自己的委员会是绝对公正的，并为他的委员会成员感到骄傲。为了说明这一点，他详细解释了委员会的诉讼程序，并极有力地为其进行了辩护。

海军上校埃利斯・M・扎卡赖亚斯的证词，引起了一场激烈争论。他的证词的某些部分证明了罗伯兹裁决的正确性。扎卡赖亚斯曾在情报机关任职多年，是一位长期从事日本问题研究的专家。他所讲的每句证词，都可以感受到他对自己选定的领域有着强烈的自信心。他断言，忽视情报的重要性，是造成珍珠港悲剧的“最大因素之一”。

他声称，1941 年 3 月 26 日至 30 日之间的某个时候，他曾到金梅尔司令部拜访司令官。他当时就告诉舰队司令，如果日本决定与美国开战，“战争可能将在某个周末或某个星期天的早晨，以空袭我舰队开始，而袭击的目的旨在摧毁我部的 4 艘战列舰。”在回答金梅尔问题时，扎卡赖亚斯强调说：

> 最可能采用的袭击方式，将是由在一定数量舰只协助下的航空母舰袭击。而且，袭击毫无疑问会来自北方，因为夏威夷群岛北风较多，他们将顺风而来，发动袭击……运载袭击飞机的舰只，将尽快直接逆风撤退，以避免他们认为可能会到来的对他们的威胁。

金梅尔问，怎样才能防止此类袭击？扎卡赖亚斯说：“防止此类袭击的唯一方法就是每天派一支巡逻队，对日本人要来的方向进行巡逻，而此种巡逻至少要出去 500 英里。”金梅尔答道：“可是，我们既没有人力，也没有物力来进行这样的巡逻。”这位海军上校自信地答道：“将军，你最好着手解决这一问题，因为战争就要到来。”扎卡赖亚斯对委员会说，波科·史密斯当时在场，可能会记得当时谈话的细节。

金梅尔关于此次谈话的证词不能自圆其说，而史密斯的证词与扎卡赖亚斯的恰恰相反。史密斯称：“那段表白自己有先见之明的证词实属无稽之谈。”他还说，“我肯定，在那次谈话中，没有任何人提到珍珠港可能遭空袭的问题……”

于是，这两位令人尊敬、精明、经验丰富的军官讲述了完全矛盾的事实。在珍珠港这一问题上，证词矛盾的情况并非仅此一例。然而，这一特殊事件是最令人头痛的。因此，它一直遗留至今，不能定论。

委员会原计划继续讯问史密斯，但为了让海军上校麦克伦及海军上将贝林格出庭作证，就将他暂时放到一边。麦克伦的作证占用了 1 月 30 日一整天。只有弗格森一人紧紧抓住他不放，仔细盘问了关于“风力”一事，并当着海军上将休伊特的面，逐字逐句地就他的供述词进行提问。麦克伦的讯问记录给人们留下了令人愉快的印象，即 1941 年一只有力精明的大手控制着海军情报办公室远东处。

1 月 31 日全天，委员会都在听取贝林格的证词。他的证词稍稍扭转了亲金梅尔的趋势。贝林格 1941 年负责太平洋舰队空中侦察巡逻，然而金梅尔不但没有同他商量过“战争警告”问题，而且从 1941 年 11 月 26 日前后至袭击开始时，一直没同他谈过话。马丁—贝林格计划规定，没有美国太平洋舰队总司令的命令，贝林格无权成立远程空中巡逻队。

2 月 1 日早晨，波科·史密斯再次出庭作证。默菲问他为什么当时既没有请示贝林格也没有征求舰队航空参谋戴维斯的意见，这使史密斯好一阵难堪。他反驳说，哈尔西是“整个地区的最高飞行长官，他比其他人拥有更多的飞机”。不会有人怀疑哈尔西的地位权力，他也是金梅尔的好朋友，但他既不是舰队的航空参谋，也不是巡逻机大队的指挥官，不过是特遣舰队的指挥官。就责任来讲，接到“战争警告”后，史密斯应找戴维斯和贝林格商量在未来几天关键时刻内应采取的措施，这是他们二人应该插手的事情。

扎卡赖亚斯和史密斯之间的争论，以及贝林格的证词，把注意力集中在夏威夷特别是金梅尔身上，其中有褒也有贬。如果有谁能够把人们的注意力引开，那就是下一个证人——金梅尔的热情支持者海军上校萨福德。他确信海军部的腐败是“风力实施”未引起注意的魁首。萨福德怀着一种好似正在产卵的马哈鱼一般的决心，坚持说的确收到了这样一份情报，尽管许多证人不同意这一说法。由于他像史密斯一样机智，像扎卡赖亚斯一样武断，委员会的观察家们只能看法庭主审官是否具有善辩的口才。

萨福德显得很不自在，他一边咬着嘴唇，用手胡乱涂画着，一边读着一篇事先拟好的证词。这篇证词实际上已成为他的誓言：“有一个风力情报，它意味着战争——我们知道它意味着战争。”从始至终，法律顾问们和委员会成员一直试图弄清是否在 12 月 7 日以前收到过“风力实施”，萨福德始终坚持说收到了。

萨福德的证词，无不闪烁着他在自己领域里那不容置疑的天才以及他的真诚。他的人格和名声很好，无论担任什么职务都会受到尊敬和关注。然而，他在委员会面前的表现不能令人完全相信他的关于“风力实施”的讲述，除非那些从开始就打定主意相信的人。经过连续 3 天的盘问，萨福德以及他那惊人的结论终于站不住脚了。他满脸绯红，回答时闪烁其词，结结巴巴，有时是长时间的缄默。当然，上校的不自在神情，并非说明他在感到内疚或他的证词不足为信。让萨福德这样固执、性格内向的人在众目睽睽之下出现在国会调查委员会面前，是近乎残酷的非人的惩罚。此外，尽管他惊慌失措，但在主要问题上并没有让步。

另一方面，萨福德是一个令人愤怒的证人，从他那里很难直接得出肯定还是否定的答案。他还有一个坏习惯，就是设法抛开直接证据，把个人意见作为事实呈上。理查森为这一点几次提醒他。尽管如此，上校还是佩服理查森，认为他“无论从哪方面，都远远超过米切尔”。这或许是因为理查森竭力使萨福德不偏离主题的缘故。

2月5日下午，萨福德没到庭。委员会听取了海军少将弗兰克·C·贝蒂和海军陆战队上校约翰·D·狄龙的证词。他们二人在1941年间曾是诺克斯的助手。委员会有人提出1941年12月6日海军部曾准备向夏威夷发出警告一事，向这两位军官提出了简短的询问。正如我们以上所见，从这条线索是找不到任何答案的。[①]

第二天上午，委员会继续对萨福德进行询问。这是一次类似扫荡性的讯问，当萨福德谢天谢地地从秘密会议室逃出来时，一位漂亮的女士拦住他说：“我是理查森夫人，你懂我的意思吗？我是塞思·理查森夫人。上校，你真是太了不起了。你没有让他们吓住而改变自己的说法。”对于饱尝讯问之苦的萨福德来说，她就像一个来自天堂的天使。

如果巴克利及同事们想在萨福德之后喘口气，肯定会感到失望的。海军上校克莱默和他的前任证人一样固执不易对付，但只不过立场完全相反。由于克莱默急于说出事实真相，又极关注细节，他的一些陈述归纳后，与萨福德的证词一样含混不清，模棱两可。

为了澄清一个传闻，默菲问道：“就这一案件而言，你可曾受到过攻击或围攻？如果有的话，我想委员会有权知道其中的每一个细节。”克莱默答道：“先生，我从未遭受攻击或围攻。”

萨福德的一些证词使克莱默极为吃惊，他试图把事实纠正过来。他同意有“风力实施”一事，但说它不是针对美国的，他曾看过该情报，但只看了“10至15秒钟的时间”。他回忆说，那是针对英国的，他曾在“过去的一年里与海军上校萨福德至少讨论过6次涉及珍珠港事件的一些问题”。

这一情况引起了卢卡斯的兴趣。“在你们的讨论中，对于这样一份比较特殊有争议的情报，你是否同意他所说的即是真正的风力实施情报？”卢卡斯问。克莱默答道：“不，先生，我不同意。我极力想使他放弃这种想法，因为这种想法与我的看法恰好相反。”

记者弗雷德里克·C·奥思曼在一次对调查的定期采访中评论说：“我在这间屋子里待了还不到5分钟，白发苍苍的参议员霍默·弗格森……就开始控制不住自己了。他对克莱默大声喊着，克莱默也对他喊。”在与弗格森的争吵中，克莱默推翻了又一个珍珠港神话。1945年11月9日，《芝加哥论坛报》说，克莱默在12月7

①见第六十九章。

日早晨在国务院提醒诺克斯，“1 点钟”电报意味着珍珠港将遭到一次袭击。而克莱默解释说，他曾提起的“珍珠港那天的时间……完全是顺便提到……”，他脑子里从未想到珍珠港可能会受到袭击。卢卡斯就这一点穷追不舍：“从你通过‘魔术’得到的所有情报，其中包括那个曾提到多次的风力实施情报，你可曾看到足以使你相信珍珠港会在 1941 年 12 月 7 日遭日本袭击的一个词，一个短语或句子？”克莱默答道：“从未看到过，先生。”

经过对萨福德和克莱默的反复讯问，委员会有了一些收获。海军上将罗亚尔·E·英格索尔是一个理想的证人，和蔼，干脆，中肯。这位具有以上优点和普通常识的前海军作战部长助理，专门负责诸如美日关系、大西洋战略、珍珠港海军舰队的安全、那封 14 部分电报以及美英协议等一系列问题。

英格索尔作证之后，陆军上校克劳森出庭。他竭力为自己和斯廷森在他进行的那场调查中所表现出的诚意辩护，否定自己有任何使证人改变证词的行为，并极力辩白说，他所讯问的事实都是真实的。

按程序，被认为是克劳森淫威牺牲品的情报参谋布莱顿应紧随其后，于 2 月 14 日下午和晚上出庭作证。布莱顿身材魁梧，举止干练，看上去不像一个骗人的人。他生动地描述了 12 月 7 日中午前在马歇尔办公室里发生的一切，谈到了在截收“风力实施”情报中所做的努力，以及“大量的错误警告”到来的情况。同英格索尔一样，布莱顿认为，真正暗示日本将向美国开战的是日本的毁码命令。[①]布莱顿极为肯定地说，直至袭击后，他才见到“风力实施”情报。他认为：“诸如此类的风力实施未经我过目便送到陆军部，令人难以相信。”

“海军情报办公室和陆军情报部没有一个人知道 12 月 7 日早晨太平洋舰队的主力仍在珍珠港内。”布莱顿强调说，“我们都认为他们已出海。”卢卡斯问道：“你为什么这样想呢？”布莱顿答道：“因为这是作战计划的一部分，再者，他们已接到了战争警告。”

2 月 14 日，卢卡斯明白了一个重要的道理：“……我认为，如果调查委员会不请一些来自夏威夷的证人，无论如何不能结束此次听证。我们现在一直是在华盛顿调查。”这一灵感来得稍迟了些，因为第二天就是结束此次调查的最后期限。然而，甚至是这样一件按例行公事要求延期的小事，政治也要狡猾地插上一手。民主党要求再增加一星期时间进行调查，并另需一个月左右的时间来完成报告。共和党则要求两

①见第五十五章。

个星期至两个月的时间用于听证调查，以及更长的时间用于写出提交国会的报告。无论怎样，他们最终自己解决了自己的问题。2 月 15 日，国会把听证期限延长至 6 月 1 日，要求公开听证于 2 月 20 日前结束。

愤愤不平的新闻记者奥斯曼报道说："那些耍笔杆子为他们的报纸撰写法庭诉讼程序的可怜虫们，支持那些国会议员于星期五结束调查，但他们也承认这是幻想。他们组织了'东风雨幸存者协会'……他们计划在调查停止之日举行集会。"德鲁·皮尔逊进一步认为，从目前收集到的这堆乱七八糟的资料中可以得出两个重要结论：国会不会通过任何使海军和陆军将军们始终保持警惕的议案，以及改变现场指挥官基本职责的议案。

2 月 15 日，继布莱顿之后，又有 3 名证人作证：陆军上校萨德特勒是前陆军通讯兵军事处负责人，他主要就"风力"涉及地区进行作证。海军中校莱斯特·R·舒尔茨用朴素动人的语言，谈到他曾于 1941 年 12 月 6 日晚将那份有 13 部分的密件送交罗斯福。曾于 1941 年指挥过瓦胡岛海军通信情报部的海军上校罗奇福特，于 2 月 15 日后半天及第二天的部分时间出庭作证，叙述了他是如何对付日本海军系统及在外交密码领域里可以做到的和不能做到的一切。他的部下曾监听到被华盛顿列为"风力实施"的无线电广播，但他对这一情报未能给予足够的重视。

2 月 15 日，《檀香山明星报》的林恩·克罗斯特带有一丝幽默地谈到此事：

> ……当一幅私下绘制的漫画在委员会听证室里从一个人手中传到另一个人手中时，甚至连委员会成员也忍俊不禁。
>
> 画面上有一个海军上校，趴卧在一个清洁女工的胯下，舌头无力地伸出嘴外，眼睛圆睁着。那个清洁女工正站着和她的助手谈话："我不知道这位上校怎么了。我刚才进来时对他说，这里有张纸，上面写着'东风，雨'。"

委员会真不走运，"风力实施"这个令人头疼的问题占用了他们不少的时间和精力，却毫无收获。2 月 16 日，前海军通讯部部长、海军少将诺伊斯出庭作证。他说他曾看到那些被认为是"实施"的情报，但没有人对其真实性做过证实。他并不认为萨福德在证词中谈到的那份情报属实，除了其他原因之外，主要因为它没有按照日本人规定的暗语发出。

诺伊斯作证后，到了按规定结束法庭审理的时间，委员会仍有一些问题尚未解决。2 月 18 日星期一，委员会听取康涅狄格州现任共和党参议员海军上将哈特汇报关于他自己主持和取证的报告。

当委员会把注意力从哈特转移到前金梅尔舰队情报参谋、海军上校莱顿时，他们就像抓住了老虎尾巴。莱顿讲述的清楚明白，因此基夫承认“……你是我们所有证人中最真诚、坦率的一个，你知道你在说什么……”。但至少有一次，莱顿对委员会那种自足的样子感到不满。在回答卢卡斯的提问时，莱顿毫不客气地说出自己的观点：“把我们破译密码的方法进行如此大张旗鼓的宣传，这样的调查会给国家安全带来难以估量的危害。”委员会在即将结束调查时被冠以如此一顶帽子，令委员们的心情十分沉重。

2 月 19 日的听证会给人留下有点虎头蛇尾的印象。那天的第一位证人是陆军上校罗伯特 · E · 舒克拉夫特。在珍珠港事件发生前后，他是通讯主任的参谋，负责截收无线电工作。他的证词几乎全与“风力”问题有关。1941 年 12 月 4 日或 5 日左右，他曾看见一个被称为“实施”的情报，但他断定这不过是一场虚惊。

肖特的前参谋长、陆军上校菲利普斯继舒克拉夫特之后作证。他对“东风，雨”这一永恒主题的看法，不同于舒克拉夫特，他肯定了肖特证词中关于接到 11 月 27 日电报后曾与参谋长商量的事实。从菲利普斯的证词中还可以看出，他完全不理解海军特遣舰队侦察的范围和性质。这一事实说明，金梅尔和肖特引以自豪的陆海军联合计划缺乏其实质性内容。和肖特一样，菲利普斯强调了海军当时不相信瓦胡岛会遭到空袭的事实。所以，一位来自夏威夷陆军部的代表再次把矛头指向了索克 · 麦克莫里斯，虽然没有点他的名。麦克莫里斯那著名的关于日本人不可能进行空袭的声称，是一个聪明、有经验的美国海军军官对形势的判断。但他并不是无所不知，因此他的判断当然不会成为影响肖特或菲利普斯做出判断的障碍。

菲利普斯值得赞赏，他在自己的证词中又加上：“……我完全赞成肖特将军所做的执行 I 号戒备令的决定。我认为他做出这样的决定，我也有责任。这一决定后来证明错了，但是就当时掌握的情报来看，我们当时只能这样做。”

约翰 · F · 桑尼特继菲利普斯之后，在那天的剩余时间及第二天早上出庭作证，就休伊特调查提供了证词，并特别提到萨福德的辩解。桑尼特作证之后，听证会暂时与高级军官无缘。前陆军中士乔治 · E · 埃利奥特对雷达操作性质及具有历史意义的奥帕那雷达显示信号做了陈述。之后，只剩下两位证人，其中之一是海军上校约翰 · M · 克拉顿，他主要就远东地区事务问题提供了证言。

1941 年任肖特情报助理的陆军上校乔治 · 贝克内尔，作为最后一个证人出庭似乎很合适。他讲得条理清楚，证据充分，没有丝毫含糊之辞。他讲的一些情况使人们对陆海军联合计划存有诸多不完善之处的印象更加深了一步。当时，贝克内尔把他搜集到的所有情报进行分析评价之后，再转给夏威夷海军。但是，他知道海军并未向他们提供全部情报。

贝克内尔与他的上司之间的联系并非无可挑剔。菲利普斯向全体参谋宣读 11 月 27 日马歇尔电报时，他也在场。然而，肖特和梅菲尔德均未同贝克内尔讨论过该电。他知道，只有在部队进行调遣之后，反破坏警戒状态才开始实施。上司不与贝克内尔磋商的原因之一，可能是他们已清楚地知道他的意见。“我对那个问题的看法，实际上已向我接触过的所有司令官谈过。我的看法是，绝不会出现日本人颠覆破坏的局面，绝对不会出现。”

贝克内尔作证之后，是介绍各种文件的最后关键时刻，巴克利感谢为此做出努力的人士。最后，17 点 15 分，他正式宣布休会，听候主席召唤。

在整个 3 月份里，委员会未举行任何公开听证。但是，4 月 9 日星期二，斯塔克和马歇尔又回到证人席上，接受公开听证。斯塔克和马歇尔对自己在 1941 年 12 月 6 日晚上的行踪等问题提供证词。马歇尔基本上重复了他以前的证词，没有做什么补充。对于 1941 年 12 月 6 日晚这段时间，他的记忆是一片空白。他自己的有关记录也不能证明那天晚上他未在家里度过。因为无论何时打电话，他的司令部总是有人接电话。

那天第一个作证的是斯塔克。海军中校舒尔茨曾指出斯塔克海军上将那天晚上去了国家剧院。斯塔克很清楚地回忆起他曾看过《学生王子》，此剧当时正在国家剧院上演。但是，他无论如何也无法把该剧与那个有疑问的晚上联系起来。吉尔哈特采取了一种特别态度，他说“所有关于珍珠港调查的最难解之谜”是 12 月 6 日晚马歇尔和斯塔克的行踪。4 月 11 日，他再次猛烈抨击斯塔克，似乎认为海军上将在事件发生后的几周里脑子里应只有珍珠港，不应考虑其他事情。“你一直在被要求提供证据，不是吗？在你动身去伦敦前，一直被追问与此有关的证据。”

“不，不是的。”斯塔克肯定地回答，“在去伦敦之前，我正忙于战争……我没有参加事后的评价或检讨。”

曾任罗斯福海军助理的海军少将贝尔德奥尔，那天也出庭作证。他主要就 12 月 6 日和 7 日发生的事件做证。那次听证会的余下时间，主要用于把以前讯问的各种文件和情况，进行归档的工作。

5 月 23 日，委员会召开最后一次听证会。一星期前，根据基夫的建议，委员们投票表决决定在这一天结束法庭调查。理查森最后致谢词：“我想，让我们结束我们所有的记录吧。”在听证会结束之际，巴克利对委员会成员、联邦调查局及联络官们的合作表示感谢。他对新闻界表示了特别的感谢。从巴克利赞赏的表情可以看出，代表少数派的布鲁斯特是一个体面的失败者。由于大家从理智上达到一致，委员会于 5 月 23 日 12 点 15 分宣布结束，听候主席召唤。

包裹刚刚整齐地捆好，又必须打开。1 月 25 日夜（原文可能有错——译者注），海军上校 H · D · 克里克夫妇拜访了斯塔克。克里克曾在斯塔克指挥战斗部队巡洋舰时任他的副官，两个家庭一直保持着密切的联系。克里克提醒斯塔克说，1941 年 12 月 6 日晚，他们曾在一起共进晚餐，然后一起去看《学生王子》，看后又一起回到斯塔克家，到家后，海军作战部长给白宫回了电话。斯塔克仍不能独立地回忆起这些事情，但决心诚心诚意地把记录改过来。他早晨两三点钟就起床写了一封信，并在当天交给巴克利。

巴克利匆忙召集委员会议，但由于那天恰好是阵亡将士纪念日，委员们未能到齐。斯塔克的证词很简短。他的脑海中对 1941 年 12 月 6 日整个晚上未留下任何印象，可能由于他对那样的夜晚早已习以为常，这两对夫妻一起参加过许多社交活动。再者，打给或收到罗斯福的电话并不是什么新鲜事。

是否接受这一证词引起了一些争论。理查森明智地提议，应先接受克里克的证词，然后再决定用还是不用，他的意见被采纳了。从理论上讲，此种做法可能会引起怀疑，因为讯问已正式宣布结束。但是，鉴于对袭击前一天晚上斯塔克行踪的异议，不设法解决这个问题是很不明智的。

克里克的叙述简短明确。当卢卡斯问他怎么会把那个晚上记得如此清楚时，克里克的回答极富人情味，因此很有说服力。“因为我是个小人物，大的事情正在发生，是不会忘记这类事情的。”第二天发生的珍珠港事件，深深地印在了他的记忆里。

因此，似乎无疑的是，吉尔哈特的“最难解之谜”已有一半被解开了。但是，人们能够理解为什么卢卡斯恳求斯塔克说：“请不要再找朋友了。朋友来时，不要再谈珍珠港了。”在场的人都同情地笑了起来。

在此之前，委员们一直忙于法庭调查，因此无人考虑准备一份站得住脚的报告草案。现在，理查森和考夫曼都写出了草案，但是摩根认为两份报告均欠全面。他渐渐地喜欢上了理查森，但认为他有点像个粗线条的艺术家。首席法官不是那种擅长撰写有根有据报告的人，而这样的报告，每句话都必须在如山的证据中寻找，并加以引证。此外，摩根还担心理查森和考夫曼不能完全抛开各自的政治偏见。理查森是个强硬的共和党人，而考夫曼则是一个令人佩服的民主党人。

相比之下，摩根没有任何个人目的和政治目的，他没有想也不希望从他在委员会的工作中捞到任何政治好处。他是从联邦调查局借调来的，将来还要回到联邦调查局去。摩根曾获法律学位，并当过会计师、调查员、教员，这些经历培养了他思维缜密、注重细节等好习惯。他获得过英语硕士学位，而且非常愿意与语言打交道。带着头脑中的这些知识，摩根在别人不知晓的情况下，着手起草了一份草案。他在一个支离破碎的基础上开始着迷地工作着，以至于常常在半夜醒来，写上一章。最后，他把自己的草稿拿给委员会的每位成员过目。

在委员会将近完成一半听证时，摩根才参加进来。因此，他不得不很快地浏览前面的证词，并同时履行其助理律师的职责。即使在完美的要求下，摩根的草案也很令人敬佩，无论从研究价值上，还是从逻辑推理和文字表达上。毫无疑问，多数成员决定以它为基础，事实上他们接受了草案的绝大部分，而且丝毫未加改动。摩根本人在委员们最后签署这份文件之前，作了一些更改，原稿中的某些措辞，比最终发表的报告更为有力。为了使自己的文章免受指责，他删去了某些段落。

起草和讨论草案极其费时。在 7 月 2 日的秘密会议上，委员会决定请求国会第五次延长时间，把时间延长至 7 月 16 日。在确定究竟谁应对日本人袭击成功负责这一问题上，委员会再度陷入困境，他们只好再次休会。但巴克利对他们能够在新的截止日期之前完成任务表示乐观，同时希望能有一份一致通过的报告。这一想法有些不太现实，因为弗格森一直在整理自己的意见。如果他继续对主报告持不同意见，可能会把自己的报告作为少数派报告签署。

7 月 20 日，委员会公布了被斯廷森称之为“一份非常公正的报告”。报告涉及的每个事件都是真实的。

实际上，这个委员会的调查者们始终在同一房间、同一时刻分别进行两项调查——一是关于日本人在珍珠港的胜利，一是美国战前外交政策。由于少数委员的坚持和耐心，委员会不得不把侧重面倾向于调查 1941 年 12 月 7 日前后华盛顿所发生的事情。其结果导致委员会把提出的证人名单从瓦胡岛那头切下一大截，使一些非常重要的问题无法触及。有些人特别对未传讯布洛克这一点表示怀疑，因为让他出庭作证有充分的理由。首先，他曾在理查森和金梅尔手下任职，是第十四海军军区司令，与肖特的职位相当。委员会曾明智地保持陆海军证人人数的平衡，然而，他们竟在夏威夷海防前线不遵循这一明智的原则，实在令人难以相信。其次，布洛克曾是基地防御参谋，分管海军，负责保卫珍珠港内舰只以及海岸设施的安全，这一切本应使他成为一个关键的证人。保护基地是他的直接责任，而金梅尔的责任则是间接的。其三，在海军法庭上，布洛克被视为“有关当事人”。公正地说，委员会给予其他两个有关当事人机会，因此他应有同样的机会，在公众面前讲清自己。其四，在委员会面前，金梅尔曾几次提到希望布洛克出庭作证。这些意见，本应提醒委员会布洛克将会提供有价值的证词。其五，肖特曾认为第十四海军军区的参谋工作失误，这是一个严重的指控。因为，用肖特的话说，瓦胡岛上的整个军事格局是协作指挥。但是，这样的格局显然是把陆海军联络交给了一位年轻的后备役军官哈罗德·D·伯来负责。再者，布洛克住在华盛顿，参加过多次听证会。因此，对于调查委员会来说，他是随时可以找得到的。

人们同样奇怪的是，委员会为什么不坚持听麦克莫里斯亲口解释一下，他为什么在 1941 年 11 月 27 日做出日本人空袭瓦胡岛绝对不可能的结论。人们也不应忘记金梅尔的航空参谋海军上校戴维斯，因为珍珠港事件主要是一次空袭事件。另一个值得注意的缺席证人，是陆军少将马丁。他是夏威夷空军司令官，是马丁—贝林格报告的当事人之一。他的证词对恰当地描绘瓦胡岛上所发生的一切，当然是极其重要的。

因此，从表面上看，当委员会还远远没有做完他们的工作时，就要对调查这一单调乏味的工作感到厌倦而离去。当然，人们也可能会玩世不恭地认为，进一步调查瓦胡岛陆海军情况，既不会抬高也不会诋毁富兰克林·D·罗斯福在人们心中的形象。因此，也就不会增加或减弱民主党或共和党的声誉。也许，委员会不得不在某个地方戛然而止，或者想让美国人民继续这一艰苦的工作，像阿加莎·克里斯蒂马拉松式地写出《捕鼠器》（阿加莎·克里斯蒂，美国侦探小说家和剧作家，《捕鼠器》是她的一部作品——译者注）一样慢慢来。

正如所料，委员会未能达成一致的裁决。以摩根草案为基础的多数派报告，得出 12 个结论。前 5 个结论把日本人袭击说成是有一定的政治背景，最终责任应在日本方面。多数派报告认为指控罗斯福、赫尔、斯廷森、诺克斯等人使用哄骗、触怒、刺激、勾引、胁迫等手段使日本人前来袭击美国，找不到任何证据。他们把军事责任分为两部分——夏威夷和华盛顿。夏威夷的责任是：

（a）鉴于他们曾收到华盛顿发来的警告，他们手中掌握的其他情报以及根据合作指挥的原则，他们负有不可推卸的责任。

（b）未能根据 11 月 27 日和 12 月 7 日期间的警告和情报，统一协调他们的军事设施和组织防御，未能适时地警告夏威夷的陆海军单位。

（c）旨在让各方面熟悉彼此军事行动而设立的联络未能有效发挥作用……未能交流重要情报。

（d）未能在装备能力范围内进行更有效的侦察。

（e）未能贯彻命令，未能使陆海军将士随时准备应付一切可能的进犯。

（f）未能利用现有设施、物资和人力击退日本来犯者。

（g）未能意识到所掌握的情报和其他情报的重要性。

这些结论逻辑严密，无懈可击。多数派为了减轻这一长长的失误清单的分量，认为这些失误仅属于判断错误，而不是玩忽职守。

报告指责陆军作战计划部在接到肖特对 11 月 27 日警告的答复后，未能忠告肖特，因此没有使夏威夷陆军部队得到适当的警告。报告还指责美国陆军部和海军部的作战计划部门和情报部门对“炸弹弹着点标示图”系列未能进行缜密的思考，未能把这些情报及时地送到夏威夷司令官手中。多数派报告同时指责作战计划部门和情报部门未能认清“1 点钟”电报的重要性，也未能把这些情报送到所有太平洋警戒部队的司令官手中。

除弗格森和布雷斯特之外，委员会全体委员均在报告上签了字。基夫在自己的签名旁又附加上一条看法，他赞成其中大部分结论和情况介绍。然而他认为报告提出的事实，“或许是出于无意，将责任推给了夏威夷，从而减少了华盛顿应承担的责任”。他责备陆军部和海军部，未能让金梅尔和肖特了解外交活动情况，未能把截获的重要情报如“炸弹弹着点标示图”系列向他们通告。基夫明确指出，这个系列“把珍珠港内太平洋舰队船只做了标志，意味着它们将遭到日本人袭击”。因此，基夫一方面同意委员会关于夏威夷司令官应对此负责的结论，同时又认为他们的错误“直接与华盛顿最高统帅部未能让其下属机构处于待机状态并进入战时编制有所联系……”。他同时得出结论：“秘密外交是这次悲剧的根源所在。”这与他签署的报告的结论恰好相反，强调了他对华盛顿的指责。

弗格森和布雷斯特提交了一份少数派报告。其中，为数众多的观点与基夫的一致。这些观点，不是他们相互抄袭的结果，就是出于同一份资料。根据小帕西·L·格里夫斯的说法，他们很像基夫曾用过的由金梅尔能干的律师准备的那份材料。

弗格森和布雷斯特一共得出了 21 条结论，其中一些很值得考虑。“从日本陆海军的历史判断，华盛顿权威人士和夏威夷司令官们，有充分理由可以估计到日本政府会以对美国采取突然袭击来开始战争。”事实也的确如此，这也是珍珠港永久之谜的一个重要组成部分。

根据两位参议员的意见，罗斯福宁愿等待日本人攻击，也不愿请求国会宣战的决定，“更加重了华盛顿最高当局的责任，他们没有小心谨慎地命令珍珠港的司令官们进入全面防御待机状态……并使用了会产生误解的语言……”。凡是有头脑的人，是无法与这一前提争辩的。但是，人们在此进入了语言领域，它是一门艺术而不是科学。因此，那些发报人认为非常清楚的语言，却使收报人感到难以理解。

人们对于布雷斯特和弗格森对罗斯福的严厉指责并不感到惊奇。然而，他们并未指责罗斯福引诱日本人前来袭击珍珠港。在最后的结论中，少数派报告把罗斯福、斯廷森、诺克斯、马歇尔、斯塔克和杰罗特别指控为未能履行自己的职责去对珍珠港防御负责的人。然而，对华盛顿未能给予夏威夷足够明确指示这一指责中，他们并未提及特纳，而有争议的战争警告就是在特纳的办公室拟出的。在战争计划部门里，他和杰罗同样犯有错误。

弗格森和布雷斯特没有为金梅尔和肖特开脱责任，指责他们“未能履行其在夏威夷的职责”。

虽然国会委员会工作有失误，任命有欠妥之处，留有枝节问题及存在党派之争，他们的调查仍是珍珠港事件调查中最有价值的一次。俗话说：“真理是时间的女儿。”袭击珍珠港事件已过去多年，战争已经结束，“魔术”和一些有关日本方面的证据已经可以得到。

似乎就像国会委员会经常遇到的情况一样，调查报告——这份一般公众都极为熟悉的文献——其历史价值远不及证词和起草这份文献所依据的资料。这是因为诸如此类的报告带有一定的观点。这些观点尽管是诚实的，但可能会受到偏见、政治权术及公众舆论压力的影响，报告是调查这个交响乐的结尾。尽管这支交响乐永远也不会结束，但人们还应该感谢它。

第八十一章

历史的裁决

美国夏威夷太平洋战争纪念馆

与开始时的情形一样，国会委员会的讯问在醒目的大字标题、形形色色的社论以及修正派气愤的指责声中宣告结束。诸如才华横溢、完全主张修正的作家格里夫斯和弗林以及忠实于金梅尔的能干律师罗格等人，早已在策划少数派报告的起草准备工作。如果他们自认为已牢牢把握住时机，谁又能责备他们呢？然而，美国的国会议员们是捉摸不定的。正当这些出谋策划者相信他们的人已经准备完毕伺机进攻时，某位参议员或众议员却可能在此时此刻举棋不定，最终打乱了计划。形势的发展恰好如此，吉尔哈特和基夫签署了多数派报告，这使出谋划策者们大为反感。

弗林对此进行了无端的恶意猜测，他认为基夫和吉尔哈特不诚实。他断定，他们的所作所为与他们的初衷背道而驰。对于吉尔哈特的背叛，他有现成的解释：加利福尼亚是吉尔哈特的选区，在那里“民主党拥有绝对多数的选票……”，吉尔哈特“最终决定粉饰赫尔和罗斯福，给他认为是清白的金梅尔和肖特的名誉抹黑——以期自己得到足够的民主党选票，从而回到国会中去”。然而，基夫放弃自己的观点，显然令弗林迷惑不解，“基夫一直在大声斥责民主党派的方案……他怎么又改变主意了呢？”

人们不想同他一道去猜测为什么基夫这样做。然而调查报告的副本表明，基夫绝不是缺乏独立判断能力之辈。如果没有一定的政治敏感，他也不会进入国会。国会调查听证前和听证期间搞党派之争，不能同公开支持那些听证会上没有提出充分证据的裁决相提并论。没有任何证据证明政府故意做了什么错事，金梅尔和肖特未能把对自己的指控洗刷掉，“风力”的优势随着一声抽噎结束了。因此，尽管基夫有许多保留意见，还是加入了主流的行列，这一点也不令人吃惊。

《芝加哥论坛报》抨击吉尔哈特在这出戏中扮演了一个不光彩的角色：“吉尔哈特的同事们推测他是慑服于民主党的压力……是因为对自己政治前途的忧虑。”当一名记者问吉尔哈特为何在那份多数派报告上签字时，他不耐烦地说：“报告本身可以告诉你。”金梅尔作证结束后，他在给这位海军上将的信[①]中，肯定地说：“后来提供的证据使我改变了观点。”所以，人们可以把吉尔哈特看作是迫于政治压力而背叛了自己观点的人，或把他看作是一个心胸非常开阔、能根据证据的分量来改变自己观点的人。摩根回忆说，随着调查的深入，吉尔哈特越来越成熟。国会议员绝非傻瓜，他们有能力意识到自己以前的看法需要修改，这是不足为奇的。

假若基夫和吉尔哈特的批评家们把眼界放得宽阔一些，而不是只局限在富兰克林·D·罗斯福的东南西北上，他们就会看出这两位国会议员其实帮了共和党的忙。他们向公众显示，共和党的胸怀如此宽广，以至于在一些重要问题上能够容忍真诚的意见分歧。此外，他们的观点还增加了调查及其结论的可信度。假如调查委员会向美国人民献上两份严格按党派分开签署的报告才是真正的悲剧所在。如果这些国会议员放弃那种牺牲当事人利益和自我表现的做法，如果各位委员并非完全依照他们在听证之前对本案的看法而进行最后表决，那么还会有谁去责备他们呢？

金梅尔曾欢迎国会进行调查，但在报告公布之时，他未发表任何评论，他想在通读报告以后再发表意见。实际上，他对此感到非常吃惊。“调查委员会的共和党少数派的调查结果，对拉格是一个可怕的打击，对我也是如此。”1946 年 9 月 13 日，他写信给老朋友和积极支持者海军上将哈里·E·亚内尔时说：“因为拉格一直告诉我，委员们向他保证他的意见将成为报告的主旨。”然而，这全是“堤下之水”。但金梅尔对他的所作所为并不后悔。他从目前的境遇中找到了几丝安慰：“当然，我对

①见第七十九章。

少数派的调查结果表示失望。然而，仔细读过之后，可以看出他们做了除彻底开脱我的责任以外的一切事情，他们确实把主要责任推给华盛顿，这些责任本来就在华盛顿方面。”多数派的报告“和我们所想象的相差无几，他们尽量避开对华盛顿方面的指责。我认为，任何仔细的读者，都不难看出这就是他们最初的目的”。

肖特在达拉斯接受采访时，表示了自己的不快。“调查委员会的多数派委员有权发表自己的意见。”他说，“然而，我很满意听证会上的证词完全开脱了对我的任何指责。我相信这将成为历史的裁决。正如我以前说过的，我是问心无愧的。”

但是，委员会并没有“完全开脱”金梅尔和肖特的责任。因此，这两位司令官并没有达到他们的目的——完全开脱自己的责任，把罪责推给他们华盛顿的上司头上。但是，调查委员会至少已公开开脱了对他们提出“渎职”这一残酷的带有伤害性的指控。

从肖特在国会调查委员会上提供的证词可以看出，他对陆军部积怨很深。然而，在他公开自己的观点后，并没有把自己的毕生精力放在自我正名上，相反，他和夫人回到达拉斯他们佐治亚式的寓所。人们都会认为他们的家就应该是这个样子，是一对经历了一生戎马生涯的夫妻退休后的安歇之处。图片，地图，参考书，镶嵌在镜框里的一套勋章，分放在勋章两侧的两张证书——所有这一切，都说明了肖特心里将永远想着什么。在这种相宜的气氛中，肖特像许多敏感的人一样，开始养花，照管着用篱笆围起来的玫瑰和百日草。他过着一种平静近乎隐居的生活。在他离开人世后，一个邻居说：“我在这儿住了一年多，可从没有见过这位早就听说过的将军。”

或许肖特意识到他犯的过失太多，因此认为对他的处分至少一部分是合理的。或许他不屑解释自己的情况，他不会像 18 世纪法国贵族那样，乞求围在断头台周围的针织妇，以期得到同情。也许他只是累了，他从生活中悄悄离去，严守着自己的秘密。“他从未（你可能会这样说）举止失度，甚至对我也是如此。”他的儿子、陆军少校沃尔特·迪安·肖特对记者说：“他在国会调查委员会面前提供了所有关于珍珠港方面的事实……他没有什么可写的了，没有什么可说的了。”

也许，将军的确没有什么可说的了。但是，世人对他的看法又是如何呢？他是一个军人，一生漂泊不定，有着自己的希望和梦想，他有一个漂亮的妻子，生了个聪明伶俐的儿子，继承了他的事业。他是怎样一个人呢？他想的是什么，感觉的是什么，做的又是什么呢？希望了解沃尔特·C·肖特的历史学家不得不在没有陆军将军的帮助下做出定论。谁能否认在他带有自尊心的沉默中，有某些值得令人钦佩的东西呢？

肖特的部下认为，珍珠港受到袭击后，长时间的震惊和痛苦的折磨导致了肖特在 69 岁时就过早地离开了人世。1945 年 12 月，他患了肺炎，这使他的身体状况每况愈下。将军患心脏病长达数月，1949 年 9 月 30 日去世前两周，他的病情急剧恶化，最后病逝在达拉斯家中。4 天以后，人们按军人式的葬礼把他安葬在阿灵顿国家公墓。只有他的遗孀、儿子、女婿、一些亲戚和诸如解决棘手问题专家弗莱明和他的助手杜鲁门等生前好友，参加了由主教主持的简朴葬礼。9 月的华盛顿正值夏季，当人们抬着他的灵柩朝他的最后安息处——位于某家官邸下方树木葱茏的小山上走去时，几片秋天的落叶点缀着绿茵茵的草地。冬天似乎提前到来了，正像将军本人的一生。

金梅尔是个个性倔强的人，一场风暴过后，这位海军上将身体完全垮了。但是，他像岩石一样坚强，坚信他已尽了最大努力，相信众多的军官和士兵会坚定不移地忠实于他，不会认为他是坏人。他就靠着这些信念支撑着。1947 年，他中断了与弗雷德里卡·R·哈里斯公司的联系，和他的妻子多萝西一起移居康涅狄格州的格罗通，这样他可以和当时在潜艇学校任教的儿子托马斯·金凯德·金梅尔住得近些。因此，这位海军上将一直与部队生活保持着联系，部队是在海军上将心目中唯一的牵挂。海军已注入了他的血液，看不见大海，听不见大海的声音和码头的喧闹声，他就无法生活下去。

如果金梅尔真的这样选择生活，他可以过得平静而满足。然而，他却让自己在对珍珠港的回忆中消磨余生。作为太平洋舰队司令，他从不把意志视为实际。但是，他不明白为什么当代历史不能宽厚待他。对他来讲，在美国人民面前释罪成了他的一种固恋。

金梅尔几乎有些病态，对此人们并不奇怪。他是在一种明确的平等交换环境中逐渐成名的，这就是：如果一个人遵从上帝旨意和人类天理，勤奋学习，自我牺牲，努力工作，他在社会上就能占有一席之地。如果履行自己的职责，与同事平等相处，他就会成功地度过人生的年华，赢得众多的荣誉。

金梅尔就是这样做的。然而，9 个月过后，几乎在他就要当上美国海军总司令的那一天，命运却给了他一个毁灭性的打击。金梅尔似乎必定会认为，不是他原来的生活基础纯属虚幻，就是他在人生的旅途中做错了什么事。这两个选择，究竟哪个更不能令具有坦率头脑和高傲气质的金梅尔容忍，还是一个问题。

诚然，人们的内心有其自欺欺人的一面。金梅尔即使自我承认他对珍珠港事件负有一丝责任，也会使他陷入沉痛的懊恨和回忆之中。1941 年 12 月 7 日，他曾经历过生死关头。当时，他用手指捏住那颗跳弹，低声说道：“要是这颗子弹打死我，那就太仁慈了。”[①]但这以后，防火门“砰”地被关上，因为一定是别处出了差错。

金梅尔于 1968 年 5 月 14 日死于心脏病，终年 86 岁。他的去世，只有《檀香山明星报》和《檀香山广告报》做了报道。有什么会比这更恰如其分的呢？他的名字将永远和夏威夷联在一起，而不是他的出生地肯塔基或他的临终地康涅狄格州——他的脑海里也同样这样认为。《檀香山广告报》和《檀香山明星报》每逢星期天合刊，它们于 1968 年 5 月 15 日联合发表一篇评论，其中既没有为他辩护，也没有对他的死表示哀悼。评论结尾写道：“他（金梅尔）应了海军这样一句名言：驾驶台上的人就得对舰只负责。这可能不公平，但却是合情合理。这个不肯低头的人，就这样结束了他的一生……”

如果当时美军发现并击退南云的特遣舰队，或使来犯者蒙受重大损失，金梅尔和肖特就会赢得荣誉。出于同样的原因，他们也不能逃脱受到袭击和遭到失败的责任。特别是肖特，应该负主要责任。

据弗莱明所言：“肖特防卫夏威夷群岛的观点是凭借舰队和空中军事行动以及基地来加以实施的，因为它们不会成为日本人直接袭击的目标。”这种理论暗示着推卸责任。就地理位置而言，从外围保卫夏威夷是海军的责任，肖特的主要任务是保护好海军舰只，因为没有舰只，外围防御是不可能实施的。

正如我们所见，肖特干得很出色，他的部下似乎对他相当尊敬。然而，他却盲目地为训练而训练。“肖特是一个优秀的侦察兵，”贝克内尔说，“但是，他一心扑在训练上，以至于竟未能意识到仅注意一方面将危若累卵。”其结果，用来自纽约的国会议员汉密尔顿·菲什的话说，在夏威夷“他们一直处在准备状态，而不是戒备状态”。肖特总是忙于磨砺自己的刀刃，而忘记了如果不把它握在手中，哪怕它再锋利也毫无用处，并失去其存在的意义。

不管肖特以前所持态度和实施方案如何，在接到 11 月 27 日警告电报后，他不应该再一心扑在训练上。国会调查委员会多数派报告认为，电报为前线将军们提供了足够的警告，使他们意识到训练应处于次要地位——而主要任务是执行这条电文中的命令，实施最大限度的安全防御。

然而，他忽视了其他方面，非常自信地认为除了颠覆破坏之外，别无其他隐患。他甚至不问一问他的战地司令官们是如何理解 11 月 27 日的警告的。他对当地日本人的担心，促成他同意军械部拒绝向部队发放弹药的建议。陆军上校柏金作证时说：

---

①见第六十二章。

“只有把弹药锁在军火库里，才会相对安全，才不会遭到大的损失。”

因此，当日本人突然袭来时，固定炮兵阵地附近只有在柏金一再坚持下放置的一些弹药，但还被锁起来了。机动炮根本没有弹药，它们的弹药存在几英里外的阿利亚马努山口。此外，机动炮兵根本没有进入战斗阵地。瓦胡岛上那些沉寂的大炮，比任何人的作证都更能雄辩地说明肖特对外部袭击可能性的重视程度。

在此明显需要陆海军相互了解和联合行动的情况下，肖特却未与海军密切合作，犯下了最根本的错误。肖特“从与别人的谈话中确信，大家都知道所干的是什么”。然而波克・史密斯曾错误地告诉金梅尔，说陆军已进入全面警戒状态。[①] 布洛克也认为陆军处于全面戒备状态，直至袭击后肖特告诉他时，布洛克才发现所谓的“全面戒备”，只是为了防止颠覆破坏。

还有另外两个消极因素，促使肖特决定发布I号警戒令。其一，他认为警告令表明，陆军部的主要意思是夏威夷不应发生触怒日本人或让他们找到借口的国际事件。其二，肖特唯恐全面戒备会引起老百姓的恐慌。

我们不能过分强调说，美国致使日本人在珍珠港获胜的全部错误根源，在于不相信日本人会采取冒险行动。如果肖特在某种程度上认清这一可能性，如果他对日本政府的态度等同于对当地日本人的态度，他就会把执行夏威夷陆军部的首要任务视为当务之急。

在证词中，肖特似乎非常自信，因为远程空中巡逻属于海军负责，所以他完全可以无视华盛顿下达的侦察命令。然而，他也有实施侦察的一个途径——雷达。陆军部在下达指令时，就是希望他利用雷达。1941 年全年中，肖特未能发挥雷达的作用。他把这个责任也推给了华盛顿，因为美国本土的一些雷达系统早在夏威夷得到设备之前就已安装完毕。

但是，人们不能原谅夏威夷陆军部队对飞机警报系统的管理混乱。雷达专家、海军少校威廉・E・泰勒的证词具有雄辩的说服力：“1941 年 12 月 7 日前，最高司令部未曾给予开展工作和正常运转的权力或督促。”

这不需要看华盛顿的态度，也不能以缺乏设备或资金为借口来解释或宽恕未能建立附近地带以及监视夏威夷领空飞机的报告系统。这些措施均可以甄别飞临飞机的身份和战斗机飞行方向——英国人在他们战斗中已充分证明了这一点——再加上主动性和合作精神，就会万无一失。遗憾的是，这些不用花代价而又能带来极大效果的东

①见第五十一章。

西，似乎被丢失了。

正如我们所看到的，肖特每天的确使用很短一段时间的雷达，有时还不能坚持。雷达对于无端的惊恐和颠覆破坏毫无用处。而肖特使用雷达，表明他认为有空袭的可能，但他为什么不发布 2 号或 3 号警告令呢？也许问题的关键在于肖特对雷达操作的看法——他这样做的目的“只是为了训练，而不是出于任何真正的用意”。所有这些，足以解释 12 月 7 日早晨奥帕那雷达站和情报中心的情景。

在珍珠港事件中，美国方面犯下的所有促成日本成功的错误、疏忽、失策，谁也没有肖特应负的责任多。他不仅没有完成自己的任务，而且甚至没有真正理解自己的任务实质。在 11 月 27 日这一关键的日子里，他把视觉缩小到用他指挥的全部武装力量——相当可观——在老虎跃窗而入时，去追踪一只老鼠。

和肖特平级的布洛克，正如美国海军上校保罗・B・端安对弗莱明描述得那样：“简直是在养老……漂亮的寓所，少量的工作……”然而，海军条例和正在实施的战争计划给第十四海军军区司令官规定了重要的职责，这些职责需要一个警惕性高、体力和脑力处于最佳状态的人去完成。此外，作为海军基地防御指挥官，布洛克负责与陆军共同安排防空袭防御行动，指挥陆军高射炮进入阵地，调动海军岸基飞机，并通过第二巡逻机联队指挥官调拨陆海军空中联合力量。

和肖特一样，布洛克也有设备不足等难处，但同样像肖特那样，他也没有使用他手中武器设备的心理准备。同陆军联络是他的一个最基本的工作，干好它只需一部电话、一辆面包车和一点魄力。在业务上同肖特直接联络，是布洛克的责任，而不是金梅尔的。不幸的是，布洛克的一些做法使人产生疑问：他对由他负责的与陆军联络这一职责考虑过多少？他向夏威夷陆军部队派去了一位年轻的海军上尉联络官，虽然这个年轻人聪明热情，却缺少必要的能有效地代表海军的经验和影响力。布洛克让伯尔去，不是因为海军上尉伯尔是最合适的人选，而是因为伯尔是他唯一可以匀出的人。布洛克不知道他的航空气象处于 12 月 1 日是否进行了常规观察，他也未过问过此事。就这样，布洛克对可以提醒夏威夷敌机正在飞临的一种最好途径，采取了骑士态度。

在未与陆军直接联系这一问题上，布洛克还表现出缺乏应有的判断力。对于把舰队置于如此刻板的行动规律中，使其行动随时可以预测，他至少应负有部分责任。因为是在布洛克的要求下，理查森才制定了如此一个固定的时间表。“其原因是，我想节省租用船只的费用……我希望航道疏浚工程尽可能不被中断。”布洛克解释说。布洛克通常把这些事务看得比船只行动的安全还重要。

后来，一位舰队司令写信给金梅尔说，防空袭训练“干扰了某些其他训练……”，因此他要求防空袭训练事先做出安排。金梅尔责成布洛克做出安排。肖特和布洛克制订了一个日程表，每当进行演习总是事先通知他们。显然，布洛克和肖特均未指出这样做对技术训练虽然有好处，但对于教会他们如何对付突袭，显然是失败的。

海军军区和海军航空队之间的关系简直可以说是超现实的。以 1941 年 3 月 21 日的空中联合协议及其行动方案为例，执行各种任务的飞机在发出空袭警报时，应该集合在一起，组成基地防御空军。瓦胡岛上的防御者一次一次地进行着这种训练，以期这支航空力量达到反应迅速、行动敏捷的目的。然而，这项计划直至宣布动员日那天才开始实施。根据这一计划，空中搜索敌舰行动只限于在遭受袭击的情况下才能进行，而没有制定出非战争时期应实施的计划。这里的指挥系统相当混乱，甚至布洛克也承认，如果出了问题，他不知道是他还是贝林格应向金梅尔负责。

最初，布洛克在海军军事法庭否认海军基地防御指挥官负责实施空中侦察。然而，联合海防前线防御计划（JCD—42）对此规定得清清楚楚。他最后向陆军委员会承认他应对此负责，但同时又强调在计划实施之前，他不应对远距离侦察负责。当问他肖特是否认识到他缺乏足够的装备去履行协议中他那部分职责时，布洛克又表现出他那越野赛跑的才能："我不能说我从没对他讲过，也不能说我的确对他讲过。"布洛克极力想把未能使联合海防前线防御计划生效的责任推给华盛顿，这是站不住脚的。正如国会调查委员会多数派报告所指出的："……执行此项计划，是夏威夷的基本责任。"

11 月 27 日至空袭发生这段时间内，贝林格的巡逻机处于"B—5 状态"，即百分之五十的物资和人员处于 4 小时后待命出发的状态。由布洛克下达实施的这种状态，是为正常情况规定的常规战备状态。因而此处又一次出现在接到明确警告令后，仍然按常规行事的情况。

在布洛克看来，没有舰队的允许，海军军区司令官显然不得使用巡逻机，因为这些飞机被舰队派有其他任务。但是，布洛克有权力使请求得到批准，假若他建议对部分地区进行空中侦察，金梅尔无疑会给他开绿灯。类似事情，在 1941 年夏季警戒期间确实曾有过。

布洛克之所以在珍珠港调查的大火中未遭受大面积烧伤，很大程度上是由于他聪明地让自己保持了一种不太引人注目的形象。但是，人们不会不同意海军上校扎卡赖亚斯的观点：日本人在珍珠港成功的一个原因，是金梅尔不愿意告诉布洛克，如果他干事效率太低就撤掉他。

金梅尔有两个错误是承袭旧有系统所致。在舰艇周围不使用防鱼雷网的决定，是理查森做出的，金梅尔既没加以废除，也没有加以改进，他从未拥有过理想的防鱼雷网。因此，如果金梅尔把他的舰只可能会受到空中鱼雷的袭击，看得像日本人把美国人可能设有保护舰只的防鱼雷网一样重要的话，我们不难想象，他会敦促海军部加快改进和生产这种网。

金梅尔接任太平洋舰队司令以来，修改了理查森在布洛克怂恿下制定的作息时间表，但仍保留了部分刻板的时间安排。由于舰队移动的日期可以预测，因而日本特务能够向东京报告主要舰只周末一律停泊在港内的情报。这一情报是日本制定计划的基石。

但是，我们同意福雷斯特尔的看法："他（金梅尔）最令人痛心的失误，是在袭击前一周内未能对在以瓦胡岛为起点的最危险地区，进行远程空中侦察。"金梅尔以没有足够进行360度范围侦察的飞机为借口而不利用手中飞机，这是难以令人接受的。布洛克提供的数字表明，当时有36架飞机可以使用。他还认为，如若这些飞机能够在最大的飞行半径进行360度巡逻，无力侦察的范围空间所剩不多。

即使36架飞机不够，也比1架不飞强得多。此外，陆军还有21架B—18飞机可供使用，海军完全可以要求使用这些中程轰炸机。用这些飞机进行侦察，当然不太理想，但它们毕竟还是可以使用的，没有人要求进行360度范围巡逻。海军和陆军的飞机，可以并且应该根据经过细致合理推算的马丁—贝林格报告和法刑报告以及以往舰队训练经验加以利用。

假如巡逻机受命径直向北飞行进行远程巡逻，它们是否能在12月7日清晨以前发现南云舰队，现在难以下定论。可能性固然很小，但是不实施远程空中侦察，便把这很小的可能性减少到零。假如侦察成功，港内舰只将会得到及时警告，肖特的战斗机就会全副武装地飞上天空，地面防御就会准备就绪，严阵以待。即使不成功，金梅尔也算尽到自己的职责。

金梅尔做决定时，一般不与有关部下磋商。布洛克直到第二天才接到一份"战争警告"。金梅尔也没有向舰队航空参谋戴维斯或舰队情报参谋莱顿征求意见或请他们做专业判断，贝林格甚至不知道这封电报。我们不能确切地说如果金梅尔征求贝林格的意见，结果将会如何。但是，我们知道，贝林格可以告诉金梅尔，他同意海军上校戴维斯关于自北方而来的空袭由于风向的缘故成功的可能性极大的见解，而且戴维斯还会说，他拥有的飞机足够对北方地区进行起码一个星期的侦察。

同样令人遗憾的是，金梅尔12月3日收到关于日本命令包括华盛顿在内的某些使领馆毁码的情报后，没有将此事通知肖特。他没有认识到日本人这样做的主要意义，其后果或许导致与他 11 月 27 日反对进行远程侦察的决定一样的悲剧。根据这一情报，他拥有了重新考虑对以前形势估价的机会。但是，就像希腊或伊丽莎白时代戏剧里那些盲目的黑星英雄一样，金梅尔忽视了这次机会。

对于日本主要航空母舰在无线电波中失踪一事，金梅尔及其参谋们应与最高司令部一起承担未能猜测其内涵的责任。它们不是向南移动，罗奇福特对南方舰队的行踪了如指掌。为了给这一情况增加一点鲜红的颜色，日本海军于 12 月 1 日在一个月内第二次改变呼号——这是前所未有的。然而，夏威夷和华盛顿都极不准确地认定，日本航空母舰主力滞留在国内水域。用英格索尔的话说，金梅尔是通过无线电监听负责判断日本舰队方位的指挥官。日本人封锁特遣舰队的消息，虚构往来电文，以及美国人的自满情绪，都有效地妨碍了通过这一途径测定日本第一航空舰队的位置。但是，这些因素并不能原谅海军和陆军在日本航空母舰消失后没有堵死所有鼠洞的过错。

多年来，金梅尔为着一个目的而工作、学习、计划，一旦战争来临，他将站在旗舰的驾驶台上命令加速前进，和敌人一拼死活。但当“你的这一时刻已经来临”这句话在他耳边响起时，他却未能听出告诉他机会来临的声音，因为此刻需要他停止拭剑，拿起盾牌。对于灾难来临前 10 天发来的警告和所发生的事件，他不能理解其含义，也不能主动地把方针从训练转向防御。

金梅尔和肖特的一些热情支持者们，把他们说成是“替罪羊”。这是一个带有言外之意的词汇，必须慎重使用。它意味着一个无辜的人在替别人受过。如果说金梅尔和肖特无罪，就相当于说只有他们两人在此事件上犯有过失一样，都是错误的。在珍珠港事件这一问题上，美国上下——从总统到第十四海军军区和夏威夷陆军部队，都染有失误的污迹，珍珠港事件没有替罪羊之说。

华盛顿方面的错误是多方面的和各种各样的。但是，似乎其中任何一个错误都不属于决定性错误。罗斯福于危机四伏的 1941 年秋下令勿惊扰民众，其后果是个灾难，它冲淡了陆军 11 月 27 日对肖特的警告。

另一个与之有关的行政错误，是行政部门长时期地以温和态度对待日本人。在执行这一政策的过程中，美国关闭了德国和意大利的领事馆，却让日本领事馆继续开着门，给予了像吉川这样的间谍可乘之机，并压制了参议员吉勒特和众议员戴维斯为深入调查日本间谍活动所做的努力。这种态度使金梅尔对正式建立肖特——布洛克防御计划犹豫不决。他对陆军委员会解释说：“这可能会被日本人视为公开行动。”陆军也不愿意冒犯日本人。在这个问题上，陆军简直到了令人发笑的地步。12 月 7 日早晨，马歇尔未给肖特通电话的原因之一是：“如果立即采取行动，可能被视为公开反日战争行动。”

陆军部和海军部的错误主要有两个方面。首先是没有让金梅尔和肖特充分了解情况，即使金梅尔已表示夏威夷不需要“魔术”密码机，但是更多详尽的有关美日关系趋势方面的情报，对他还是非常有益的，特别是在秋末时节。在由于局势紧张正式下达警告后，斯塔克不止一次地在私人信件中低估这种危险性。

然而，他们的主要错误在于没有让夏威夷的司令官们了解领事馆来往电报的内容，特别是“炸弹弹着点标示图”系列。华盛顿未估量出这一情报的真正价值，这是不能宽恕的。对这一情报未作解释或低估其重要性，与情报本身的内容极不相称。金梅尔和肖特完全有权并且急需得到东京与火奴鲁鲁之间有关岛上舰队或军事设施间谍活动的所有电报。

就 11 月 27 日警告来说，华盛顿和瓦胡岛都犯有严重错误。特纳作证时说，他认为“夏威夷受到猛烈袭击的可能性是一半对一半……”。他给自己找了麻烦。他这一估计表明，他应该在警告中把这一估计直接告诉金梅尔。这样的警告不会有什么坏处，却可能会产生意想不到的好处。他不但可以用不易误解的词句提醒金梅尔，而且还可以开脱对海军部未能这样做的指责。

尽管华盛顿通常采取明智稳妥的政策，不参与战地主要司令官的决策，然而发出这些警告电报之后，陆军部和海军部应该监督金梅尔和肖特。因为，那时的形势已非同寻常。斯廷森和诺克斯，马歇尔和斯塔克，本应坚持要下属每日发电或至少经常发电，汇报有关各地局势发展的补充报告。这些报告会很快暴露出华盛顿方面对夏威夷的意图，与金梅尔和肖特实际所作所为的不一致性。相反，当杰罗收到肖特对 11 月 27 日来电的答复时，却把它当作是对 11 月 27 日发出的情报部反颠覆破坏警告电报的答复。只要当即查对一下肖特标明的原电报号码，就可以证实事实并非如此。杰罗的一名助手，本应在将军们看到新到电文之前做好这些日常工作。海军部甚至没要求金梅尔回电，因此不知道他是理解还是曲解。正因为未收到回电，海军部的一些关键人物才认为，金梅尔已将他的舰队派到海上去了。我们发现在整个珍珠港事件中，缺乏足够事实根据的假设太多太多，这真是太不幸了。

12 月 7 日清晨，还发生了另一件与通讯有关的事件。尽管马歇尔认识到“1 点钟电报”的重要性，但他既没有使用秘密电话，也没有做出让这封电报优先到达夏威夷的努力。如果值班人员在总参谋长到达办公室之前，有权或主动去做的话，这一情报早就发出去了。然而，正如陆军委员会指出的：“好像未曾授权任何一个下级，在马歇尔将军不在时行使绝对职权……”

海军也犯有同样的错误。斯塔克本应再发一封海军电报，以此强调马歇尔电报的重要性，或者使用更为稳妥的办法，亲自给金梅尔打电话。斯塔克用动听的语言，在海军法庭上陈述关于他如何自我检查，以断定他在什么地方“玩忽职守”或“可能遗漏了什么”时，他能回忆起的唯一失误是，他没有发出与马歇尔电报类似的电报。

所有这些失误，都有一个共同特点——存在知道可能出现的危险和相信这种危险确实存在之间的差距。正如福雷斯特尔在他第四次给海军法庭报告和休伊特报告的综述中提出的：

虽然了解存在着日本发动敌对行动的危险，虽然知道日本舰只和飞机有能力实施这样一次敌对行动，并且把这些已写进作战计划中去，但是负责军官的头脑里，并未对此深信不疑……

对什么都不相信，是整个悲剧的根源所在，所有其他实施的或未实施的措施，都是它的主茎、分枝和果实。美国海军上校吉尔文·M·斯洛宁用一句名言来概括此事：“当一个人不相信自己估计的可信度时，可能性和或然性、能力和意图就成为空谈。美国人就是不相信自己的估计。”

然而，把日本人在珍珠港上的成功完全归罪于美国的失误，将是一个重大错误。我们已经看到日本人是如何谨慎小心地修改他们的计划，如何刻苦训练飞行员和投弹手，如何改进武器以达到最大限度的破坏力，又是如何千方百计地搜集和利用有关美国太平洋舰队的情报的。他们孤注一掷，为实现这一目的，不惜一切代价。

山本是珍珠港计划的发起者和策划人，但是毫不夸张地说，数百人的努力保证了这一方案的成功，他们包括从南云到普普通通的检修工。源田和渊田的非凡合作所起的特殊作用是不可否认的。源田头脑活跃，才智超常，渊田务实热情，富于感染力，他们是这一战术方案的大脑和心脏。珍珠港方案的策划者们几乎毫无例外的个个都是思想家。他们乐观但不草率，他们明白人的运气是有限的，必须伸手去摘果子，而不是去等它掉进自己嘴里。然而，运气的确为日本人的成功起了重大作用，这是不可忽视的。

例如，良好的天气条件使大海相对平静，恰到好处的雾使南云可以在给舰队加油的同时，又能得到它的掩护。此外，就在刚刚准备开始袭击的时刻，瓦胡岛上的阴云天遂人意地散去。在向天皇报告时，南云和渊田将此说成是神灵的帮助。这些因素，确实完全超出人的能力范围。B——17 机群飞近瓦胡岛，几乎与渊田的第一攻击波处于同一时刻，因而掩护了前来袭击的飞机。这也是日本人完全没有想到的好运气。此外，美国人的一连串错误和失误，也是日本人众多的意外收获之一。

这一巨大的赌注，使得日本在第二次世界大战中取得了这场最大胜利，但以后就不那么遂他们的心意了。他们做了表演，也占到便宜，然而他们的胜利是暂时的。日本人进行了旷日持久极为艰苦的战争，在战争中，他们发扬他们引以为荣的战术和勇敢精神，而他们的愚蠢导致了他们最后失败。裕仁的海军再也没有取得像第一次袭击那样的辉煌战果。因为，日本将不会再有充分的时间，去苦心钻研战术，精心谋划和等待良机等，日本永远也不会再次碰上山姆大叔在关键时刻呼呼大睡的情形。

随着最初的震惊和忧虑的逝去，美国公众开始意识到珍珠港袭击绝非灾难。甚至连布洛克这样的非激进分子也回忆说："日本人仅仅摧毁了许多陈旧的重武器。从某种意义上讲，他们帮了我们的忙。日本人把美国海军踢上了台阶，使其成为以航空母舰为中心的反应迅速的现代化部队，这比美国人自己能够做到的要快得多，也彻底得多。"

锚地的浅水里保存着绝大部分受伤舰只，以备将来某一天它们能重新投入战斗。挽救和修复这些舰只需要专门知识、顽强精神、艰苦工作以及无往而不胜的乐观精神。在太平洋战争结束之前，这些日本人袭击的牺牲品，除 3 艘外，均已修复并加入到最终导致轴心国失败的战斗中去。3 艘舰之一的靶船——犹他号，无论如何已不能再加入战斗。只有两艘战列舰——亚利桑那号和奥克拉荷马克，无法修复。

比修复这些被毁舰只更有价值的，是将全体美国人民溶为一个决心已定的巨大的矛和盾。美国人已不再问这是谁的战争或犹豫该怎么办了。然而，人们也不应夸大日本人馈赠美国人民的那种团结。整个国家，并没有在顷刻之间万众一心，只是国家的力量已经动员起来，去实现一个已经证明了的共同目标。

日本人给每个美国人一个尺度，去衡量正在欧洲和亚洲进行的人类心灵和肉体的巨大搏斗。1941 年 12 月 7 日以后，美国人不再站在远处观望，不再把战争视为一个与己无关的意识形态冲突。痛恨之情唤起了一种直接参与的激情，这种激情导致全国上下拧成一股绳。日本人促使每一个普通美国人去从事一种事业，他们可以理解并值得为此而战的事业。

这样，珍珠港事件的发生，以一种非常奇特的方式成为世界斗争的转折点。当然，美国可以——而且毫无疑问将会——最终以其他某种方式加入第二次世界大战。从长远观点来看，美国无疑在人力、物力和工业能力上处于优势。但是，珍珠港事件使得美国把全部力量集中到一个中心上来，使得整个国家团结得像一个人，使得女人们支援前线的将士们。

军事历史是所有学科中变化最迅速的一门学科，战略战术随着动荡的世界局势、科学技术的发展和领导人物的更换而变化。敌友关系也是如此，昨天的死敌，很可能成为今天的挚友；一场战争中勇敢的革命者，极可能变成下一次战争中呆板的教条主义者；一些武器和物资几乎还没有离开绘图板，就已经过时。然而，珍珠港事件证明了一个永远不应忘记的教训——意外事件能够发生，而且还会发生。